自由・権力・民主的計画

カール・マンハイム著／池田秀男訳

未來社

序

カール・マンハイムは一九四七年の早春、五三歳でこの世を去った。その時、マンハイムは様々の完成段階にある未刊の原稿を数多く残していた。私は、著者の未亡人であり、また彼の生涯の共同研究者でもあったジュリア・マンハイム博士に招かれたさい、少なくともこの未刊の原稿の一部を広く公衆に利用できるようにするために、故人の友人と以前の学生のなかから編集委員を選出編成することを申しあげた。これらの原稿に述べられている考えは、マンハイムの仕事を完全に理解するために欠くことのできない鍵となるばかりでなく、社会的行為への刺激と同時に、社会理論にたいするもっとも重要かつ時宜を得た貢献をも含んでいる。このような確信のもとに、われわれは結集した。

本書は数ある遺稿集のうちの最初のものである。本書の編集上の仕事は、アグネス・シュヴァルツチャイルド博士の密接な協力のもとに、ウィスコンシン州マディソンのハンス・ガース博士とアーネスト・K・ブラムシュテッド博士によってなされた。ブラムシュテッドおよびシュヴァルツチャイルド両博士は、英国のロンドンの方である。ジュリア・マンハイム博士の参加は、この仕事のあらゆる面でもっとも重要であった。第五章の「経済統制」の部分は、全く新しく書き改めなければならなかった。現在の形での文責は、わたくしにある。最終原稿は、ガース、ブラムシュテッド両編集者によって、もとの原稿と照合された。参考文献目録その他の文献資料は、主にハンス・ガースがつけ加えた。現在のような形での原文の文責は、第一義的にはかれにあるといわなければならない。ロックフェラー財団は、快よく、新社会調査研究所の世界問題研究部にたいして、各種原稿の出版準備事業のために補助金を与えられた。

もし著者が生存し、これを改訂していたら、恐らく、本書は多くの点で変更されたり、増補されたりしたことであろう。しかし、それにもかかわらず本書に書きとどめられているものは、それ自体完全な一労作であり、マンハイムの政治的遺言とみなされてもよいであろう。

一九五〇年四月

ニューヨーク州ニューヨーク

新社会調査研究所世界問題研究部

アドルフ・ローウェ

マンハイムの著作に関する覚え書き

一

過去の偉大な社会学者、たとえばコントやスペンサー、マルクスやマックス・ウェーバーと同じように、マンハイムはいどみかかる現在に呼応して社会学の研究に従事した。マンハイムにとって、社会学は特に現代的な一思考様式であって、産業主義社会における人間の合理的自己定位に貢献する。社会学者の鍛造する知的道具は、われわれを新しい自覚の水準にひきあげ、われわれのために社会的動乱や世界的戦争に向って漂流する現代世界の危険な過程にたいする洞察を切り開くのである。

多くの点で、本書は現代の危機を分析しようとするマンハイムの努力の最後を飾るものである。元来、抽象的な哲学的関心から出発したマンハイムが、そのドイツ時代に専念したのは、基本的には現代社会の知的布置の研究であった。そうした研究の主要な成果が『イデオロギーとユートピア』(Ideologie und Utopie) であった。この著書は、一九二九年にドイツ語版としてまず出版され、一九三六年の英語版はその増補されたものである。そのなかでかれは、マックス・ウェーバーやマックス・シェーラーの伝統を受けつぎながら、やがて「知識社会学」(Wissenssoziologie) として知られるようになったものを十分に発展させた。

社会的思想にたいするこのアプローチの主な命題は、次の点にある。すなわち、諸観念は、知的な技能をもつ諸集団がおかれている社会的＝歴史的状況に呼応して出現し、発達するものであり、かつそうした状況によって拘束されるものだということである。そしてかかる社会的＝歴史的要因は、たんに代表的な思想家が精巧化する特殊な政治的期待や要求を説明するだけではなく、社会的拘束性は人間精神の最も深い内部にまで到達しているのである。われわれの社会的実在観、過去および未来に関するビィジョン、特に人間自由の概念を形成する基礎的カテゴリーは、その思想家の基礎的な政治的立場や集団的同一視に結びついていることが示されるのである。社会の観察者は自己の個人的な偏見を注意深く制禦し、特殊な弁解や主観的な価値の偏向におぼれることなく、「客観的」に論ずるばあいでさえ、かれの社会的＝歴史的背景は、その思考様式を条件づけていることが示されうるのである。

マンハイムにとって、社会的実在について思考することは、何よりも、ある事柄を「見る」こと、つまり諸事実を「展望」(Perspective) のなかにもち込み、そうすることによって、おそらく他の事柄を「看過」し見のがすことを意味している。かくて、社会的思想は必然的に「展望者」(Perspectivist) の思想であり、歴史的および社会的文脈のうちに位置する立場から派生する。比較されうる地位や身分をもつ諸思想家は、同一の対象を異なった立場から「見」て、異なった「展望」から明らかに反対の結論に到達するかもしれない。しかし、もしこれが基礎的な知的状況であるとすれば、何が真理となるのか。マンハイムは、異なった社会的および歴史的状況において社会的実在が人々の前にあらわれる視角を「評定する」ことによって客観性の探求を完成しようとした。中世時代の衰退以後、社会的思想は社会的および知的な競争の中で出現した。だんだんと広い範囲の諸集団によって、歴史は人間によって作られることが自覚されるようになり、かれらは、成功の程度はさまざまであったが、ますます広い範囲の決定過程に参加することを要求してきた。それらの諸集団は、自己の抱負と見方を精巧化し正当化する上で有能な代弁者を見出した。

マンハイムは、『イデオロギーとユートピア』の中で、西欧社会思想の全景的展開過程を、政治的な志向をもち、社会的な根をもつ諸観念から明らかにした。それらの諸観念は過去の知的エリートによって漸次多元論的になりつつあった言論界で展開されたものであった。社会的および心理的に決定された「虚偽意識」や「合理化」形式に関するマルクスやニーチェの発見をもとでにして、マンハイムは、現在の実在に合致しなくなった時代おくれの思考様式を洞察しようとしたのであった。これらの思考様式をかれは「イデオロギー」と呼んだ。かれの「保守主義的思考」に関するこれ以前の論文には、ドイツにおける封建的および前産業主義時代の社会階層とその代弁者が、一九世紀の初葉、自由主義と中産階級の出現にたいしていかに「反動的」であったかということに関する古典的な分析が含まれていた。『イデオロギーとユートピア』のなかでマンハイムは、保守主義的な「思考様式」がどのように全ヨーロッパの無反省的伝統主義者の態度から現れ、かつ自由主義的＝民主主義的思考様式とあい並んで、どのように「状況の定義」のために競争したかを論証した。近代的工場労働者の出現とともに、新たに出てきた社会的地位は、その他のあらゆる思想に対して批判的な立場に立つもっとつっこんだ一思考様式を作りあげる機会を提供した。すなわち現代の「ユートピア的」な思考形態であるマルクス主義的社会主義がそれである。

イデオロギー的な思考もユートピア的な思考も、ともに社会的実在に適切に合致していない。前者は実在からおくれ、実在を廃語化した概念で誤まって表象しているが、後者は、不利な立場にある人々が良い社会を求める希望を現在に投射したものである。したがって現代思想の多くは、鋭い批評家からみれば、言葉の混乱と政治的神学の争いであって、そのために合理的冷静な議論を溺死させ、かくて社会自体の安定性をも攪乱する恐れがあるのである。特殊的利害の追求が一般的となり、主要な知的潮流が、イデオロギーやユートピアによって点火されてかたくなに戦おうとする諸圧力団体にひきつけられるところでは、社会的破滅は避けることができないように思われる。全体を配慮し、かくて包括的な展望を生みだすものはいないのだろうか。しかし、階層化した動的社会は、部分的な見方以上の見方をとるために必要な高い社会的位置を提供することができるだろうか。

一九二九年に、マンハイムは、自己の希望を「社会的に自由に浮動するインテリゲンチャ」にたくした。これは、アルフレッド・ウェーバーが近代社会のこの間隙的階層に名づけた言葉である。かれらは、精神的にも社会的にもはなはだ流動的であり、封建的な恩寵体制の束縛から解放されているが、都市的社会の官僚制構造や機構にあみこまれていなかったので、マンハイムにとって「全体の知的関心を弁護するように運命づけられた者」と思われたのであった。観念上の競争そのものは、かれらを漸次部分的な展望の綜合へと鼓舞し、かくてかれらをだんだんと実在の包括的かつ合理的理解へと導くのである。これは、政治や社会変化にたいする科学的アプローチの前提条件である。「このようにして、もしかれらがいなければ真っ暗な闇夜になるであろうが、かれらはこの暗闇の見張人の役割をはたすのである。(1)」

二

一九三三年、マンハイムは英国へ移住したが、それは物理的な場所の変化以上のものであった。かれのドイツ語の諸著作は、あの時代の大陸の学者のもっていた批判的な超然たる態度を反映している。すなわち、当時のかれは社会的に浮動するインテリゲンチャを信頼する以上には出なかったのである。今や、ナチスの反革命と国際緊張の増大は、あまりにも具体的な形で、かれを西欧社会の危機に直面させた。それと同時に、かれは新しい知的、情緒的雰囲気のなかで生活し、それまで四〇年間の生活を送ってきた官僚制的社会とは異質の安定性と凝集性をもつ社会的諸力を徐々に経験した。

一八世紀にヴォルテールは、一つの社会階層が一つの教会と連合して絶大な権力を振った絶対主義国家から、産業革命初期の英国をおとずれた。そのときかれを感銘させたのは、英国の政治的および宗教的諸集団の平和な多元論であった。この多元論は、どう見ても社会秩序の安定性をおびやかすようには思えなかった。それから二世紀後、マンハイムもまた、いまや完全に産業化された英国において、全体主義的な中央ヨーロッパを支配していた人為的同調性へ向うあの傾向のかけらさえ見出すことができなかった。しかもかれは、ワイマール共和制を破壊してしまったあの敵対的諸集団の渾沌とした分裂のないのに全く驚ろかされた。かれが発見したのは、自然発生的同調性は多くの実験集団の自由と共存することができるということであった。すなわち、広く多様な政治的態度と批判的な価値判断にたいする真の寛容は、ある究極的原理が全国的に受け入れられているということから、その本当に強い力をひきだしているように思われたのであった。

そのとき以来、マンハイムの社会学は、彼の過去の思考の成果を新しい環境のもとで獲得した経験と統合しようとする進歩的な試みとなった。いつでも学ぶ用意のあったマンハイムは、ドイツおよびフランス社会学の伝統と英米社会学のそれとを巧みにまぜ合わせることによって、自己の概念的枠組を豊かにした。しかし、マンハイムの現代危機観を導く問題と基礎的関心とはマックス・ウェーバーのつぎの問いのなかに表現されているかもしれない。すなわち、自由と民主主義は、結局、いかにして資本主義の発展と両立しうるか。

無統制の資本主義はそれ自体、マンハイムによってますます批判的にみられた。その動的な社会的および経済的技術、根のない大衆の都市化と動員、けわしく等級づけられた所得のピラミッド、大衆的圧力団体の運動ならびに階級闘争、経済的および国民的膨脹の不均衡な発展のリズム——これらは社会的および人格的解体の脅威を生みだしている。「現代社会の主な困難は、その茫漠性にあるのではなく、自由主義的組織方法が、広大にして複雑な社会に必要な有機的分節化（Gliederung）を生み出しうる段階に、いまなお到達しないでいるという事実にある。(2)」とりわけ、社会的凝集性と社会的統合化は、産業主義的大衆社会に支配的な合理的要素と非合理的要素との適当な均衡にもとづくものである。けれども、「基本的民主化」の過程の結果、資産エリートおよび教育エリートの旧型式の制限民主主義は、漸次、情緒的大衆民主主義によってとって代られてしまった。「大衆が支配的となる傾きをもつ社会においては、社会構造の中へ統合されていない非合理性が、政治生活の中に押し入るであろう。かかる状況は危険である。そのわけは、合理的な指導が不可欠な場合にも、大衆民主主義の選抜装置によって非合理性への門戸が開かれるからである。かくて、民主主義は、それ自体みずからの反措定をうみ、その敵に武器を与えさえする。(3)」

マンハイムは、極端な右翼と左翼の反民主主義的非合理主義的な狂信の侵入をこれまで防止してきた古い西欧民主主義のもつ政治的、社会的および倫理的伝統を十分に評価していたが、それにもかかわらず、中央ヨーロッパを総なめにした解体的な諸力がいたる所に作用していることを見ていた。これらの解体的な諸力は、計画化の水準において管理を必要とする社会的組織の領域と、歴史的に遅れた水準にとどまっているわれわれの思考様式や行動様式との間の危険な文化的遅滞によって刺激される。それゆえ、現代の中心的問題は、マンハイムによれば、計画社会への推移として特徴づけられる。現実の標準化という水準化の過程にたいする個人の尊厳性、経済的な巨人および小人の間の無規制の競争的現実にたいする万人の機会均等の確保、ひどい所得の不平等にたいする消費者の欲望の無限の刺激、繰り返し生ずる大量の失業にたいする勤勉な労働倫理、低級な趣味と大衆の知性に対するマス・コミュニケーション手段と通俗化の技術の完成――これらにたいして表明されている信念と対立するジレンマからわれわれを救い出すことができるのは、他でもなく社会の全面的な計画化へ向っての漸進的改革の戦略だけである。

三

本書は、「生活のための社会学」(sociology for life) の方向にむかって、決定的にもう一歩ふみ出したものである。それは、彼の戦時中の論集『現代の診断』(4)(Diagnosis of Our Time) によって始められた。そこでは、教育的および道徳的=宗教的諸問題が支配的な役割を演じている。本書では、包括的な現代文明論が、一思想家によって提出されている。かれにとっては、順々に「思考をすすめていくこと」は、診断と治療とを統一することを意味した。超然たる批判的観察者は、やがて政治的、社会的戦略家になっていき、自己の観察にもとずいて他の者が行為しうるよう理解を深めるために努力している。

本書は、現代の運命的な問題を再び述べることから出発する。主な社会的諸力は、統制下におかれなければ、組み合わさって破滅に向って進む。官僚制的な独占資本主義が場面を支配している。これは、古典的自由主義という一八世紀的観念から、その受益者によって正当化されている。本質的に、産業革命前期の概念であるかかる観念は、金権政治的環境のもとで受ける意味と機能の変化を通して、保守主義的なイデオロギーに変形されてしまった。それと同時に、産業化と都市化と官僚制化は、それら自身の解毒剤を作り出している。すなわち、大規模で広い範囲におよぶ新しい社会的統制技術の発展がそれである。しかし調整を欠くために、これらの諸技術は、これまで国内的にも国際的にも解体的な諸力を強化するためにしか奉仕しなかった。不平等者間の競争、統制をこえた不透明な権力過程および大都市生活のもつ根絶化の効果にさらされて、下流階層の人間は社会体制内で自己の根づくところを喪失する。大量の欲求不満、無感動性および各種の代償的行動機制は、エーリッヒ・フロムが「自由からの逃走」と呼んだところのものにかれらを追いやる。

この危機的な歴史的瞬間に、戦略的地位は英国とアメリカによってもたれている。これらの西欧社会は、深くしみこんでいる民主主義的および宗教的＝道徳的伝統のもとで生活しながら、漸次ヨーロッパ大陸諸国家について、自己の伝統的な二大政党制と平行に官僚制的行政を発展させてきている。マンハイムの見解によれば、これらの西欧社会は「自由のための計画」という新社会秩序への鍵をもっている。そこでは、拡大した司法権や中央集権的権力をもつ責任ある行政諸機関は、民主主義的生活様式の遺産と長い年月にわたる代議制体の経験に従って発展しうるのである。その存在からして反動と革命との間の「第三の道」に結びついている中産階級は、自由業的な知的エリート集団や有能な専門家的計画者集団によって補足され、新しい社会への移行の最前線に立つ。民主的に選出された計画エリートは、中央集権的権威と、地方的および地域的諸機関への権力の委譲との間に、最適の均衡を作り出すことができる。生活のための大胆な社会的教育と、社会的に上昇しつつある諸集団の計画的な混合による統治エリートの再建とは、よき社会への道を舗装するはずである。

しかしながら、マンハイムは、真に民主的な計画化過程の諸問題について熟慮するさい、新しい社会のための外部的要件にとどまらなかった。確かに、完全雇用や社会保障、純然たる経済的および教育的機会、平和な世界秩序の均衡は、将来の制度的基礎として役だつにちがいない。しかし、彼が『現代の診断』のなかで述べているように、およそいかなる社会も、基礎的な価値と制度と教育とが相互に統合されていなければ、存続することはできない。かくて、本書の大きな部分をなしている第三部の「新しい人間——新しい価値」が、民主的パーソナリティ、その形成および条件づけの体系的理論にあてられているのは、きわめて自然である。

マンハイムの考え方にとって常に本質的な「統合」という概念は、人間の本性と社会の制度との間の関係についてのかれの考え方の発展を説明する上で非常に役立つ。元来、統合とは、マンハイムにとって、学問的関心事であり、包括的社会観とその動学を徐々に進化させるために、心理学、歴史学、経済学などの異なった社会諸科学のばらばらの発見を結集すべき社会学者の課題であった。しかし、マンハイムが社会的戦術と改革にたいしてその強調を増大してくるにつれて、統合は、社会的行為に関するかれの中心概念になってくる。これは部門化した生活領域——たとえば政治学や経済学とか、あるいは労働と余暇——を再結合して、めぐまれない社会階層に合法的な場所をわりあてることを目指している。そこから、かれは現代心理学に従って、「統合的行動」なる概念を、協同的態度をあらわす民主的コミュニティの理想的型式として発展させているが、これは、権威主義的社会に広く行なわれている支配的型式とは反対のものである。マンハイムはおわりの章で、権威主義と迷信との混合物とはおよそ縁のない宗教、つまり、あらゆる人間活動の究極的な統合の課題をとりあげている。これが最終段階として考えられているのである。実は、これは、遠くドイツ時代からマンハイムの叫んでいたものである。しかし、その時代におけるかれの宗教的現象に対する関心は、宗教的現象と社会史との関係を発見することに限られていた。当時かれは、極端な合理主義の精神のもとで、知識の発達を神学から哲学を経て社会学にいたる動きとして解釈していた。なるほどマンハイムは、最後の日にいたるまで、社会学から、「おそらく人間生活の諸問題に対するもっとも世俗的アプローチ」を期待し、「どこまで社会現象——広く行なわれている価値判断も含めて——の変異は、変化しつつある社会過程の函数であるか」(5)という問いにたいする答えを期待していた。しかし、彼は自我の透徹した社会病理学に到達した瞬間に、社会分析のもつ限界が明らかになってきた。そしてかれは、人間精神の原初的領域と、理性や科学の領域をこえたある基礎的経験とに対する新しい洞察をえたのであった。

マンハイムが計画化の人間的な側面のもつ意味と最初に対決したのは、きわめて実践的な問題であった。早くも一九三五年、『再建期における人間と社会』のドイツ語版のなかで、マンハイムはすでに「番人の番は誰がするのか」(quis custodiet ipsos custodes?) という古来の観念につきまとわれていた。本書に述べられている「誰が計画者を計画するのか」という問いにたいする解答の輪郭が次第に明らかになってくる過程で、かれは一群の著名なキリスト教思想家、なかでも、T・S・エリオット、J・ミドルトン・マリーおよびJ・H・オルドハムから深い影響をうけた。多年にわたって、かれはこのグループの人たちと会合して、定期的に議論した。この間に、かれ自身、その会のメンバーの考え方を新しく方向づける上で顕著な役割を演じた。やがてかれは、次のような確信をもつようになった。すなわち、世界にたいする真に宗教的な関心は、「社会にたいして目を閉じ」つづけることができない。これと同じように、社会学や社会哲学は「宗教にたいして目を閉じ」つづけることはできないという確信である。

この覚え書きを結ぶにあたって、われわれは、多様な思想の動向を同化し調整するマンハイムの稀に見る天才に対して、読者の注意をうながしたいと思う。分析家としてのマンハイムは、社会構造や社会制度が少なからずもっている思考や意欲を条件づける力を認識する上で、マルクス、マックス・ウェーバーおよびミードにならった。また、教育学者としてのマンハイムは、人間の創造的潜在能力を強く信じていた。それは、近代心理学や教育学におけるルソーの民主的、人道主義的な遺産と軌を一にしていた。

同じようにして、マンハイムはプラグマティズムの諸傾向と無意識の心理学から獲得された諸洞察とを融合させようとして努力した。それと同時にかれは、「正しい行動」の問題を、成功的適応という公準によって解決してしまえると主張した人々に強く反対した。「与えられた諸価値は常に、現実の状況への適応の手段として解釈することもできれば、また特殊な世界観（Weltanschauung）によって方向づけられる適応類型としても解釈することができる。……所与の状況に対する効果的な一片の適応として、あるタイプの行動を正当づけるというだけでは、キリスト教的ないし非キリスト教的な見地から見た場合、その正邪を決定することにはならない。(6)」マンハイムにとっては、人類の歴史はたえざる再適応の物語以上のものである。かれにとっては人類の歴史は、重要な典型的経験《パラダイグマティック・エクスピアリエンシズ》の累積的な衝撃をも反映している。新しい社会は、自己自身をよろこんで再適応しようとする——ただし、純正なる価値に導かれて——人間の創造物としてのみ生きかえることができるのである。

アーネスト・K・ブラムシュテッド

ハンス・ガース

（1） Ideology and Utopia : an Introduction to the Sociology of Knowledge (London, New York, 1936), p. 143.

（2） Karl Mannheim, Man and Society in an Age of Reconstruction : Studies in Modern Social Structure (New York, 1940), p. 106.

（3）前掲書、六三頁。
（4）London and New York, 1943.
（5）Diagnosis of Our Time, p. 126.
（6）Ibid., pp. 145 and 148

原著者序

本書は、計画化されながら、しかも民主的である社会——すなわち、その基礎的な領域の若干においては厳格に組織化されているが、自由を不可欠とするところでは、なおより多くの自由を提供する社会——の原理に関する書物である。われわれは、自由のための計画を提案する。したがって、われわれは、その内容を規定し、それへ至る道を発見するために努力する。

本書は、一方では、自由放任主義や全体主義的画一化をこえた社会の姿を取りあつかい、他方では、ファシズムか共産主義かという二者択一をこえた社会の姿を取りあつかっている。すなわち、本書は過去二〇年間のいたましい経験を、新しい民主主義型式のなかにとり入れる第三の道を提案する。われわれは、改革と平和な変化による道、しかもすべての者から容易ならぬ犠牲を要求する道を示すことから着手する。移行を計画するには、遠い将来の見取図を画き出す場合と同様、決断が必要である。

本書は青写真を与えるものではない。つまり、本書は哲学者のための抽象的な望ましいものの一覧表でもなければ、行政官のための詳細なプログラムでもない。最近の悲惨な二〇年間がわれわれに教えたのは、人は現状と無関係によい社会を構想したり、また断片的な行政的改革によって社会秩序全体を再建したりすることはできないということであった。しかしわれわれは、建設しようとする社会の種類について、その一般的なビィジョンを伝える諸原理を提出することは十分にできるはずである。これらの原理はものさしとして役だつであろうし、また行政官が単一の改革や決定の真価を評定する助けとならなければならない。

変化の緩慢な時代には、多かれ少なかれ人はたえず原理を参照しなくても、直観によって前進することができる。しかし、戦後の社会的な変動の時代にあっては、一カ月のうちに平常の二〇年間におこるよりも、もっと大きな激変がおこっているが、こういったときには、諸事象の社会的な意義を自覚することは、生存するための前提条件である。われわれは、社会変形の社会的意味に関心をもっている。社会の変形はこの前の戦争のなかに根づいていたが、今ほど大きな力を得たことはない。どんな部門的ないし局部的変化もそれ自体としては考察されないで、ただそれらの相互依存関係においてのみ考察される。経済構造の意義を軽視することなく、われわれは、政治的および文化的水準において、それに対応する変化がなければ、いかなる改革も十分でないということを示したい。だんだん認められてきているが、真の計画化は、制度と教育と価値と心理の整合化にあるのである。単一の各方策のもつ重要な分枝を見ることができる人だけが、現代という時代の複雑さが要求する責任ある行為をなすことができるのである。このような事情のもとでは、民主的計画化の本質に関する書物は、そのテーマとして、社会生活を全体として取りあつかう。すなわち、新しい制度、新しい人間、新しい価値を全体として取りあつかうのである。

もちろん、このような小論集では、ただ若干の決定的な変化が検討されうるにすぎない。しかし、時として、こまごまとした説明にわれわれを忘れるよりは、一般的な情勢を見るほうがいっそう大切な場合がある。この歴史的な瞬間には、なにも確かなものはない——すべてが流転している——いかなる提案をしてみても、明日のなりゆき次第では取り消されるかもしれない。せいぜい、人にできることは一般的な傾向と現実の問題の性質を理解しようとすることである。いかなる具体的な解決策でも、その得失は、討論にたいして門戸を開いている。若干の提案、いなあらゆる提案は、こまかな点になると変更されなければならないであろう。だが、もしもそれらが肯綮にあたっているとすれば、それは、その分析が社会の痛い所に手を触れているからにほかならないのである。われわれは、読者が新しい社会をめざして努力しているわれわれの仲間入りすることができればという希望のもとに、われわれのすべてが直面している重大な問題の議論のために、この一般的な見解を提出する。この課題は、わずかの幸福な人々の責任ではなくて、われわれすべての責任である。というのは、そうするのが、民主主義の本質だからである。

国際連合は、歴史を作ることを要求されているが、もし間違った精神でその発展に着手したら、失敗するかもしれない。そのばあい、武力によって戦闘を開始するファシズムは、新し制度的枠組のなかへしのび込んでくるかもしれない。他方、純然たる効果的な協同は、国民と国民との間に分割線を引こうとするモスクワ支援の強力な共産主義者の運転によって妨げられるかもしれない。

いまや、これまで以上に、自然に放置しておくことは致命的であって、自然に放置しておけば右翼あるいは左翼の独裁に導くことは確かである。いまだかつて、いかなる世代もこのような困難で厄介な課題に直面したことはなかった。しかし、人間の歴史上、支配者や政策決定者が、正しいことをなすためにかくも大きな権力を蓄積したことは、かつてなかったのである。

長い時代にわたる、しかも深い民主主義の遺産をもち、再組織の型式を設定することができ、新世界の基礎をきずくことのできるのは、実にアングロサクソン民族の幸運である。

それは幸運であり、特権であるが、重大な責任でもある。

一九四七年一月

ロンドンにて

カール・マンハイム

自由・権力・民主的計画

目次

第二部　民主的計画と制度の変化

第三部　新しい人間——新しい価値

第一部　状況の診断

第一章　危機の主要な徴候

何世紀もの間、新しい進行を避けられなくなるといつでも、諸制度を修正し改造するのが、アングロサクソン民族のやり方であった。人間は古代の大聖堂を建造してから、何世紀も後になって、増築したり改築してきたが、古いものを決して壊さないで時代の新しい建築様式に従って新しい回廊をつけたしてきた。これとちょうど同じように、社会構造も諸制度を附加、修正、変更する過程で分解検査し更新してきた。ゴシック式の建築家は、平気で、峻厳なノルマン式の円天井に、かれらの聳え立つアーチをつけたしたり、また後の時代になると、かれらの趣味に従って装飾と造作を加えたりした。しかし大聖堂は一個の全体として姿をとどめ、種々の様式はうまく調和している。歴史を様式によって時代区分し始めた歴史家にしか、その変り目は見ることができなかった。歴史家が企てたのは、いわば種々の部分の建築原理を分析することであった。有機的な成長型式に従って、英国人は原理と方法の変化を意識せぬまま、過去から受けついだ諸制度を改造しながら、社会構造を修正してきた。ファンファーレを吹奏することもなく実行するこの改革方法は大ブリテン国の政策の強さであった――しかし歴史には、構造の単なる転換だけでは間に合わなくなるような時期がある。その変化はあまりに急速に、あるいはあまりに深刻に起ったので、建築家は立ちどまって、自分の目前にあるものの原理を分析し、自分で達成したいと思っているものを心に描き出して見なければならない。

「どうにか切り抜ける」という英国の伝統に対する信用は、現在、前の世代が幸運にもちょうどよい時にスイッチを切り換えていたので、信頼できる。状況の診断から、社会の基礎的変化はもはや単なる修繕や制度的補綴では対処できないことが示されるであろう。われわれは常習から抜け出すための目的を意識的に評価しなければならない。これは新しい動向、すなわち社会変化の徹底的な理解力を要求する。

時に歴史の荷馬車は真っすぐな広い道を進むが、他の時には、きつい廻り角を回らなければならない。平坦なハイウェイでは舵は殆んど、あるいは全然いらないし、地図を見る必要もない。しかし、ひどい廻り角では、伝統と文化と世俗的な財貨の貴重な積荷をひっくりかえさぬように、よく注意して機敏に運転することが必要である。歴史の十字路に立って、われわれは方向を再検討し、地図を見て、この道は一体どこに通じており、われわれはどこへ行きたいのか、ということを自分に聞いて見なければならない。

われわれは今、歴史のかかる重要な十字路に立っている。時代を嘆く必要はないし、頽廃を郷愁にかられて悲嘆する必要もない。必要なのは、それを産み出したものを批判的に分析することである。

もし社会体系を建造しようと思うなら、新しい体系の指導理念と、現行の体系の不備および現在の不適応の原因についての自覚を持たなければならない。結局は社会機構を変える方途と手段を求めるかもしれない。状況の診断は、新しい目的と提案される手段についてのいかなる陳述よりも先行しなければならない。

現代社会における不適応の多くの徴候は、小集団からなる教区的世界が比較的短時日のうちに大社会へ拡大したという事実に跡づけられる。この野ばなしの変貌が原因となって、社会生活のいたるところで多種多様な動揺と未解決の問題を生じたのである。これらを正しく位置づけるためには、諸災害をめぐる状況に対して適切な注意を払うことより他にすべはない。

野ばなしの無計画な移行も、社会単位が小さく、試行錯誤によって適応できる十分な時間的余裕がある場合には、大きな動揺を起こさない。その時でも、予想もされない状況に立ちいたって行為や思考の広く行なわれている形式が時折不適当になることがあり、このために不適応が起こることもある。しかしながら、通常、社会的に整合化された生活過程の中では、間断なく新しい適応がなされる。社会が大規模に野ばなしで発展する場合には、事情は全く異なる。この場合にも、行動と組織のすたれた形式を新しい形式で取り換えるために無数の努力が払われる。しかし、めくらめっぽうな実験のレベルでは全然新しい形式を見い出すことができないか、あるいは、よしんば新しい解決法がやっと現われたとしても、脱落があって満足するような反応をひき出せない。このような場合に、われわれは社会的解体について語れるであろう。

解体について多くのことが語られているけれども、この解体という言葉は、あまりにも曖昧に用いられているので、全然意味をなさないことが多い。確かに、観察者の考えている社会秩序が消滅してしまって、別の社会秩序と取り換えられてしまうような場合には、われわれは解体と言うべきではない。これはまさしく社会変動であって、社会的解体ではない。その基本点は、広く行きわたっている社会構造と、その構造を支えている諸勢力が徐々に弱化していきながら、それと同時に新しい秩序が成長しないことである。なるほど、境界線的なケースもある。その場合には、新しい解決法をもたぬということが変貌の徴候そのものなのか、それとも重大な欠如のために脅かされているのか、われわれはさだかでない。しかし全般的に、われわれはその差異を知っている。不時の少数の失業は調整のギャップに他ならないが、周期的な失業は、その効果を累積すると、社会秩序全体の働きをくつがえすものであって、解体の徴候と見做されるべきである。このことは誰でも知っている通りである。これと同じことは道徳の領域にもあてはまる。人々は時たま、何が正しいのか正しくないのか、よくわからぬことがあるが、これは自明当然のこととして考えられている。しかしイデオロギーの一般的な激変のために共同行為の健全な基礎を失なってしまって、大衆不安が一般にまんえんする時とか、人々が自分のよって立つ所を知らず、最も初歩的な生活問題に対するあるべき考え方を知らぬ時にも、われわれは当然、社会の精神的解体について述べることができよう。

われわれは以下のページで、われわれは今かかる解体の時代を生きているのだということを示したいと思うけれども、われわれはもちろん、解体が全く全体的に現われているなどというつもりはない。もし解体がそのように全体的であれば、われわれはもはや生活を持続できないであろう。解体しつつある社会にも、自己治療的過程と自発的調整が存在しており、これらが生活を何とか我慢できるものにしている。さらに、比較的平穏な事態のもとでも、目を社会学的に訓練された者には、社会組織のギャップ、個人の知的道徳的および情緒的構成における間隙を見ることができるのである。与えられた状況の中で、ひとたび解体の累積的効果を制禦できなくなると、潜在的な渾沌がすべての人に見られるようになる。現代の社会的解体の脅威に対する伝統的な解答は数多く存在している。

資本主義対社会主義、独裁主義対民主主義、世俗社会対キリスト教社会という二者択一は、集団思考の中のかかる伝統を表わしている。しかし、これらの二者択一がどんなに重要な集団的勢力を代表するものであっても、それらの考えは診断というよりも治療法に関するものであり、われわれがどの治療法を採用するかは異なった価値に対するわれわれの好みによって決まるかもしれない。しかしわれわれはかかる好みに基づいて選ぶ前に、実際にわれわれの社会的母体の動揺がそのように処置できるものかどうかを確かめなければならない。われわれは診断によって社会的解体の徴候と原因を検出しなければならない。その時にのみ、われわれは異なる処置法についての賛否両論を考えることができる。

一　少数者支配を助長する新しい社会的技術

当面の分析では、現代社会の単なる数的な増大がわれわれの諸困難の基本的原因となっているということは、自明当然のこととして考えておきたい。この成長は第一義的には、産業革命――それ自体、機械技術の所産である――以後の驚くべき人口の増加に起因している。(1) 長い間われわれは、機械の広汎な使用がそれ自体社会的内包をもっていることを気づいていた。かくて周知のように、手織機から機械織機への移行は分業のあり方を革命的に変化し、工場生活とその機械的合理的労働を生み出した。しかし、これは人口の増加を伴なう技術的変化の単に一局面にすぎない。大衆に食物と衣服と住居を提供した経済上の諸発明は多くの場合正当な注意を受けてきたが、これに対してその他の諸技術の発達は、人口増加の結果と同様に、たいてい見すごされてきた。そのようにいうときわれわれが心にもっているのは、政治、教育、戦争、通信、宣伝などの領域における「社会的諸技術」のことである。それらの本性は、わずかここ二、三〇年の間に照らし出されてきたにすぎない。(2)

社会的技術*（social techniques）とは、社会的相互作用と組織化の一般的型式に組み入れるように人間行動に影響を及ぼす一切の方法のことである。社会的技術の存在は特に軍隊において明らかである。軍隊では、能率は主として厳重な組織化、訓練および規律、特殊な形式の自己規制と服従に依存している。軍隊だけでなく、いわ

われはすべて、古代アテネであれば教養ある有閑紳士として生活することを選んだであろうし、一八、九世紀であれば勇敢な開拓者として生きる道をとったであろう。しかしわれわれには、自分の生きる時代や解決を求められる問題に対する選択権は与えられていない。あらゆる種類の統制――経済的、政治的、心理的および機械的統制――の集中化は、すでに、これらの統制手段を、誰がどんな目的のために使用するか、ということだけが問題となるまでに進んでいる（そして第二次大戦はこの傾向をいちじるしく促進した）。というのは、それらの統制手段は確かに使用されるだろうからである。

選択はもはや「計画か自由放任主義か」ではなくて、「何のための計画か」とか「どんな種類の計画か」ということである。

二　新しい技術と権力複合体

そもそも発端から、現代の諸技術は権力複合体と結びついていた。多くの知識は権力を増大するために獲得された。経済的技術も社会的技術も、個人的権力を追求し、増大するための道具として開発されてきた。資本主義の開拓者、産業資本家、金融資本家および発明家は同じ精神の子である。彼らは拡張と搾取のために知識を求めたり、それを財政的に援助した。彼らが自然や人間に関心をもったのは、それらが利潤と権力を約束する場合に限られていた。そして彼らは他国に対しても、市場、植民地および軍事基地としてしか関心を示さなかった。(3) ルイス・マンフォード(4)が述べているように、彼らは城壁でかこまれた中世都市の地平線からはてしない世界へ一攫千金のみを夢みて歩を運んだ。だからかれらは、自己の足跡にどんな荒廃した状景を残しても、そんなものは全然気にかけなかった。彼らの略奪の果実は、部族的慣習の破壊、半飢餓、結核および土壌の腐蝕をも含んでいた。権力に対する一途の強調、すなわち、性格特性というより、むしろ時代の神経症的なコンプレックスは、まさにわれわれの精神全体のバランスを攪乱するが故に、世界の均衡を破壊してしまう。現代の都市郊外に見られる不面目なスラム街は、思弁的には人間の諸要求に関係なく作られたものであり、街の中心に聳え立つ摩天楼は経済的必要性に答えるために建てられたのではなく、威力と権力を誇示する標識として建てられたものである――両方とも同じく病的な成長のあらわれである。

現代資本主義社会が未開発諸国にまで膨脹を続ける体系として、人間と資本とエネルギーを吸収することができた限りでは、常に権力の濫用や極端な搾取形式の排け口があった(5)。一八四八年の自由主義的革命論者は自国の反動勢力によって敗北させられたが、なおかれらには別の世界があった。そして彼らは新しい生き方と別の所に新しい活動分野を見い出した。マッチニー、コススおよびマルクスのような人間は英国で仕事を続けたが、カール・シュルツは合衆国で著名な生涯を送った。しかしながら、今や帝国主義は、繰り返し生じてくる国際的摩擦と経済的動乱の原因として、すでに飽和点に達しているように思われる。世界は分割されている。すなわち、もはや移民に無償で移譲される自作農場つきの空閑地はなくなってしまい、後進国民も、彼らの支配者や取引相手とのコミュニケーションと教育を通して目ざめてきている。富の新しい分配が行なわれつつある。ヨーロッパの列強にとってこれは、過去三、四世紀とは対照的に、膨脹過程というより、むしろ収縮の過程となるであろう。少なくとも、権力を主要な原動力とし、搾取のための膨脹を組織化の原理としている限りでは、前途の見込みはかようである。

国内を見わたすときには、社会的諸集団と社会的諸階級はますます硬直化し、きびしく階層化する傾向にある。企業家が社会的に上昇しようとしても、もはや簡単にはできなくなっており、小さな所有者が急速な成功を夢みても、そのチャンスは同じく容易には得られなくなっている。技術と分業が洗練されればされるほど、それだけ社会的型式は柔軟性を失なっていくように思える。

社会の中で権力を追求する行為は恒常的要因ではなく、いろいろの機会の存在と並行して成長するものである。以前の段階では、この権力追求的衝動はまだ多かれ少なかれ統制されていた。その衝動によって始動させられた発明や技術は、公共の福祉を増進させさえした。最後の段階では、誇大妄想狂的な情熱とテロと根絶化(7)以外のものは何も残っておらず、われわれは誰一人としてこのドラマをこれ以上冷静に見ることはできなくなっているのである。

三　地域共同体的経済から自由競争を経て独占まで

拡大と不当利得という局面で、技術は古い征服と搾取の精神に対応している。これと同じように、自由競争と生産手段の私有制という全経済体系は、歴史的一位相――すなわち、二つの計画経済の間の中間的位相に対応している。一方の端に、農業および手工業共同体の地方的自給自足的な非営利的経済があった。(8)――他方の端に、われわれは高度に発達した諸技術に基礎づけられた国際的交易および統合をもつ莫大な領域にまたがる計画的経済を直視する。

われわれがこの観点から初期の資本主義と自由主義を眺める場合、かれらの「神聖にして侵すべからざる」諸制度――いかなる外部的干渉も受けない絶対的な私有財産概念に基礎をおく自由市場と自由競争[9]――は、ユニークな過渡的状況の産物であったことが明らかとなる。それらの制度は正確には、あまりに小さく、あまりに教区的な広がりしかもたない部族的単位あるいは地方的単位では、もはや膨脹を続けえなくなった経済的発展段階に対応している。後の経済的膨脹は「開拓者」すなわち大胆不敵な企業精神と冒険精神をもつ人間の方で個人的に滲透するという形式をとった。個人的財産の絶対的処置権は、家族財産および自治体財産という古い観念に対抗し、かつ国家の干渉に対する防御として支持されたが、これらの企業家個々人に対する一つの適当な刺激として見る場合にのみ、十分に理解されうるのである。私有財産の概念は、個人の心の中に、力動的な力として作用し、不断にかれをして、資本をかけるような冒険にかりたて、より多くの蓄積と投資のために利潤を貯蓄させ、権力と利潤のために余暇と快楽を放棄させる刺激となった。

これらの独立した経済的企業の規模がだんだんと大きくなっていき、他方でその数が減少していった時、情景は一変した。その時、真の意味での自由競争は消滅し、個人的イニシアティブの範囲は縮小し始め、新しいビジネス官僚制[10]が独立所有者に取って代った。この新興経営者階級はそれ自身の管理技術と同時に、新たな鍵鑰的地位をも発達させる。それはひそかに新たな従属者を作り出す。これと共に、絶体的な私有制の概念と野ばなしの自由放任の概念は、その機能的正当性を喪失してしまう。というのは、それは経済体系の発展と維持にとって、もはや不可欠のものでなくなっているからである。新しく作り出された権力的地位は、独占的慣行において濫用されるばかりでなく、その体系の固定化の増大によっても競争は安定性に対する積極的な危険物になってしまう。かつては万人の最大の利益を促進すると主張されたものが、今では大衆の雇用と収入を景気循環の気まぐれのま

まに任せている。(11)

このまったく渾沌とした状態は、われわれすべてにとって、多年にわたる無情な経験からして周知である。多くの人々にとって時代の危機は、経済的諸徴候において明らかであるが、その他の面ではさほど明らかでない。しかし経済的諸型式は、社会の全領域の渾沌に導く解体とまったく同一の諸傾向を繰り返しているにすぎず、戦争を別とすれば、その他の徴候はどれも、大量の失業のように非常に広汎かつ深刻に広がらないのである。

四　自己規制的小集団の転置

前述のように、経済体系における無規制的成長は、まさしく、現代社会一般の無規制的成長の一局面に他ならない。社会は徐々に大小さまざまの集団の塊になりつつある。それらの諸集団は、たいていの場合、昔の小さな有機的集団に取って代りつつある管理機関だけで結びつけられている。(12)われわれが有機的というのは、小集団に特有の自己規制力のことを意味しているが、これは大集団では徐々に消滅していく。この自己規制力は何も神秘的なものではない。コミュニティの大きさが限られており、皆に事柄の成り行きが大体理解できる限りにおいて、この自己規制力は発展における一定の平坦さとバランスと連続性を保証する力となるのである。家庭経済における需要と供給との相関にも何ら不思議はない。というのは、財貨の生産と消費に関する決定は同一人の掌中にあるからである。また職人が、個人的に知っている一定数の顧客と自分で予想できる顧客の欲求を考えて仕事をしている場合、需要と供給との間に相関があっても、何の不可思議もない。小単位が競争している限りでは、市場の自己規制力には何ら特に不可思議なものはない。

小集団における自己規制の現象は、経済学の領域において、より大規模に研究されているが、同一の自己規制は経済以外の他の諸領域においても行なわれている。大きさが限定されている場合には、すべての者が、何を自分から要求されているかとか、また集団から何を期待できるかといったことを理解することができる。日常における他の集団成員との直接的接触の中で、各人は自分で成功や失敗の原因を発見することができ、また事態が悪化する場合には集団的な治療を試みることもできる。ギリシャ市の「アゴラ」という広場、すなわち、教会やギルド会館や屋台店が軒を並べていた中世都市の市場では、市民は自分の属する世界の軌道全体を一目でとらえることができた。人間の諸活動の分化とそれに対応する社会的諸類型の成長とは、徐々に拡大する協同化の路線に沿って起った。誰でも自分の機能を知っていた。というのは、誰でも村落がどのように都市に供給し、都市がどのように村落に供給しているかを、はっきりと見ることができ、また異なった職業がどのように相互に役立って安定させ、かれらの相互的諸関係を規制しているかを、目のあたりに見ることができたからであった。しかし、メンバーの間では、単に社会的ヒエラルキーと機能の形式的諸関係がはっきりと決められていただけではなく、成長社会の全組織は依然として家族と近隣とコミュニティの基礎的諸制度によって支持されていた。

これらすべてのことは何も賛美するつもりで述べているのではない。狭い眺望、避けられない諸限界は、恐らく、かかる世界での生活をわれわれにとって耐えられないものにしてしまうであろう。要するに、われわれが強調したいのは、今日消滅しつつある社会的統合型式の自然である。この消失を最もよく表わしているのは、首都圏のきのこのような成長ぶりである。そこでは、有機的な凝集性の最後の痕跡さえも色あせつつあり、共同生活の原則と機能的相互依存と共同目的の明解さは完全に破壊されてしまっている。

五　伝統的な集団統制の解体

これと同じ過程のもう一つの重要な局面は、古い社会統制形式の解体である。

小集団の自己規制力が妨害されずに残っている限り、行為と思考は常識と習慣や先例によって作られた諸規則の統制を受ける。伝統は、結局、成功した適応経験の集積である。伝統に基づいて行為すれば、個人は選択のわずらわしさや、また古いやり方で困難を解決できる場合には、新しいやり方を発明する労力を省けるという利点がある。しかし、伝統と慣習は、一定の条件が一般に行きわたっている限りにおいてしか、諸事象に対する統制力を維持しない。だから、少なくとも、それらの条件のいくつかを明らかにしておくことは重要である。その場合の諸課題は、遂行のためにごく限られた組織しか必要としないような、単純で循環的なものでなければならない。このような事情においてしか既存の型式は採用されない。種類が増すにつれて、課題は非常に複雑になる。合理的な分析は、全体をその構成部分に分割して、新しい組合せを作り出し先例を越えるために必要である。

変貌が緩慢であり、家庭と市場と教会と都市が全く別の影響、いや敵対的な影響を及ぼさない限りにおいてのみ、伝統は働く。言いかえれば、それらが異なった影響を及ぼしている場合には、これらの差異を調和し、不整合の諸習慣を同化する時間があるかぎりにおいてのみ、伝統は働く。かくて、成長が徐々になされる限り、伝統は一定量の同調性を保護する統制者として行為する。もしそのような同調性がなければ、人間の協同は不可能となってしまう。あなた方は、人々がどんなに反応するかを合理的に期待し、その合理的な期待に対して、あなた方の行為を基礎づけることができる場合にしか、行動できない。ある基礎的な諸価値がコミュニティに暗黙のうちに受け入れられている場合にのみ、戦争や平和に人々を結集できるのである。集団が多少とも同質的で、人々がほぼ同種の社会的文化的環境のもとで生活している限り、また社会的尺度における上昇と下降があまり激しくない限り、その社会の慣習となっている習慣は安定したまま存続するであろう。

歴史的には、われわれは、比較的短時間のうちに近隣コミュニティの段階から大社会へ移行しただけでなく、この成長はしばしば、発作的になされてきた。技術の発達はそれ自体、伝統の頼みの綱となるような諸条件を根底からくつがえした。バラ戦争における旧英国貴族や産業革命時の農村労働者がそうであったように、どの集団でも時に根を絶たれることがあった。根絶化されぬ他の集団は経済力、政治力あるいは聖職者の力によって移住を強要された。

この急激かつ発作的な変貌は、古い集団的諸統制の解体の一因となった。われわれは、これまで、それらの集団的諸統制を適切に取り換えることができたとは殆んど言えないのである。疑いもなく、われわれは、軍隊、工場、シビル・サービス組織のような二、三の大規模な組織化型式を発明することに成功した。しかし、これらの組織化型式はいずれも、人間的諸要求に対して小集団のもつ融通性と即応性を発達させなかった。われわれは今日でも、最初の偉大な大規模の組織化型式である軍隊との張り合いで、大規模組織というものは抽象的、専断的、非人間的なものだということを当然視している。[13] 疎外的諸経験を経た後で、今日われわれが見ることができるのは、軍隊と工場で広く行なわれている諸統制はそれ自体、意気を阻喪させるような効果をもっているということである。結局、人間を機械の歯車のように取り扱うことは、故意に能率をさげ、怠業に導くだけのものとなるのである。小集団における自然な統制、大規模組織における機械的な工夫――こういう公式はもはや妥当しない。

というのは、われわれは個人を最も意気阻喪させるものは過度の形式化から生じることを知っているからである。[14] 渾沌の原料は無規律の野蛮人ではなくて、規律ずくめの工場労働者や軍人である。かれらは、結果として、工場を閉じたり、命令を与える者がいない時には、活力を喪失してしまう。

六　大規模な整合化の失敗

特殊な統制に関していえば、現代社会でつけ加えられた刺激剤は、大規模な異なる諸組織間に首尾一貫した整合化が欠如していることである。ビジネス企業として、また国家の官僚制として、あるいは任意結社として発展してきたけれども、それらの大規模組織はしばしば機能を重複している。整合化を欠く諸制度は、相互の有効性を相殺してしまう。中世の社会では事情は全く異なっていた。例えば、中世のギルドは、はっきりと限定された機能と特権と禁令をもつ一個の精巧な体系をなしていた。そのメンバー間のフォーマルな諸関係、かれらの社会的ヒエラルキーおよびコミュニティ内部におけるかれらの諸機能を明確に確立していた。かれらの生活の全局面、すなわち、労働と余暇と教養と礼拝の全局面を、コミュニティの目的によって形成し決定していた。それだけではない。自治団体自体が整合化されていた。それらの自治団体が中世都市を構成していた。だから、それらの自治団体は、断片的な機能しかもたず、ほとんどコミュニティの統制を受けない現代の雇用者団体や労働組合とは、本質的に異なっていた。大規模社会を存続するためには、どうしても社会諸制度のある整合化を必要とする。このことを認めることは、中世的な意味か、ファシスト的な意味での団体を訴願することではない。しかし、それと同様に、結社体のもつ教育的および道徳的意義を考慮しないで、諸個人を無数の抽象的な原子として考え続けることも不可能である。

機能的諸集団によって提供される種々の社会的諸機能を無整合のまま放置し、その機能的諸集団がコミュニティの有機的な一部として考えられていない場合、これらの手段によって個人を操作することは非常に簡単である。現代の抜かりない操作技師は、雇用者や被雇用者として、消費者、学生、ラジオ聴取者、スポーツマン、あるいは日曜の行楽者として、健康な日にも病気の日にも百様の仕方で個人に近ずくことができる。その結果、一般に方向性が混乱してしまっている。(15)

統制を弱めたり強めたりすることは、自由を弱めたり強めたりすることでもある。現実的な自由は抽象においては存在しない。あるのはただもろもろの自由《リバティーズ》のみである。あるタイプの自由と拘束はそれぞれの統制の一部である。軍人の自由は修道僧の自由とは異なる。教師の自由は生徒の自由とは異なる。家族内における父親の自由は、かれのビジネス関係における自由とは異なる。また文官の自由は、フリーランサーの芸術家やジャーナリストの自由とは違う。社会が適当に機能している限り、すべての者は異なった規則とコミットメントによって拘束されている。が、かれらもこれらのコミットメントの枠組内では自由である。ある統制の視点からは拘束されない行動や放縦として見られるものも、他の視点からは束縛として現われるかもしれない。ある人にとっては自由が始まるところで、他の人にとっては新しいタイプの責任が存在する。一見したところ、芸術家や無所属のジャーナリストは軍人や文官よりも自由であるように思える。しかし、よく立ち入って調べてみればわかることだが、軍人や文官はいったん、かれらの厳格に規定された仕事を離れると、かれらは他の人以上に責任から解放されて、くつろげる立場にある。他方、外見上自由のように見える芸術家は、自己の芸術に対するより高い責任によって、またジャーナリストはかれの職業倫理の規範によって、拘束されているかもしれない[16]。質的な自由は、質的に限定されたコミットメントの関係においてしか存在しない。絶対的な自由は無政府主義にしか存在しない。しかし、これは実は、行動を規制している法律がその統制力を失うと、自由も消滅していくことを立証するものである。

七　協同的統制の解体

小さなコミュニティの力が衰えるにつれて、かつての小さなコミュニティに固有な諸技術、すなわち協同的統制の諸技術も消失していく。

どんな社会的状況にも、集団的統制の二つの形態が存在する。一つは命令と服従の権威主義的型式で、他は協同を通して行為を発達・指導する型式である。もっと高いレベルにおける複雑な政治的および社会的組織形態も、すべてこれら二つの原初的形態の派生物である。それらは分業と社会的諸機能の分化を達成するための二者択一的方法である。第一の方法、すなわち命令と服従の方法は多くの場合に高い能率を達成するが、しかしたいていの場合に、関係する人間に損傷を与える。協同の方は、創造的な原理をあらわす。この共同統制の方法は、社会的技術の分野における最も重要な発明の一つである。共同目的を責任分担的事態のもとで実現するという考え方において、共同統制の方法は、古くあったものかもしれないけれども、すべての人間を一人の命令に盲目的に服従させる方法にくらべて、一大進歩をとげた方法を現わしている。すべての者にその最善を発揮させるような仕方で異なった課題を割当てることは、比較的容易な分業方法であろう。討議の場合のように、協同的思考形態を開発する方は、もっと難しい。しかし、大規模社会において、協同してコンセンサスを作り出し、共通の権力を共有する方法を見出すことは極めて難しい。実際、現代民主主義の最大の問題の一つは、大きなコミュニティの中でコンセンサスを確立し、共通の権力を共有するための諸型式を考案することである。

小さなセクトや限られた大きさのコミュニティでは、全メンバーは集会の精神を感じとって、議論を通じて、かれらの心の中にどれだけ無意識的な一致が存在しているかを発見することが期待できる。しかしながら、社会の成長が葛藤する精神的風土をもつ階級的ならびに空間的差別の見られる環境を生み出す時、また社会構造が組織的圧力集団に対して既得権を与える時、いよいよ、コンセンサスを作り出す同じ方法に固執し難くなってくる。民主主義のもっと単純な組織段階では、かなりよく働いていた方法も、今日では往々にして不適当なものになっているように思えるのである。

投票という民主主義技術は、合意と単純な集団の責任分担制にとってかわろうとした。投票制度はもともと賛否を現わす原初的形式に起源するものだが、後には頭数を数えるものとなり、そして最後には各種の代議制の図式にまで至った。この投票制度は、一九世紀には特殊な技能を発達させた。しかし、投票と現在の選挙制度を民主的統制の基本的武器として見る人々は、民主主義的手続きが世論操作と政党組織と圧力団体など多くの仕方でそこなわれているという事実を見落している。その上、かれらは、統制を共有することが、単に投票の領域においてだけでなく、コミュニティのすべての機能とすべての領域においても不可欠であることを見のがしている。われわれもまだ、大社会の諸要求にふさわしい統制の共有方法を見出すことに成功していない。

八　階級対立の破壊的効果

放置しておくと、現代社会は、階級差別と階級対立を強化する心理的諸要因から、特殊な破壊的効果を発展させる。

現代社会のこの局面はしばしば論ぜられているが、われわれの社会体系崩壊の他の諸要因を陰蔽する傾向がある。実際に、それは非常に重要な破壊力であり、もし野ばなしに発達を許しておけば、間違いなく、階級戦争に導き、自由と民主的一致の前提的諸条件を破壊してしまうであろう。

「階級闘争」に対する宿命論的な信仰とは別に、われわれが強調しなければならないのは、階級的差異の成長を阻止しうる統制方法を開発しておけば、われわれは、たとえわれわれがそうしようと思う時だけにしても、それらの方法を使うことができるであろうということである。それらの方法を適用する上での障害は、かなり大きいが、しかし本質的には上述の他の破壊的諸要因ほど大きくはない。この種の解体に精通するための第一歩は、宿命論のもつ消極的態度に先んじて、改革主義者と革命的解決法の賛否両論を評量することである。われわれは、ほどなくこの問題に帰りたいと思う。

九　パースナリティの解体

今日われわれは、協同および共同生活の第一次的型式の解体、社会的諸統制の退化、大規模組織の整合化に失敗していることなどを、ばらばらに切り離して考えることはできないことを知っている。これらは堕落した諸制度そのものではない。諸制度なら制度的再建というある客観的な手続きによって矯正されるであろう。今日われわれは、人間の行為とパースナリティ形成は大部分、同じこれらの諸制度に依存していることを知っている。諸制度の解体はパースナリティの解体を意味する。われわれは、諸制度が解体しているところでは、パースナリティも崩壊していることを予想する。何故なら、今日われわれが知っているように、行動と性格はそれ自体抽象的な実在ではなくて、基本的には活動の文脈から発達するものであり、大体、協同的行為の制度的諸型式から発達するものだからである。すなわち、もし協同化の型式がその規制力を失えば、諸統制はもはや受けいれられなくなる。それらは活力と威信を失うからである。その結果、行動は解体せざるをえなくなる。

伝統的な諸型式に従って行動する人間は、伝統に対するかれの信仰をゆさぶられ、しかも手もとに採用すべき新しい行為型式を持ち合わさない場合、疑いもなく全く困惑させられてしまう。これと同じことがあてはまるのは、人間行動に直接影響をおよぼす諸制度の整合化に脱落がある場合である。

われわれの従う命令の大部分は、諸集団によって支持され、裁可されている。軍人法典、職業規定、取引規定および近隣関係を統治する道徳律がある。現代社会において、もし大組織が自己の基準を発達させることができなければ、また産業関係の適当な倫理がなく、市民に共同責任の徳性を銘記させる徹底的な教育がなければ、そして最後に、国際関係においてジャングル法が一般に行なわれるならば、これらの不備は関係する諸個人の行為と性格の中に反映されるであろう。家族の慣習や職業規定がいくらかでも残っており、それが効力をもっているところでは、人々はやはり上品に振舞うであろうが、古い掟が消失しながら、それに代って新しい掟が現われていない場合とか、新しい生活領域を発達しながら、まだコミュニティの道徳意識に受け入れられていない所では、人々は途方にくれるであろう。これらの無法地帯が広がれば広がるほど、それだけそれらの無法地帯はパーソナリティを解体させる。そして遂には、デュルケームがアノミー（Anomie）（nomos は法、a-nomos は無法性を意味する）と呼んだ段階に到達する。そしてこれは、いま人々が自由放任主義の観念を文字通り取り入れている大衆社会で、現実に生活している状態である。そこでは、古い統制の消滅と同時に、人間は方向性を失なったまま放置されているということを理解していない。かような社会は、道徳的に「根底を掘りくずされ」ている。

もしわれわれが、まだアノミーの状態に到達していないとすれば、それは、現存する伝統の底流と、今でも役に立ち広く使用されている技術が、日々の問題に関して一致を作り出しているからである。しかし、動乱の最初の衝撃が戦争や経済危機やインフレーションの形で現われた時、いかに社会的行為も道徳的性格も共にぐにゃぐにゃになってしまったかということは見ることができた。その時、小さな人間に潜在する当惑と道徳的不安定性が前面に現れた。それに対して全国民は、「安全性」を求める絶望的な叫び声で答え、何かしっかりと持っておることのできる物を要求した。人々は、安全性に似た物を約束する者なら、だれでも予言者、救世主、指導者と見做して、完全な不安定と無法状態にとどまるよりか、むしろかれらに盲めっぽうに追従しようとした。

一〇　合意と宗教的紐帯の解体

われわれの観察を、どのように行動の文脈によって行為が堕落するものかということに限定して考えてみると、われわれはまだ行動とパースナリティの解体について十分わかっていないのである。社会的解体の原因を分析してみると、われわれは、適当に統合された社会には、行動の中での行為と性格の形成を越えた向うに、もう一つの別の過程が作用していることがわかるのである。それは主として、宗教に代表されるようなイデオロギー的ないし精神的インスピレーションがもつ統合的機能である。

　宗教について話すさい、社会学者はあれこれの教義や宗派のことをいわないで、「宗教」という言葉自体の中にかなりよく表現されている一つの基礎的制度のことをいう。宗教（re-ligere）という言葉の語源は、あなた方がなすことすべてを最高の原因に「近ずけて結びつける」という意味である。生活の文脈での人間の活動は、まず第一に習慣や因襲を通して一つの型式にあみ込まれる。しかし、この第一次的統合は十分でない。人間は、自分のばらばらの活動すべてを、一つの共同目的に関係づけるような、もっと基本的な一体性を切望している。たとえこの共通に受け入れられている目的が消滅しても、社会という機械は、しばらくの間はいつものように働き続ける。というのは、分業から生じる相互的依存と義務が、人々を簡単に逃れさせないからである。しかし、大きな危機が起るときいつでも明らかになることだが、相互的義務も、良心に根づいている場合にしか、効力をもたない。そして、良心は人間における最も人格的な経験であるけれども、共通に経験する諸事象の道徳的および宗教的解釈が、そのコミュニティのメンバーに受け入れられ、同化されている場合にしか、良心は共同生活の導きとならないのである。

この意味における宗教は、個々人の行為と責任も、もっと広い共通的経験の流れに結びつけることを意味する。したがって、宗教は、日々の活動のよりプラグマチックなレベルにおいて、既に限られた功利的目的のために統合されているものを、もう一度より深い平面において統合するのである。

宗教が人間事象におけるより深い統合力であることを止めるとき、その変化は社会的に明らかとなる。中世の社会が崩壊するまで、宗教は生きていた。何故なら、宗教は単なる教義ではなくて、行動型式と善き生活の理想にインスピレーションを吹き込む社会統制でもあったからである。この影響が最初に引退させられ、国家、産業、その他の生活部門が自分で自分を配慮するようになった時、宗教は生気を失ってしまったが、社会生活はその代置物を見出せなかった。先ず最初に国家主義が、次いで社会主義がこのギャップをうめようとした。世界的統合を待ちつつある時代に、国家主義の自己敗北的傾向や有害な影響は、特に国家主義が侵略の道具になるばあいには、問題外である。たしかに、しばらくの間、社会主義と共産主義は、人間の諸活動をより高い一つの目的——社会正義に基づく社会を建設するという目的——に結びつける力をもっていた。しかしもっとはっきりしているのは次の点である。すなわち、それらは人類の大きな部分にとって宗教を意味することができず、かくして協同的な世界社会を建設するという次の大冒険に向って、人間を結びつけるよりも、分裂させてしまったということである。

現在の歴史的転機に宗教（re-ligere）の平面におけるどの基本的統合も出会う最大のパラドックスは、大きなコミュニティの統一が非常に要求されていながら、それがあまりにもしばしば他の宗教的信条に対する敵対主義によって成就されていることである。これらは、現在完成した戦争の道具の力をかりると、諸国民の絶滅にしか導かないような熱狂と不寛容を作り出すように思える。

世界が並存して発展しうる幾つかの単位から成立していた限りでは、宗教的熱狂は往々にして戦争を生み出した。しかし、過去の時代のこれらの闘争は、二つの世界大戦に比べて、割合に無邪気な戦争であったように思える。来るべき戦争の潜在的破壊力を想像すれば、なおさらその感がある。創造力としての未来の精神的復興の基準は、それによって人間と人間を敵対させずに統合することができるかどうかであろう。このことがこれまで起らなかったという事実は、まだ人間の創造力を信じる人々によれば、決定的な事実として受け入れられない。というのは、過去において人間は、しばしば、全く新しい精神的態度の出現によって、全く変化してしまった環境の挑戦に対処しえたことを示しているからである。

われわれが無規制的な資本主義社会の渾沌たる状態を考える場合、一つの事は非常にはっきりしている。それは現在の社会状態は長く続かないということである。われわれは、大きな危機が起らない限り、社会的渾沌は潜在的に残るかもしれないということを見てきた。しかし、大量の失業や戦争によって緊張が頂点にもたらされるときは常に、新しい解決法を見出さなければならない。現在までに世界が学んできたのは、かかる危機は偶然におこるのではなくて、大量の失業も戦争も共に体制に内在するものだということである。かくして、これら二つの基礎的な病弊は、それらに対して意識的組織的に攻撃を加えなければ、消滅しないであろう。このことは自ら、自由放任主義の時代が終ったということ、そして計画を通してしか破局を回避できる道はないということを示している。

（1）　この発達は次の表から跡づけられる。なお、この表は J. R. Hicks and A. R. Hart, *The Social Framework of the American Economy* (New York, 1945), p. 39. から引用した。

人口（単位，百万）

	1650	1800	1850	1900	1940
英国	6	10	21	37	46
フランス	16	27	35	41	42
ドイツ	14	20	35	54	70
イタリア	13	17	24	32	44
アメリカ合衆国	‥	5	23	75	131
アイルランド	1	5	$6\frac{1}{2}$	$4\frac{1}{2}$	$4\frac{1}{4}$

（2） Gilfillan, S. C., *The Sociology of Invention* (Chicago, 1935). Ogburn, W. F., *Social Change* (New York, 1929). 参照。

（3） Sir George Cornewall Lewis は一八四一年，「次の項目のもとに，支配国が属国に対するその支配権から引き出す利益」について要約した。

1　属国の支払う貢物ないし歳入
2　属国によって提供される陸海軍事目的への援助
3　属国との貿易による支配国の利益
4　支配国の余剰人口の移住およびその資本の有利な使用のために，支配国に対して属国が提供する便益
5　属国への囚人輸送
6　属国所有の栄誉

An Essay on the Government of Dependencies, ed. with an Introduction by C. P. Lucas (Oxford, 1891), p. XIV. から引用。

（4） Mumford, Lewis, *Faith for Living* (New York, 1940), p. 149.

（5） 「一九世紀に利用できた経済投資の機会は，莫大な未開拓ないし半開拓地域が存在していたことや，人口増加によ

る財貨の大幅な需要の帰結であったと論じられている。もっと最近では、基礎資本の設備——鉱山、鉄道、工場、電信など——が用意されており、全体的な復旧は必要ではなく、単に維持と補修と改善だけを必要としていると論ぜられている。このような改善によってでも、以前にくらべると、あまり資本を出さなくても、より大きな生産性をあげていると言われる。それ故、経済的膨脹は、産業その他の方式によって、なお残存する機会をより集約的に開発することによってすすめられなければならない。その場合でも、あらゆる自然的貯蓄の使用法を発見することは困難であると考えられ、また総合的財政政策の欠如のために、貯蓄の若干は単に死蔵されて何も産み出さないことが懸念されている。」H. Finer, *The T. V. A.* (Montreal, 1944), p. 218, note 2.

Hansen, A. H., *Fiscal Policy and Business Cycles* (New York, 1941), ch. XVI.

Temporary National Economic Committee Hearings, Part 9.

Ibid. Currie, pp. 3520ff.

(6) Easum, Chester V., *Karl Schurz* (Weimar, 1937).

(7) Arendt, Hannah, 'The Concentration Camps,' *Partisan Review*, vol. xv, no. 7, pp. 762f.

(Balticus), 'The Two "G"'s : Gestapo and GPU, Phenomena of Modern Revolution,' *Foreign Affairs* (1939), vol. 17, pp. 489–507.

Baron, Salo W., *A Social Religious History of the Jews* (New York, 1937).

Bettelheim, Bruno, 'Concentration Camps, German,' *Ten Eventful Years* (Chicago, 1947), vol. 2.

—— 'Individual and Mass Behavior in Extreme Situations,' *Journal of Abnormal and Social Psychology*, vol. 38, no. 4.

Bloch, Herbert A., 'The Personality of Inmates of Concentration Camps,' *American Journal of Sociology* (Jan. 1947), vol. 52.

Bondy, Curt, 'Problems of Internment Camps,' *Journal of Abnormal and Social Psychology*, vol. 38, no. 4.

Bramsted, Ernest K., *Dictatorship and Political Police* (London, 1945).

Kautsky, Benedict, *Teufel und Verdammte* (Zurich, 1946).

Kogon, Eugen, *Der SS-Staat* (Berlin, 1947).

Rousset, David, *The Other Kingdom* (New York, 1947).

（8） Coulton. G. G., *The Medieval Village* (Cambridge, 1925).

（9） 社会学的定義については次のものを参照せよ。Max Weber, *The Theory of Social and Economic Organization*, tr. by A. M. Henderson and Talcott Parsons, ed. with an Introduction by Talcott Parsons (New York, 1947), pp. 140. 238–45.

Cahn, Edmond N. (ed.), *Social Meaning of Legal Concepts* (New York, 1948), no. 1, 'Inheritance of Property and the Power of Testamentary Disposition.'（ニューヨーク大学法学部主催年次学会)。

（10） 第五章の注（53）を参照。

（11） Brady, R. A., *Business as a System of Power* (New York, 1943). Schumpeter, Joseph A., *Business Cycles* (New York, 1939). 参照。

（12） たとえば、中央アジアにおける最近の社会開発についてなされた観察、G. and M. Wilson, *The Analysis of Social Change* (Cambridge, 1945). を見よ。

（13） 戦後イギリスで、モントゴメリー陸軍元帥は、軍隊における生活型式や生活基準は市民社会のそれに類似すべきであるという規則を作ったが、これはその特徴を表わしている。

（14） クーリの過度の形式化についての考えに関しては C. H. Cooley, *Social Organization* (New York, 1924) の第三〇章「形式主義と解体」を参照。

（15） ラジオ操作による公衆の恐慌と公衆の混乱の事例研究については、Cantril, Hadley, *The Invasion from Mars* (Princeton, 1940). 参照。

（16） 「研究と表現の自由、自由とあらゆる形式の知的生活の自由の抑圧に関する事実と判例の集録」 *The Annals of the American Academy of Political and Social Science* (Nov. 1938), vol. 200.

Lippmann, Walter, *Public Opinion* (New York, 1922 ; Pelican, 1946).

Lovejoy A. D., 'Professional Ethics and Social Progress,' *The North American Review*, vol. 219. pp. 398–

407.

MacIver, Robert, 'The Social Significance of Professional Ethics,' *The Annals* (Amer. Acad. Soc. Pol. Science), vol. 101, pp. 5–11.

Parsons, Talcott, 'The Professions and Social Structure,' *Social Forces* (May, 1939), vol. 17, pp. 457–87.

Steed, Wickham, *The Press* (London, 1938, Penguin ed.).

Whitehead, Alfred North, 'Aspects of Freedom,' *Freedom Its Meaning*, Planned and edited by Ruth Nanda Anshen (New York, 1940).

(17) Durkheim, Emile, *Le Suicide, étude de sociologie* (Paris, 1897), pp. 272–88. (Translated by William C. Bradbury, Jr., with an Introduction by Sebastian de Grazia, *University Observer*, Chicago, Winter 1947.)

第二章　状況に対する反応の選択

ここに述べられている状況は、西欧の民主主義国においてよりも中央ヨーロッパにおいては、ずっと早くから明らかであった。世界のあの部分が全くの渾沌たる窮境に直面させられたのは、第一次世界大戦の戦勝諸国が何か基本的な変化に気づくよりも、ずっと以前のことであった。連合国は、自国の大きな富と確保した国際的地位と民主主義的な習慣および制度をもつ自国の伝統のために、何年間も何がおこっているのかを知らずにいた。それでも、多くの人は、これらの幸運な国々も、やはり、社会組織に内在する敵対的な諸勢力間のあらわな闘争の試練に耐えなければならないだろうと感じ取っていた。二つの大戦の間の内政・外交の問題でドイツとイタリーで採用された政策を理解できるのは、これらの国では、それ以後あれこれの形式で、われわれにとっても少なからず重要となった新しい状況に既に取り組んでいたのだということをはっきりと知る場合だけである。時代の挑戦に対する両国の反応の仕方には非難すべきものがあったにしても、少なくとも両国は状況を処理しようとして一つの試みを企てたのであった。これに対してわれわれは、危機を切り抜けるための伝統的な方法しかやろうとしなかった。今日でも、われわれは、現代社会における主要な変化に自己を再定位しようとはせず、むしろ社会的諸問題をもっともらしく言いつくろう傾向がある。われわれは、種々の新しい社会的政治的体制を、時代の新しい病弊に直面させられた諸国民の行なう実験として眺める場合にのみ、政治に対する新しいアプローチを見出することができるのである。その時、異なる種々のアプローチは、社会構造の変化によってもたらされた挑戦に対する反応として、それぞれのもつメリットに基づいて判断されるであろう。これまでのところ、解体に対する二つの反応しか現われていない。それらは次のようである。

(1)全体主義的計画化で、これにはファシズムとコミュニズムという二つの変形がある。

(2)民主主義的計画化で、これは民主主義諸国の進歩的政策によって徐々におしすすめられた。しかしながら、その基礎的な評価と技術と全型式は、まだ明確に述べられても開発されてもいない。その輪郭を素描し、民主主義的計画化の本質を述べるのが、本書の目的である。

一　全体主義的反応

全体主義の解答は、ある程度まで、新しい問題に直面して狼狽した人間のなす解答——命令と圧制と強迫と集団殺害の方法への逃避として特徴づけられよう。それは一般に、軍事型の伝統が行きわたっている社会の方法である。そこでは、組織化は基本的に厳格な画一化の形式をとっている。全体主義的反応は注意深く研究すべきである。何故なら、その方法の残忍さにもかかわらず、それはこれらの社会が対処しなければならない状況をはっきりと描き出しているからである。たとえ、それらの社会の具体的方策が大体、一つの病弊を治療するために、他のもっと大きな病弊を攻撃するようなやり方であっても、そのことに変りない。

この意味で、全体主義的反応の主要な特徴および、コミュニズムとファシズムの差異を知ることは有益である。

両方とも、経済的渾沌が周期的失業を生み出しているのであり、これは結局、姑息手段だけでは治療することができないものであることを了解している。両方とも、働く権利は国家が保証すべき市民の基本権であることを了解している。両方とも、市民をある水準以下に低下させない基本的保障と安定性とは等しくコミュニティの関心事であることを了解している。これらと同じように両方とも、心理的な基本的保障は公共的関心事であり、社会は安定性の心理的意味を慎重に考慮しなければ、存続できないことをも認めている。大衆社会におけるコミュニティのモラールは自然発生的には発達しない。それは意識的な嚮導《きょうどう》を必要とするのである。一言でいうと、全体主義者たちは、大社会では、経済的、社会的および道徳的諸領域における計画化の必要なことを了解していたのである。

コミュニズムとファシズムの間のもう一つの類似性は、両方とも、計画化を、すべてのものを規制する滲透過程として考えていることである。両方とも、計画化を、二、三の鍵鑰的地点から発する集権的手続きとして見ていた。

最後に両方とも、計画化を独裁制によって遂行する点で、二つのアプローチは似ている。これは、独占的政党によって権力を少数者の手中に絶対的に集中することを意味する。具体的な言葉でいうと、それは自由な市民の殆んどあらゆる権利の停止を含んでいる。それは、教育制度の完全な統制はいうまでもなく、新聞その他の世論を形成するための一切の機関の完全な統制を意味している。それは、公認および半公認のギャングによる権力の無責任な使用を意味する。すなわち、それは、捕虜収容所とスパイ活動とあらゆる種類のテロ行為を意味する。独裁者の方法という点では、ファシズムとコミュニズムとの間に区別すべきものはないけれども、この理由だけで二つの体制を同一視することは間違いである。われわれは、独裁者の要素と全体主義的過剰組織のもつ意義を過小に見積ろうとは思わない。われわれは、社会主義的計画化の積極的な徳性でさえ徐々に弱まることを知っている。しかしながら、独裁制も、少数の政党ボスと産業資本家と軍隊の指導者の野ばなしの権力複合に奉仕するか、それとも究極的に多数の人間の生活水準を上昇させることを目指しているかでは、同じ独裁制でも雲泥の差がある。ロシアでは貧乏と文盲が未曾有の減少を示したが、ドイツではナチスが生活水準も教育水準も共に低下させてしまった。このことに疑いをもつ者は誰もいない。確かに、少数民族の文化的自律性を確立することによって、かれらのための創造的政策を樹立したこと、そしてかれらを相互に対立させて、申し立てられている民族的人種的優越感を組織的に教唆するようなことをしなかったのは、ロシア側の偉大な達成であった。(1)

コミュニズムもファシズムも共に、命令的文化をもっているが、(2)両者の違いは、前者が民衆の一般的啓蒙を目指しており、この目的が公式的イデオロギーに抵触する場合以外には、その活動を中止させないという点である。ソビエト・ロシヤでは、このイデオロギーが多くの思考領域に影響を及ぼしているけれども、それはナチスの教育が目指したような原始主義を目指してはいない。ナチスの理想は、西欧の古典的キリスト教的価値によってまだ陶冶されていない野蛮人であった。かれらは、多産性と「人種」礼讃を教え込むことおよび自国民の神格化を目指していた。これは闘争と葛藤と相互絶滅の考えを不朽のものにしようとする信条の組織的な注入法であった。ロシヤの宣伝と教育における合理主義的諸要素は、前産業主義的習慣と公式の打破を説明するものであり、これは現代産業主義社会の必然的要請であった。しかし、ロシヤ人は、西欧文明の合理主義的伝統のみを採用したために、ヨーロッパ文化の他の伝統の中に含まれている思考と人間経験の富を犠牲にしてしまった。われわれはこの事実に対して目をつむってはならない。史的唯物論は一つの社会学的哲学的教理であって、それは多くの科学的仮設体系の中の一つとしてのみ、偉大な価値をもつのである。史的唯物論の狭い境界を超えたキリスト教およびすべてのものに対する敵対的態度、すなわち非合理的な諸価値の意図的廃棄は、複雑な文化とより多様な精神的遺産をもつ諸国民にとっては殆んど受け入れ難い犠牲を意味するに違いない。反動運動は多くの場合、反動運動をすすめる目的のための武器として、あるいは既得権のカモフラージとして、われわれの文化の非合理的諸勢力を利用している。このことに注意することは、宗教が後進性のカモフラージであり、反動の道具であるという定理を正当化するものではない。例えば、英国では、社会進歩の最も奥深い原動力はしっかりと宗教的経験に根ざしていたのであった。(3)

二　ファシズムの悲観主義的見方

コミュニズムとファシズムの基本的な差異の一つは、ファシズムが人間の完成を信ぜず、社会組織や人間関係を改善するための真のユートピア的ビジョンを何も持っていないということである。したがって、ファシストは、かれらの行動において決して、世界諸事象の基本的改善の観念によって導かれない。これがかれらをして、少数者、つまり、かれらの支配階級か、それともかれらの人種のいずれかに、直接利するようなチャンスを無謀なまでに利用させることに通ずるのである。例えば、経済体制の崩壊から、新体制を世界的規模で計画することが望まれていながら、過渡的段階で、純粋な独裁政治の方が割がよければ、ファシストは独裁政治の方に全力投球して、その可能性を開拓するだろう――よしんばかれらは、もっと広い見地から考えれば、それが人類の破滅を意味することを知っていても。

他の者はすべての階級と国民の生活水準を改善する方法のために頭を痛めているのに、ファシストは搾取することしか考えていない。時代の善良な思想家は、絶えない戦争の脅威を取り除きうる手段を思いわずらうが、ファシストによると、戦争は人間性に根ざすものであり、自分の「人種」はこの事実からして、最もすぐれた兵士と最も無慈悲な征服者を仕立てあげて、勝利する位置にあるということを、当然と考えている。政治記者、教育者および政治家は暗示と情緒的な宣伝のもつ恐るべき力を了解しているが、それを利用したがらない。というのは、次の世代の判断力を麻痺させることを恐れるからである。ところがファシストは、これらの方法をどんな人間関係でも、ようしゃなく使用する。ファシストは、政治的議論の方法を組織的プロパガンダと取り換えるだけでなく、教育やすべての重要な人間関係をプロパガンダの区画に変換しさえする。またかれは、個人的関係や、余暇と公共的享楽の搾取も、自分の目的から除外しない。もちろん、これは大体、ソビエト・ロシヤやその他の東欧諸国にも当てはまるが、それらの国は少なくとも、かかる戦術に対して守勢をとっている。すなわち、それらの国の主張によれば、かれらの全教育政策は感傷主義を目ざしてはおらず、たとえその範囲は狭いにしても、人間関係の合理的な思考と分析を目指しているのである。

人類は、できる限り、命令と抑圧の方法を除去するために非常に精力的に努力したが、ファシストは、人間が指導されることを欲していると仮定し、指導を求めるその欲求を政治的社会的組織化の原理に転化するのである。かくて、すべての民主主義的実験、すなわち、数世紀間の果実は数年もすれば破壊されてしまうのである。

これらのどの例においても、ファシスト的心性のもつ制限的傾向が前面に出ている。ファシストは成長と改善に反対である。何故なら、人間の基本的な創造の力を信じていないからである。この悲観論と懐疑主義のために、搾取をおしすすめるためにだけ、有効な技術を使用することができるのである。ファシストが生物学的決定論

——「人種」の遺伝的、不変的な性質——を信じている事実は、皮肉な宿命論の別の表現に他ならない。自国における社会正義も、同等とみなされている諸国民間の合作も、不可能である。そして優越人種支配民族（Herren-volk）——の聖なる利己主義（sacro egoismo）が必然的に生まれるのである。この哲学は全く驚くべきことには、たとえ全権力をファシストにもたせても、絶え間ない動乱と反乱は必然的であり、遂には相互の破滅も必然であろう。

三　マルクス主義のユートピア的な希望

ファシストはあまりに持つものがないが、それにひきくらべて、コミュニストはあまりに持つものが多い。コミュニストは人間性および社会秩序の完全性に対する狂信から出発する。人間的諸事象の潜在的な改善に対するこの無限の信仰でも、この信仰に欺かれて過渡期のもつ諸困難を過小評価するようなことさえなければ、有害とはならぬであろう。現存の事態に対して批判的であるために、また多くの場合は過度に批判的であるために、コミュニストはまさに、すべてをひっかき集めて全く新しく出発しそうである。これは明らかに危険である。階級闘争の必然性を診断しながら、コミュニストは階級闘争を作り出すことに加担している。(4) 社会は本質的に暴力によってしか変形されえないという命題を冷酷なほど強調して、コミュニストは漸進的な改革を遂行しうる環境を錯乱してしまう。改革者の希望を破壊して、コミュニストは極端な革命的心性か、あるいは極端な反動的心性しか生存できぬような状況を作りだす。この鋭い緊張と絶対的な敵意は、革命理論の渇望である。これを考えていた時には、冷酷ではあっても、それなりの意味があったが、今日では、この態度は、革命の敗北と反動の勝利に好都合な状況を作り出す。

近代の革命理論(5)は、資本主義の初期的段階の欠乏と冷酷な搾取の世界の中で考えられたものであった。当時、人は貧富間での死活にかかわる闘争しか考えることができなかった。その闘争の中で貧者は、自らを縛る鎖よりほかに、失うべき何ものも持たなかった。(6)それ以後、先進工業諸国で発展してきた状況においては、革命の他には打ち負かされることのない人々が増大してきている。したがって、かれらは、もっと啓蒙的な社会組織を目ざして、平和的な変形が行なわれることを好んだのであろう。(7)これはさておき、初期の革命論者の診断は次のような三つの点で誤りを犯していた。すなわち、㈠高度に分化した産業主義社会では、社会の深い解体がない限り、極端な左派が権力を獲得し保持する機会は少ない。㈡マルクス主義的教説のもつ反中間階級的片寄り(8)は、ファシズムの主要な機会が住まうかなり大きな人口部分を疎隔せざるをえない。㈢さらに、しかもこれが一番大切な要因であるが、ソビエト・ロシアにおける「過渡的」な独裁制と考えられていたものが何ら衰微していないばかりでなく、われわれは、どんな社会的実験でも、独裁制に基礎づけられている場合には、その独裁制は決して衰微しないであろうことをも予想できるのである。これが真である理由としては、少数者は現代の社会的技術を与えられている場合、武器を持たない多数者に権力を譲渡するようなことは決してないであろうからである。全体主義的権力は、ひとたび陣地をきずいたなら、もう殆んど望みがない。この政治的信条が何であれ、確立された全体主義体制は、その政治的信条がどのようなものであっても、これを内部から破壊することはできない。それは外部的戦争を企てて、自己を没落させるのである。その結果、独裁制は、次第に消えていくだろう。コミュニストの抱くこのユートピア的希望は、かれらの他の多くの極端に楽観的な期待以上に幻を見るような感さえする。

過渡的独裁制に対するこのマルクス主義的希望は、過去からの現実的経験の無意識的投射であったが、しかしそれはもはや妥当しない。マルクスの世代が回顧することのできた時代の歴史は、絶対主義に対する革命が成功した時代であり、また絶対主義が次第に民主主義を生み出した時代であった。しかし、その時代には、主要な武器はライフル銃であった。各人は一挺のライフル銃を代表し、各ライフル銃は一人の人間を代表した。そして一万人ないし十万人の人間が、特に敗戦後は、暴君に背を向けることができた。これは民主主義の現実的な根であった。(10) 全く異なった武器のある今日では、独裁者の私的ないし半公的軍隊は、集権的政府と広汎なスパイ網と一緒になって一個の砦を構成している。だから、平和時にはこれまで、この砦に対するどんなレジスタンスも成功したことはなかった。この種の権力は、ひとたび確立されると、イデオロギー的な理由や自由を愛することから、いずれ後退するだろうなどと信じるのは非常に危険な楽観主義である。

自由の理想を支配者の心の中にとどめさせる唯一の機会は、自由な諸制度を存続し、それらを維持することにある。コミュニストの議論における危険な誤謬は、次の点にある。すなわち、そのチャンピオンたちは独裁制の期間中に失なわれたすべての自由に対して、よりよき未来という日付のない小切手でもって支払うことを約束していることである。しかし今日までにわれわれが学んだところでは、あらゆる改良は、自由と民主主義的合意の条件のもとで徐々に勝ち取った方が、自由な諸制度およびそれらの制度と共にある自由愛好精神を犠牲にしてまで支払わねばならない場合よりも、はるかに多くの価値をもつのである。これらは一たび消滅してしまったら、社会的技術の現状では、二度と獲得することは困難である。独裁体制は、その社会的内容の如何にかかわらず、ひとたび教育的装置をつかむと、自由な思想と自由な生活の記憶や必要を拭い去るためにどんなことでもやるのである。つまり、独裁体制は全力をつくして、自由な諸制度を少数者の道具に変形してしまうのである。(11)

四　民主的計画をめざして

以上に述べた議論全体の重点を受け入れるなら、現代の社会的および政治的問題を公式化することができる。われわれの課題は計画化によって社会体系を建設することである。しかしそれは特殊な種類の計画化によってである。それは、民主的統制を受ける自由のための計画化（planning for freedom）でなければならない。計画化は、企業家連合か労働者の結社体のいずれかの集団的独占に組するような拘束者ではなくて、「豊饒のための計画」、すなわち完全雇用と資源の完全な開発のための計画でなければならない。絶対的平等というよりも、むしろ社会正義のための計画であり、特権よりも、むしろ純正な平等に基づく報酬と地位の分化した計画でなければならない。無階級的社会のための計画ではなくて、貧富の極端を消滅させる社会のための計画でなければならない。「レベルを引き下げる」ことのない文化的基準のための計画――すなわち、伝統の中の価値あるものを放棄することなく、進歩を助長するような計画的な移行でなければならない。社会的統制手段の整合化による大衆社会の危険を防止する計画であって、集合的基準によって制度的あるいは道徳的悪化として定義される場合にしか干渉しない、権力の集中と分散の間のバランスをとるための計画である。パーソナリティの成長を鼓舞するために、社会の漸進的な変形をはかる計画でなければならない。要するに、計画化であって、画一化であってはならないのである。(12)

たとえ一見したときには、希望事項一覧表であって、逆説的要素も含んでいるように思われても、これらの諸要件を列挙しておくことは重要である。われわれの論点はこうである。すなわち、われわれが現存の選択事項を自明当然のこととして受け入れる場合にのみ、これらの種々の考えはわれわれにとって両立し難く思えるのである。われわれは当然、計画化というと独裁的なものしかないと考えている。何故なら、ファシストの計画もコミュニストの計画も両方とも独裁的なものだからである。われわれは当然、計画化のために自由の代価を支払わなければならないと考えている。なぜなら、ファシストとコミュニストの計画者はすべての反対を暴力と恐怖によって一掃してしまうからである。われわれの考えでは、民主主義社会も必然的に制限的かつ独占的にならざるをえない。何故なら、われわれは無意識のうちに民主主義を寡頭政治や独占資本主義の最後の位相と同一視しているからである。われわれは、道徳の世界には渾沌と獄舎との間の選択は存在しないことを当然のことと考えている。何故なら、われわれの自由放任主義的民主主義社会では、道徳的一致の要素はすべて徐々に消失していき、今日までのところ、独裁者の教え込みを通しての共通心の強制以外には、全然その治療法が見出されていないからである。

しかし、現在の解体と反応を最終的かつ不可避的なものと片づけてしまうのは近視眼的な宿命論であろう。もしわれわれの世代が偶然的発展を動かすことのできぬものと考え、次の世代に、それ自体不満足な社会類型を存続しようとする努力を持続させるとすれば、われわれの世代は想像力を欠如していることになろう。制限と貧困および財閥家の富という両極端だけに好意を示す虚偽の民主主義のためにも、あるいは、すべての人間の自由を永久に消失する虚偽の計画社会のためにも、死ぬ価値はない。したがって、万事はわれわれの想像力と知的努力にかかっているのである。われわれは、現存の民主主義体制の退廃を改変できないものとして受け取ったり、全体主義国家における再組織化の最初の偶然的実験を唯一の可能なコースとして考えたりしてはならない。政治においてさえ、現状は次の場合にしか教訓的なものにならない。すなわち、分析的精神によって、(a)変化しつつある社会の基礎的構造の急迫した事情を通してどんな特徴が現われているかを解きほぐすことができ、(b)どれが何か他の仕方でも対処されうる挑戦への任意的解答であるかを解明できる場合にしか教訓的なものにならない。

創造的政治は創造的科学と同じである。創造的科学は、精神が確立された型から離れるところで始まる。科学者はまだ自然界にはかかるものとして存在していない道具を自由に発明する。もちろん、それらの道具は原理上自然に基礎づけられているけれども。われわれは、自由である計画社会について考える場合、まだ実現されていない目標――まだ対応する実在がないものに対する希望事項の組み合せを設定する。われわれは、社会においてどのように原因と結果とが作用するかを観察する限り、描き出した目標に到達するために現在の動向に影響を与えることはできないという結論は出てこない。われわれは絶えず社会的諸事象の動向に影響を与えているから(そして、将来は、ますます大々的に影響を与えることになるから)、それ以上に大切なのは、現代の必要性を不断に気づいていることである。この意味で、たとえわれわれの希望事項一覧表は最初ユートピア的と思われても、民主主義の本質に関する真のビジョンを描き出すことは絶対に必要である。いろいろの実験は失敗するかもしれないが、実験者が自己の欲するものをはっきりと述べることさえできれば、失敗を改善することが可能である。実験者は、自分が何を欲しており、何故前には失敗したのかということを正確に知っている場合にしか、再試を行なうことはできない。

したがって、ちょっと見たときにはユートピア的に思われるものも、それを長い目で見たときにそうであるとは必ずしも言えないのである。社会制度の改善についての新しいビジョンはいずれも、既存の秩序を自明当然のものと受け取っている人々にはユートピア的なものと見られてきた。人はさらに一歩進めて次のようにいうかもしれない。すなわち、少なくとも現在の状況においては、民主的計画にもとづく社会型式はユートピア的どころのものではない。というのは、英国ならびに合衆国において一点に集まりつつある非常に多くの線は、前述の八つの点の方向に動いているからである。しかしながら、目的のはっきりとしたビジョンがなければ、適切な瞬間は望ましい効果を生み出すことなく過ぎ去ってしまうかもしれない。

アングロサクソン諸国における計画的自由の体系のための機会と目録についての議論を始める前に、これらの民主主義諸国における生活、すなわち文化的ならびに制度的、政治的ならびに経済的生活の特徴的諸要素の簡単な明細目録を作っておくことは価値のあることであろう。なぜなら、与えられた社会を改革しようとするどんな試みでも、その社会の基礎的諸特徴を了解することなしには成功しえないからである。

まず大ブリテンから始めよう。ロシアは全体的な革命による過去の清算の上に新世界を樹立したが、英国は、無謀に放棄してはならない多くの要素を伝統的にもっている。というのは、幸いにもそれらの要素は、新しい社会秩序への困難な移行をスムースにさせるような重要な遺産を表わしているからである。もちろん、移行をよりスムースにするということは、どうしても出会う困難や犠牲をもっともらしく言いつくろうことではない。なぜなら、苦しみのない出生はなく、苦痛のない成長はなく、また努力と訓練のない教育はないからである。なるほど、英国の若干の特徴は好悪並存的であり、歴史的慣行からいうと、殆んどその意味を失っている。例えば、多数者支配の原理がそれである。かようなシンボルは、全体主義者の悪用の道具になったり、あるいはどんな変化でも抑止する単なる重荷になるかもしれない。その他のシンボルはなお大きな生命力をもっており、確かに、民主主義の伝統と公式、方法と制度は、現代出現しつつある諸要求の表現手段として利用され、当世風にかえられるであろう。

英国は、おくれて急激な成長をとげた近代産業主義に伴なう病的激動を受けざるをえなかった国々にくらべて、非常に幸運である。英国の歴史をふり返って眺めると、その豊かな経済資源の面においても政治制度の面においても、最も長い、したがって最も漸進的な発展をとげてきている。英国は、近代資本主義と都市主義の解体的な力が決定的な衝撃を与えないうちに、国民的性格を達成していた。だから、一八世紀の産業革命や農業革命によって引き起された最も辛辣な社会的および道徳的混乱でさえ、国民的同質性を破壊しなかったのである。次の五〇年の歩みの中で、英国民は「二つの国民」に分裂する危険にさらされたとき、政治的改革によって何とか基礎的一致を立て直すことができたが、それと同時に、経済的膨脹によって、そうでなければ阻害されるエネルギーの排ロを用意した。共同目的について終局的に意見の一致を見ることができるという仮定は、爾後、英国議会制民主主義運用のくさびとして残っている。この伝統、つまり英国の政治生活を結びつけているこの共同経験は、英国で民主的計画が終局的に受け入れられ、実現可能であるという大きな希望をもたせる理由の一つとなっている。ソビエト・ロシアおよびある程度まで不運なドイツ共和国でも、自由な政治制度の限られた実践的経験しかもたない民衆、あるいは自由な政治意志表現の限られた実践的経験しかもたない民衆を教育しなければならなかった。しかしながら、英国は幸運にも、この両者をもち合わせている——幾多の試練に堪え、しかもなお融通のきく若干の方法と、政治的議論と妥協に関して前代から受け継いだ社会的訓練を所有しているのである。代議体制のもとでの英国の政党は、相互に排他的でなく、二者択一的な解決の道として承認されてきている。諸政党は特殊な社会階層の全体主義的組織を代表するものではない。すなわち、党路線は国民の全生活を通しての唯一の、あるいは本質的な分岐線ではない。ところが、例えば、一八七〇年後のドイツでは、党路線はそのような本質的分岐線となっていた。当時、人々はかれらが加盟する政党ごとにチェスやフットボールをすることが多く、どこか同じグランドで出会うことは少なかった。英国が民主的な計画体制という現在の偉大な実験に成功するかどうかは、主として、根本的に新しい状況に民主的に立ち向う反応方法とその制度を採用する英国の能力にかかっており、また共通の伝統的精神が今でも個別的解体的な関心に対する強調の増大を克服するほど強力であるかどうかによる。もちろん、これは善意の問題以上のものであって、われわれはその問題の広大さに目をつぶるべきではない。

一九世紀中葉の民主主義精神（実際に同質的な中間階級的社会の経済的拡張の系である）を、この時代の終りにおける非常に複雑な状況へ転移しようなどと考えることは、非現実的なように思われるかもしれない。両大戦が世界の主要債権国を債務国に変えてしまって以来、――これは世界経済発展の重要な動向のたった一つをあげたにすぎないが――新しい限界の内部には新しい技術が作用している。しかし、英国は計画的合意を準備するための政治的経験の遺産をもっているという点で幸運なだけではない。それと同様に、英国の経済構造は、正しく理解すれば、豊富と自由と社会正義のための計画体制への踏み石となりうる諸特徴をも示しているのである。おそらく、英国の産業は、資本主義の同じように発展した他の国々の産業よりも、幾らか集中化の度合が低い。また英国はトラスト禁止法（いかなる場合にも効果は疑わしいが）をもたないけれども、独占企業は、例えばナチス以前のドイツや合衆国におけるほど、顕著な役割を演じていない。綿製品のような大衆消費用製造業の優勢は、英国が生活水準の上昇を目ざして計画体制を用意するために好都合であろう。事実、もし必要なら一時的な犠牲を払ってでも、世界中のより高い生活水準のために計画するような世界においてのみ、イギリスの繁栄は存在しうるものであるが、このことは次第に了解されている。明らかに、国外で豊富を目ざしながら、国内で欠乏を宥恕《とうじょ》するような体制を、すべての者に民主的に受け入れさせようなどと思うことは不合理であろう。

英国が平和的な改革を用意する上で好都合なもう一つの経済的事実は、国富の長期にわたる平穏な成長である。このような成長は、英国民が他国では享受できなかった平静さを保持するのに役立った。危機的状況の自覚とわれわれの前にある課題の深刻さは経済的、知的および心理的渾沌への漂流をくいとめるかもしれない。われわれは少なくとも、そう希望することができよう。そのような渾沌への漂流は、不安定と怠慢と絶望のときに勢よく成長する暗黒的領分へ誘惑するような餌を差し出す。その上、英国公共企業におけるある経験は、調整を欠く私的利害の世界内部における協同的統制型式を保持している。私有制の若干の側面に関する戦時組織と公共的規制も、計画への導入として役立つかもしれない。特に、それと同時にある特徴が警告信号として認められる場合にそうである。

最後に、文化的および精神的領域を大急ぎで一目見れば、自由放任から民主的な計画体制への英国における変化を、本当に多元的な巨大な課題に正面から取り組むことを懸念するよい意味の楽観主義者のもつ敬虔な希望以上のものにするような多くの特徴が明らかになるであろう。宗教的および道徳的な共同体的責任感は、産業主義前の社会の頽廃にもかかわらず、今日でも一つの実在である。民主的な計画体制のためにこれらの諸力を現実的に動員するのに必要なのは、まず第一に、あらゆる領域における社会生活を新しい技術の要求に適合させようとする意志である。その次に必要なのは、希望の体制から出てくる諸要求に適合するように基礎的な道徳的価値を再定義することである。妥協が力の支配に対する弱さや服従を意味しないで、共同責任において同胞を結合するという人間的価値の受容を意味する国民にとっては、少数者によってでなく、多数者によって運用される共通に受け入れられる秩序に対して、同意することは全く新奇なことではないであろう。それは欠乏のためではなくて、豊かさのためであり、破壊や死のためではなくて、共同生活のためである。これを拒絶した場合の危険があまりにもはっきりしているので、道徳的な力は何よりもこの訴えに答える用意がなければならない。

五　新型式の出現

ところで、極端なものになりえないということは、ほかでもなく民主的に採択した変化の本質である。民主的に採択した変化はそんなに過激なものにはなりえないので、現状の社会で失うものをもたない人々だけが、その変化によって得をする。また民主的に採択した変化はあまり保守的なものにもなりえないので、いかなる少数者の既得権も幇助しない。革命に対比される改革は、バランスのある進歩を期待しており、したがってそのダイナミックな原動力を社会の中間的な諸集団から引き出す。改革が最も成功したのは、英国の場合しばしばそうであったように、たとえ最初の動因は知的批評家の指導する過激集団から出ていたにせよ、進歩的保守主義者が改革の嘆願を取りあげた時であった。

それと同時に、過去の経験の教訓はその限界をもっている。新しい改革政策は、もはや断片的な問題に関するやみくもな妥協策でありえなくなっており、社会の全体に関係する。単に出発点に関してばかりでなく、それに続く段階の順序に関しても、あらかじめ同意を要する五年計画や一〇年計画が社会変化の型式となってきている。

以上のようであるから、計画化の観念と一党制との間には、ある親和性が存在することは否定できないであろう。一貫した計画の公式化と執行のためには統一された政治意志が必要であるから、全体主義体制は、その粗雑さにもかかわらず、今日の歴史的状況に関連する一要素を含んでいる。民主主義への挑戦を非常に深刻なものにしているのは、これである。そして、現代の民主主義体制がこの挑戦に対処しうるのは、これらの体制が敵対的社会集団の側における自発的な合意によって統一的な政治意志を作り出す新しい方法を発見する場合に限られるであろう。民主主義がかかる新しい技術をできるだけ短時日のうちに発明しなければならないか、あるいは、何らかの全体主義形態が勝つかである。

代議制民主主義の種々の形態は、既に合意に達するための満足すべき方法を発達させている。これはよく言われているところであるが、従来の立法の慣行を検討して見ると、われわれは、基本的な議案の骨子作りにおいてさえ、全然といってよいほど整合化が存在しないことを認めざるをえないのである。われわれは例えば軍事問題や教育や経済政策について、これらの事柄の相互依存性に大した配慮も払わないまま、立法化するのが常である。代議政体と世論に関するダイシーの著書(13)の功績は、それが民主的立法化のでたらめの方法からでも、いかに首尾一貫した体系を引き出せるかということを示した点にある。一九世紀中葉における英国の社会改革に言及して、ダイシーは次のことを実証した。すなわち、議会活動を刺激すると同時に制定された議案の内在的一貫性を達成したのは、功利主義的社会哲学にもとづく統一的世論であったということである。

政治意志をこのように世論によって自発的に融合できる時代は過ぎ去ってしまった。今日、遠大な問題について民主的な同意を得るためには、われわれは意識的に合意を作り出すかなり精巧な方法を必要としている。もちろん――そしてこれが民主主義を全体主義から常に区別している――反対党の創造的な力は、いかなる事情のもとにおいても抑圧してはならない。建設的な批判は、たとえどんな批判にせよ、一層重要となる。しかし、その批判が作用する通路と、それが提出される形式と、それが表明される時は変化を受けるかもしれない。

反対党の新しい機能は、政治的秩序と経済的秩序を比較して見れば明らかになる。計画化以前の時代における民主主義体制は、多くの点で自由市場に似ていた。各集団は、その局部的利益を求めてたたかったが、何のやましさも感ぜず、野放し的な政治的諸勢力間の相互作用はやがて調和を生み出すだろうと信じていた。しかし、大規模な組織と既得権が現代的産業市場の自己規制を妨害するように、民主主義社会も、その社会の諸政党が協同を犠牲にしてまで競争を強調する場合には、存続することはできないであろう。

経験がはっきりと示しているように、過当競争的政党制は直接ファシズムに導くものである。そこでは、民主主義がその動的原動力を引き出す競争的社会勢力は、純正には統合されぬまま意図的に麻痺させられる。局部的利益の疑似的代議制を維持しているものは、独裁者の意志にしか奉仕しない。これと対照的に、計画の時代における民主主義は、ほとんど逆説的な課題に直面させられる。一方で、政党制のもつ力動的かつ批判的な諸権力を強化しなければならない。他方で、諸政党は社会改革の総合的計画内における自己の集合的責任性と反対の限界に気づかなければならない。

同意や少なくとも前述の意味における「忠実な反対」を得るためには、いかなる計画も次のような若干の客観的前提条件をみたさなければならない。

(1)計画は首尾一貫していなければならない。もっと単純な条件のもとでも、矛盾する政治的方策は自然に摩擦を引きおこした。しかし、当時は日常生活の自発的な諸力による調整が存在していた。ところがわれわれは、雇用の安定、社会保障、機会均等などのような大衆的問題を高度に組織された社会構造の文脈の中で決定しなければならないので、ちょっとした摩擦でも累積する恐れがある。

(2)計画は多数者に受け入れられるものでなければならない。すでに指摘したように、どんな代価を支払っても動こうとしない反動主義者と、至福の世界が今まさに到来すると考えている急進主義者を除けば、このような多数者は中心部にしか見出すことはできない。当然、これらの中心的諸集団は、意見の異なった陰影を許容する。しかし、基礎的な問題について協同を要請できるのは、これらの陰影に照してである。具体的な問題についてかれらの意見がどんなに違っていても、かれらは、一方で改革の方向について同意し、他方で平和的な変革方法について同意する。したがって、かれらはどんな実際的プログラムについても妥協することができるし、あるいは少なくとも多数者の決定にまかせることができるのである。

このことは、基本的な問題を公衆の議論のなかでごまかすことではない。われわれが計画的民主主義における選挙戦について考えるなら、その反対こそ真であろう。そこでは種々の政党は、二者択一的な計画とそれを実現するための二者択一的な方法という総括的な問題について相互にたたかうであろう。必然的に、これは政治的議論を社会の基本的問題に向けるであろう。かかる議論は平均人の政治的判断における一大改善を要求する。そしてこれは、その問題がとにかく平均人にも了解できる場合にのみ可能である。たとえ専門的な意味での専門家的知識は平均人から期待できなくても、本質的な問題に対する純正な理解は、将来の投票者の必要不可欠な条件である。現代の状況の複雑さをかかる簡単な言葉に還元することは政治思想家の課題である。

次の解説は、この重大な企てのささやかな出発点である。それは、今日の民主主義社会の市民が社会的、政治的諸問題を第三の道という点から解釈しようとする時に直面する二者択一を解明しようとする試みである。この目的を目ざして、われわれは現在の経済的、社会的、政治的および文化的状況における若干の戦略的問題に検討を加え、そこから次のことを発見したいと思う。

(1)現在の機能様式における不備

(2)より完全な機能を計画するための適当な方法

(3)どんな計画的干渉にせよ、その民主的な性質を確保するための防禦物

(1) Stern, Bernard J., 'Soviet Policy on National Minorities,' *American Sociological Review* (June 1944), vol. 9, no. 3, pp. 229–39.

Kohn, Hans, *Der Nationalismus in der Soviet Union* (Frankfurt, 1932).

(2) *Soviet Russia : A Selected List of Recent References*, Library of Congress, Division of Bibliography (Washington, D. C., 1943), pp. 56–65.

Juergens, Adolf (ed.), *Ergebnisse deutscher Wissenschaft : Eine bibliographische Auswahl aus der deutschen wissenschaftlichen Literatur der Jahre 1933–1938* (New York, 1939), esp. pp. 301–440.

Sington, Derrick, and Weidenfeld, Arthur, *The Goebbels Experiment : A Study of the Nazi Propaganda Machine* (New Haven, 1943).

(3) Linden, Franz, 'Sozialismus und Religion : "Konfessionssoziologische Untersuchung der Labor Party 1929–31,"' *Koelner Anglistische Arbeiten* (Leipzig, 1932). vol. 17.

Laun, Justus F., *Soziales Christentum in England, Geschichte und Gedankenwelt der Copec-Bewegung* (Berlin, 1926).

Wearmouth, Robert F., *Methodism and the Working-Class Movement of England* (London, 1937).

(4) Lenin, V., 'Karl Marx,' *Collected Works* (New York, 1930), vol. 18, pp. 13–58. (Bibliography on Marxism, pp. 47–58).

Venable, Vernon, *Human Nature : The Marxian View* (New York, 1945). (Reviewed by Oscar Lange in *The New York Times*, 15 July 1945).

(5) Rosenberg, Arthur, *Democracy and Socialism* (New York, 1937).

(6) 「貧富」、「プロレタリアートとルンペンプロレタリアート」、「大衆と階級」についてのマルクス、ブカーニンおよびソレルの概念の比較したものしては、Michael Freund, *Georges Sorel : Der Revolutionaere Konservativismus*

(Frankfurt, 1932), pp. 41ff., 286ff. を見よ。

（7） Harding, T. Swann, 'Strikes are Anachronistic in Industrial Conflict,' 1939. *Yearbook of the Society for the Psychological Study of Social Issues* (New York, 1939). 参照。

（8） 第一次大戦前、ルドルフ・ヒルファデンク（Rudolf Hilferding）は、「『新中産階級』が出現して、プロレタリアートの成長をもしのぐほどの成長を示していること」を観察した。彼はその著、*Finanzkapital: eine Studie ueber die juengste Entwicklung des Kapitalismus* (Berlin, 1910: reprinted 1947), pp. 482, 483. において、次のことを予見した。すなわち、「発達は生産のために不可欠なこれらの階層をプロレタリアートの側におしやるであろう。それは特に、権力的関係がゆすぶられる時である。」この予見は実現されなかった。ウィーン社会民主党の例外はあるが、修正主義的であるにせよ、革命的であるにせよ、大陸のマルクス主義諸政党は、反資本主義的精神をもつ中産階級の支持を勝ち得られなかった。国家主義と帝国主義的軍国主義が勝利した。レーニン主義者によるプロレタリアートと百姓との連合は、中央ヨーロッパでは繰り返されえなかった。

（9） レーニン主義理論は、帝国主義戦争の時代における革命の「敗戦という戦術」を作り出し、革命と戦争の諸問題を連結した。スペインおよび中国の市民戦争、ソビエト占領下における東欧の農地革命は、戦争と革命との間の相互関係を示している。

（10） 第六章注（5）参照。

（11） ゲオルク・ルカーチが唱導したように、「自由は社会化と同様、それ自体では価値を表わさない。自由はプロレタリアートの支配に奉仕すべきであって、その逆は真でない。」Lukacs, Georg, *Geschichte und Klassenbewusstsein* (Berlin, 1923), p. 296: また pp. 317ff., 322, 324. も見よ。

（12） 変化しつつある環境に対するわれわれの干渉を指導すべき諸原理を枚挙することは、科学的思考を社会的諸事象に適用する場合の第一歩である。われわれは行為する時、普通、一つあるいはそれ以上の価値に導かれて行為する。もちろん、われわれは普通、それらの価値を明白にしていないけれども。したがって実践的行為は多くの場合、行為している間でさえも、自己の目標を変える幼児の行動に似ているのである。しかし、われわれが合理的に行為する場合には、相競う諸価値の中から選択し、それに従って行為する。しかし政治的行為においては、われわれは普通、もう一度、幼稚なやり方をとる。一般に受け入れられている価値のヒエラルキーはぼんやりと示されるが、われわれわれの好みは動揺する。たとえわれわれは自己の決定を導くべき価値について一致していても、希望事項の選択を注意深い熟慮の上で吟味することをしない。無計画な社会では、これは、いわば諸事象の自然状態である。しかし、われわれは計画社会に向って進めば進むほど——そこにおいては、多くの領域において、干渉しないことが公認の原理となる——、われわれの一致した価値体系の漸進的精巧化と意識的自覚は正常となる傾向にある。この次にくるのは、われわれの自由になる手段の徹底的な評価である。これ以外のやり方では、広範囲の政策に対する同意を確立することはできない。他でもなくこの理由から、われわれは民主的計画化において以前にはでたらめに枚挙されていた目標や目的を、より体系的に補充しようとするのである。それはわれわれの選択をより一貫したものにするために役立つであろう。

(13)　Dicey, A. V., *Lectures on the Relation between Law and Public Opinion in England during the Nineteenth Century* (London, 1905).

第二部　民主的計画と制度の変化

第三章　権力論[1]——政治社会学に関する一章

一　自由と社会秩序*

社会学者は現代の政治的変化を理解しようとする場合、必然的に、社会的組織という面から「政府」、「国家」、「社会」を定義し、それらを歴史的展望の中で見なければならない。

＊　この第一節は「政治学への新しいアプローチ」A New Approach to Political Science という題目の独立した一章として計画されていた。その方法論的説明は権力論の議論に関連しているだけでなく、第二部の他の章にも同じく適用されている。

政治的に意味をもつ諸組織は、必ずしも、われわれが「国家」と呼び習わしている構成組織だけではない。この国家という語はイタリア・ルネサンス以後にしか存在しておらず、当時人々は国家という語で lo stato を指していた。[2] そのタームの意味は革新ということであった。この概念によっては、封建主義もギリシャの都市国家も適切に記述しえない。というのは、この概念は近い将来の諸発達ということと漸次一致せざるをえないからである。われわれが今日考えるような、国家と社会という二者択一の考えは、より最近の起源をもつものである。これらの諸概念の本質および意味は自由主義時代に由来している。その概念の根底に横たわっていた諸要素の多くは今では変化してしまっているけれども、それらのタームのもつ内包性は変化しないで残っている。

自由主義時代には、ビジネスは普通、大きな社会と同一視され、官僚制とビジネスとは敵対関係に立つものと考えられていた。絶対的統治者である王がその特権を喪失するか、あるいは完全に消失していくにつれて、国家はますます官僚制的政府と同一視されるようになった。その時、法律家や専門的な法律用語を用いる法廷の影響があらわれ、非人格的実体としての国家概念が出現した。そして国家は告訴されたり、また個人を告訴しうるものとなったのである。この法律上の虚構は法の諸目的には役立つかもしれないが、近代的国家の形成に先行する諸体系の理解や新しい発端の解明のためには貢献しない。したがってわれわれは「政治的団体」(body politic)というタームを使用したい。この概念は大きな広がりをもつので、これによると、われわれは(軍隊および司法官も含めて)国家と官僚制の同一視を、一つの純粋に歴史的な現象として見ることが可能になる。この概念によって、われわれは他の歴史上の時期に、同じような社会学的諸機能をもつ(3)、他の諸集団およびそれらの集団指導者の政治的関連性を見失なわなくてすむのである。それらの集団やその指導者は、将来にも再び出現する可能性があろう。

したがって、われわれのいう「政治的団体」というのは、社会組織の中で積極的な役割を演じる一切の集団および指導者と解されたい。かれらは自薦企業家や選出知事、労働組合の幹部職員や過去の封建領主であるかもしれない。われわれの概念は、特に、行政的機能、軍事力および社会的指導性をその手中に収めているような政治的諸要素を含んでいる(4)。政治的団体は、社会学的に理解すると、これらすべての政治的および政治的な関連をもつ諸単位に内在している。われわれが「政治的関連」という表現を使用する場合、政治的という語は「公的」ということを意味している。家族や雇用の事柄が所与の社会で公的な関心事となる場合にのみ、それらの事柄は政治的関連をもつ。政治社会学者の課題は、所与の社会構造の中に蔓延している全政治的集団間の調整形式および社会学的問題、すなわち諸集団とそれらの集団規制との間の諸関係を記述することである。これらの諸関係は階統組織的なものや連合的なものにもなりうるし、また民主的な意味で調整することもできる筈である。

われわれの定義は二つの利点をもっている。この定義によって政治社会学は、社会的諸力に適切な注意を払うことができるようになる。それらの社会的諸力は、伝統的な意味で規制された国家でもないし、官僚制によって統制された国家でもないが、統治、組織化、指導、調整などの政治的過程を統合するものである。その上「国家」と「社会」という廃語化した二重の概念化は、今日実際にその基礎を失なっており、廃棄してもよい。この二元論は普通、国家と官僚制を等しいものと考え、「自由でプライベート」なものをうまく要求する活力のある諸組織の混合体と社会とをイコールなものと見ている。さらに、自由が国家権力によってのみ脅やかされるものであり、それ以外の社会的諸組織はあたかも、それと同様には危険でなく、かつ人間の生活権を侵害しない、すなわちその合法的な活動領域を越えて拡大することはないかのように考える観念があるが、われわれの用語法によるとこのような観念をチェックできる。自由のための闘いができるだけ中央の権威を阻止することにあると主張することは無意味であり、したがってこの目標を、束縛されないより小さな社会的諸単位の行為から結果する可能な渾沌に関係なく、自由と呼ぶことも無意味である。

官僚制と自由社会という古い二元論がすたれてくるのは、自由企業の時代が以下に述べるような諸変化の結果として部分的に減退するにつれて、それらの境界線が次第に重複してきた時であった。

1　民間関係者の間に、時に力と権力において中央の官僚制機構に匹敵するような官僚制機構が発達した。(5)

2　選出管理要員、任命管理要員ないし自薦（いわゆる「独立」の）管理要員の間の明確な区別がぼやけてくる傾向にある。

3　もはや民間経営管理者——かれらの機能は任命に負っており、かれらは限定された経歴を追求する——と、公的に選出ないし任命された指導者との間の明確な区別は存在しない。その上、公共企業体も民間企業体も共に、政治的関連をもつ（すなわち、公共の利益に関与する）諸機能を遂行している。以前には国家の行政事務によってうまく管理されると考えられていた多くの問題が、自己規制によって解決されている。他方、国家の行政事務には専門家の諮問機関が附属させられているが、これらの機関は非官僚制的な性格のものである。(6)

4　多くの事業所や労働その他の任意結社は公共的な意味をもっており、それらの調整はもはや私的に取り決めるべき事柄ではなくなっている。(7)

5　若干の国においては、国家は民間企業体のパートナーとして行為している。したがって民間企業と公共企業との間に設けられていた古い境界線は、もはや妥当しなくなっている。(8)

6　最後に、そしてこの問題はこれまで最も未研究の部分だが、新しいパースナリティ類型が官僚制のある部門において、上述の変化した諸条件の組み合せから発達してきている。この人間類型は自由企業家の創意性と公僕の伝統とを混合して、公共の福祉ということを第一義的に考える人間である。(9)

これらの発展の光に照らして見ると、官僚制の是非に関する古い論争は単にイデオロギー的なものにすぎないように思える。というのは、民間の官僚制もそれ自体、国家の官僚制と同然だからである。適切な方策をとれば両者を改善することができよう。その場合、現実的な問題となるのは、次のような問題である。すなわち、どんな形式の組織化が所与の状況における諸問題を解決するのに最も適合しているか。いつ、どこで、どの程度まで、われわれは中央集権化したり、地方分権化したりすべきか。いつ、どこで、われわれは私的企業を許したり奨励したりすべきか、どこでわれわれは権力を委任したり、小さな統治機関による自治を採用するのがよいだろうか。われわれの決定は行政事務のルールに偏向したり、あるいは背馳したりすることなく、組織の位階や規模や性質と、その構成、機能、状況、最適の能率の約束、責任および民主的統制の容易さに対する配慮から導き出されるであろう。最後に、われわれはどんな一つの集団およびその組織について考える場合でも、政治的団体全体の中でそれが占める位置および、それと一般的計画との関係において、それらを考察しなければならないであろう。

ゲエターノ・モスカの次の言葉は今日でも要領を得ている。

> われわれの観点からは、国家と社会との間に敵対関係はありえない。国家は単に社会の政治的機能を遂行する当該部分として見られるべきである。この光に照らして考えると、国家による干渉や不干渉にふれる一切の疑問は新しい局面を表わしてくる。われわれは、国家活動の限界はどうでなければならぬかという問題を尋ねるのでなく、最善の政治的組織類型とはどんなものであるか、言いかえれば、所与の社会の中で政治的意味をもつあらゆる要素を、最もよく利用し、かつ専門分化させて、最も相互的統制をうけやすくし、それぞれの領域でなされる事柄に対する個々の責任性の原理に最も従いやすくさせるのは、どんなタイプの政治的組織であるかを見出そうとする。
>
> 人々が国家管理と民間の創意性とを対照するさい、かれらはしばしば、官僚制によってなされる仕事と社会の他の指導的要素によってなされる仕事とを比較するだけである。後者は事実、ある場合には実際に、必ずしも賃金を支払って雇われた者ではないが、公式的な地位をもっているのである。[10]

国家およびその官僚制のなすことは何でも間違っており、自由に反するものであって、国家以外の他のものがなすことはすべて有効で自由と同義語的であるというような考えがある。われわれはひとたびこの妖怪から自己を解放すれば、真実の問題に真正面から取り組むことができる。一言でいうと、問題はこうである。すなわち、現代世界においては、すべてのものが政治的であり、国家はあらゆる場所に存在し、公的責任性は社会の全組織にあみこまれているのである。自由はこの相互滲透性を否定することにあるのではなく、あらゆる領域でその合法的な使用を限定し、制限を設けて、滲透の型式を決定し、かつ最後であるが重要なことに、決定に対する公的責任性と統制の共有性を安全に保護することにある。このことから、民主的計画社会における変革の戦術を制度的に統制することが重要となり、かつ民主主義の原理に基づく権力論が必要となるのである。

二　民主的権力論をめざして*

アナキズム（あらゆる形式の権力の廃棄）と堅固な権力政治学という両極端の間には大きな動揺がある。正常では中道が追求される。しかしながら、一貫した原理を欠くと、われわれの政治的政策は、その時のオポチュニスト的な単なる方便となる。

* 権力論のこの部分および以下の節は一九四六年の夏に書かれたものである。

民主主義は、正しく理解すると、最大限の安全と能率と自由のために、共同体権力の分配および統制の諸様式を限定することを目的とする一つの権力論を意味している。(11) 第三の道にふさわしい権力論は、ガンジィと共に一切の権力からの節制を説教したり、ナチズムの盲目的な権力崇拝に屈したりしないし、また正しく呼ばれる場合の「金権至上主義的」な社会に充当される「中庸」(golden mean) を表わすものでもない。[12] この最後の社会類型は富の獲得を最高善 (summum bonum) として追求し、明白にか、あるいは隠微に、経済的圧力を行使することによって権力の使用を回避しようと考えるものである。明らかに、いかなる社会も何らかの形式の権力なしには、存在することはできない。有意義な理論は権力か無権力かという抽象的な問題にかかわるよりも、むしろその現実的形式とそれらの社会的環境に関与する。それは社会の構造的諸変化に伴なう権力の変質を観察する。それはどんな種類およびどんな量の権力が社会の異なるメンバーおよび機関に行使されるかを問題にする。最後に、それは権力および残酷さの濫用を探知して非難する。

われわれの陳述は一般的なタームでの解決を予想している。機能的権力と任意的権力との間には大きな差異がある。しかしながら、次のような社会はすべて正確には専制的な社会と呼ばれるかもしれない。いうところの社会とは、統治集団および統治者に、かれらの機能が必要とする以上に多くの権力を発揮することを許したり、かれらに権力を専横に行使することを認める社会である。

次にわれわれの命題を精巧化し、例証したい。民主的権力論は包括的でなければならない。権力は単に暴力や、軍隊や警察による粗暴な力の使用だけを意味しない。また、われわれの権力概念は政治的権力に限定されない。われわれは経済的および行政的権力と同時に、宗教や教育および、新聞や映画やラジオのようなマス・コミュニケーションの媒体を通して作用する説得力についても述べる。希望した行為をひきおこすために、個人の上に社会的圧力が作用している時およびその場所には、常に権力が存在している。「圧力に対する従順」をひきおこす手段は重要であるが、第二義的な重要性しかもたない。圧力は顕在的なこともあれば、社会経済的体系ないし既存の社会的役割型式の中に内在していることもあるかもしれない。

H・ゴールドハマーおよびE・シルズと共に、[13]われわれは各種の権力形式を区別し、支配（domination）と操作（manipulation）について述べておきたい。前者の場合には、権力保持者が命令を与えて自己の欲望を表現する諸関係を指し、後者においては、権力保持者が期待した行動を述べずに影響を及ぼす諸関係を指している。

権力のこの包括的な定義から、各種の拘束形式を分析して公分母にすることが可能となり、かくてどのタイプの圧力と組合せが所与のある体系の中に作用しているかという問題や、新しい体系はどのようにして新しい圧力でもって古い圧力に取ってかわるのかという問題に答えうるのである。かかる権力概念によって、われわれは全社会力の統制を問題とする計画化の水準において、社会を解釈することが可能となるのである。政治はもはや切り離された区劃ではなく、暴力の使用も、もはや社会秩序を維持するための唯一の手段とは見做されない。

この新しいアプローチはまた、自由主義的経済理論を謬見として廃棄する。社会主義者はいみじくも、自己の好む市場でその労働を売るという現代労働者の申立て上の「自由」を拒否した。自由と拘束とを明確に定義する場合、現代の労働者は自由ではなくて、自由選択の偽装をした圧力に屈服させられている。問題は自由対権力のそれではなくて、社会的権力によって行使される圧力の選択形式のそれである。このことを述べた後、協同性を要求したり、画一化を課したりする人間的ないし非人間的な種々の圧力の性質は異なることを強調することによって、われわれは社会主義者の主張から離れる。

社会的変化は絶対的な支配から絶対的な自由へと移行するのでなくて、異なった権力構造の変質を通して進行するのである。権力の諸形式、すなわち、圧力の各種の形式が変化するのは、ひき出そうとする行為の性質とそれらの社会的統制技術が変化するからである。二、三の例をあげると、この点の説明に役立つかもしれない。

貧弱なコミュニケーション手段しかもたない農業経済や、自己装備の騎兵隊や二輪馬車から成る軍隊は、地方分権的封建制の発達にくみする。人格的な圧力は聖職者の権力や契約上の諸関係と結びついて、安定した忠誠心を作り出す――この場合には、法令の行使よりも伝統の力が人間関係を規制している。(14)

これと対照的に、高度に発達した生産技術や能率的なコミュニケーション手段と厳格な分業組織をもつ社会は、一般的なルールに従って少数の中枢から動かすことができる。機械のような諸部分の密接な相互依存的関係は、特殊な圧力形式に適合している。個人がその位置に位置づけられているのは、直接的な命令によるというよりも、そうしなければ、かれの仕事と地位を喪失しはしないかという懸念によってである。かれは労働組合に加入することによって、この脅威と圧力から自己を守るかもしれない。労働組合は大規模な組織の力によって、そのような脅威と圧力に対抗する圧力を確立しようとするのである。

ひとたび社会構造が変わると、その圧力と統制の手段も付随して変化する。その結果、新しい権威の類型が確立され、非同調者に対して新しい制裁を用いる。これだけではない。命令し圧力を操作する人間の選抜と教育も、同調性や従順の訓練と同様に変化する。

これらの多様性の範囲があるにも拘らず――このことについて、これまで分析されたことは殆んどない――、いかなる社会も全く統制無しですませることはできない。一組の統制を他の統制形式と取り替える過程は、普通、危機を含んでいるけれども、自然と同じく社会も真空をいみきらう。現代の問題は、多くの人々が考えたがるように、あらゆる犠牲をはらってでも資本主義的諸統制を廃棄し、できるだけ多くの生活領域において市場の圧力や自己均衡的諸力を剝奪してしまうことではない。むしろ現実の課題は、非能率な統制を新しい統制で取り替え、浪費を除去し、能率性を回復することであり、予見の範囲を拡げること――なかんずく周期的な失業を除去して

——であり、かつ非人間的な画一化や正常な市民の欲望に不必要な干渉を加えることなく、これらすべてのことを行なうことでなければならない。

三　権力の三つの基本形式

権力の現われ方は、その統制手段によって異なる。したがってわれわれは便宜上、自由支配と組織的破壊と制度化された権力ないし回路づけられた権力という三つの基本的権力形式を区別することができよう。

(a)個人ないし集団の側における無統制的暴力の自由な行使は、渾沌と無政府状態とアノミーに導く。権力的関係の中で自由支配に最も類似したものは、自然の得体の知れない状態の電気である。雷雨の時のいなづまの断続的な閃光は純然たる破壊的なものであるが、これに対して、技術的統制下におかれた同一のエネルギーは従順に人間的目的に奉仕するのである。

情緒的エネルギーの自由支配は、その前にあるすべてのものを、あたかもハリケーンのように総なめにし、社会化の境界線的状態、つまり最低限の状態を露呈する。いわれのない恐怖や感覚を失なうほどの激怒の発生は責任ある人間の恐怖である。われわれはあらゆる様態の手段を用いて、かかる裸のままの情熱の発生を回避しようとする。かかる群集的情緒がはめをはずすといけないから、われわれは社会の中に真空の恐怖 (horror vacui) をもっている。情動の蔓延と社会的統制および自制力の消失は、それが顕在化するときの特徴であり、虐殺や私刑の行使のような暴徒的行為に導く。[15]

(b)戦争や革命などのような組織的破壊は外部的な組織化形式を示しているが、それらの暴力的方法と破壊的目的は自由支配に向いがちである。

両種の権力——暴力や革命や渾沌や戦争さえ——の統制は、何ら主要な問題を提出しない。それは第一義的に、所与の秩序を守るために軍隊を使用するか否かにかかっている。だから、われわれはそれについてこれ以上述べないで、政治社会学の主要テーマに向いたい。

(c)回路づけられた権力——われわれはこのように名づけたいのであるが——は、諸制度に帰属させられており、諸規範や慣例や規則に従う秩序正しい人間の相互的行為型式を作り出す。権力は統制されているが、逆に行為を統制する。その各種の形式をここでは議論しよう。制度化された権力は、あまりにも締りがなくなったり、あまりに固定的になったりすると、危険になる。それが許容する自由は指導性のない自由放任に向っての漂流を意味したり、あるいは反対に極端な場合、あらゆる自己表現を抑圧して耐え難いものになるかもしれない。

回路づけられた権力および統制についてのわれわれの考えの多くは、二つの理由から限られている。われわれの決定的な諸経験と権力についての用語法——「合法的権力」、「抑圧」、「自由」——は、内面化された人格的諸関係をモデルにしている。さらに、権力の操作とその統制は、これまで小集団においてしか精査されていない。これらの諸経験を大組織へ転移し、それらを大きな社会に投出することは、大体、自明当然のことと考えられている。しかしわれわれが小集団的諸関係から期待するものが、大規模な諸組織にうまく当てはまるかどうかは疑問である。それは丁度、人格的諸関係や小集団の中で効果をもつ種類の自由が大きな組織の中で享受されうるかどうか問題なのと同じである。

次に、われわれは回路づけられた権力およびその統制の変形について議論を進めよう。われわれは権力制度化の各位相を細分化し、それらの諸位相を、それに附随する社会化の諸位相に関係づける必要がある。

四　権力と人格的諸関係

それから派生するものがいかに複雑であっても、権力経験の原型は、自分の意志に対して他人に頭をさげさせる力についての人格的感情である。呪術に使用されるような心的強制は、この第一次的経験をモデルにしている。その発端から、人間の権力感情は他人の行動を統制することと結びついていた。だから、どんな権力論でも統制論と連合しているのである。われわれの権力の大きさは、（かれらの奉仕も含めて）われわれの仲間に対してわれわれがもつ統制の範囲と程度によって測定される。そしてわれわれの権力は、逆に、われわれの仲間が、かれらに対するわれわれの統制しようとする意志を阻止する程度まで、かれらによって統制される。

権力と統制は第一義的に強制を意味するけれども、それらの語の使用範囲は間もなく広げられる。というのは、われわれは命令や威嚇のみによって他の人間を統制するのではなくて、しばしば親切や説得によっても統制するからである。だから、どんなにしてわれわれが人々を自分の願望に従って行動させる場合でも、権力は存在しているのである。権力的諸関係における相互的行為は恐怖のみに基礎づけられておらず、相互的反応にも依存している。相互的反応の方が恐らく、より基本的かつより一般的な人間統制の源泉であろう。[16] 人格的諸関係の中には、相互的統制が行きわたっている。その強さと形式は参加者の人格的諸資質と、つかの間の知り合いか、友人関係か、求愛関係か、あるいはいかなる関係にせよ、とにかくかれらの関係性によって異なる。人格的諸関係における権力の作用は、直接、かかわり合いをもつそれぞれの人格の「重み」を反映する。純粋に人格的な諸関係においては、権力は拡散的であり、統制は偶然的である。

　人格的諸関係における行動が型式化する時、権力のある硬直化、すなわち権力の制度化に向っての第一歩がおこる。これは迅速におこる。というのは、最も私的な人格的関係でさえも、連続的社会過程の一部であり、既存の形式か応急の形式の違いはあっても、先行の形式をとるか、あるいは新しい親密さの型にはめるからである[17]。流動的状態からの移行の端緒は習俗《フォークウェイズ》の中でおこる。サムナー[18]は、これを慣習化した便宜的行動形式と呼んでいるが、この慣習化した行動形式を通して過去は現在を統治するのである。習俗は次のような二つの形式のうちの一つをとるかもしれない。すなわち、習俗は何らの強調もなく単になされている慣用にすぎないこともあれば、宗教の道徳的規範によって神聖化されたモーレス（基本的道徳観を具現した社会的慣習）であることもある。ここで社会的圧力は作用しはじめる。そして社会的圧力はもはや人格的権力関係に由来しなくなる。この文化段階において、個人の行動は集団および共同体、聖職者集団などによって裁可された諸規範や諸価値を反映し、かつそれらに従うようになる。かくて、AはBに対して、事柄を適切に処理しないという理由で譴責する。かれの叱責は、主として、既存の生活様式を滲透させ、全く人格対人格の関係領域以外の点から行動を統制している共同体の疑惑の表明である。

　習俗にかかわる制裁――積極的なもの、すなわち、ある行動を承認するものであれ、また消極的なもの、すなわち、ある行動を否認し非難するものであれ――は、単に偶然的なものにすぎない。というのは、習俗はその典拠を人格的諸関係の外部にもっているけれども、まだ十分に社会的組織の中に統合されておらず、その力は拡散的権力から生じているからである。統合が最終的におこるのは、権力が組織的諸制裁によって一つの制度に転化させられる時である。この変化は根本的である。

「誰でも一般に受け入れられている慣用からそれると、まゆをひそめたり、あるいは隣人と一緒になって、モーレスを犯した者を排斥したりする。公的にその職に当たる者だけが制度の裁可手続きを引き受けるのである。[19]」制度は一般に承認された規則と形式的手続きに従う。制度的統制の最も進んだ形式は、法廷および警察権力によって解釈され執行されるところの法である。拡散的権力および偶然的統制から組織的なそれらへの移行は、重要な意味をもっている。何故なら、その移行によって奇妙にも、社会過程の純粋に人格的圧力は具象化されるからである。社会的行動という面からいうと、法的行為は、明確に限定された規則に従って、既存の役割を遂行するさまざまの人間によって行使される種々の圧力の、注意深く考え出された相互作用から成り立っていると言えるかもしれない。社会が制度的圧力を及ぼすと言う場合、「社会」という抽象名詞は多くの人々の調整された行動のことを指している。その場合、かれらのうちの誰一人として（人格的諸関係におけるように）単独では、統制される個人の側に、希望の行動をひきおこさない。裁判権や権威という観念はこの段階で発達する。ここにおいて法は、いつ、どんな種類の、どれだけの量の圧力を誰に適用すべきかを決定できる者を決めるのである。

制度的諸制裁は習俗やモーレスと共存しており、組織的および拡散的制裁や、法およびモーレスに従う行動の限定は社会によって異なる。アングロサクソン社会は最大限の行為を慣習によって規制する方法を採用しており、習俗やモーレスに規制された行動だけが自由だと考える傾向がある。これと対照的に、ローマ法の伝統の影響をうけた社会は法律による規制への傾斜をもっており、そこでは事柄は明確に限定され、圧力の源泉も顕在的で明白に組織化されている。

五　権力機能の集中化

人格対人格による統制から社会的統制への変質過程の、もう一つ別の位相も、上述と同等に重要である。この位相が観察されるのは、集団の存続のために組織的協同が必要となる時である。たとえば、部族の狩猟チームが食糧供給の社会的目的をめぐって組織される。規制と圧力は単に既存の生活様式を維持するために役立つだけでなく、この集合的機能の履行を効果的に保証するためにも役立つ。かかる必要な諸機能の設定は、単なる人格対人格の関係に対比していうと、外部に規制の源泉や動機をもっている。集合的責任性は指導性のそれも含めて、循環的かつ持続的諸機能を要求する。指導者はかれのチームの従属的成員に命令を下したり、時には物理的ないし心理的な圧力をも使用するであろう。そうすることによって、かれは自己の人格的、身体的および精神的な力を一つの客観的機能と連結しているのである。かれは共同体およびその共同体の一般的な行為様式にしたがって行為するというよりも、遂行を成功させんがためにそうしているのである。この状況で不思議な形態変化がおこる。すなわち、純粋に人格的権力の「古風な」経験は社会的機能と連結され、いわば社会的機能に注入される。このことは恐らく次の理由を説明するであろう。すなわち、個人が人格的関係の中で他人を統制するにせよ、あるいは一つの機能的目的のために社会に代ってかれを統制するにせよ、いずれの場合にも等しく、われわれが何故「権力」について述べるかということである。われわれはさらに論をすすめて、権力は機能の中に与えられていると言えるかもしれない。この形態変化は次の理由からも大切である。すなわち、この形態変化によって、人間による人間の統制を、制度と組織による人間の統制によって代置する過程の発端が開かれるからである。周知のように、組織化された諸統制はそれ自身の力学をもっており、もともと協力した者の誰一人として予見したり意図しなかったような諸活動を要求する。

人格的権力から機能的権力へのこの変質は種々の分枝を生み出すが、それらは綿密な注意を払うに値するものである。

1　使用者の人格的諸資質から機能的権力が漸進的に分離していくにつれて、次第に権力と役割は同一視されるようになる。これ以後、役割はそれ自体で挑戦と反応の性質を決定するようになる。これに対して、本来、指導者は、その機能的優越性を、社会的に承認された一機能の充足における純粋に人格的な諸資質に負っていたのであった。

2　このように権力を一機能として同一視することから、指導者および従属者の役割というような種々の役割が安定化する。役割と機能に附与されている権力の種類や程度は、たとえば、多かれ少なかれ、人格的諸能力に関係なく、任命や選挙や相続（長子相続）によって指導者の後継者に移譲されうるのである。確かに、強い人間と弱い人間とでは、そのなす仕事に違いがある。しかし、ひとたび指導的役割のアウトラインができあがると、それらの役割によって在職者に利用できる権力の程度と形式は限定され、授与されるものとなる。

3　この段階で最も重要なことは、本質的機能と任意的な人格的権力との間に分化の端緒が見られることである。純粋に人格的な権力概念は、社会過程で一人の人間が他の一人の人間に影響をおよぼす力に依存しているが、集合的目的に奉仕する社会的統制としての権力概念に道を譲る。

4　拡大しつつあるコミュニティにおいては、社会統制は本書で論じた特殊な社会的技術なる手段によって行使される。小集団内の単純な対面的関係においては、社会的統制の諸技術は未分化である。しかしながら、社会的発展の過程で、統制技術のおよぶ範囲と程度は増大する。物的な統制力は軍備によって補充される。心的な統制力は呪術的工夫、説得の技術、すばしこいトリック、ごまかし、魅惑や媚態によるセックス・アピールおよび莫大な数の暗示的方策に至るまで、心的強制の手段を発生する。相互に知り合っているような小集団においては、これらの策略は単純で見えすいているかもしれない。広い領地に住んで、複雑な組織体の中で専門分化した職業を追求している広範囲の大衆を統制するために、高度に洗練された統制技術や統制用具は発達してきたのである。

現代的なコミュニケーション手段によって装備された人間の前では、単に時間と空間が縮まるだけではなく、異なる伝統を通して進化してきた多様な文化も、一つの世界的な広がりをもつ相互依存的文明に合併する傾向にある。諸文化は類似の統制および訴えの手段に共通にさらされる過程で、標準化される傾きがある。

新しい主要な社会的技術の発見はすべて新しいタイプの組織化を要求するが、新しいタイプの組織化は逆に独自の権力力学と特徴をもつ新しい権力中枢となる。これはわれわれの議論にとって重要な意味をもっている。権力の執行における組織的自律化への傾向は、聖職者の権威と世俗的権威との間の長い闘争の中で、はっきりと見ることができた。その闘争は中世西欧の法王と皇帝との間にたたかわれたものであり、社会学的には、精神的および心的強制手段を独占しようという意図をもつ組織と、職業的兵士からなる組織との間の戦闘として、すなわち、刃に対する聖餐杯の戦闘として解される。

現代社会では、成人教育も含めて、形式的教育の機構は、人間精神を形成するための最も強力な組織の一つである。公的説得の組織も力を得てきている。以前には聖職者しか充足しなかった諸機能が、今日では、教育者、行政官、政治的宣伝家、ジャーナリストおよび公報関係職員によって分有されている。かれらはすべて自己の政策を実現するために、現代的なマス・コミュニケーションおよび再生産手段、つまり、新聞、ラジオ、フィルム、テレビジョン、複写機、蓄音機、写真などを用いている。これらは一部、整合化されているが、一部、対立葛藤している。

さらに、われわれは経済的行動に影響をおよぼす社会的諸技術をもっている。あらゆる種類の積極的および消極的制裁が、生産者、分配者および消費者に、かれらの役割を演じさせるために使用されている。農業および工業生産、運輸および分配の分野では、経済技術の発達は目を見はらせるものがあり、その発達は強力な会社組織を実現している。かれらの政策は一般に、特殊な利益集団を助長するための諸活動とコミュニティ全体の諸要請との間の妥協を表わしている。

社会過程における権力の変質は、いま一つ別の仕方で分析されるかもしれない。種々の行為領域と社会の関心の組織化は、人間行動を分化させるような衝撃を与える。この衝撃は社会構造の変化と共に変化する。ある時代には、経済組織が最も強力であるが、他の時代には、軍事組織が支配的である。しかしながら、影響力のかかる変化や分化は、学校のような諸制度にもあてはまる。たとえば、アメリカ合衆国では、西欧諸国にくらべると、現代、学校の利用される率が高い。アメリカでは、一九世紀に幾百万人もの移民を同化し、アメリカ人にすることがなされたが、これは大体、教育によってなされたのである。合衆国では、学校制度は国家的忠誠心を作り出し伝達する上で、イギリスにおける以上に大きな役割を演じている。後者においては、国民の忠誠心は、より広く分散した一組の統制から生じている。(20) ワイマール共和制下のドイツの教育構造は、反民主主義的政党と右翼および左翼の青年組織から分離した愛国者の圧力に抵抗することができなかった。(21)

六　有益な教訓

さきに明らかにしたいくつかの区別は、権力それ自体について、あるいは権力一般について論議することを、われわれに避けさせる上で役立つであろう。それらの区別から、権力過程、その変異および変質を具体的に観察することが容易になるであろう。だから、どのようにしたらその過程に精通できるかという問題は、もっと詳細に述べられるかもしれない。

1　権力過程の全能的統制は必然的に総体的なものでなければならない。このことは、同一の統制方法がいつ、どこでも用いられなければならないということではない。むしろ、統制の手段と方策は整合化され、相互に関係づけられる必要がある。社会的相互行為と組織化のどのレベルでおこる場合でも、各権力形式はそれぞれの平面で適切に処理されなければならない。最後に、次の場合には、往々にして「無統制」、「放任」が最大の効用をもつかもしれない。すなわち、社会の権力構造におけるかかる行動型式の位置が、一般に承認され同意されている場合である。

2　多様な権力過程は、それぞれのレベルにおける適切な手段によって処理されなければならないという命題の説明には、若干の例が役立つかもしれない。

親と子、生徒と教師、遊び仲間、恋人ないし友人の関係のような純粋に人格的な諸関係は、それらに何ら関与しない組織的方策によって作り出すことも、援助することもできない。かかる諸関係は断片的ではない。すなわち、全体的パースナリティが相互的行為に従事しており、その状況は当該パースナリティを変化させることによってのみ、変えうるのである。もちろん、このことは、よき法律や組織が無関係であるとか、あるいは、かかる人格的関係のよりよい不可欠の機会を誰も提供できないなどということではない。しかし組織化をすすめたり計画したりするさいには、人は中心目的——つまり、人格的諸関係を促進するという目的を見失なってはならない。

他方、人格的影響は悪い組織化によって取り替えることはできない。人格的アプローチは組織的アプローチと置換できない。諸制度を統制せずして人間を統制すると、それは必ず失敗する。利潤を求める動機の効果を除去したり減少したりしようとする場合、奉仕の徳性を説教して、欲深い悪徳を非難するよりも、共同組合を設立したり、「過剰取得税」をかけたりする方が優れているのである。

しかしながら、その枠組内で、例えばシビル・サービスにおけるように奉仕の動機が作用しうるような、新しい合法的組織の枠組が与えられる場合、個人的訓練と道徳的教育は奉仕能力を備えるパースナリティを形成するために役立つであろう。

3　われわれの定義はさらに、制度的統制それ自体は必ずしも非人間化するものでないことを、われわれに教える。社会の規制を増大するための新しい方策は、必然的に悪い方向へ向っての変化であるという考えがあるが、それは誤まったロマンティシズムである。機能的に正当化された権力と任意的権力との間に設けた区別を想い出し、すべての組織的社会生活が権力の分布を含んでいることを認識する時、われわれは合法的な権力作動装置の道徳的基準を確立し、権力を合法的に使用するための客観的方策を探求できるのである。かくてこれまで、客観的機能を遂行するために必要な権力の量や種類以外には、何ら客観的な方策は見い出されていないのである。ある機能に必要な権力量を正確に計ることはできないながらも、全く実践的な目的から、われわれは普通、標準的な機能に必要とする最小限の権力と最大限の権力とを知っている。軍隊や工場や警察官の仕事において、われわれは大体、能率的に遂行したり管理したりするために、どれだけのマン・パワーや武器や奉仕職員を必要とするかについて知っている。[22] 権力の機能的評定は、権力使用の道徳的基準[23]——これはわれわれの理論の中心である——を確立するための基礎となりうるように見えるのである。

4　われわれの区別から同じく、権力の集中化と分配についての研究も可能となる。もちろん、権力を集中化すべきか否かとか、あるいはどれだけの権力を集中化すべきかという問題は、関係する機能とその状況の性質によって決まる。民主主義的感情では、権力の作動装置を最小限におさえて、決定過程への参加を拡大しようとする傾きがあり、権力の不当な集中化は少数者支配と専制主義へ導くものとして恐れられる。能率のためには、権力の無制限の拡散は危険であり、無政府状態と渾沌をまねくことを注意しなければならない。

七　権力集団の集中化

権力は単に、諸機能や機能的諸集団、つまり、部族狩猟チームや聖職者団体や経済団体あるいは軍隊のような諸結社を中心に集中化するだけでなく、共同生活の諸単位、つまり、いわゆるコミュニティのような有機的諸集団の中にも集中化する。共同体の生活は、人間活動のほとんどあらゆる局面を包摂しており、あらゆる要求や野心に反応するので、それ自身固有の連帯性を発達させやすい。局外者の挑戦さえうけなければ、コミュニティの成員はかれらの一体性を自明当然のこととして考え、無意識のうちに「われわれ感情」を共有する。ある条件のもとでは、共同体の諸集団はかれらの共通の諸価値と特殊性を意識するようになりがちである。この意識は最初、民族的優越感、すなわち、内集団と外集団の成員の差別的取扱いとして表われる。国家主義は、すでに諸国家に組織化されているか、あるいは、かかる組織化を求めている大きなコミュニティの側におけるかかる諸感情の現代的形式である。伝統と文化の意識的強調や、集団的諸事象の自立的規制への傾向や、そして最後に主権を求める願望、政治的ないし文化的な特殊の使命感は、この国家主義の感情を育てる。

前述の機能的諸単位は、これらのコミュニティの境界と一致するものもあれば、しないものもある。というのは、後者は歴史的諸力と諸変化の相互作用から生まれるものであり、それらの力や変化によって特殊な様態を与えられているからである。たとえば、「国際的な企業連合」という機能単位は、いかなる国民ないし国家の領土とも一致しない。これに対して、軍隊は一致している。

コミュニティは拡大し、小さなコミュニティは大きなコミュニティに吸い込まれていく。したがって、われわれは、部族的および地方的コミュニティから地域的および全国的コミュニティに至るまで、規模別に一連のコミュニティをリストにすることができる。現存する最大の単位は「枠組集団」と呼ばれよう。現在、国家単位が現実の枠組集団となっている。（もっとも、ソビエト連邦はソビエトに対する特殊な愛国心にその連帯性の基礎をもつ多国民国家を表わしているが。また連邦としての大英帝国も、その原則の一例外と見られよう。編者）近代帝国主義の出現以後、列強は競って自己の経済的、文化的および政治的影響領域の拡大をはかっている。弱小国家群の間でヘゲモニーを握ろうとするかれらの闘争は、一種の地域的連帯性と地域的意識を生み出す傾向にある。世界の主要地域は恐らく、アングロサクソン的軌道とロシア的軌道とに両極分化するであろう。*

＊　この節は一九四六年には既に書かれていた。（編者）

このコミュニティ中心の権力の位置と性質は、機能的権力のそれらとは異なる。これら二つの型の権力複合体とかれらの可能な支配から生ぜしめられた惨禍についても、同じことがあてはまる。

機能的権力単位と地域共同体的権力単位との間の最も顕著な差異は、前者の方がより合理主義的である点にある。労働組合や共同組合などのような経済的大衆結社は威信に関する種々の理由から、その規模を自慢するかもしれないけれども、それらの支配的な動機は合理的な利害であり、それらの目的は明確に限定されうるし、また多くの場合、明確に限定されている。このために、ひとたび権力の均衡が達成されると、相互が敵対関係にあるにも拘らず、合理的な妥協が自然に生まれるのである。そして、権力の機能的使用と任意的使用との間には、常に一線をひこうとする潜在的傾向が存在している。結局、この基準は承認と優位を受けるであろう。心理学的にいうと昇華の過程が取引する機能的諸単位間でおこり、純粋に自己中心的な計算から妥協を経て、相互的配慮とフェア・プレーに導くのである。この発達は一部、機能的路線に沿ったあらゆる協同化の暗黙の相互関係によって支持される。それは、国家的非常事態のような事情によって、それが前面におし出される場合には、優勢になるかもしれない。最後にあげるけれども非常に重要なことだが、教育的な努力は利害の葛藤に対比するものとして、相互関係性と協同性を強調する傾向がある。この故に、教育的努力は合理性を高めるのである。

より大きな合理性に向うこの傾向は、各種規模の地域共同体的諸単位を中心とする権力の集中化現象の中には、まだ見られない。これは恐らく、それらの諸単位の異なった目標と起源によるのであろう。それらの地域共同体的諸単位は主として情動的諸要求に答えて出現し、その領土的拡大は特殊な情動的変化を生み出した。

地域共同体的諸単位は第一義的には、どこかに所属したいという要求に奉仕する。部族、村落、郡、地域、国家は分業（この意味では合理的な要求にもとづいて）にもとづく諸機能の網の目から発達する。しかしそれらは、そのメンバーの者が「われわれ感情」を発達させ、自らを部外者から区別して、かれら自身異なった行動をとる程度にしか、コミュニティとならない。したがって国民国家は必ずしも「自然」の経済圏と一致しない[24]。国民国家の連帯性は「われわれ感情」に基礎を有しており、この感情はそれ自体で権力を構成する。地域共同体的関心に基づく権力は、機能的統合に基づく権力とは異なる。機能的権力の諸単位に対する忠誠心によって動機づけられた人間も、国家に対する忠誠心によって動機づけられる時には、異なった行動をとるのである[25]。

その起源は何であれ、コミュニティから生まれるわれわれ感情は、世界における人間の位置を限定する上で大きな働きをもつが、かれの地位を求める願望は往々にして合理的関心をしのぐかもしれない。われわれ感情は部分的な作用をしない。すなわち、われわれ感情は人間の諸関心の一つの中心に影響をおよぼすばかりでなく、かれのパースナリティ全体に滲透する。自己の位置感情や地位感情が主として、かれの所属するコミュニティのそれによって決定されている人間は、「借りものの威信」(borrowed prestige)——つまり、かれのコミュニティの威信によって生きていると言えるのかもしれない。したがってかれは、かれ自身の成長は世界の中でのかれのコミュニティの拡大と地位によって左右される、と信じこまされるかもしれない[26]。部族主義、地域主義および国家主義から生命を得ている権力は、普通、経済的関心のみによって働く権力以上に、恐怖心をよびさませるものである。後者は部分的であり、合理的に評価できるが、前者は拡散的であり、予見することができない。

地域共同体の利害感情の中に、もっと大きな非合理性をつくり出す別の要因がある。それは接触伝染と情緒的融合を通して広まる。経済的な勝負ごとにおいて当人の役割を果たす場合、つまり、その人の特殊な機能を充足する場合には、人は自分の相手から一定の距離を保っている。敵対関係と相互関係とは共に別々の同一性を予想している。しかしながら、地域共同体的連帯性においては、ますます多くの人々が共通のわれわれ感情を共有することによって統一感をもつようになる。共通のわれわれ感情は、ひとたび確立されると、それ自身の力学を発達する。それはどんなに強力であるにしても、そして帝国主義にくみする場合、その非合理性がどんなに有害であるにしても、だからといって社会学者は、この力によって合理的分析や社会的熟達がこばまれるなどと仮定する理由をもたないのである。マックス・ウェーバーがかつて正しく観察しているように、非合理的行動は合理的行動以上に、その経過を予見可能である。(27)たとえば、ヒステリ的な人間の行動は、便宜主義的な適応を目指す正常な計算づくめの人間の反応以上に予測しやすい。後者は、しばしば、精神病理学的ないし非合理的衝動に動かされて行為する人間以上に、予想もしなかった結論に到達する。かれらの行為はサイクルを示しており、各位相において分析と評価と取扱いが可能である。

同様にして、攻撃的国家主義——これはしばしば誇張されたわれわれ感情から発出したり、あるいはそのような感情に導いていくものだが——に精通するためには、その主因について精巧な分析が必要である。かかる分析によってのみ、われわれは騒擾を適切な方策と抑止手段によって統制下におくことを望めるのである。

八　共同体感情の本質と権力

地域共同体的連帯性のわれわれ感情の中に内在する権力は、次のように特徴づけられよう。

1　共同体感情は必ずしも膨脹的および攻撃的ではない。たとえば、軍国主義は近代の所産である。しかし内部者と外部者の異なった取扱い（民族優越主義）は古代のものである。さらに、スエーデン、ノールウェー、オランダ、ポルトガルおよびスイスなどの小国は、かつては膨脹をはかり攻撃的であったが、現在では平和的行為をとるようになってきた。同様に、イギリスの膨脹も、飽和状態ないし心理学的変質によって、軍事的であることを止める点に到達した。

あらゆるレベル――経済的、軍事的、心理学的および教育的――における諸変化に関する慎重にすすめられた比較研究だけが、攻撃的国家主義の勃興と衰微に対して満足な説明を与えるであろう。諸変化の継起と方向と速力および、種々の平面における諸方策の相互作用を観察しなければならないであろう。

2　かかる研究の前提条件は、均衡と攻撃性の両方をもつ共同体的連帯性の中で満足を見出そうとする心理学的諸要求の確実な分類である。

均衡のとれた共同体的連帯性は、それによって、とりわけ所属性と安全性、地位や自尊心を求める個人の渇望が充たされるので望ましいように思える。

常識的な観察から明らかなように、教育的方策は願望とその充足手段に大きな影響をおよぼす。われわれが、他人への尊敬によってバランスをとられた自尊心や抑制的自己主張を鼓舞するかどうか、あるいは、自我の誇張や挑発的な行動、つまりいわゆる「男らしい」行動を鼓舞するかどうか、あるいはそのような行動をとにかく許容するかどうかは、子供の養育を全く異なったものにする。若干修正すると、集団行動のための教育にも、同じことがあてはまる。国際関係におけると同様、人格的関係においても、イタリアのファシズムがやったように、人は聖なる利己主義（sacro egoismo）、つまり自己膨脹主義を鼓舞することもできるし、あるいはまた、相互的配慮と協同性を教え鼓舞することもできるのである。

共同体意識や国家意識の成長を決定する単独要因はないけれども、教育的方策はこの分野では特に重要である。人格的および集団的誠実性のための教育方法は存在している。しかしながら、困難なのは、世界中の教育的諸努力を整合化するための決定的な協力をいかにしてかち得るかということである。もちろん、国際連合および特にユネスコの真の課題は、かかる統一性を促進することでなければならない。

3　共同体感情は単に高い所から課されるだけでなく、複雑な歴史的過程からも生まれる。この共同体感情の漸進的拡大によって、もっと小さな下位的諸単位における武力的攻撃性は中立化される。言いかえれば、より小さな諸単位の融合は、それまで自律的であった諸単位の攻撃的傾向を吸収するか、あるいは少なくとも緩和する。国民国家は、結局、それまで自律性を求めて闘争していた諸単位をうまく吸収した好例である。封建時代の豪族や独立市民階級は自己の要求を放棄して、自ら国民国家のより包括的組織に従った。警戒心は長い間残るかもしれないが、融合の過程が進むにつれて、自立性と主権を求める願望は国民国家とその諸機関に転移される。したがって攻撃的集団感情を清算する一つの仕方は、より小さな諸単位を、より大きな新しい単位へ融合することによって、集団的攻撃性の随伴的転移をはかることである。それは主として、この転移をどんな種類のより包括的単位に向けるかという社会的嚮導の問題である。

しばしば、一時期には、どの大きな単位に忠誠を向けるべきかということに関して、躊躇と不安が観察される。このような場合、歴史的諸事象（戦争の脅威、戦闘とその結果、政治的同盟、権力的ヘゲモニーなど）は、種々の方向に情緒を押し動かし、指導者の意識的な政治操作によって統合の方向に強い影響をおよぼしている。言うまでもなく、もし国際連合が新しい世界的組織の上に忠誠を焦点づけることに失敗するようなことがあれば、競争的な地域的「われわれ感情」の、したがってその点では好戦的な「われわれ感情」が発達することは、さけられないであろう。

4　しかしながら、集団的連帯性を拡大する他の自然な（無計画的）傾向が存在している。二つの世界大戦の間に、社会主義者と共産主義者が示したように、かれらは世論の嚮導と教育と操作によって、階級路線に沿った連帯性――つまり、しばしば国民的連帯性のそれに取って代る忠誠をもたらすことができた。これと同じことはローマ・カトリック教会によっても実演された。かれらはしばしば、かれらの国際的な共通の関心の上に基礎的忠誠を焦点づけることができた。そして多くのメンバーにとって、この忠誠はかれらの国民的忠順以上に強力であることが示された。(29) だから、単に異なる忠誠が時によって同一個人の中に広まるだけでなく、共同体的連帯性の方向も、歴史のある時点では操作されうるのである。一般的にいうと、われわれは国民的、国際的ないし部分的統合（「世界の労働者よ、団結せよ」）と同時に、国民的諸単位以上に大きな融合にも等しく開かれた時代に生きているのである。既に指摘したように、明らかに、あれこれの傾向は時代的に行きわたるので、われわれは、ドイツやスペインやイタリア――かつてこれらの国はファシストに転向した国である――のような国々が同じくコミュニストに転向することも、十分考えられよう。現在のフランスには、諸事象、社会的諸力、操作的および教育的努力によって、その成り行きを決定することができるほど、諸勢力の不安定ながら均衡が存在している。

これらの緊張の主要な理由は、情緒的融合の拡大過程がますます、出身地域から切り離されてきていることにあるように思える。かかる分離は個人のある情緒を解放し、対象や原因へのある固着（カセクシス Kathexis）を求める忠誠と融合への道を舗装する。しかしながら、これらの対象は、多少とも過去におこなわれたように、簡単に高い所から決定されないで、個人的選択に広く道を開いている。部族共同体や村落や地域や勃興期の国家主義の時代には、出生地は大体その人間の運命を決定していた。二、三の人間や少数者にとっては、限られた選択範囲しか存在しなかった。ここでは、「分割された忠誠心」（教会に対して——あるいは帝王に対して）の出現が観察されるのである。しかし、全体に対する基礎的連帯性が歴史的に発生していた領域では、すべての人間の位置は限定され、人々は心をつかまれていた。

しかしながら、大きな社会移動、交通通信手段の改善、映画、ラジオ、新聞および各種の宣伝は古い強力な忠誠心を弱めた。忠誠心は、ある対象から他の対象へと変化する。だから、忠誠は大幅に操作されうるのである。二、三述べると、この過程を評価するのに役立つかもしれない。

5　以上述べた諸過程以外に、都市化とその分枝は特にコミュニティに対する第一次的連帯形式の根底をくつがえす。巨大都市圏には、郊外や衛生都市や下宿や貸間があり(30)、事務所と工場は家庭から分離しており、共同体的連帯性はますます多くの人々にとってますます少なくなっている。出生の場所や州も、またかれらがたまたま生活している国家も、かれらにとって多くの意味をもたない。われわれは普通、この過程を根絶化（uprooting）の過程と呼んでいる。この語の非難的意味が正当化されるのは、多くの人々にとって、限定された場所との同一視の喪失とコミュニティ生活への不参加が性格の解体に導く限りにおいてである。自分自身の場所からのこの分離は、どこかへの所属感を発達させないか、あるいは充足しないままにしておく。それは精神的不安定性と浮動的情緒状態を作り出し、人々を安易に宣伝の餌食にさせる。根を絶ち切られた人間は無策の移住者、犯罪者となり、しばしば信念や安定性を欠く冷評家になりやすい。

われわれが個人の性格の解体やパーソナリティの喪失として見るものは、大衆的現象として観察する場合、社会の「原子化」として現われる。この根絶化がおこり、自我の深層的局面が基礎を失ない、表面的反応が支配的になり、宣伝家が巧妙な操作者として場面の中心に現われる時、コミュニティは群集となる(31)。これらの諸条件によって作り出される精神状態は現代の危険の一つである。各種の方策によるその予防は、われわれの主要な関心事でなければならない。というのは、かかる精神状態は暗示感応性をひき起し、ろうばいや絶望や残虐行為を突発させるからである。(32)

しかしながら、状況は次の事実によって複雑化される。すなわち、われわれが非難するように「根絶化」と呼んでいるものは、パーソナリティ形成にとっても、世界共同体の建設にとっても、共に積極的な諸局面をもっているからである。根絶化は、積極的に見ると、解放と呼べるかもしれない。より大きなコミュニティの創設――恐らく世界的広がりをもつコミュニティのそれ――は、人々が、国家主権と攻撃的国家主義の権力的悪霊に無条件に追従する状態を克服する時にのみ、可能である。このことについて、誰一人疑いを差しはさむ者はないであろう。部分的根絶化や解放化は、したがって必要であり、現に進歩的な人々によって達成されている。

われわれがいう「解放された」人間とは、「正しいにせよ、間違っているにせよ、私の国」という面から思考せず、自分の教区の教会が世界で最も素晴らしいものだなどと考える対外強硬主義者でない人間のことである。かれは部分的根絶化によって、すなわち、人格的同一視の対象としてかれのコミュニティの若干の伝統や価値のみを選択することによって、解放を達成する。そうするさい、かれは、コミュニティ参加のもつ性格形成的諸影響を閉め出さないし、また独立的思考と人格的発達の権利を犠牲にもしない。かれは常に、世界のより包括的統合に向ってすすむ用意があるから、解放されるのである。しかしかれは、かれの国家との連帯性を放棄してコスモポリタンに転向するようなことをせずに、このことをなすのである。解放された人間は、かれの国の運命を分有しているが、かれの視野は近代的国家主義の神聖なる利己主義（sacro egoismo）以上に達する。すべての陣営内で解放された市民の数が増大することは、すべてのために統合された一つの世界を生み出すのに役立つであろう。

6　解放過程について見るさい、われわれは現在の時点における知識階級の機能を再定義しなければならない。解放された知識人とは、生きのびている習俗の圧力からも、またかれらに国家主義の教義と人為的イデオロギーを吹き込もうとする宣伝家の操作的攻撃の圧力からも、自己を精神的に離脱させうる人間のことである。知識階級は、たとえ攻撃的国家主義者からは信頼できないと呼ばれるような代価を払ってでも、このイデオロギー的圧力に抵抗しようとする。

この角度から見るとき、知識階級はかなりの権力を現わす。ひとたび、権力が銃や飛行機や金貨や機能的諸単位のみに依拠するものでなく、コミュニティ感情の嚮導や統合にも依拠するものであることを認めるなら、知識階級は、軍隊の長官や大実業家と同様、重要な鍵鑰的位置を占めていることがわかる。このことは特に、観念やイデオロギーが連帯性を生み出す助けになり、単なる情緒的感染だけでは十分でない時代に、あてはまる。権力過程における知識階級の特殊な意義は、コミュニティに対するより単純な忠誠形式がますます弛緩する傾向にあるという事実に着目する時、もっと十分な評価が与えられる。[33] 心理学者が人間の「動機づけ」と呼ぶものは、したがって計画的に操作することが可能である。

われわれのいう動機づけとは、人間の欲望と社会的追求に影響を及ぼす可能性のことである。動機づけは教育において重要な役割を演じる。[34] たとえば、生徒は学習の目的を知っていて、かれ自身と目標とを同一視する場合、かれの地理や語学の勉強をより容易に、より能率的に学習する。明らかに、地理や外国語を学習しようという生得的欲望は存在しない。特定の人間、すなわち教育者（親や教師）がその願望を誘発するのである。かくて、どの社会にも常に動機づけられたり動機づけたりする人間がいるのである。単純な文化においては、動機づけは全体に滲透し拡散されている。コミュニティの価値が個人を動機づけるのである。かれが行為に乗り込む前に、社会は既にかれのために、価値ある目的と望ましからざる目的とを限定しているのである。かくて、かれの選択は限られている。社会が柔軟になればなるほど、外部から無意識のうちに価値や動機づけが誘発される頻度は、それだけ少なくなる。価値はもはや、たとえば人々が女性を劣ったものとか、異国人を奴隷とか、貧乏人を人間性の低い者として考える場合のように、事柄に内在するものでなくなる。価値はもはや自明当然の事実として考えられなくなる。大きな社会移動は柔軟な精神を作り出し、すべてのものは論議に服され、嗜好や目的は疑問がさしはさまれる。そしてもしわれわれがある線に沿って人々を動機づけようとすれば、それを正当化することが必要となる。この過程で、動機づける人間は一般に知識人である。知識人は観念の発見と拡散の専門家として、社会変動の鍵をにぎる位置にある。短い見方では、かれらは無力であるかに見えるかもしれないが、結局は、権力命令的な銃や飛行機などの目に見えるものを保持している者以上に、より大きな効果を及ぼすのである。ルソーやマルクスやパレトーやアダム・スミスやミルのような政治思想家は、かれらの時代が来たとき大きな影響を与えた。観念の生産者および伝播者は習俗が弱体化して以後、重要性をもつようになってきたが、この事実はさておき、かれらの影響の永続性は、観念が特に言い抜け的なものであるという事実によるのである。銃はありかを見つけられて破壊されるが、観念はそうされない。あなたは観念の唱導者を異端者や予言者として殺すことができるが、しかしその観念は生存して普及するかもしれない。かくて、観念は権力を表わす。特にそれはサボタージュの形式をとる場合、顕在的権力を表わすのである。全体主義的独裁者にとって、かれらがどんなに大きな権力をもっている場合でも、サボタージュほど、恐ろしいものはない。かれらは次のことを知っている。すなわち、組織的権力は最初、必ずしも革命のような直接的行動によって解体されるのではなく、動揺させる宣伝機関によって解体されるのである。後者は、武器を託されている人々や、畠や工場で労働に従事している人々の忠誠心を徐々にくつがえすからである。

九　機能的権力と共同体的権力の疎隔

諸集団に集中化した権力の支配は、諸機能に与えられた権力支配とは異なる。後者は合理的な中心をもっている。それは情緒によって覆われており、普通、既得権と結合させられているが、しかしその合理的要素は権力過程を人間化し、社会化するための出発点として役立つかもしれない。内在的機能は、徐々に有害な攻撃的情緒を中性化し、共同体計画の中にくみこまれた部分的既得権を統制ないし吸収しようとする人々に奉仕するかもしれない。

略奪的権力と非合理的衝動を知性的に統制しようとする努力は、機能的権力要素対非機能的権力要素という有益な基準にもとづいて確固たる基礎を与えられるかもしれない。たとえば、保守主義的精神の持主が旧式の機械で装備された工場を経営するとする。これは、コミュニティの福祉に反することが証明されよう。最近の国営に至るまで英国の多くの鉱山は技術的におくれていたが、その場合の技術的後進性とアメリカの建築業における技術的変化の途絶とは、その適例である。人は同様にして、自己追求的独占化は公平な機関によって阻止されるべきだということを証明しうるのである。

これとは対照的に、共同体的凝集性や国民主権のいろいろの類型に対して基準を創設することは、もっと困難である。それにも拘らず、これらの事柄を合理的に取り扱う方法や手段がある。過去には、不断に変化しつつある権力の均衡が、問題の起った時、その問題を解決した。強者は弱者を抑圧した。その成功の程度はまちまちだった。同様にして、より小さな社会的諸単位は、他と競争関係にある自己の管轄する統制区域を拡大するために、不断に個々人の忠順を求めた。たとえば、それは国家と教会との間の闘争、宗派間の張りあい、政党争いおよび哲学の学派間の競争に明らかである。われわれ自身の時代はますます、共同体的凝集化の非合理的諸要因を合理的分析と合理的基準に従えている。平和な世界的協同を目ざす人々は、次のような二つの有望な傾向に一役かって出るであろう。

1　国家主義のような共同体的凝集感情は、もはや善とか悪とかとしては見られない。われわれは、例えば、排外主義的攻撃性のように明確に有害な諸特徴と、その内容はともあれ、コミュニティの機能的に意味をもつ諸伝統とを区別しなければならない。国民感情のある要素は、世界の人々の地位を限定し、精神的バランスを確保するために不可欠である。政治および教育の指導者は、平和な世界の協同化をとざす国家主義の有害な諸特徴の解明を目的とすべきである。かれらは、言語やモーレスや文化のような伝統的諸要素に寛容でなければならない。というのは、それらは国際的協同化を阻止することなく、共同体的凝集性を具現するものだからである。

権力を半分は包括的に規制し、他の半分は自律的集団の限定にまかせるというこの権力分割の問題は、封建主義の観念に内在する偉大な貢献である。それは合衆国と、封建主義をその政治的組織化のバックボーンにしたアングロサクソン的世界一般とを区別する。ソビエト連邦は、連邦主義的原理をその多国民性国家の組織化に採用しているが、これはソビエトを他から区別する標識である。

2　これと同じ権力分割の問題は、現在の世界状勢における機能的諸単位と利害諸集団との特殊な掛り合いの中にも見られる。

狩猟チームや工場や企業結合のような機能的諸単位は、権力にまで成長し、権力を蓄積する傾向にある。部族や村落や地域や国家などのような共同体的凝集化の諸単位も、それと同じ傾向にある。過去には、機能的諸単位は大体、地域共同体的諸集団の枠内で発達した。したがって、それらは究極的には集団的権威によって統治された。実業界の創設と全産業体系は共同体的諸単位の鋳型の中で成長した。その最初のものが町や地域であり、後には国家であった。これと同じことは軍隊や官僚制や、不断に拡大しつつあるコミュニケーションおよび輸送の手段をめぐって打ち立てられる諸組織についても言えるのである。

過去には、かかる成長の型式は人間にとって、かなり明白であった。手仕事と小規模産業は貧弱なコミュニケーション手段と結びついて、地域共同体的統合の中核として「領地」の地理的境界内で拡大しつづけた。後になって、拡大する敵対的諸単位に対する防衛の必要や、行政的および警察的諸要請から、国家は全国的規模での共同体的融合の「具現」ないし「保護組織」と見られるようになった。これらの国民国家は特徴として、その領土の機能的諸単位のすみずみに至るまで「われわれ感情」を行きわたらせた。これらの機能的諸単位は、市民にとって、国家的成長とそれに随伴する共同精神の有機的部分として経験された。

しかし、二つの局面を同一過程の一部分として思念することは近視眼的見方の失敗であり、この見方によっては、地域共同体的諸単位および機能的諸単位の拡大を促す成長の法則や異なった原理を見分けることはできない。もっと広い観点から見ると、二つの傾向は国民国家の時代にのみ、相互に補強し合うものであることがわかる。その時、企業組織のような機能的諸単位は、事実、国民国家に奉仕し、また国民国家は逆にその境界内の産業を促進する。二つの世界大戦の間におけるオーストリア・ハンガリー帝国の所謂「後継者国家」の経済政策は、典型的な一例として役立つかもしれない。しかしこの融合国家は二つの深刻な問題の漸進的出現を予防しなかった。

一方で、機能的諸単位の自律的成長は、しばしば共同体的凝集化の単位を拡大させる原因となった。それは経済的帝国主義の特徴である。この場合の攻撃性は、第一義的には共同体的関心そのものからは結果しないで、産業的および商業的利益を権力によって推進するのに奉仕する国民的われわれ感情から生まれるのである。国民の自負心が膨脹する時、機能的諸組織は危険になる。この場合の治療法は、組織化と教育の平面において、両要因とその相互作用を統制することである。

他方で、機能的諸単位は共同体的集団凝集化の境界を越えて拡大するかもしれない。しばしば、境界はそれらの最適の遂行のためにはハンディキャップとして考えられる。その場合、機能的諸単位は制約する鋳型の壁に圧力をかけ始める。たとえば、このことは中世時代におこった。その時、通商貿易は市の限界を越えて拡大し、かくて領土的規模での、後には国家的規模での、経済体系の基礎が作られ、これをめぐって国民感情が成長したのであった。

今日、これと同一の過程は大規模にくりかえされつつあるように思える。現代の機能的諸単位は、大量生産と改善されたコミュニケーション手段によって、国民国家の壁を押しやぶって、国際的組織にまで発達する傾向がある。

国家的境界を越えた機能的諸単位のこの成長と、国際的な規模での相互依存的機能体系を発達させるかれらの能力とは、新しいタイプの権力連合に導くかもしれない。これはまだ不安定で形をなしていないが、いつの日か連合して、漸次、国民国家の主権を損なうようなことがあるかもしれない。(35) 国民、権力、国家のかかる廃頽が本来の目的に奉仕するのは、次の場合である。すなわち、世界的広がりをもつ相互依存的諸機能が、単一の国民国家において満足に実行されえない場合である。経済的、社会的あるいは政治的不適応は、超国家的な機能組織によって処理することができれば、その方が解決しやすいように見えることが多い。それに反して、危機は、諸国民がかかる問題を独立に処理しようとする不調整の努力と、多くの場合、相互の競争から生じている。最も耳ざわりな問題のケースは、計画化の方法とはおよそ反対のやり方から生じる機能的失業の重荷を、一国民が他の諸国に転移しようとする場合である。かかる場合に、問題の国民は他の諸国の国内生産者を安売りすることによって、その失業を輸出する。世界的広がりの基盤の上に、失業克服の協定が締結されなければ、これは合衆国のとる支配方法となるかもしれない。

「母国」の経済的、社会的ないし心理的諸問題を解決するために、ある国から他の国へ移る大規模の人口移動には、これと同じ広汎な不適応とそれに随伴する不公正が含まれている。再び、根底に横たわる不適応とその原因の世界的広がりをもつ解決、あるいは少なくともその地域的解決は、再適応させ、「負担」を公正に分配するための、より大きな機会を提供するであろう。

同じく、国際的寛容に対する心理的キャンペーンは、単一国家によっては進められない。陳腐な国民的諸単位のもつ危険な威信感情は、重複する機能的諸統合が解決策として行為する場合にのみ、消散されうるであろう。それらの統合は、機能的世界機構の合理的かつ包括的構成において、大きな安全保障を提供する。

同様にして、市場や原料や仕事の機会の欠如に起因する国民的欲求不満は、不利な国民をより包括的な世界通商網に組み入れ、平和な社会秩序を建設するための教育的および知的努力に参加させる場合に、克服されうるのである。明らかに、大規模な諸問題は広いセッティングの中でのみ解決されるのであり、われわれの将来はこれらの国際的に重複する鍵鑰的地位の統制にかかっている。国民国家をより広範囲のネットワークに変形することは、それらの国際的に重複する鍵鑰的地位に依存しているからである。

一〇　現代の基礎的権力形式

われわれの問題は、いかにして任意的権力の多様な諸中枢に対する統制を獲得し、かれらを、いかに調整し、継ぎ合わせて、より包括的な型式に作りあげるかということであり、かれらをどのようにして共同体のために機能するように徐々に訓練するかということである。

小集団に起源をもつ民主的統制技術は、内部的組織と外部的相互関係の両面で、今日の大規模な諸単位に適合されなければならないであろう。これは容易な課題ではない。というのは、小単位は必ずしも民主的に統制されておらず、また大規模単位は特殊な困難を提出しているからである。

概して、諸国民の内部的権力型式とその国内問題は、無計画社会から計画社会への移行中に提起される諸問題によって支配されている。(36) 主要な差異は、総体的計画社会に対比するものとしての部分的計画社会の目標、つまり全体主義的社会構造に対比するものとしての混成的社会構造の目標から生じているように思える。

ソビエト連邦では、中央の権能は社会に対して絶対的権力を行使しており、慈善心に富んだ政府のもとでさえ、西欧的解釈における民主主義と自由は欠如している。これのもつ危険は、決定過程から排除された大衆の無能さと無関心の中に横たわっているように思える。事柄が反動的な方向に動く場合、ナチスの解決法が最もとられやすい。すなわち、その場合、もっともとられそうな解決法は、社会の最も反動的な諸勢力と連合した無頼漢的諸集団の利益のための総体的計画化である。

合衆国は、「素朴な個人主義」の生き残ったものと断片的な予防的計画概念との間をさまよっているように見える。連邦政府は、計画化の指導性をとるよりか、巨大な独占に支配される競争経済から生じる欠陥と濫用を代償する仲裁人として行為しているように思える。(37)

英国の型は、われわれが「自由のための計画化」と呼ぶものに最も近い。ここでは、国営経済が自由圏と管理圏との間のバランスを目指している。危険なのは、これが実現されないことである。もしこれが実現されなければ、微妙な均衡は妨害され、統治集団による官制的統制が強制されるようなことになるかもしれないからである。

合衆国では、主要な危険は次の点にあるように思える。すなわち、もう一つの潜在的経済危機に直面した場合、実験的再適応は無効となることがあるかもしれないのである。深刻かつ持続的な不況において、態度の迅速かつ一掃するような変化は、大衆的暴動や潜在的ないし顕在的独裁制に導くかもしれない。

ロシアのそれのような体制のもとでは、西欧的意味での委員附託、集中排除および民主化は、恐らく混成体制を樹立するであろう。これらの民主主義技術は、たとえ鍵となる位置が基礎的諸機能を保証する中央当局によって強固に保持されている場合でも、導入されうるであろう。アメリカおよびイギリスの体制も、折半的な体制の出現の見込みのあることを示している。その場合、次のような特殊な利益集団や組織に対して注意を焦点づけなければならない。それらの集団や組織とは、個人とその政府との間に自己を確立し、かつ全面的計画化を部門的計画化に変えようとして努力するものである。

一一　国際的関係における基礎的権力型式

戦争は一大発展をもたらすものだと言えるかもしれない。誇大な国民的自負心と帝国主義的野望をもつ多数の競争的諸国民は、自由な国民に取って代った。しかしなお、不安定な権力の均衡は合衆国とソビエトに集中し、かつそれらの国家から放射されつつある。今日では、列強がそれを欲しない限り、地域的緊張と葛藤が世界的な大火に至ることはないであろう。

経済界におけるかつての独立事業単位のカルテルやシンジケートは、内密の競争を除去しない。これとちょうど同様に、政治の領域においては、それらの片割れである世界の列強は依然としてヘゲモニーを競い合うであろう。しかし、それらの拡大された関心領域は発展のための十分な広がりを提供するかもしれない。そして、ひとたび均衡が取引きによって達成されると、帝国主義者の圧力は、しばらくの間、後退するかもしれない。というのは、二つの世界的列強は新しい合法的秩序を確保しうるほど強大だからである。かかる対極的均衡は、ともかく、多くの不安定な勢力の均衡――それによって国際連盟は樹立された――以上に安定的であり、持続的であるかもしれない。昔の連盟の方が恐らく紙上のプランとしては、より民主的なものであったが、それは「現実性」を欠いていた。そしてそれは「歯」をもたなかったが故に、平和な国際秩序を確保する有効な方策を打ち出すよりも、むしろその足かせとなった。

確かに、弱小諸国民は、一致を装ってなされる権力競争のゲームにおけるパートナーないし歩兵としての役割を担っている。かれらはそのような役割に従って、恩恵をうけることもあれば、また普通の国家としての権利を与えられないこともあろう。われわれの主な希望は、世界中に広がりをもつ政治勢力の側で、フェア・プレーを粘り強く主張してくれることにある。それらの政治勢力は、現在の帝国主義を平和的秩序に変形することに真に関心をもち、かつそれを支持しているからである。

もちろん、地域的権力体系はウェストファリアの平和公式、すなわち「一地域、一宗教」（Cuius regio, eius religio）という原則の危険な復興に導くかもしれない。明らさまにせよ、あるいは多少とも内密にせよ、各種の文化、各種の政治体系は、それぞれの価値体系を、その地域の管轄区域下の人々に強制しようとするものである。かくて、列強はその地域間の断絶を拡大し、そうすることによって世界征覇の最終的闘争に向って突き進むかもしれない。この事柄における文化的亀裂の増大は情緒的緊張を育くみ、相互の恐怖と疑惑を生むであろう。そして第三次世界大戦は、現代社会の特徴である盲目的漂流と同様のよからぬ理由で、われわれに襲いかかるかもしれない。

一二　権力の濫用とその予防

民主主義は、その形式の如何をとわず、権力を統制しようとする。現在の世界におけるマスター・ポジションについてのわれわれの分析の結果、それらのポジションは、従属的権力中枢を調整しうる統一された世界的権威に統合する必要のあることが明らかにされた。しかしながら、この調整のためには、出現しつつある権力中枢が、世界史上、未曽有の略奪的巨人になることを注意しなければならない。そのような巨人は自分自身の子供をほしいままに餌食にするかもしれない。民主的統制の問題は社会的組織化のあらゆるレベルでおこるが、最も緊急なのはそのトップにおいてである。

明らかに、人は最終的な世界的統合の戦術について詳細な説明を期待することはできないが、しかし近い将来の民主的統制の問題の論議は合理的に企てうるであろう。現代における権力濫用の可能性を統制するための負債と資産、危険と機会の貸借対照表は、この章の結びとしてふさわしいであろう。

まず、現代の主要な危険の一覧表作りからはじめたい。

1　すでに見たように、新しい社会的諸技術の集中化から生まれる未曾有の権力集中は、危険個所のリストの先頭にあげるのが適切であろう。

2　平均的市民の身体的および精神的無防備性の増大は、権力の濫用から守る闘争の今後の課題である。相互関係的社会諸技術に基礎づけられた巨大な権力に直面した場合、市井人はこのように無力であるが、これは、いわばメダルの裏側である。巨大な社会機構の単なる歯になってしまった平均的市民は、アパシー（冷淡）やアゴニー（苦悶）に接近しやすいような精神状態に放置されている。(38)

3　アパシーは、精神的に武装されない市民が、現代の社会的危機のもつ恐ろしい性質の結果として、大衆不安に発展しやすい不安に突然取りつかれた場合、麻痺させるものになるかもしれない。大規模社会は、スムースに機能する限りでは、保護する母親のように生活の不安定性を消散する。しかしながら、ひとたびその力動的な諸力が手から離れて、渾沌が行きわたると、社会生活は盲目的な自然の力——すなわち、火山や嵐や火災や洪水にもまして恐ろしいものにさえなる。不安と相互不信の恐怖——渾沌の第一次的果実である——は、権力の専横な行使と無政府状態に導くかもしれない。

4　さらに、潜在的不安は、統制者によって組織的に利用されたり操作されたりするかもしれない。恐怖心を利用すると、人格的関係は損傷され、集団相互の関係は非常に危険になり、列強の競争は荒廃する。ヒットラーは専横な恐怖政治の技術を発達させるのに秀でており、しばらくの間、宥和政策によって驚くべき譲歩をかち得た。それから、起るべきものが起った。不幸にも、支配権を獲得するためのこの古い技術は原子力時代の敷居をまたいで入りこんでいる。

5　火遊びは組織化のはずみとしては、いっそう危険である。現代社会に累積する諸事象は、わずかの間に準備を整えて、組織的破壊——つまり戦争にかりたてる。ひとたびコースが設定されると、諸組織が作られ、命令が与えられ、情緒が呼びさまされ、全速力で破壊に向って大きな漂流がおこる。

6　現代のディレンマは次のように言い直されるかもしれない。すなわち、われわれの不安はわれわれを両極端に追しやる。統制の欠如は渾沌に導く——厳重な統制はわれわれをかごの中の存在に閉じこめる。究極的に、その解決はわれわれの洞察と英知に依存する。現代技術の多くは善にも悪にも使用される。原子力エネルギーの発射はその最もよい例である。その破壊的使用は人間およびその文明の破滅に導くが、その建設的な使用は豊かな時代の案内人となるかもしれない。われわれの技術的手段と技能の多くについても、同じことがあてはまるのである。

ところで、現代の主要な資産と機会は何であろうか。

1　科学の進歩は技術的分野においては勿論、心理学的分野においても非常に急速であり、人間の統合的科学によって、われわれは不適応の原因や権力濫用の源泉と形態について明解な理解をもつことができる。統粋民主主義は合理的科学および知識の伝播に結びついている。そして後者は、優れたマス・コミュニケーション手段と高度に発達した教育技術によって、大きく促進される。権力を統制するために必要な知識および情報の迅速な伝播と、現代の暴露技術は、権力のかくれんぼを有効に阻止するのに役立てるべきである。すべての市民が、利権あさりや院外運動による操作の内も外も、そのすべてを知る必要はない。反対陣営の鍵となる人間と多才で油断のないジャーナリストたちが知っておれば、公的にすっぱ抜かれるという脅威だけでも、制止物として作用する。このために、市民の自由、つまり、言論の自由や集会の自由を維持することは、たとえ公衆が政治的に未成熟であっても、触媒として作用するのである。市民の自由が有効に保証されている限り、独占資本主義の段階においてさえ、濫用は有効に統制されうるのである。これに対して、慈悲深い、しかも仮りに、高潔な独裁者であったとしても、独裁者のもとでは、諸統制をするものがないために、頽廃への道を歩むべき運命にある。

2　有効な社会的技術を用いて民主主義を完成する可能性は、もう一つの資産である。ひとたび民主的計画化のために民主的一致が達成されれば、あらゆるレベルで同時に現実的な改革政策を進めることができ、またあらゆる形式と分枝の専横な権力を統制下におくことができる。

3　しかし、技術の改善はそれ自体では、権力の統制や人間の欲望とエネルギーの再方向づけのような諸問題を解決しない。道徳的宗教的覚醒は技術的ノウハウを伴なわなければならない。だから、道徳の復興は内部からなされなければならないにせよ、われわれの機会や外部的条件のうち、その復興の機の熟したものを評価することは要領を得ている。

人間性全体という面から思考することは、もはや妄想的な夢ではなく、時代の要請である。このビジョンは、まだ、現代自己流の「強情な」現実主義者の多くにとって手のとどかぬものであるかもしれない。というのは、かれらの「現実主義」は過ぎ去った時代の観念によって思考し、行為することにあるからである。しかし、ひとたび、第三次大戦を行なうことができないということ、および専制政治がその醜い顔を現わしたら、どんな場合でも、その専制政治を止めなければならないということが理解されれば、人類全体としてのビジョンは開かれるのである。

4　これら三つの観念は、新しい意味の分割されない集合的責任性を具現するために奉仕すべきである。われわれはすべて同じ舟の中にいるのだという主張は、もはや空文句ではない。現代社会の相互依存的関係から、一国の飢餓ないし経済的破滅は他国の脅威になる。無数の高い教育を受けた市民の欠くべからざる諸貢献――物質的、身体的および精神的な諸貢献――に基礎をおく社会には、権力崇拝の機会は存在しない。

5　ひとたびこの集合的責任性が実現されると、共通に受け入れられている諸緊張、すなわち、古い秩序に潜在する権力哲学に伴なう諸緊張は、総体的に静まるかもしれない。社会的および心理的諸領域の抑圧と緊張によって、人々が閥や利益集団や党派や国家の支配を甘受させられる限りにおいてのみ、権力政治は栄えるのである。一般的抑圧と緊張の解消はいずれも不安を減少し、人々に日常生活の抑圧に抵抗する気概を与え、あらゆる場所で、相互的尊敬と協同の型式でもって支配と服従の型式を取り替える勇気を与える。

この意味の集合的責任性は、第一義的には内部的諸関係に適用されるが、少しずつ諸国民の外部的諸関係にも適用される。われわれの相互依存性の理解は、独裁権と保護貿易論者的経済政策に対する要求を減少させる上で役立てるべきである。財貨および権益の国際的交換が利益になるようになるや否や、戦争という――結局、危険な――企てをしようとする願望は減少する。少なくとも、この心理学的教訓をわれわれは、地理的および歴史的理由から、平和産業および貿易を通して富を作り出す機会をもった諸国家から、学び取ることができる。それらの市民がかつてもっていた暴力的攻撃性を軽減し、かれらは次第に安全と高い生活水準を享受できた。第一次的要求が平和裡に満足させられればされるほど、それだけ心理学的緊張も静まり、食糧や安全性に対する不安は減少して、人々は力の政治に依拠しなくなるであろう。この飼い馴らされた繁栄の内容は、これらの歴史的例によってばかりでなく、スカンジナビア諸国およびスイスなどの小さな繁栄している民主主義によっても例証されよう。

ストレスと緊張の緩和は、われわれの無限の生産能力、われわれの運輸通信手段およびわれわれの合理的管理組織によって促進される。たとえわれわれは「一つの世界」を当てにすることができなくても、大きく諸地域の拡大によって、事柄が保護貿易主義的国民国家の限られた境界内で考えられていた以前に比して、緊張とストレスは多数の国民の間により公平に分配されるようになる。食糧は余剰な地域から欠乏した地域に輸出され、信用貸し制度は世界各国間の不均等な経済発展の速度を軽減し、人口移動は地方の経済的ないし心理的な緊張状態にかかわりなく規制できる。同様にして、社会的解体の諸激変は、当該指導権をもつ者がかかる競争をやめさせようとする場合、まず地方的なものに局限してから、その後で処理することができるのである。ローマ帝国が以前に好戦的であった諸民族の間に、そのパックス・ロマーナ（Pax Romana）を樹立したように、列強の統治は小さな山賊的諸国家のゲリラ戦を不要にするかもしれない。

来る長い期間の、かつ広い地域にわたる秩序と安全性を作り出そうとするこの冒険は、万が一にも超強国によって、単にありふれた便宜主義的理由から攻撃が企てられるようなことがあったとしても、そのような攻撃を軽減させるであろう。さらに、出現しつつある平和的秩序は、かかる諸方策が好戦的心性を平和愛好的心性に変形する一つの実験として、慎重に計画された政策の一部になっている場合、より強力で、より建設的なものになるであろう。

6　緊張を減少し、権力の独占を分散させ、権力複合を弱化する上で一役はたしているもう一つの要因は、新しい戦争手段と技術である。

新しい兵器は国境線の軍事的意義を大きく減少する。もちろん、それは完全には消失しないが、しかしそれは、空軍が宇宙空間を縮小させ、原子爆弾によってどこででも戦闘を行なえるという脅威を与える程度まで、減少される。(39) 今や遠くから諸国を攻撃することができる。長距離攻撃は、かれらの攻撃目標の地域から離れた海軍基地や空軍基地しか必要としない。この新しい軍事的脅威は、マジノ線（訳注　フランスの陸相Ａ・マジノ〈一八七七―一九三二〉の発案により、一九二五―三五年に築造した独仏国境の要さい線）ないし攻撃と防衛の密着した要さい線を、ますます時代遅れのものにしてしまう。

中近東におけるイギリスの軍事政策は、新しい傾向を説明するのに役立つかもしれない。エジプトやインドのような国全体の占領ないし直接的支配は、基地を信頼できる手中に残すという保証さえあれば、自由な協力のために廃棄することができる。合衆国は新しい空間的安全保障概念から、外見上「遠隔地」にある海空軍基地の広域組織を樹立するに至った。新しい軍事力の範囲は列強の指導権のもとに、莫大な世界の諸地域の相互防衛協定を促進する。

超大国が相互に疑惑をもたなければ、この傾向は強力になるであろう。それらの国家間の緊張だけでなく、それらの地域内の緊張も止められるであろう。古来、帝国主義は現実的ないし仮定的外部侵略の恐怖から正当化された。この恐怖が軽減されたら、軍備の増強、過度の警察力および独裁制は正当化されなくなる。

もちろん、国際関係から時代おくれになった諸葛藤を取り除いても、一度に権力を振う攻撃性と恐怖を根絶できないであろう。心理学の教えるところでは、恐怖はその本来の原因を存続させるかもしれない。このことは、それ以上に、幾世紀も経てきた感情にあてはまる。さらに、ストレスおよび緊張の解消に関する整合化された再教育運動は、比較的短期間に多くのことを達成できるであろう。私が「諸作用の凝結と整合化の法則」と呼ぶことを提案している法則は、有効であることが説明されよう。私の言わんとするところは、望ましい方向に向けて一貫して諸努力を整合化することによって、社会的変化を迅速に達成できるということである。ナチス党員とロシア人はこの技術を発達させ、比較的短期間に、もしそうでなければ幾世紀もかかりそうな諸変化を達成したのであった。かれらはこれらの技術を、かれらの特殊な目的のために使用した。われわれはこれらの技術を、われわれ自身の目的のために、つまり攻撃性と支配を減少するために使用できるであろう。

(1) Mannheim, Karl, *Man and Society in an Age of Reconstruction* (New York, 1940) の「権力論」に関する文献目録を補足するものとして、次のものをあげておきたい。

Anderson, H. D., and Davidson, P. F., *Ballots and the Democratic Class Struggle* (Palo Alto, 1943).
Bryce, James, 'Obedience' in his *Studies in History and Jurisprudence* (New York, 1901), pp. 463-502.
Bryson, Lyman, *et al* (eds.), *Conflicts of Power in Modern Culture* (New York, London, 1947).
Burckhardt, Jakob, *Weltgeschichtliche Betrachtungen* (Berlin, Stuttgart, 1905). (Ed. by James Nichols as *Force and Freedom: Reflections on History*, New York, 1943).
Heller, H., 'Power, Political', *Encyc. Soc. Sciences* (New York, 1937), vol. XII, pp. 300-305.
Laski. H. J., *A Grammar of Politics* (2nd ed., London, 1929).
Lasswell, H. D., *Politics: Who Gets What, When, How* (New York, 1936).
——*Psychopathology and Politics* (Chicago, 1934).
——*World Politics and Personal Insecurity* (New York, 1935).
——*The Analysis of Political Behaviour: An Empirical Approach* (New York, 1948).
——*Power and Personality* (New York, 1948).

MacIver, R., *The Web of Government* (New York, 1947).
Schmitt, Carl, *Verfassungslehre* (Munich, Leipzig, 1928).
Willoughby, W. W., *The Ethical Basis of Political Authority* (New York, 1930).

(2) Burckhardt, Jakob, *The Civilization of the Renaissance* (London, New York, 1944), p. 2.

(3) Mosca, Gaetano, *The Ruling Class* (Elementi di Scienza Politica), tr. by Hannah D. Kahn, ed. and rev., with an Introduction by Arthur Livingston (New York, 1939), ch. II, 'The Ruling Class', ch. IV, 'Ruling Class and Social Type.'

(4) Ibid. また次のものも参照。Cox, Oliver Cromwell, *Caste, Class, and Race: A Study in Social Dynamics* (New York, 1948), ch. x, 'The Political Class.' コックスの著書には一四ページにわたる社会的階層化に関する文献目録が掲載されている。

(5) Barnard, Chester I., *The Functions of the Executive* (Cambridge, 1938).
Dimock, Marshall E., and Hyde, Howard K., 'Bureaucracy and Trusteeship in Large Corporations,' *T.N.E.C.: Investigation of Concentration of Economic Power*, Monograph no. 11 (Washington, D. C., 1940).
Gablentz, O. H. von der, 'Industriebürokratie,' *Schmollers Jahrbuch* (1926), vol. 50, pp. 539-72.
Moore, Wilbert E., 'Industrial Organization: Management,' in his *Industrial Relations and the Social Order* (New York, 1946). (Extensive bibliography.)
'The 30,000 Managers,' *Fortune* (Feb. 1940), vol. 21, pp. 58-63, 106, 108, 111.

(6) 著名人からなる大学連合団体および官僚行政を補足するものとしての利益集団の勧告的機能に関するマックス・ウェーバーの見解参照。*From Max Weber: Essays in Sociology*, tr., ed., and with an Introduction by H. H. Gerth and C. Wright Mills (New York, 1946). pp. 238f. (以後 Max Weber, *Essays in Sociology*. として引用する。)

(7) Lederer, Emil, and Marschak, Jakob, 'Die Klassen auf dem Arbeitsmarkt und ihre Organisationen,' *Grundriss der Sozialökonomik*, Abt, IX. Part II (Tuebingen, 1927). ch. IV, pp. 106-320.

Mills, C. Wright, *The New Men of Power, America's Labor Leaders* (New York, 1948).

Perlman, Selig and Taft, Philip, *History of Labor in the United States* (New York, 1935), vol. IV, *Labor Movements* (1896–1932).

'Trade Unions,' *Encyc. Soc. Sciences*, vol. XV, pp. 3–57.

Webb, Sidney and Beatrice, *The History of Trade Unionism* (rev. ed. London, 1920).

(8) Childs, Marquis W., *Sweden, the Middle Way* (New Haven, 1936 ; Pelican ed. 1948).

(9) Merton, Robert King, 'Bureaucratic Structure and Personality,' *Social Forces* (May 1940), vol. 18, pp. 560–68.

(10) Mosca, op. cit. p. 159.

(11) Thompson, D., *et al.*, *Patterns of Peacemaking* (London, 1945).

(12) Hacseert, J., *Essai de sociologie* (Ghent, 1946), pp. 176ff.

(13) Goldhamer, H., and Shils, Edward A., 'Types of Power and Status,' *The American Journal of Sociology* (Sept. 1939), vol. 45, no. 2, pp. 171–82. Cf. also Mannheim, *Man and Society*, p. 167.

Weber, Max, 'Herrschaft,' in his *Wirtschaft und Gesellschaft*, Abt. III, *Grundriss der Sozialoekonomik* (Tuebingen, 1925), pp. 603–12.

(14) Weber, Max, 'Hinduismus und Buddhismus,' *Gesammelte Aufsaetze zur Religionssoziologie* (Tuebingen, 1921), vol. II, p. 72. Cf. Mannheim, op. cit. p. 276.

(15) Dolm, Gerhart, 'Masse,' *Handwörterbuch der Soziologie* (Stuttgart, 1931).

Davenport, F. M., *Primitive Traits in Religious Revivals* (New York, 1905), ch. III.

Dollard, Johon, *Caste and Class in a Southern Town* (New Haven, 1937).

DuBois, Weis E., *Dusk of Dawn* (New York, 1940).

Freud, Sigmund, *Massenpsychologie und Ich-Analyse* (2nd ed. Wien, 1923). (Tr. by James Strachey, London, 1922).

Geiger, T., *Die Masse und ihre Aktion* (Stuttgart, 1926).

Hardman, J. B. S., 'Masses,' *Encyc. Soc. Sciences*, vol. x ; see also the articles on 'Mob' (L. L. Bernard), 'Lynching' (F. W. Coker). 'Violence' (Sidney Hook), 'Riot' (K. Smellie), 'Crowd' (L. L. Bernard), 'Massacre' (H. H. Brailsford).

Hecker, J. F. C., *The Black Death and the Dancing Mania of the Middle Ages* (New York, 1885). (Tr. by B. G. Babington.)

Ichheiser, Gustav, 'Fear of Violence and Fear of Fraud with Some Remarks on the Social Psychology of Antisemitism,' *Sociometry* (Nov. 1944), vol. VII, no. 4, pp. 376–83.

LeBon, Gustave, *The Crowd* (London, 1920).

——*The Psychology of Revolution* (New York, 1913).

Lederer, Emil, *The State of the Masses* (New York, 1940).

Mackay, Charles, *Extraordinary Popular Delusions and the Madness of Crowds* (Boston, 1932).

Martin, Everett Dean, *The Behavior of Crowds* (New York, 1920).

Moll, A., *Hypnotism* (London, 1891).

Myrdal, Gunnar, *An American Dilemma* (New York, 1944), ch. 27, pp. 558–69.

Wiese, Leopold von, and Becker, Howard, *Systematic Sociology on the Basis of the Beziehungslehre and Gebildelehre* (New York, London, 1932), ch. XXXIV–XXXVI, pp. 445–73.

(16) Jaspers, Karl, 'Die enthusiastische Einstellung,' in his *Psychologie der Weltanschauungen* (Berlin, 1921). p. 125. 参照。

(17) Elias, Norbert, *Ueber den Prozess der Zivilisation, Soziogenetische Untersuchungen* (Basel, 1937–8), vol. I : *Wandlungen des Verhaltens in den weltlichen Oberschichten des Abendlandes ;* vol. II : *Wandlungen der Gesellschaft. Entwurf zu einer Theorie der Zivilisation.*

(18) Sumner, William G., *Folkways* (Boston, 1906), p. 57.

(19) Hughes, E. C., 'Institutions,' *An Outline of the Principles of Sociology*, ed. by Robert E. Park (New York, 1939), p. 332. 次のものも参照。 Lumley, Frederick Elmore, *Means of Social Control* (New York, 1925) and 'Power, Political' (Hermann Heller), and 'Sanction, Social' (Radcliff Brown) in *Encyc. Soc. Sciences*, vols. XII and XIII.

(20) Gaus, John M., *Great Britain, A Study in Civil Loyalty* (Chicago, 1929). Ziegfeld, A. Hillen, *England in der Entscheidung: Eine freimütige Deutung der englischen Wirklichkeit* (Leipzig, 1938).

(21) Kosok, Paul, *Modern Germany, a Study of Conflicting Loyalties* (Chicago, 1933).
Becker, Howard, *German Youth: Bond or Free* (New York, 1946).

(22) Ogburn, William F., and Nimkoff, M. F., *Sociology* (New York, 1940). における例を見よ。

(23) 「大きな権力は人が占有するところに現われる。」Z-King (*Buch der Wandlungen*), vol. III, 34, Chinese, 1000 B. C. またヤコブ・ブルックハルト (Jakob Burckhardt) の前掲書 *Force and Freedom* における歴史の偉大さに関する論も見よ。

(24) Weber, Max, *Essays in Sociology*, op. cit. pp. 162f.

(25) MacIver, R. M., *Community* (New York, 1921).
Toennies, Ferdinand, *Fundamental Concepts of Sociology: Gemeinschaft und Gesellschaft*, tr. and supplemented by Charles P. Loomis (New York, 1940: first ed. 1887, 8th ed. 1935).

(26) 種々の移住者の系譜によって合衆国におけるプレステージが違うという事実――たとえばイタリア系、ニグロ系とイギリス系、ノールウェー系およびオランダ系の移住者を比較して見よ――は、好適例である。

(27) Weber, Max, *Gesammelte Aufsaetze zur Wissenschaftlehre* (Tuebingen, 1922), pp. 64f. 132f.

(28) われわれの見解においても、帝国主義の原動力の一つが経済的利害の中に見い出されるべきだということを指摘することは、必ずしも必要でない。それらの管理それ自体が課題である。ここでわれわれが論じている事は純粋に情緒的な根をもつものである。これらの根も他のものと同等に重要な決定要因となり、かつそれ自体構造分析に値するものである。徹底的な議論は、当然、経済的膨脹論と情緒的膨脹論の結合から生まれる爆発力も考察しなければならない。

国家主義については次のものを見よ。

Bauer, Otto, *Die Nationalitaetenfrage und die Sozialdemokratie* (Wien, 1924).

Bishoff, Ralph Frederic, *Nazi Conquest through German Culture* (Cambridge, 1942).

Hayes, Carlton J. H., *Essays on Nationalism* (New York, 1926).

———*France, a Nation of Patriots* (New York, 1930).

———*The Historical Evolution of Modern Nationalism* (New York, 1931).

———'Nationalism,' *Encyc. Soc. Sciences*, vol. XI, pp. 231–48.

Hertz, F., *The Historical Evolution of Modern Nationalism* (New York, 1931).

———*Nationality in History and Politics* (London, 1944).

———'Zur Soziologie der Nation und des Nationalbewusstseins,' *Archiv fuer Sozialwissenschaft und Sozialpolitik* (1931), vol. LXV, pp. 1–60.

Klineberg, Otto, 'A Science of National Character,' *The Journal of Social Psychology*, S.P.S.S.I. Bulletin (1944), pp. 147–62.

Kohn, Hans, *Geschichte der nationalen Bewegungen im Orient* (Berlin, 1928). (Tr. by M. M. Green, London, 1929.)

———*The Idea of Nationalism, a Study in Its Origins and Background* (New York, 1944).

———*Nationalismus und Imperialismus in Vorderen Orient* (Frankfurt, 1931). (Tr. by M. M. Green, London, 1932.)

Lenin, N., *Ueber die nationale Frage* (Berlin, 1930–31), 2 vols.

Marr, Heinz, *Die Massenwelt im Kampf um ihre Form* (Hamburg, 1934).

Meinecke, F., *Weltbuergertum und Nationalstaat* (5th ed. Munich, 1922).

Nationalism (London, New Yok, 1939), A Report by a Study Group of Members of the Royal Institute of International Affairs.

Nicolson, Harold, *The Meaning of Prestige* (lecture) (Cambridge, 1937).

Riemer, Svend, 'Individual and National Psychology : A Problem in the Army Area Study,' *Social Forces* (March 1944), vol. 22, no. 3, pp. 256–61.

Sulzbach, Werner, *Nationales Gemeinschaftsgefuehl und wirtschaftliches Interesse* (Leipzig, 1929).

Stalin, J., *Marxism and the National and Colonial Question* (New York, 1936).

Weber, Max, *Essays in Sociology*, op. cit. ch. VI, 'Structures of Power,' pp. 159–79, esp. p. 162.

Weinberg, Albert K., *Manifest Destiny, A Study* … *tionalist Expansionism in American History* (Baltimore, 1935).

Ziegler, Heinz O., *Die moderne Nation, Ein B* … *zur Politischen Soziologie* (Tuebingen, 1931).

(29) われわれはビスマルクおよびヒットラーのドイツ、メキシコ、一九二九年以前のイタリア、今世紀始めのフランスにおける国家とカトリック教会との間の葛藤に言及できるかもしれない。次のものも参照。Barker, Ernest, *Church, State Study* (London, 1930), ch. V, 'Christianity and Nationality.' Borkenau, Franz, *The Communist International* (London, 1938).

Commons, John R., 'Labor Movement,' *Encyc. Soc. Sciences*, vol, VIII, pp. 682–96.

Latourette, Kenneth Scott, *A History of the Expansion of Christianity* (New York, 1937).

Lorwin, Lewis L., *Labor and Internationalism* (New York, 1929).

Perlman, Selig, *A Theory of the Labor Movement* (New York, 1928).

Sombart, Werner, *Der proletarische Sozialismus* (Marxismus) (10th ed. Jena, 1924), 2 vols. (Tr. from the 6th ed. by M. Epstein as *Socialism and the Social Movement*, London, 1909.)

Wach, Joachim, *Sociology of Religion* (Chicago, 1944), ch. VII. (Extensive bibliography.)

Weber, Max, 'Staat und Hierokratie,' *Wirtschaft und Gesellschaft*, Abt. III, *Grundriss der Sozialoekonomik* (Tuebingen, 1925), pp. 779–817.

(30) Liepmann, Kate, *The Journey to Work* (London, New York, 1944), ch. IV, pp. 67–84. Cf. 'Housing,'

Encyc. Soc. Sciences, vol. VII.

Park, R. E., Burgess, E. W., *et al.*, *The City* (Chicago, 1925)；この附録 Wirth, Louis, 'A Bibliography of the Urban Community.' も参照。

Simmel, Georg, 'Die Grosstädte und das Geistesleben,' *Jahrbuch der Gehestifung* (Dresden, 1903), vol. IX, pp. 185-206. (Tr. by H. Gerth and C. Wright Mills as 'Metropolis and Mental Life,' in *The Sociology of Georg Simmel*, Kurt Wolff ed., Glencoe, Illinois, 1950.)

Sutherland, Edwin H., *Principles of Criminology* (Philadelphia, 1939).

Thrasher, Frederic M., *The Gang, A Study of 1,313 Gangs in Chicago* (Chicago, 1927).

(31) ハロルド・D・ラスウェル (Harold D. Lasswell) の *The Analysis of Political Behaviour : An Empirical Approach* (New York, 1948), pp. 173-9. における「宣伝家の勃興」を見よ。さらに次の労作中の文献も参照。Smith, Bruce L., Lasswell, H. D., and Casey, Ralph D., *Propaganda, Communication, and Public Opinion, A Comprehensive Reference Guide* (Princeton, 1946).

(32) Bird, Charles (W.), 'Suggestion and Suggestibility : *A Bibliography*, *Psychological Bulletin* (April 1939), vol. 36, pp. 264-83.

Brailsford, H. N., 'Atrocities,' *Encyc. Soc. Sciences*, vol. II.

Cantril, Hadley, Gaudet, Hazel, and Hertzog, Herto, *The Invasion from Mars*, with the broadcast script of 'War of the Worlds' (Princeton, 1940).

The Chicago Commission on Race Relations, *The Negro in Chicago* (Chicago, 1922).

Frank, Walter, *Nationalismus und Demokratie im Frankreich der Dritten Republik 1871-1918* (Hamburg, 1933).

Gumbel, E., *4 Jahre politischer Mord* (Berlin, 1923).

Lasswell, H. D., *Propaganda Technique in the World War* (London, 1927), pp. 81-9.

Schumann, F. L., *The Nazi Dictatorship* (2nd ed. New York, 1936).

Silone, Ignazio, *Der Fascismus, seine Entstehung und seine Entwicklung* (Zurich, 1934), pp. 108ff., 179ff

Weber, Max, *Essays in Sociology*, op. cit. pp. 394f.

(33)　ロベルト・ミヘルス (Robert Michels) の論文' 'Intellectuals,' *Encyc. Soc. Sciences* の文献目録とマンハイムの上掲書' *Man and Society* のそれを補足するものとして次のものをあげておきたい。

Farrell, James T., 'The Fate of Writing in America,' *New Directions 9* (New York, 1946).

Kandel, I. L., 'Overproduction of Intellectuals,' *School and Society* (Dec. 1946), vol. 64, no. 1169, p. 438.

Kohn-Bramstedt, E., *Aristocracy and the Middle Classes in Germany. Social Types in German Literature* (London, 1937), Part II.

Lasswell, H. D., 'Policy and the Intelligence Function : Ideological Intelligence,' *Ethics* (Oct. 1942). (Reprinted in *The Analysis of Political Behaviour*, op. cit.)

Lukacs, Georg, *Fortschritt und Reaktion in der deutschen Literatur* (Berlin, 1947).

McLuhan, Herbert Marshall, 'The New York Wits,' *Kenyon Review* (Winter 1945).

Michels, Robert, 'Zur intellektuellen Oberschicht,' cf. his *Umschichtungen in den herrschenden Klassen nach dem Kriege* (Stuttgart, 1934), pp. 58ff.

Mills, C. Wright, 'The Powerless People : The Social Role of the Intellectual,' *American Association of University Professors Bulletin* (Summer 1945), vol. 31, no. 2, pp. 231–45.

Russell, Bertrand, 'The Role of the Intellectual in the Modern World,' *American Journal of Sociology* (Jan. 1939), vol. 44, no. 4, pp. 491–8.

Schumpeter, Joseph A., 'The Sociology of the Intellectual,' in his *Capitalism, Socialism, and Democracy* (2nd ed. New York, London, 1947), pp. 145–55.

Spigelman, Joseph H., 'The Role of Intellectuals,' *Harper's Magazine* (Aug. 1946), vol. 193, no. 1155, pp. 183–92.

Weschler, James, *Revolt on the Campus* (New York, 1935).

(34) 'Motivation,' *Encyclopedia of Educational Research*, ed. by W. S. Monroe (New York, 1941), pp. 740f. を見よ。

(35) D・ミトラニイ (Mitrany) の次の書物における彼の機能的統合論を見よ。 *A Working Peace System. An Argument for the Functional Development of International Organization* (London, 1943).

Bauer, Otto, *Rationalisierung, Fehlrationalisierung* (Wien, 1931).

Berle, A. A., and Means, Gardiner, *The Modern Corporation and Private Property* (New York, 1933).

Hilferding, Rudolf, *Das Finanzkapital* (Berlin, 1910 ; reprinted 1947).

Kehr, Eckart, 'Munitions Industry,' *Encyc. Soc. Sciences*, vol. XI, pp. 128–34.

Liefman, Robert, 'Cartel,' ibid. vol. III, pp. 234–43.

——*International Cartels, Combines and Trusts* (London, 1927).

経済的帝国主義については次のものを見よ。

Bucharin, N., *Imperialismus und Weltwirtschaft* (Berlin, 1929).

Friedjung, Heinrich, *Das Zeitalter des Imperialismus* (Berlin, 1919–22), 3 vols., vol. II, ch. XXVI.

Hobson, J. A., *Imperialism* (rev. ed. London, 1905).

Luxemburg, Rosa, *Die Akkumulation des Kapitals* (Berlin, 1923).

Neumann, Franz, *Behemoth : The Structure and Practice of Nationl Socialism* (New York, London, 1944).

Schumpeter, Josef, *Zur Soziologie der Imperialismen* (Tuebingen, 1919).

Sering, Paul, *Jenseits des Kapitalismus* (Nest Verlag, Lauf bei Nürnberg, Dec. 1946).

Sternberg, Fritz, *Der Imperialismus* (Berlin, 1926).

(36) Mannheim, Karl, *Man and Society*, op. cit. Part V, I and II. 参照。

(37) Lorwin, Lewis, *Time for Planning, A Social Economic Theory and Program for the 20th Century* (New York, London, 1945), pp. 258–9. 参照。

(38) 次のものを見よ。 Merriam, Charles E., and Gosnell, Harold F., *Non-Voting. Causes and Methods of*

Control (Chicago, 1924), ch. VI and VII. における「政治に対する嫌悪と投票に対するその他の不信」および「一般的無関心と無気力」。

Fromm, Erich, *Escape from Freedom* (New York, 1941).

Horney, Karen, *The Neurotic Personality of Our Time* (New York, 1937).

Mannheim, Karl, *Man and Society*, op. cit.

Mills, C. Wright, 'The Powerless People: The Social Role of the Intellectual,' loc. cit.

(39)　これらの観察は著者が戦争直後に行なったものだが、しばらくすると、この重要な分野の専門家によって確証された。たとえば、E・M・フリードワルドの指摘する事実では、「集中爆撃兵器は莫大な領土によって与えられた安全性の限界の多くを取り去ってしまった。……海峡や山や地理的障壁は、その戦略的価値の全部ではないにしても、一般に、多くの価値を失なってしまった。」E. M. Friedwald, *Man's Last Choice* (London, 1947), pp. 53, 65.

第四章　資本主義社会および共産主義社会における支配階級[1]

一　ロシアの実験に対する評価

変革者による社会の変形に対する混乱と障害の一つの源泉は、階級なき社会[2]というユートピア的観念、階級概念の不明確さおよび階級闘争は避けられないものという広く行きわたった仮定である。これらの観念の分析を通して、それらの相互的関係が明らかになる。これらの概念はマルクス主義の革命的解釈に由来しているので、最初から、変革を排除するように構成されている。

人間思想史上、基礎的タームの定義は普通、主張の形式と方向と結論を決定する。マルクスの観念体系の強力さは、その全概念が相互に補足し合っていることによって立証される。変革者は自己のタームを再考し、再定義する勇気をもたなければならない。

マルクスは社会の決定的な諸問題を提起した点で偉大であったが、かれの解答は階級闘争を不可避的と見る予想の中に根づいている。われわれの見解では、これは単に欠乏の一時代を反映するものにすぎず、一つの仮定に他ならない。マルクスは、この仮定の上に立って自己の考えを一般化したが、それは保証のほどではなかった。その上、かれの時代にはまだ、社会的変革の技術は知られておらず、未発達であった。階級闘争は過度の緊張状態に直面した場合、避けられないかもしれない。しかし、欠乏性によってひきおこされた圧力が軽減され、緊張に左右されない雰囲気の中で必要な変化が企てられうる場合、少なくともコースの選択が可能である。(3)

マルクスは、その社会のある局面は現実的に記述し分析したが、選択の可能性について描き出さずに、政治的発展のユートピア的な手段＝目的の図式を唱導した。かれは資本主義ブルジョア社会の破壊的要素を過度に強調し、ひとたび若干の制度を除去すれば、よき社会が自動的に出現して、その内部的均衡を維持し、合理的かつ真に人間的パースナリティが生産されるであろうと想定した点では、むしろ楽天的であった。

ところで、われわれの第一の課題は現存の諸条件を現実に即して分析し、われわれの社会の短所を価値ある構成要素から区別して、現代の計画社会における危険な点を検討することである。しかしながら、この手順は、計画社会の達成に対してわれわれの目をおおうものであってはならない。もしわれわれが現状に固執したら、それらの達成はわれわれから見失なわれるであろう。

ロシアにおける実験の失敗に関する分析はいずれも、二つの選択に直面する。ソビエト社会は社会主義社会ではなく、われわれはもっとよい実験を希望すると言うかも知れない。これは多かれ少なかれ、トロツキストの態度である。あるいは、スターリン主義者と共に、ロシアの実験の逆の情況、つまり敵対的環境の脅威、戦争およびその分枝を指摘するかもしれない。かくて、一切の不備は不利な条件や出来事に帰属され、ソビエト官僚制の不快な特徴はツァリストの生き残りとして片づけられさえするかもしれない。(4)両観点との比較でいうと、われわれは一方で望ましからざる諸発展——これは事実、ロシアの実験の不利な条件に帰属されよう——と、他方で明らかに、レーニン主義者の路線にもとづいて計画された社会における若干の構造的困難から生じた望ましからざる諸発展との中間をとりたいと思う。

もともと、主張された目標からロシアの実験が成功であったか失敗であったかを見る場合、人は主に階級なき社会の欠如ということに突き当たる。実験は生産手段を取り上げる点では成功した。細かな資格条件はさておき、いかなる民間人も、かかる手段を所有することはできない。しかしソビエト連邦は権力および収入の不平等を取り除く点では、失敗した。無階級社会という本来の観念からのこれらの逸脱の理由は何であろうか。

二　資本主義社会の型式

たしかに、ソビエトは伝統的な支配類型を成功裡に根絶した。伝統的な支配類型においては、競争と家族の相続に基礎をおく貨幣経済が支配階級を進化させ、かれらによる産業機械の所有と統制は、かれらに人民の支配を許す。かれらの頼みの綱は主として広汎な中産階級である。(5) 利潤体系およびその他各種の機構――それらの機構の中では第一義的に教育体系――は、中産階級のメンバーへの社会的上昇の機会を提供し、かれらの獲得した社会的位置を安定化させる。かれらは、上層階級の越権と下層階級の革命に向う諸傾向の間の平衡輪として、現存の秩序と機能を保持することに関心がある。中産階級は、均衡の心理学を発展させるので、均衡を作り出す力をもつのである。すなわちかれらは寡頭政治によって抑圧されたり、プロレタリアートによって消されることを同等に恐れているからである。諸階級間の十分な移動性と、下層階級的位置から中産階級的位置への社会的上昇の可能性と、非特権階級のための適当な保障とがあれば、革命はおこるものではない。というのは、均衡の確立された柔軟な社会の人間は、むしろ変化を恐れ、かつ突然の没落の危険を知っているので、激変にともなう不確定性を回避することを目ざすからである。

これらの均衡化をもたらす諸傾向は、資本主義社会では、広く行きわたっている政治的および社会的諸制度によって強化される。資本主義がなお形成過程にある限りでは、大衆の組織化は回避されるか、あるいは厳格に統制される。すべての現実生活は小さな自発的結社に委託される。いわゆる「有機的集団」が好まれる。たとえば、家族やコミュニティや、あるいはクラブや組合や大学の性質をもつ自発的結社のような集団である。経済生活は農耕と祈りと小企業をめぐって営まれる。ある程度の社会的位階(6)は存在するにもかかわらず、メンバー間の相互交換が存在しており、人々は相互に依存し合っている。かれらはすべて、多かれ少なかれ共通の課題と特殊な機能をはっきりと知っており、パーソナリティ形成の責任は共有されている。

この内部的相互交換は、各種結社の機能的相互依存によって外部から補足される。現代的政党制度が発展するにつれて(7)、大衆政党が不可避的になる時でも、不断の再編成を妨げないよう大きな配慮がはらわれている。かくて、流動性と移動性は可能になるのである。最後に、国家はこれらの集団の源泉ないし創造者として考えられず、統制および監督の一機関として見られる。したがって権威は大君主の力としてではなく、結社から発出する規則の履行として考えられる(8)。

この構造的均衡は究極的には、個人の政治的および社会的自由の源泉である。それはすべての者をその場所につかせ、この均衡状態を破壊する恐れのあるような不当な不行跡を予防する。

これらの諸条件は、「ブーム」と「破産」の間を大きく揺れ動くことのない着実に拡大しつつある経済には行きわたっている。変革者の希望は次の期待におかれる。すなわち、現代の社会的計画技術によれば、大規模の現代資本主義社会でも均衡を作れるということである。重要なのは次の事実である。すなわち、上層階級および中産階級は、下層階級にも社会秩序に対する利害関係をもたせ、かれらを一安定的要素にさせるに足りる社会的権益と社会的改良の権限を与えることによって、安定した社会的枠組を作り出し、それを保持することに利害関係をもっているということである。経済過程についての現代的な理解に基づいて、中産階級の指導者は、着実な繁栄とすべての人間の購買力の適当な上昇のみが、社会的均衡の持続性を保証しうるのだということを認識しなければならない。

かくて、いわば社会秩序の自然的な圧力は、統治諸集団による寡頭政治への傾斜に拮抗的に作用し、それらの集団の若干に遠い先を見越した妥協の用意をととのえさせる。妥協に対するこの要求の時宜を得た実現は確かに啓蒙の問題である。しかし、われわれは啓蒙を、健全な経済政策の代用品として考えたり、あるいはそれ自体、社会的協同の所産として考えたりしない。社会再建の現代的技術によって履行される時にのみ、啓蒙政策は建設的なものとなるのである。

三　共産主義社会の型式

ロシアの実験に対して公平な態度をとれば、生産手段の伝統的な私的所有制を廃止し、階級的な路線に沿う権力の世襲的継承を終らせたことは、積極的な達成として評価できよう。相続された特権は大体、業績に対する報酬によって代置された。ロシア人はまた、大体、行政的強制のもとにではあったけれども、地位と機能を連結し、地域的および職業的移動を促進する上で、長足の進歩をとげた。(9) 社会的諸距離は縮小されてしまい、全体として、個々の人間や家族が、その獲得した権力的位置を相続する機会は少ないように思える。最後だが、次のことは重要なことである。すなわち、投資と生産制限を目ざすような既得権は何ら存在しないので、私的利潤のためであっても、役に立つものの生産を阻止するものは何もないのである。蓄積に対する社会的配慮を別とすれば、大衆の購買力を切り詰める理由はなく、安定した雇用が保障されているように思える。

かくてソビエト・ロシアは、資本主義社会のもつ多くの欠陥を治癒はしたけれども、新しい困難に直面させられている。しかし、それらの困難を、資本主義体制はかなり満足に解決している。ロシアの決定的な問題は、いかにして全社会階層に、現状の維持に対して経済的ないし世襲的利害関係をもたせることなく、社会的安定性を確立するかということであった。私有および世襲財産制は、社会正義の光に照らして見る時には、いかに反対すべきものであっても、ある階級に、自己の利益と社会の安定性とを同一視させることによって、一つの必要な機能を充足しているのである。ひとたび社会的安定性を提供するこの方法が廃棄されてしまうと、それに取って代る実践可能な代置物を発見しなければならない。というのは、どんな社会秩序も、その秩序の存在に対して既得権をもつ諸集団を内包しなければ、不安定なものになり、まったく間に転覆させられてしまうであろうから。[10]

古い統治階級の没落の後、指導集団は新しい社会体系と自己を同一視できるほどの結合性とその意志をもって出現しなければならなかった。この同一視は主として経済的手段によってではなく、むしろ政治的手段によって確立された。

地位の決定に当たって私有財産および収入という伝統的諸要因を使用することなく、社会的位階を割り当てることも同様に困難であった。再び、経済的手段ではなくて政治的手段を使用しなければならなかった。

最後に、中産階級および上層階級レベルの諸集団間では利潤的動機以外の手段によって、また下流階層の間では欠乏の恐怖以外の手段によって、労働への誘因や規律を用意することは、いま一つ別の主要な問題を提起した。失業の目に見えない圧力がもはや脅威でなくなると、政治的手段が、以前にもまして大きな効用をもたざるをえなかった。

別の言葉でいうと、これら三組の困難を克服しなければならなかったのである。すなわち、いかにして安定した社会秩序を保証するのに適合した新しい統治集団を生産するかということ、いかにして収入や財産以外による新しい地位決定の諸要因を発見するかということ、およびいかにして新しい労働への誘因を提供するかということであった。

これらの諸問題に対する解答は諸制度であった。それらは、その特徴として短命でも偶然的でもなく、スターリン主義社会の本質的諸要件に合致する制度である。

最も重要なのは、第一に特殊な統合および凝集方法をもつ一党制であり、第二に社会的平等に対する本来の信仰に反して再び導入された賃銀格差およびその他の社会的報酬の序列である。その結果、古い富と収入の不平等に代って、新しい権力と地位の不平等が出現した。

これらの諸制度が新しい体系に内在する困難の解決法として出現したという事実は、もちろん、将来におけるよりよき解決法の案出を妨げるものではない。いずれにせよ、スターリン主義社会のこれらの制度的特徴は、ロシア実験の歴史的盛衰に起因させられる欠陥というよりも、より基礎的な欠陥と見做されなければならない。

四　序列的報酬の価値

一から二〇までにわたる収入格差と、貯蓄して、貯蓄を国債に投資する機会や、相続可能な私有財産および集団農場に代る小さな土地所有権の再導入は、個人の努力を刺激するために等級づけられた報酬が必要であることを証明する。かくて、ロシア人は、資本主義社会であまりにもよく知られているものを見直したのであった。すなわち、収入の差はなお、市民から最大限の努力を確保するための最も安価な手段であるということである。しかしながら、この原理のソビエトにおける採用から教えられることは、次の点である。つまり、もし等級づけられた報酬が社会的生産性を刺激するなら、それは正当化されるが、もしそれが単に世襲的特権を永続させるだけなら、不公正だということである。

その上、ソビエト政府は利口にも次のことを知っていた。すなわち、威信、名声、成功を求めての社会的張り合いや、個人的および集団的競争は、賃金による報酬の等級づけと結びついて、能率を高めるということである。かくて、努力の刺激は単一の誘因によるのでなく、諸誘因の組み合わせに依拠しているのである。この点で、ソビエトの政策は――あらゆる競争が社会的な根をもっているけれども――異なった人間には異なった誘因と報酬が訴えることを認めている。

原理上、これは新しいものではない。というのは、すべての社会で各種形式の競争が使用されてきているからである。新しいのは、各種の報酬と賞与の組み合わせを研究していることと、それらが一貫して社会的生産性に焦点づけられていることである。ソビエトのもとでは、集団的競争の技術と、スタハーノフ制度（訳注、ソ連で採用された優秀労働者に報償を出すことによって生産力をあげようとする制度）の参加者に象徴的に示されているような「労働者の中の英雄」に対する社会的称賛とは、等級づけられた賃銀率と同一の役割をはたしている。この慎重な組み合わせは、諸誘因操作の新しい技術であると言えるであろう。[11]

　しかしながら、賃銀差と等級づけられた報酬とは、単に労働の誘因としてだけ奉仕するのではない。それらはまた、ソビエト社会では、資本主義のもとにおける相続財産制の安定化させる力の代用品として、社会を安定化させる機能をもっている。収入差は地位の差を生み出し、各位置を占める人間に、それぞれの位置——最低の位置は別である——に対する愛着を抱かせる。平等者からなる社会においては、各位置は等しく高価であるか、あるいはむしろ価値をもたないので、誰も冒険するものはいないであろう。これに対して、等級づけられた社会においては、すべての者（最低の者を除いて）はかれ自身の地位を細心の注意をもって護衛する。人間は絶えず改善を求めて努力するけれども、かれの獲得した地位は現存の秩序によって保証された隠れ場所と見做される。かくて、人間の自尊心や自制心と社会秩序との間に、一つの結びつきが樹立されるのである。

　これは再び新しい原理ではないけれども、ソビエト体制はこれらの社会的諸力を操作した点で、他の社会より卓越していた。それは生産手段の私的所有制と、マルクス主義者のいわゆる「労働の私的搾取」と自由な財政投機をも廃棄した。しかしながら、若干の実験の後、贈与を許される国債への私的投資という方法で、貯蓄は再び奨励された。これらの手段によって、成功した人間は、資本主義企業に対して利害関係をもつと同じように、国家に対して利害関係をもつ債券の所有者になる。しかしながら、かれは財政管理権はもたない。かれはコミュニティの利益に反して投機したり、あるいは一般に受け入れられている計画に逆らうような生産路線に金を投資したりすることはできない。

五　望ましい平等と望ましくない平等

ソビエト体制における賃銀差と等級づけられた報酬の再導入は、平等の意味について再考を要求するように思える。平等の理想は、望ましい平等と望ましくない平等との間の区別によって明確にされなければならない。平等の一つの形式というよりも、むしろ「平準化」の一つの形式があるが、この形式は工場労働、特に未熟練労働および半熟練労働の役割の増大と結びついているように思える。標準化された遂行と収入の類似性は機械的平等の印象を作り出し、これが広く社会に投映される。この印象を理想に作りあげるさい、宣伝家は平準化的平等のもつ非人間化の効果を見おとし、かつそれが人格的卓越の機会を欠如することや、人間の中の権力的衝動の創造的排け口のための機会を欠如することを看過してしまった。(12)

この機械的平等は、過去の職人や小地主の間に行きわたっていたような種類の平等と対比されるかもしれない。昔の職人は大体、地位が平等であり、わずかな格差しかなかった。職人のギルドでは、個々の労働者はその仕事の中に自己を創造的に表現する機会をもっていただけでなく、(13)傑作（Meisterwerk）を生産することによって栄誉をかちとることさえもできた。技倆の評価における多様な等級づけは、より高い位階へ導き、かつ人生に対する妙味をつけ加えた。

卓越性と、働く仲間から不断に承認を得ようとするこの切望は、現代社会の権力および威信の過度の不平等から生まれた誇大妄想狂とは異なる。それはまた、人格的達成というよりも、むしろ相続された特権に結びついている誇りや虚栄とも異なる。精巧に、かつある限界内で取り扱われる場合、社会的分化は数多くの刺激を提供する。それらの刺激は異なる個人の上に異なる仕方で作用し、そうすることによって、非常に多様な社会的型式とパースナリティ類型を生産する。(14)

パースナリティ形成に関して、伝統的社会は大衆的組織化の時代のそれと異なる。古い秩序は、その小さい下位単位における同調性を強調する傾向があるにもかかわらず、全体として、動機づけ型式、習慣および期待のかなりな多様性を示している。これに対して、大衆社会は標準的メンタリティ、つまり大量生産的人間を作り出す傾向がある。伝統的社会における大きな差異性は、家族や職人の職場のような小集団や結社体——人種的、第一次的集団、あらゆる種類の地理的、職業的単位——の場におけるパースナリティ形成上の大きな効果に起因している。包括的な統合ということになると、適応は多様な条件づけ過程をもつかかる社会においては多面的緊張から結果するのである。

分化した社会の中で育成された人間は単純な未分化のもの、したがって「抽象的」なルールに従うことを嫌悪する。この嫌悪は第一に、専制政治がその政治領域内に大きな同質性を確立しようとする努力への反抗の中に表現された。この嫌悪は新しい標準化への波に対して、ことごとくぶちあたる。分化した条件づけをもつ人間は、多くの葛藤する態度の一致を求めて努力するよりか、かれ自身の解決法を考察しようとする。統合が至上命令となる時、かれはまず最初、厳固な抵抗を示すであろう。しかしながら、ひとたびこの抵抗が破られると、かれは進んで異なる背景や地位や由来をもつ人々との協同のために自己を適応させようとするであろう。

かくて地位による階層化は有害ではなく、その反対に、パースナリティ形成に対して創造的刺激的である。社会的階層化が有害となるのは、それが流動性を失なって、固定的ヒエラルキーに凍結して排他性と分離を生み出し、上層階級の圧力が下層階級の圧迫になる場合だけである。[15] その場合、差異は偏見となり、諸集団間のコミュニケーションや観念の交換は阻止される。分離された諸集団は、地位的にしいたげられた排他的組織を発達させざるを得なくなる。[16] そしてこれらの諸集団は、この防衛機制を通して共同生活の願望や要求、あるいは広い社会的変化への適応を喪失してしまうのである。

社会統制によって適切な階層化を達成しようとする要求は、決して不可能なことを求めているのではない。過去の社会は行為の善悪の規範を発達させ、それらの規範によって個人は社会的承認の重要さを承服していた。同じようにして、計画社会は集団関係の望ましい行為型式を規定すべき社会的規範を発達させうるであろう。もしコミュニティが自ら真剣に集団的調整および協同の課題に取り組むべきだとすれば、集団的口実ないし過度の派閥性の表現は物笑いにされるはずである。

ひとたび適切な集団的調整方法が確立され、自然発生的成長や多様性と統制的統合とが組み合わされると、社会はしばしば行政的強制力を使用しなくてすむようになるであろう。社会はまた、遠隔の中央からマス・コミュニケーション手段によって操作することも放棄することができるであろう。というのは、これによって統一性はもたらされるけれども、それは標準化された大衆心を育成しがちだからである。

六　地位差別の重複部分

集団的差異と、それに随伴する態度差とは、いろいろの点で政治的意味をもっている。それらの差異は現代の大衆人間（Mass-Man）に対して一抑止装置として作用する。(17) 大衆人間の精神はスローガンに動かされやすく、過度に単純化された公式に満足させられやすい。その時、これらの差異は社会の中で心理学的衝撃吸収装置として作用し、社会を二分させるような一面的分裂を予防する助けになる。

地位的差異は多くの要因に基づいている。(18) われわれは富や収入によって作り出される卓越性を第一次的卓越性と呼び、人種的および家族的背景や、地理的、職業的および学歴的差異による卓越性を第二次的卓越性と呼ぶことができる。これらの差異は言葉使い、マナー、食事の好み、習慣などにあらわれる。これらの非類似性はすべて等級づけられた卓越性を倍増するだけでなく、それらの連続的な重複は個人の地位を単一の基準から定義することをこばむ。

この重複が重要なのは、それによって野心の種々の焦点と出口が用意され、かくて一分野の努力の失敗に起因する短所や劣等感を代償する機会を、すべての者に与えるからである。かれの家族的背景を自慢できない者は、よい教育と専門職的地位への願望によって代償するかもしれない。学問的な出来栄えのよくない別の者はスポーツや市民組織で秀いでているかもしれないし、また彼は伝統的ないし開拓者的集団への所属を自慢するかもしれない。

損なわれた誇りを代償する機会を提供する上で、重複する種々の卓越性のもつ機能は、再び、全体として社会構造の上に安定化させる効果をもつ。この機能のために、いかなる単一の地位にせよ、それだけで、他の地位に対して優位に立つことはできない。政治的および経済的差異の場合と同様、人種的ないし文化的差異を誇張することは危険である。すべての絶対的断絶は社会の漸進的変形をはばむ。壺は一つのひび割れの線に沿うと、簡単に壊れるが、いくつかの交叉するひびが入っている場合には長持ちするかもしれない。人間の諸活動および諸配列における大きな変異は凝集性と連続性の最もよい保証である。マルクスは資本主義経済を変形するたった一つの道、すなわち革命による道しか見なかった。だから、かれは重複する陰を除去して、経済的選択が決定的で、かつそれがすべてを内に包むような状況を考えようとしたのであったが、これはかれのひたむきな性格と軌を一にしていた。変革戦術の唱導者がこれらの第二次的地位の卓越性に最高の重要性を与えることも、それと同様の一貫性をもっているように思える。

しかしここでも、すべての事柄は本来のバランスに依存する。第一次的地位の卓越性と第二次的地位の卓越性は共に、個人のアスピレーションと集団のアスピレーションの中に、整合化と計画化のために必要な民主的一致をあやうくするほど大きな、しかも危険な変調的多様性をもたらすかもしれない。現代社会における渾沌は、単に、多様な目的と意志との相互作用によって達成されるような自然発生的バランスのみに頼っていたのでは、回避することはできない。ロシアの計画者は、くり返しくり返し現われる地位の変異をいかにして限界内にとどめるかという問題に直面しなければならないであろう。将来の再分配的社会の課題は、同意された計画にさからうような個人的および集団的アスピレーションを厳格に統制することであろう。しかしながら、ある私有財産や、社会的地位分化のそれ以外の諸要因が公的経済政策を防害することなく、むしろ人々にその宿願の差異を保証し、それによって必要な安定性を確保するような社会秩序と自己を同一視させる助けになっている限り、上述のことはそれらに対する著しい寛容性を排除するものではない。

七　権力の分化

再びわれわれの注意をソビエト連邦に焦点づけると、われわれは、階級や地位の差異のみが、ソビエトで再導入されているのではなくて、権力の不平等も再び取り入れられていることを見出す。ソビエトでは、西欧社会における次のような権力に取って代って厳格に組織化された社会的諸単位の体系によって秩序が確立された。西欧社会では、権力は所有権と相続から発出し、バランスを目ざす開かれた階級的成層化の中に表現されている。ソビエト連邦では、社会の安定性は、新聞、官僚制および軍隊、つまり社会構造の基礎につけ加えて、労働組合、協同組合、トラスト、会社事業のような大衆的組織化によって達成されている。これらはすべて統治階級を構成しているものと同様に強力な組織、すなわち共産主義政党の下におかれている。

そうするさいロシア人は、何か全く新しいものを発明したのではなかった。むしろ、彼らはすべての現代の大規模社会に潜在する発展、すなわち社会構造の頂点と底辺の両方におけるサンディカリズム（訳注、フランスに起った革命的産業組合主義）を、その論理的結論にまで押しやったのであった。西欧民主主義社会は今日でも、無数の小さなコミュニティや集団（たとえば家族、村落のような）と、一方で任意結社（たとえば、宗教的結社や集会所など）の一大結合体と、他方で労働組合や共同組合などのような大衆的シンジケートとの優勢な結合を表わしている。[19]

革命的産業組合主義者[20]は、現代社会における大衆組織化の意義を最初に認識した者であった。かれらは次のことを知っていた。すなわち、組織的諸集団は、単に短命あるいは多様な目標によってだけでなく、ある基礎的な部門別の利害によって一緒にされている場合でも、有力な社会的機関であり、単独で、大衆社会の新しい媒体の中で協定的行為をすることができるということである。

シンジケート、たとえば労働組合は、その全エネルギーをその部門的利害に焦点づけ、この方法によって行為の強度と連続性を達成する。この潜在的権力は、現代の宣伝手段によって具現される時顕在化する。そのメンバーがかれらの心を共通の目的に方向づける準哲学的信条に固執する時、この潜在的権力はさらに大きくなる。[21]この点で、戦術的偶発事件のあれこれを通して一貫した諸政策を実施させるような大衆規律が発達しうるのである。

革命的産業組合主義者は次のことも認識していた。すなわち、大衆はそれ自身では大群を形成するにすぎず、はずみを用意するだけだが、しかし庶民は一貫した政策を打ち出したり、あるいはイニシアティブをとったりすることができないということである。[22]指導機能は、だから、活動的な少数者を必要とする。そしてこの少数者は逆に、戦闘的な派閥に接合される時にのみ、最適の能率を達成するのである。この洞察と方法はイエズス会会士から借用したものかもしれない。かれらは、宣伝信仰（propaganda fidei）の意義と、ある信条の教義にもとづいて訓練された闘争組織のもつ能率性について、最初に認識した団体であった。[23]

だから、全体主義的一党国家は、大衆組織化の時代への統治階級の順応を表わすものである。そこにおいては、権力の第一次的源泉はもはや、所有権や小さな結社体にはなく、暴力、コミュニケーションおよび行政手段の統制下にある大規模組織にある。

大きなシンジケートの権力をチェックする道は二つしかない。第一に、新しいタイプのバランスがシンジケート間に確立されるかもしれない。私はこれを「区画的バランス」(block balance) と呼ぶことを提案している。区画的バランスは無数の小企業、コミュニティおよび任意結社の均衡を表わすものではなくて、機能的に相互に関係し、遂にはそれらの相互依存性を認識するに至るような大きな部門的諸組織の相互的許容性を表わす。

第二に、「上位集団」(super-group) が部門的諸組織とは独立に確立されるかもしれないが、メンバーはそれらの組織すべてから補充し、かつ(あるいは)それらすべてに滲透するものとなろう。すべての下位組織の中にメンバーをもつことによって、その集団の影響はすべてに滲透するであろう。上位集団は「上位権力」(super-power) であるから、確立された計画に従ってかれらの協同性を見守らなければならない。これはまぎれもなく党《パーティ》である。全体主義政党は、全体的にサンジカリズムを信奉する世界における統治階級である。サンジカリズム化が進めば進むほど、それだけわれわれは「組織的統治階級」の段階に近づく。(24)

もしこれが真であるとすれば、ソビエト連邦の社会構造は明らかに無階級社会を表わすものではなく、全体主義政党の中に新しい種類の上層階級をくみ入れ、大衆組織を基礎にもつ構造である。全体主義政党は人々を、伝統社会における場合以上に、より厳格に階級路線に沿って分割する。決定を下す集団は多数者から鋭く切り離されている。多数者は重要な政策問題に発言権をもたず、手段を議論する自由しかない。政治的、経済的および軍隊的組織において鍵となる位置はすべて党のメンバーに占有されているので、党路線の設定は必ずしも独断的なものとは見られないであろう。一九三六年には、産業経営は完全に、全党員の五〇パーセントから七〇パーセントを代表する党員の手中にあった。労働組合、共同組合、新聞および出版事業などにおける鍵となる位置も、同じく党員に握られていた。(25)

もちろん西欧の統治階級とロシアのそれとは、前者が大体相続的に地位を継承する性質をもっている点で異なる。ロシアの高等教育制度で授業料が導入され、教育上の特権はあらゆる種類の士官および行政官の子弟にまで拡大されたにも拘らず、われわれは次のことを記憶しておかなければならない。すなわち、党員の七〇パーセントは一九二九年まで、つまりトロッキーに対してスターリンが勝利をおさめてしまうまで、党に参加していなかったということ、そして一九二〇年以前に党に参加していたのは、党員のうちのわずか八・三パーセントにすぎなかったということである。(26)

西欧の社会組織とソビエトの体系を比較するさい、われわれは権力の個人的充当と集団的充当との間に設けたマックス・ウェーバーの区別を採用できる。(27)前者は広く統治階層のメンバー間の競争という面で規制されるが、これに対して後者はわれわれの防衛および行政組織において知られている型式をとっている。たとえば、軍隊は権力の蓄積を表わしているが、この権力の蓄積は、自由競争によってかちとられるものではなくて、かれらの位階――これはその管轄権を限定する――に応じて各士官に、合法的かつ慣例的に限定されているあの権力の、より大きな所有ないし、より小さな所有の割り当てを通してえられるものである。柔軟な階級組織をもつ西欧社会においては、すべての資本家ないし統治階級のメンバーが個人的に所有している権力は、多かれ少なかれ、財産、収入および自由競争に開放されている社会的位置という面から、正確に評定できるであろう。これに対してロシアでは、党と官僚制はあらゆる権力的位置を集合的に充当しており、個人には、それぞれの地位に応じて分け前を割り当てている。(28)

これは何もソビエト体系を非難するものではない。というのは、いかなる大規模な社会も権力をもつ人間をもたずに治めることはできないからである。この前提を認めるなら、無階級社会という観念（元来はあらゆる権力の不平等の否定、したがって権力それ自体の否定と、あらゆる階級支配の消滅を意味していた）は、明らかにユートピア的である。[29]

真の問題は、組織集団ないし政治体制による権力の集合的充当の方が、大まかな結びつきをもち歴史的に発達して徐々に拡大しつつある統治階層による個人的充当よりも好ましいかどうか、ということである。したがって社会学的問題は、煎じつめると結局高度に組織化された支配政党と、歴史的に統合されて統治諸集団を構成している階級との間の差異の分析ということになる。後者すなわち階級間の凝集性は組織に依存しておらず、社会的諸関係の織物に依存している。そしてこの織りなす諸関係が統治諸集団に、諸接触を通して権力を行使することを可能にするのである。

権力の集合的充当は分化した分配形式をとっている場合でも、新しいものではない。より単純な社会の中に、その体系は遠い昔の時代から存在していた。[30]ある前史的社会では、狩猟チームは狩猟場の共同所有者であり、すべてのメンバーは猟嚢をふくらませるために協同する。結果の分配は平等ではなくて、等級づけられた公平のルールをとっている。空になる者は誰もいないが、上手な猟師や高い威信をもつ猟師は大きな分け前にあずかるのである。

共産主義社会では、分配の主要な対象の一つは権力、すなわち、重要な決定を下し、責任をとり、従属者の諸活動を統制し、威信と、さらにより大きな影響力をもつ集団への加入をかちとる特権である。ある点で、この統治集団[31]は、西欧社会における以上に排他的色彩が強い。というのは、「党への加入」は細心の注意をもって保護されたある選抜原理に従うからである。能率性の証明だけでは十分でない。すなわち、主義に対して忠誠心をもっていることと同志であるという基準が存在しているのである。一党制度の方が古い統治階級のそれよりも排他的でないと考えることは、間違っている。分離への傾向と集団精神（esprit de corps）を作り出そうとする着実な努力とは、西欧の統治階級の間における以上に非常に強力である。後者は、意識的および無意識的な精神の全レベルに作用する隠微な装置によって凝集性を高めている。歴史的統治階級の凝集性は、第一義的には、暗默の一致によって確保されている。その暗默の一致は一部分、所有権と相続を通しての共通の既得権に根づいており、一部分、非形式的に獲得されて世代から世代へと伝達される共通の慣習や態度やモーレスに根づいている。

歴史的に発達した凝集性は徐々に、かつ隠微に、異なった諸平面で確立されるので、正説としてのドグマのきびしい注入[32]や専制的圧力や追放[33]や政治警察[34]などを必要としない。しかしながら、組織化された統治集団、特に革命によって出現したような統治集団は、短期に凝集性を作り出さなければならない。だから、かれらはその位階への加入においても、永遠の忠誠心を樹立する上においても、無情なまでの画一的形式を使用するのである。

八　ロシア実験の教訓

ロシアの伝統的統治階級を組織政党によって置き換え、厳命によって新しい社会秩序を確立するためには、当然、確立された既得権から発展する生成的秩序以上に、より大きな無慈悲さが要求された。この事実は、しばしば西欧の現存統治階級を称賛し永続させたいという意図をもつ宣伝家によって、不当に利用され濫用された。いかなる複合社会でも統治階級を必要とするけれども、この必要性は特殊な統治階級のごうまんさ（hybris）を正当化するものでもなければ、またかれらがその統治能力において奉仕しなければならない社会統制から、そのメンバーや機関を免除するものでもない。

だから、われわれの伝統的統治階級を全く新しい社会秩序によって、すっぱりと置き換える方法をとらずに、その伝統的統治階級を徐々に作り替える方法を採用する場合には、われわれは歴史上の諸実験の教訓から利するところがあろう。これらの教訓について以下、簡単に述べておきたい。

1　疑いもなく、全体主義的政党の形式をとる統治階級の出現は歴史的進歩を表わすものではなく、せいぜい、他の選択を許さない歴史的状況において、他によいものがないから（faute de mieux）とられる解決法にほかならない。

2　この発展段階に到達するのは、もっぱら均衡を欠く部分的大衆組織化の路線に沿って分裂させられている社会である。より強力な全体主義政党がシンジケート間に区画的バランスを確立する機会を握って、それらのシンジケートを機能的路線に沿って調整する時がくるのである。

3　資本主義社会が依然として変形状態にある限り、発展を嚮導し、強力なシンジケートの成長と支配を抑制することができる。大規模な産業社会では、諸階級路線に沿った大衆組織化の機先を制することは不可能であるけれども、かれらが国家統制のもとでの交渉を通してかれらのやり取りを維持するか、それともかれらに国家を統制することが許されているかどうかでは、事情は全然違ってくる。全体主義国家へ向っての漂流を予防するためには、有機的諸集団、自発的小結社などを、局部的併合を阻止する有益な釣合として強化することが必要である。市民の政治的自由は、かれをその局部的役割のために動員しないように[35]、また議会を局部的大衆組織の代表に変形しないように、注意深く見守られなければならない。

4　地方的組織による広い社会全体の支配を阻止するために、広範囲の人々がかなりの規模の財産をもつことが望ましい。かれらの地位と利害は安定化の要素として作用する。またかれらは、何世紀間にもわたって西欧的伝統の基礎となっていた中産階級的文化を代表している。西欧の伝統は、力動的であり、重要な変形をうけるかもしれない。その伝統は今日でも、新しい文化的発展の最善の出発点となる。最近の数十年間が示すところでは、中央ヨーロッパにおける全中産階級とその伝統の突発的な一掃から大衆文明は結果として出現してきている。しかしこの大衆文明は、他でもなくこの大衆文明をもつ人々の中の高慢な者には拒否されている。

思慮深いアメリカ人も、素朴な「機械装置崇拝」(gadget worship) や、しばしばなされる技術的能率性と道徳的進歩との同一視に直面して、批判的でないことはない。かれらはおよそ、ドルと経済的成功の追求を最高の価値として受け入れるようなことはしない(36)。これと同様、思慮深いドイツ人は、遂にはヒットラーにまで導いた組織誇示と軍国主義化のあの精神を探知している。

最後に、次のように想像しても、あまりこじつけではなかろう。すなわち、ソビエト連邦の称賛者は、その社会的進歩と経済的前進を誇りにするけれども、その独裁的なやり方と大衆心理には疑いをもっているということである。これらの割引きは普通、一時的には避けられないといわれるが、しかし新しい文明の最終的型式としては推賞されないであろう。数年前、ソビエト連邦は新しい教育運動を推進し、上昇期のブルジョワジー（たとえばシルレル、レッシングなど）の古典を翻訳して、それらを偉大な遺産の典型として、また文学における新しい革命的精神と「現実主義」を代表するインスピレーションの源泉として称賛した。この事実は知的不満を指示するものであるかもしれない。シェクスピアやゲーテやバルザックに対する大きな嘆賞もまた、かれらの政治的態度は保守主義的であるにもかかわらず、「現実主義」の基盤の上に正当化されている(37)。

5　西欧の民主主義勢力の正しいコースは、古い統治諸集団を盲目的に攻撃することではなくて、それらを新しいタイプの社会的指導性を誘い出す一つの過渡的集団に作り替えることでなければならない。このことは、低い選抜基準ではなく、むしろ高い選抜基準によって、あらゆる部門の人間に上昇の機会を提供し、かれらの位階を拡大することによって最もよく達成されるのである。ひとたびこのことが認められると、新参者は上層階級の伝統と技能の価値ある諸要素を吸収するであろう。(38)

新しい社会がこの過渡期にどんな形式を発達させようとも、リーダーシップの機能は誰かによって充足されなければならないであろう。社会工学の問題は、いかにして機械的平等主義を死の水準にまで押しやるかということではなく、いかにして、新しい血を注入して伝統的指導性を若返らせるためにイニシアティブと企業心を鼓舞したり、支持したりすることによって、社会的上昇の十分な機会を提供するかということである。われわれの見るところでは、社会の質は統治階級の存在ないし欠如によって評価すべきでもないし、またそれによって評価することはできない。そうではなくて、社会の質は、その指導者の選抜方法と上昇の機会の幅と統治階級のリーダーシップ機能のもつ社会的価値によって評価されるべきである。

九　指導者選抜の方法

われわれは伝統的方法によるか、あるいは科学的選抜方法によるか、二つのリーダー選抜方法を区別しなければならない。

異なった社会秩序は異なったリーダーシップ選抜様式をとっている。リーダーシップの諸要件がいかに多様であっても、それらの諸要件は普通、合理的に設計され決定されていない。もちろん、たまには合理的諸要素が入りこむこともあるかもしれない。[39] 戦士の社会では、戦闘的技能が選抜を決定する。しかしながら、この主要な基準は一般に系統と血縁による威信と組み合わさっている。僧侶階級は必要条件として魔術的権力の証明を要求するかもしれない。封建社会は軍事的武勇や高貴な出生の上に所有地をつけ加えた。商業や産業の成長と共に、金作りの能力や単なる富の相続が決定的要因となった。

今日の無計画社会では、統治集団への参加基準を限定する厳重な規則はない。現行基準の若干は過去の残存物のあらわれである。他の諸基準は社会的変化の要求と共に現われている。中世社会は、その聖職者の選抜と教育において宗教的性向と行政的才能を要求した。十七、八世紀には、ヨーロッパ大陸における世俗的官僚制度の急激な要求に答えるため、神学的性癖に関係なく、知性と学識に価値がおかれた。

リーダー選抜のこれらの伝統的方法はすべて、差異に関係なく、一つの要素を共通にもっている。「成功」の性質と「成功的人間」の諸特性は決して明確に限定も測定もされていない。たとえば、人々が金権主義社会におけるリーダーシップの基準として、金銭的成功を考える場合でも、かかる成功が一体、人格的創意性から、あるいは思弁的および想像的洞察力から、あるいは組織能力から、あるいは平気で悪事の働ける無情さや幸運から、あるいは他人を印象づける能力ないし金銭目あての結婚から結果しているのかどうか、われわれにはわからないのである。人々が「生存競争」を最善の選抜手段と見なす場合、あるいは才能ある人間が常に頂点にまで上るのだという信仰を抱いている場合、かれらは単に統治階級に対する自己正当化を表現しているにすぎない。グスタフ・イッヒハイゼル[40]は次のように指摘している。

「幸運の女神は勇敢なる者にくみする」(fortes fortuna adiuvat) とか、その反対に「大盗人は逃れて、小盗人は捕えられる」というような成功の性質についての一般的陳述はすべて、その額面通りに、あるいは事実的観察として受け取ることはできない。それらは成功した人間による既存社会秩序の正当化を表わしているか、あるいは特権をもたぬ者の不満を表わしていることが多いからである。

集団的および個人的競争の行なわれている無計画社会を計画社会に変形する現在の成り行きは、次第にリーダーの体系的な選抜様式を生み出すであろう。自由競争は自動的に、正しい人間を頂上に送りとどけるものだという考えがあるが、われわれはこれを自明当然のこととは考えないで、もっと批判的に、リーダーシップの望ましい資質や、特殊機能を遂行するための特殊な才能に対して注意するようになるであろう。(41) この変化は、望ましい人格特性や技能の科学的測定法を発展させ改善するであろう。

一〇　科学的選抜法とその限界

仕事のための科学的選抜は職業指導の分野で始められた。その職業指導においては、単純な技能や能力を孤立化し測定することができた。社会の成長は、単に単純なありきたりの作業に対してだけでなく、もっと重要なポストや複雑な機能に対しても、科学的選抜を必要とする。特殊な適性検査は、より包括的な検査となるべき運命にある。やがて、そのような検査は信頼できる道具として流行するであろう。切り離された特性や特殊技能や知能だけを取り扱うのではなくて、パーソナリティ全体の研究がますます開発されるであろう。[42]

科学的選抜と体系的記録手段による監督制度が学校で発達してきている。[43] 学校就学者は定期的に検査され、児童の発達は、病院の患者のそれと同様、規則的組織的統制を受ける。現代の学校は、知能検査の実施以外に、学業成績と性格特性の両方の念入りな記録をとり、何年間にもわたって、成熟と成長のプロフィールを提供する。しかし、全学校人口を調査する傾向は、これまでのところ、大体、月並みな意味での学業の進歩に関連する技能とパーソナリティ特性に限られている。この傾向は、それとは反対に個人を強調する傾向や、特定の生徒の全経歴をその背景およびパーソナリティ特性に照らして検討するケース・スタディの方法によって、バランスをとられている。この接近法は集団的診断の技術を差しひかえて、量的分析に対して質的分析を強調するものである。

その質的性質にもかかわらず、ケース・スタディの方法は、一教師の恣意的観察を調整することができる。それは職員を訓練された観察者の協同チームの中に組み入れるやり方によって可能となる。職員は心理学者や精神科医の助力をうけ、かれらによって教師の観察と解釈はチェックされるからである。質的なケース・スタディにもとづく結論は、「一種類だけ、あるいは組み合わして、行なった場合の客観テスト以上に大きな予見的価値をもっている」[44]ことが公認されている。

疑いもなく、これらの依然として大体実験的になされている方法は、リーダー選抜の有効な道具となる見込みである。全体的な観察と追跡研究は、次第に健全な診断と信頼できる予診を生みだすであろう。充実した教職員をもつ学校は、将来のリーダーを予備的にふるいわけるセンターとなるかもしれない。しかしかかる「臨床的な」観察方法の可能性が大きくなればなるほど、それだけわれわれはその可能な濫用から守らなければならない。

たとえば、一九四四年の英国教育法は、グラマー・スクールとテクニカル・スクールとモダン・スクールという三つの中等学校類型を創設した。* この区分およびそのための要領書は、生徒の公認の基礎的諸能力と好みに基づくというよりも、むしろ現実には社会的区分に根づく差別を疑似心理学的に覆うものにならないかどうか、このことは疑問にするまでもないであろう。教師と心理学者は、社会的偏見を安定化し合理化するために科学を濫用することに対して、抗議することを自己の準則とすべきである。

* グラマー・スクールは大体、合衆国の普通高校にあたり、モダン・スクールは合衆国のエレメンタリー・スクールにあたる。（編者注）

かかる利用法から守ろうとする場合、科学的選抜法はより厳格に能力と業績による選択方法を約束する。それはよりよく適材を適所に配置し、適職を適材に与える。一般的にいうと、それはますます機会の拡大しつつある分化した社会の中で、異なるタイプの人間が適当な場所を見い出す助けになるであろう。作業分析の新しい技術について、この関連で述べなければならない。というのは、それらの技術は、特定の作業のために必要な特殊な適性とパースナリティ特性との結合を示しているからである。

しかしながら、科学的方法のもっと徹底的に広汎な採用は、その方法の限界を明らかにする。科学的テストのどんな用具でも、この選抜方法の実験室的性質をぬぐいさることはできない。それは明確に規定された課題とルティーンのために人々を選抜するのに最も役立つ。社会的変化の恒常的流動性と現代生活の変化にもかかわらず、多くのかかる型にはまった仕事は依然として存在している。文官勤務や産業経営はあげるまでもなく、戦場での兵役も含めて軍隊生活は、かなり予見可能な作業型式を限定し、分化した適性と適応度のテストを可能にする。

第二次世界大戦は新しい科学的技術を広汎に導入した。ドイツ人は、それらの科学的方法を大規模に採用した最初の者であった。英国軍における徴兵選抜委員会および米空軍の各要員選抜機関は、先例にならって、選抜・

配置の科学的方法をすべての位階の兵士に適用し、大量の選抜方法を根本的に変革した。ロナルド・アダムズ卿は、面接委員会の古風な方法で選出された陸海軍将校候補者のうちの半分が不適格であることが判明した時、その方法の欠陥の理解の上に立って、英国の新しいやり方を組織化し体系化した。

　これらの委員会の隠された情実主義が明らかになった。面接者は基本的に、志願者が自分らと同じ特異体質やマナーや思考様式をもっているか否かに関心をもっていた。古い選抜方法に対する不信感の増大は、戦後、英国の文官および産業界における職員選抜に対しても、新しい技術と方法を採用させる結果となった。

　しかしながら、われわれは次の仮定に気づくべきである。すなわち、大規模組織における実際の配置は、万が一にも作業の機能や位階が軍隊におけるように厳格に限定された場合、行政手引き書や科学的配置計画表における組織の青写真と一致するということである。高度に競争的な社会では、競争のために訓練された人間は、公正なものにせよ不公正なものにせよ、競争的技術と戦術を、厳格に計画され等級づけられ訓練され整然と管理された組織のように見えるものに転換する多くの方法や手段を見い出すであろう。一般に、人は敢えて次のように言うかもしれない。すなわち、ヨーロッパにおける以上にアメリカでは、大規模組織は非形式的な集団《クリーク》の特徴をもっており、柔軟な競争の場となり、実際の権力分布と「青写真」の権威とは重複しており、経営プランに従って海図、計画表、「諸規則および規定」、「科学的」方策およびハードルを開発しようとする熱意によって特徴づけられる。「民兵」の軍隊としての合衆国軍隊は、極端な形式ではあるが、アメリカ社会の諸特徴を例示しているといえるかもしれない。

二　選抜方法の調整

動的生活領域における能率性は、状況の要求の変化に適切に対応する反応と能力を必要とする。ここでは、選抜のメカニズムとして競争は、よい一例となるであろう。競争性は、どんな特性や技能が輪かくのはっきりした遂行を確保するかを測定するだけでなく、また機略の縦横性をためし、潜在的諸能力の必要な結合を要求するような諸状況に人々をおく。競争は単に人間の成功と失敗を測定するだけでなく、成功的人間と失敗的人間を生産する一助にもなる。

計画的社会は、実際に、科学的予選で発見され難い人間から、予見できない諸決定のためのイニシアティブを要求する努力の分野を知るであろう。動的世界の移り変りは科学的選抜機関によって予見することはできない。計画社会でさえ、リーダーシップ、それぞれの観念の勝利、市民の信託と信頼を求める現実の闘争や公的競争の中で、自己を証明し形成する政治的指導者を選出しなければならないであろう。自由な競争領域を欠く中央集権的計画社会は、次の世代の中に、開拓者的パースナリティの類型をもつ本来の創始者をつぐべき適格な後継者を見い出すことが困難であろう。従順で他人の設定した型にはまった課題をするように訓練された人間は、頂上の地位についても、イニシアティブをとれる人間にはなり難い。

これらおよび類似の理由から、第三の道は計画領域と平行して自由競争の常置分野を保持すべきである。それは丁度、職員選抜の科学的方法とその他の方法との結合様式を見い出さなければならないのと同じであろう。

二つの選抜方法およびそれに対応する計画部分と非計画部分との共存の必要性が認識されたのは、現代のシビル・サービスの成長によって問題が浮きぼりにされた時であった。[46] シビル・サービスは自由な政治的競争で勝利し、形にはまった課題を既定の等級づけられた環境の中で履行する経歴官吏を抑制および調整できるような、適格な政治指導者によって指導されるべきである。このことはしばしば論ぜられてきたところである。国――そのように議論が進められた――は、二つのタイプの公僕の相互作用に依存すべきである。それゆえ、官僚制的行政の時代における現代民主主義は既に、社会の二領域とそれぞれの指導者類型の共存に気づいている。最近の発達は計画部門を大きく拡大させ、伝統的なシビル・サービス以外の行政機関を盛り上らせた。この部門が強力になればなるほど、それだけ政治的リーダーシップに対する公的闘争や競争を強力にすることが至上命令となるであろう。

二　選抜基盤の拡大（イギリスの状況）

西欧民主主義の問題の一つは、いかにして指導的集団の社会的選抜を拡大するかということであった時があった。疑いもなく、現在のイギリスの弱点の一つは、その統治階級が非常に狭い範囲から選抜されているということにある。立憲制の政治生活形態との対比において社会的構成を考える場合、イギリスの状況は民主主義というよりも、むしろ寡頭政治だといえるかもしれない。

ラスキ[47]やナイチンゲール[48]の有名な研究によると、次に述べているように、イギリスの統治階級は最近まで、約一〇〇〇家族から成り立っており、かれらによって社会の指導的位置は占められていた。

一八〇〇年から一九二四年に至る間、内閣の六〇パーセントは統治階級の出身であった。その比率は第一期における七三パーセントから、最後の時期のわずか二七パーセントにまで変化している――かくて、それは民主化の増大を示しているのである。……七〇パーセントは英国の大学で教育を受けているが、そのうちの半数はオクスフォード出身であった。五〇パーセントは指導的なパブリック・スクール出身であった。……英国外務省の場合、五三パーセントは貴族とそれに次ぐ身分階級に所属し、四〇パーセントしか実業家の家族から出ていなかった。貴族と利子生活者階級は外交官の五六パーセントを形成していたが、外務省では四〇パーセントにすぎなかった。……司教、大聖堂などの評議員会長、裁判官、内務およびインド担当官吏、自治領総督、銀行および鉄道の取締役は、すべて同一階級の出身である。(49)

社会学的に言うと、イギリスという国は寡頭制によって運営された政治的民主主義であるが、徐々にその選抜基盤を拡大してきている。その基盤は最初、貴族とそれに次ぐ身分階級であった。これに商人や銀行家の成功者が加わり、後になって産業労働者も参加した。現在はその基盤を拡大して、上層階級は社会の下層階級のより才能のあるメンバーを吸収しようとして努力している。かれらのイデオロギーは恐らくコリングウッドの『新レバイアサン』(The New Leviathan) の中の次の一文、すなわち、「国内政治の弁証法は被統治階級の、統治技術上の協力者への変身である……。(50)」という文章の中に、最もよく表現されている。

多くの点で、英国の組織は最も精巧な社会学的所産である。それは、少数者によって巨大帝国の運営を可能にすると同時に、母国の統治をも可能にするという二重の目的に見事に適合したものであり、そうすることによって社会的変化および世界政治のすべての衝撃を吸収した。しかしながら、この陳述は両刃である。一方で、それは次のことを意味する。すなわち、その制度はあざやかに伝統的社会類型の目的に奉仕した。しかしながら、その陳述はまた、次のことをも認めている。すなわち、その制度は、統治階層をかなり拡大してリーダーシップの新しい課題に適合させなければ、世界の現状のもとで生存することは難しいということである。

イギリスの伝統的な社会的選抜と組織化は、統治者として適格な指導者の小集団を生み出した。かれらの同質性と一致は、かれらに、どんな事情のもとでも、また世界のどんな地方ででも、勝負をしうる資質を与えた。教育制度は「パブリック」スクールと大学によって、あの暗黙の一致と「チーム精神」を確立するために役立った。そのチーム精神によってイギリス人は、どこで出会っても、ある不文律に従って迅速に協同チームを形成することができるのである。この統合は種々のレベルでおこる。すなわち、それは明確に定められた信条を教え込むこと以上に、同調主義的習慣や特殊な心的態度の生産に関与する。協同的態度を育成する非顕在的方法は家庭および近隣、宿舎学校の教育的影響力、そして後には職業的結社、クラブおよびあらゆるものに滲透している階級的雰囲気の助力を含んでいる。競技場は古典と同様の重要さをもつ。古典は主として、基礎的な価値規範を完成するのに役立ち、社会化する知識の基体を提供している。人々は、人間事象と変化する事象の意味について論ずる時、同じ文学的歴史的モデルについて考えている。教科書と時間割は一義的には、知的価値のために構成されているのではなく、むしろ性格形成に資するために構成されている。「性格」(character)という語は正確には目的の曖昧性を反映している。一方で、それは無時間的リーダーシップ能力を意味しており、他方で、ある階級的忠誠と統治チームに対する連帯性、部外者に対する隠遁、二重の規範体系——一つは当該階級のメンバーだけのものであり、他は部外者のものである――を意味している。

その体系は、この排他性の傾向およびそれに随伴する集団精神（esprit de corps）を、下層の社会階級のうちの最も適格な人間に開かれている上昇の機会と、うまく結合した。(51) 統治階級の暗黙の一致は何ら新しいものではなかった。これはそれ自体、歴史上、最も広く行きわたっている現象である。しかもこれと下層階級出身の新参者を同化する用意とを結合し、そのことを適切になしうる能力は例外的な徳性であったし、また現にそうである。よく知られているように、統治階級は元来、封建貴族の残存者と商人階級との融合したものであった。かくてそもそもの発端から、混合的態度が発達させられた。統治階級は権力と標準を維持するために、隠遁と排他性を強調した。しかしその統治階級はまた、変通自在性と取引き的技能にも価値をおいた。計画化に縁遠い時代に、統治階級は体系的な上昇の機会を発達させ、しかも貴族の小さな息子の場合に見られるように、計画的な社会的下降の道さえも発達させていた。イギリスでの社会的上昇は二つの公認の道をとった。一つは実業、行政および政治における成功の道による統治階級への接近であり、併呑《へいどん》は社会的諸接触を通して示された。他は教育の道によるもので、これは最適者を選抜するための奨学制度と結合していた。

英国制度のいま一つ例外的な性質は、それがもつ新参者の同化力である。これは、主として同じ選抜機械の無意識的な巧妙な配置を通して作用する。パブリック・スクールは、思春期前に少年を家庭から離して、発達の重要な段階にかれらの忠誠心を鋳型化する。これらの学校は家族に対する絶対的献身を抑制し、わきに逸れた情緒を、学校というより大きな単位への忠誠心を作り出すために使用する。青年はどの場合にも、忠誠心を家族から青年の自発的な結社へと移す傾向がある。したがって、これらの結社は重要な教育的要因である。ギャング、クリークおよびかれらのチーム精神は、全統治階級のチーム精神を促進し拡散するために巧妙に利用されるかもしれない。自己のチームへ忠誠であることを学ぶことによって、人はその階級へ忠誠であることを学ぶ。同じく、掟に服しないものはつみとるけれども、思春期の年齢の者に、これらのギャング内部で自然醱酵的成長を許すことは巧妙である。自己の家庭への忠誠心、自己の学校への忠誠心[52]、国民および帝国への忠誠心は相互関連的な一つのパターンを構成している[53]。小さい単位のために訓練することによって、人は同時に大きい単位のためにも訓練する。そして人は、成功した人間に、より大きな責任をとらせ、より広い影響の行使を認めることによって、この忠誠心を拡大しようとする。

これは本質的には一九世紀イギリスの制度である。この制度がうまく働いた時代には、社会はまだ大衆民主主義の用意ができていなかった[54]。それは英国および英帝国に対してリーダーシップを提供し、それらの間の平衡を維持した。しかしながら、最近数十年間の広汎な社会的変化は、明らかに、以前の多くの徳性を現在の障害にかえてしまった。古い伝統やその価値に対する尊敬も、一掃を目ざす急進的、非難的態度も、共に役に立たないであろう。新しい条件に再適応できる価値ある傾向を強化したり改善したりしながら、有害なものは丹念に除去するような社会的相続に対する選択的態度のみが通用するであろう。この再適応は無意識的な試行錯誤以上の手続きを要求する。すなわち、それは変化しつつある歴史的状況の光に照らして、社会的相続を社会学的に診断し在庫品調べすることを要求する。

一三　統治階級の遂行する諸機能の社会的価値

産業主義社会の成長は、オクスフォードやケンブリッジがイギリスの経済的、政治的および社会的全機能に供給しうる以上の指導者を要求する。現存大学制度のもつ数多くの不備が急激に明らかになった。より多くの大学生および大学院生を在学させるためには、中等学校制度を変え拡大しなければならないし、またより多くの奨学資金を与えなければならない。[55] 問題は、いかにして暗黙の一致を育成する制度を拡大し民主化するかということである。

ロシア人は、どんなにしたら指導者の最高幹部を迅速に形成できるかということ、およびいかにして不可欠の忠誠心を作り出すかということを明らかにした。しかしながら、ロシアのモデルを模倣すべきではない。その極端な方法は、第一次的安定性を欠如する社会――そこにおいては、新しい統治階級は新しい忠誠心を短期間に作り出さなければならなかった――においては、恐らく避けられなかったであろう。ロシアの方法は、軍隊の型式と秘密社会のそれとを結合したものであった。[56] スパイ活動と監督と粛正を通しての暗示、鼓吹および良心の統制など、かれらの心理学的技術は宣伝と恐怖を融合する。かくて、いわゆる「組織化された思考」(organized thought)、すなわち、指導エリートの全メンバーが留保することなく受け入れなければならない固定的教義を制度化することに加えて、熱狂と恐怖が同時に作用する。

大衆組織が突然歴史的統治階級に取って替らなければならない時、つまり、大きな局部的諸結社を飼い馴らしたり、共通の伝統のない異質的諸集団を融合したりしなければならない場合は常に、この方法が恐らく使われるであろう。しかしながら、一党制度の型式は必ずしも、すべての計画社会の用具ではない。計画化に乗り出し、かつ歴史的に発展した統治階級を自由に利用できる伝統的社会は、その歴史的統治階級の諸徳性を留めておくことができ、かくて同調性と大きな可塑性および人格的自由とを結合できるのである。

同じ理由から、暗黙の一致を作り出すための古い諸制度を廃棄してしまう必要はない。とりわけ、英国では、「パブリック」なる宿舎学校の制度がもつ多くの特徴は、保持すべきであると同時に社会化すべきである。すなわち、より多くの奨学資金によって、「パブリック」スクールの価値ある伝統を稀薄にすることなく、ますます多くの生徒の就学を促進すべきである。価値ある伝統を稀薄にする恐れがある場合、新しい学校をそれと同一の型式に従って設立することができよう。そうすると、単に少数者だけでなく、全人口の中の最善の者が、そして究極的には、すべての者が、伝統の価値ある諸要素を分有できるであろう。賢明な民主化は就学人数を考慮するだけでなく、伝達されるものの実質をも注意深く評量する。急激な拡大を計ることよりも、最高の文化的達成形式を維持することの方が、もっと大切である。標準に対する要請は、正しく理解する場合、数に対する要請と同様、民主的である。

すべての拡大が必ずしも標準を稀薄にするのではない。それとは反対に、拡大によって、俗物根性をもつ統治階級の消極的特徴の若干は除去されるかもしれない。位階の皮相的な表象に対する不当な強調は究極的には消滅するであろう。リーダーシップが出生よりも業績の問題になってくればくるほど、それだけ卓越性は消費癖や美々しい装い、すなわちベブレンの述べているように、有閑階級の「顕著な消費」と「顕著な浪費」に焦点づけられなくなるであろう。(57)

民主主義的コミュニティの宿舎学校は、「顕著な浪費」をすることなく、低廉な費用で協同的生活の仕方を教えることができる。人はそれらの学校を、異なった背景をもつ青年が入り混じって一緒に生活するキャンプというような面から考えなければならない。このために学校生活と作業の質を低下させる必要はない。それとは反対に、禁欲主義の陰は青年に訴える。このことは、スパルタ式の質素さを採り入れた古いパブリック・スクールで認められた。しかしながら、禁欲主義的性向のために、少年の家族の実際的な裕福さと制度のそれとの間に、何かしっくりしないものがあった。だから、その性向は虚構の厳格さを残した。これに対して、将来のキャンプにおいては、それは純粋で真に教育的なものとなろう。

同心を作り出す伝統的方法を徐々に拡大するだけでは役に立たないであろう。イギリスの制度は幸いにも、情緒的連帯性と同調性という既存の資本に依存できる。しかしながら、制度の存続は、この制度が多量の合理的自覚を導入しうる能力いかんに依存している。

集団とそのメンバーシップが大きければ大きいほど、その社会的不一致と異質性は大きく、かつ知的統合の要求も大きい。思想は情緒よりも、特に伝統的に形成された感情よりも、たやすく普及する。後者は、世代間および近隣コミュニティ間の連続性が行きわたっている所でのみ——すなわち、習慣形成を育くみ、人格的諸接触の濃密なネットワークを伝達する時間がある所でのみ、繁栄できるのである。これに比較して、思想は本源的概念化の時と所から切り離されているという点で、より抽象的である。

一四　人文科学か社会科学か

凝集性を迅速に確立しなければならない場合、大衆説得の現代的方法を使用しなければならないであろう。イギリス人でも、社会的変革を拡大しようと欲すれば、イデオロギーなしですますわけにはいかない。この過程で英国の伝統は、以前には多かれ少なかれ無意識的に吸収されてきた。しかし、次第に広いサークルの人々に理解されるためには、この伝統を白紙に黒い文字で書き入れるようなことをなさなければならなくなるであろう。

この関連で、「教養」を過度に強調した「古典的」伝統は再考されなければならない。実践的職業訓練に対する蔑視は過去の時代の遺産である。その時代には、奴隷が仕事をし、自由の身に生まれた者は学芸（artes liberales）に献身した。それだけ伝統の諸制約をうけている。その一つは観念の世界——つまり、人間ではなくて、影像が行為するように思える夢の世界を作り出した。もし古典的伝統が、広汎な社会的変化とそれに伴なうであろう渾沌に直面して、社会的諸力の現実主義的理解を切望する世代にも、何か意味をもつとすれば、この古典主義者の古代概念は通用しなければならないであろう。現代の学問によって現実に改訂されつつあるのは、地中海沿岸で栄えた古代を、壮厳と壮重の時代として誤まって理想化していたことである。つまり、現代の学問はギリシァ哲学の完全に実験的性格を発見し、強調しているのである。

「ギリシァ人の主な強さは、かれらが知的伝統の束縛から自由であった点にある。かれらは崇拝する古典も、聖書も、精通すべき死んだ言語も、かれらの自由な思弁を抑制する何の権威も、もたなかった。」(58)

古典の新しい解釈に代って、社会科学の教授は新しい統治エリートの統合を目的とするカリキュラムの中核となるかもしれない。人間およびその現代的問題の研究は、何故遠まわしにアプローチするのか。歴史的諸研究は人の視野を拡大するが、その場合の視野は現代生活とその問題の視野でなければならない。新しいリーダーは、現代社会とその問題について適切な情報にもとづく理解をもたずに、また進化する民主主義社会に適合する社会哲学をもたずに、どのように指導しうるであろうか。

一五　同化過剰の危険

歴史的統治階級の再建は、その基盤を拡大し、新参者との融合を通して、内部的変形と新しい精神的態度を自動的に生産することによって可能となるのである。以前には、寡頭政治の統治下で、保守主義的諸集団は、少数の学識経験者やその他リーダーシップの成功的熱望者を容易に吸収し同化した。上昇する人間は自身の階級に対する忠誠を放棄して、間もなく統治集団に同調した。

将来においては、このような過度の同化に対して二つの主要な反対がある。第一に、民主主義的大衆社会はもはや大衆の無知やアパシーに依存できず、社会のあらゆるレベルでリーダーシップを必要とする。過去の奨学制度は働く階級から、かれらの潜在的指導者を奪い取ってしまった。このことはこれまで正しく観察されてきた。

第二に、奨学生の男女生徒および各種の人生行路における自力で立身した人間の容易な同化は、次のような不利な点ももっている。すなわち、それは、かれらの大きな活力に早まってブレーキをかけてしまうということである。自助によって人生の道を切り開く人々は、しばしば新しい観念と価値の持主であり、創意性と心的鋭敏性の持主である。これに対して、保守主義的諸集団は、何世代にもわたって、主として他人が達成したものを支持ないし保持しており、自ら進んで冒険をおかし、かつ新しい観念を受け入れるような人間を生産し難い。「ぼろ服から富貴まで」(from rags to riches) 自己の道を自力で切り開いた人間は、しばしば、変化すべき社会で最も望まれる明敏さを発達させる。もしこれらの心的諸特性が過度の同化によってくじかれたり、中性化されるとすれば、社会は変化と適応の資源を喪失することになる。

一六　統治階級の再建とその機能

明らかに、リーダーのより広汎な選抜、つまり新旧諸要素の融合のような社会過程は、ほっておいたのでは最適の結果を生み出さない。現代社会では、かかる過程は、不妊の激昂に導かないように、方向づけを必要としている。上述の議論から、われわれは計画化の時代におけるリーダーシップとして、大略二つの主要機能を決定することができる。再建された統治階級はまず第一に、少なくとも全体主義的統治階級と同様に明確に、産業主義社会における民主主義の原理と目的を心像化し定義しなければならない。第二に、それは変革と大衆の一致によって、その目的を達成するための実践可能な方法と手段を工夫しなければならない。

もしこのことが言えるなら、新しい統治階級は、単に伝統の最善の諸要素を伝達し保護しなければならないだけでなく、現代の危機に民主的手段によって対処しうる力動的観念、社会のビジョンをも発達させなければならない。社会の診断と治療が真に指導的位置にある人々すべての関心事となり、指導的階層の全メンバーがかれらの運命の偉大さと独自性――その国民と人類の両方を歴史の重大な時期に救済すること――に感激させられる場合に、このことはなされうるのである。明らかに、心の変化が必要であり、アイデアとビジョンをもつ人間を鼓舞する――抑圧するのではない――新しい精神的風土が必要である。言いかえれば、防衛の側に立っていた民主主義は、建設的かつ戦闘的な民主主義に転化しなければならないのである。もちろん、知的イニシアティブは変化に対して心を開き、新しいパースペクティブの中で事柄を見ることができる人間からのみ、期待できるのである。

しかしながら、戦闘的な民主的リーダー特有の困難は次の点である。すなわち、社会の望ましい平和的変形は、狂信と異端者グループの無情な抑圧を禁止することである。それはあらゆる段階における一致と協力を要求するのである。民主的統治集団の統一性は弁証法的でなければならない。その目標は十分に感知されないが、共通に努力する実験的過程における種々のレベルで作り出されなければならない。これと同じ理由から、民主的統治階級は、ある信条を採用することによって統一性を維持するようなことをせず、解決法を考案し、共通の目的を目ざす選択的諸政策を検討して、具体的な問題に対する一時的一致に到達することによって統一性を維持する。できるだけ多くの問題は、多様な関心と観念を再三再四、計画化の段階でも総合できるようにするため、自己の判断による決定にゆだねられる――つまり、欠くことのできない最小限のものだけが、あらゆる状況のもとで一致の対象とされるのである。異なった観点に対するこの選好は、共通の政策について反対者に同意し協力しようとする意志と結びついており、伝統的な「暗黙の一致」を動的な一致に変えることを学んでいる集団にのみ、可能である。

過去の評価に対してだけでなく、創造的変形の望ましいことについても、不断に同意ということを生かしつづけなければならない。社会学的に言うと、諸態度のこの混成品は、日常生活のあらゆる機会に反対の観念を和解させる用意のある心的風土の中でのみ発達することができる。これは、何にもまして自由を保持しながら、討論によって共通の政策を作り出す相互的同化と適応の連続的な社会過程の中でのみ、可能である。

（1）　次の主題の文献を関連文献として抽出しておく。

Abshagen, Karl Heinz, *King, Lords, and Gentlemen: Influence and Power of the English Upper Classes*

(London, Toronto, 1939).
Almond, G. A., *Wealth and Politics in New York City*, MS. (New York, 1944).
Bauer, C., Strieder, J., and Corey, L., 'Fortunes, Private,' *Encyc. Soc. Sciences*, vol. VI, pp. 389–99.
Beach, Moses Yale, 'The Wealth and Biography of the Wealthy Citizens of the City of New York' (New York, 1855).
Beard, Miriam, *A History of the Business Man* (New York, 1938).
Brady, R. A., *Business as a System of Power* (New York, 1943).
Bienenfeld, F. R., *The Germans and the Jews* (London, 1939).
Bromfield, Louis, *Weal vs. Wealth* (New York, 1946).
Buchanan, D. H., *The Development of Capitalist Enterprise in India* (New York, 1934).
Corey, L., *The Decline of American Capitalism* (New York, 1934).
Cox, O. C., 'Estates, Social Classes and Political Classes,' *American Sociological Review* (Aug. 1945). vol. X, pp. 464–9.
——*Caste, Class and Race* (New York, 1947), bibliography, pp. 587–600.
Davenport, N. E. H., *Vested Interests or Common Pool* (London, 1942).
Davis, Jerome, *Capitalism and Its Culture* (New York, 1935).
Delaisi, F., 'Les Financiers et la democratie,' *Crapouilliot* (Paris, Nov. 1936).
Ehrenberg, Richard, *Grosse Vermoegen, ihre Entstehung und ihre Bedeutung* (3rd ed. Jena, 1925), 2 vols.
Emden, Paul H., *Money Powers of Europe in the Nineteenth and Twentieth Centuries* (New York, London, 1938), bibliograhy, pp. 411–15.
Ferrat, André, *La République à refaire* (Paris,1945).
Ferré, L., *Les Classes sociales dans la France contemporaine* (Paris, 1936).
Greenslet, Ferris, *The Lowells and Their Seven Worlds* (Boston, 1947).

Haebich, Theodor, *Deutsche Latifundien, Ein Beitrag zur unserer Vorstellung von der bestehenden Verteilung des laendlichen Grundeigentums* (2nd ed. Koenigsberg, 1930).

Hamon, A. F. A., and X. Y. Z., *Les Maîtres de la France* (Paris, 1936).

Haxey, Simon, *England's Money Lords* (New York, 1939).

Hiller, E. T., *Social Relations and Structures* (New York, 1947).

Hughes, E. C., *French Canada in Transition* (London, 1946).

Jones, A. W., *Life, Liberty, and Property* (New York, 1941), ch. VII.

Kolabinska, M., *La Circulation des élites en France* (1912).

Laski, H., 'Can Business Be Civilized?' Harper's *Magazine* (Jan. 1930), vol. CLVIII, pp. 170–79.

Lasswell, H. D., and Serene, R., 'The Changing Italian Elite,' in his *The Analysis of Political Behaviour* (New York, 1948), pp. 158–72.

Leopold, Lewis, *Prestige* (London, 1913).

Lewinson, R. (Morus), *Das Geld in der Politik* (Berlin, 1930).

Lundberg, Ferdinand, *Imperial Hearst: A Social Biography* (New York, 1936).

———*America's Sixty Families* (New York, 1937).

Mannheim, Karl, *Man and Society in an Age of Reconstruction* (New York, 1940), bibliography, pp. 383–455.

McConaugh, John, *Who Rules America?* (New York, 1934).

Michels, Robert, *Umschichtungen in den herrschenden Klassen nach dem Kriege* (Stuttgart, Berlin, 1934).

Mosca, Gaetano, *The Ruling Class* (New York, 1939). (Tr. by H. D. Kahn.)

Muehlen, Heinrich von zur, *Entstehung und Sippengefuege der britischen Oligarchie* (Essen, 1941).

Muir, R., *How Britain Is Governed* (London, 1933).

Myers, Gustavus, *The Ending of Hereditary Wealth* (New York, 1939).

——*History of the Great American Fortunes* (Chicago, 1907–9), 3 vols. (Modern Library, 1936.)

Neumann, Franz, *Behemoth: The Structure and Practice of National Socialism* 1933–1944 (New York, London, 1944).

Nicolson, Harold, *The Meaning of Prestige* (Cambridge, 1937).

North, C. C., *Social Differentiation* (London, 1926).

Page, C. H., *Class and American Sociology* (New York, 1940).

Ponsonby, Arthur, *The Decline of Aristocracy* (London, 1912).

Prokopowicz, S. N., *Russlands Volkswirtschaft unter den Sowjets* (Zurich, 1944).

Rosten, Leo C., *Hollywood, the Movie Colony, the Movie Makers* (New York, 1941).

Sauermann, Heinz, *Die Gestalt des Unternehmers* (Berlin, 1937).

Sombart, Werner, *Der moderne Kapitalismus* (Munich, Leipzig, 1916–27). vols. 1–3.

Sorokin, P., 'American Millionaires and Multimillionaires,' *Social Forces* (May 1925), vol. III, pp. 627–40.

——*Social Mobility* (New York, 1927).

——'War and Post War Changes in Social Stratification,' *American Sociological Review* (April 1945), vol. X, pp. 294ff.

Takizawa, M., *The Penetration of Money Economy in Japan* (New York, 1927).

Taussig, F. W., and Joslyn, C. S., *American Business Leaders* (New York, 1932).

Tawney, R. H., *The Acquisitive Society* (New York, 1920).

Thomme, J., *Les Problèmes des classes* (Paris, 1938).

Veblen, Thorstein, *The Theory of the Leisure Class* (London, 1924).

——*The Vested Interests and the Common Man* (London, 1924).

Wector, Dixon, *The Saga of American Society* (New York, 1937).

Wedgwood, Josiah, *The Economics of Inheritance* (Penguin, 1939).

（2）Davis, C. K., ‘Classless Society,’ *Spectator* (12 Sept. 1944), 179 : 330.

（3）「変革あるいは革命」の問題については次のものを見よ。

Anderson, H. C., Davidsen, P. E., *Ballots and the Democratic Class Struggle* (Stanford, 1943).

Bernstein, E., *Die Voraussetzungen des Sozialismus und die Aufgaben der Sozialdemokratie* (Stuttgart, 1899). (Tr. by E. C. Harvey as *Evolutionary Socialism*, London, 1909).

Davenport, N., ‘Social Revolution : Conservative Style,’ *New Statesman and Nation* (to Oct. 1942), vol. XXIV, 232–3.

Henderson, Kenneth T., ‘Is Class War Still Necessary? An Australian View,’ *Quarterly Review*(July, 1944).

Lenin, V. I., ‘Marxism and Revisionism,’ *Karl Marx : Selected Works* (New York), vol. I, pp. 60–69.

Luxemburg, Rosa, *Reform or Revolution*, tr. by Integer (New York).

Sorel, G., *Reflections on Violence* (London, 1915), ch. I, II, III.

Wormuth, F. D., *Class Struggle* (Bloomington, Indiana, 1946).

（4）左翼理論については次のものを見よ。

Cannon, J. P., *History of American Trotskyism* (New York, 1944).

Hilferding, R., ‘State Capitalism or Totalitarian State Economy,’ *Modern Review* (June 1947).

Kautsky, K., *Terrorism and Communism*, tr. by W. Kerridge (London, 1920).

Lukacs, Georg, *Karl Marx and Friedrich Engels als Literaturhistoriker* (Berlin, 1948). pp. 231ff.

Schachtman, M., *The Struggle for the New Course* (New York, 1933).

Souvarine, Boris, *Staline* (Paris, 1935).

Stalin, Josef, *et al.*, *Socialism Victorious* (1935).

Trotsky, Leon, *The Revolution Betrayed. What Is the Soviet Union and Where Is It Going?*, tr. by Max Eastman (New York, 1937).

（5）Bingham, Alfred M., *Insurgent America : The Revolt of the Middle Classes* (New York, 1935).

Brauer, T., 'Mittelstandspolitik,' *Grundriss der Sozialoekonomik*, Abt. IX, II, pp. 368–411.

Corbin, John, *The Return of the Middle Classes* (New York, 1922).

Corey, Lewis, 'The Middle Class,' *The Antioch Review* (Spring 1945), vol. V, no. 1.

——*The Crises of the Middle Class* (New York, 1935).

Duncan, Hugh D., *An Annotated Bibliography on the Sociology of Literature*, (Hectograph, University of Chicago, 1947). これには，この分野における方法論的問題に関する導入的論文が収録されている。

Gretton, R. W., *The English Middle Class* (New York, 1933).

Karpovich, Michael, *Imperial Russia* (New York, 1944).

Kecskemeti, P., and Leites, N., *Some Psychological Hypotheses on Nazi Germany* (July 1945), Library of Congress, Document No. 60.

Kosok, Paul, *Modern Germany, A Study of Conflicting Loyalties* (Chicago, 1933), pp. 31–40.

Lasswell, H. D., 'The Psychology of Hitlerism as a Response of the Lower Middle Classes to Continuing Insecurity,' *The Analysis of Political Behaviour*, op. cit. ch. III.

Lederer, Emil, and Marschak, J., 'Der neue Mittelstand,' *Grundriss der Sozialoekonomik*, Abt. IX, I, pp. 70–120.

Lynd, Robert S. and Helen M., *Middletown in Transition* (New York, 1937).

——*Middletown* (New York, 1929).

Marbach, Fritz, *Theorie des Mittelstandes* (Bern, 1942).

Masaryk, Thomas G., *Zur russischen Geschichts- und Religionsphilosophie* (Jena, 1913). (Tr. as *The Spirit of Russia.*)

Mavor, James, *An Economic History of Russia* (London, 1925).

Meusel, A., 'Middle Class,' *Encyc. Soc. Sciences*, vol. X, pp. 407–15.

Mills, C. Wright, 'Small Business and Civic Welfare,' *Report of Special Committee on Small Business*

(Washington, D. C., 1946), U. S. Senate Document 135.

———'The Middle Classes in Middle Size Cities,' *American Sociological Review* (Oct. 1946), vol. XI, pp. 520–29.

Palm, Franklin Charles, *The Middle Classes Then and Now* (New York, 1936).

Pankratova, A. M. (ed.), *Istoriya SSSR* (History of USSR) (Moscow, 1946).

Pares, Bernard, *A History of Russia* (New York, 1947).

Pesl, L. D., 'Mittelstandsfragen : Der gewerbliche und kaufmaennische Mittelstand,' *Grundriss der Sozial-oekonomik*, Abt. IX, I, pp. 70–120.

Speier, Hans, 'The Salaried Employee in Modern Society,' *Social Research* (Feb. 1934), vol. I, pp. 111–33.

Sumner, B. H., *A Short History of Russia* (New York, 1943).

Tugan-Baranowski, M., *Geschichte der Russischen Fabrik* (Weimar, 1900).

Wernicke, J., *Kapitalismus und Mittelstandspolitik* (2nd ed. Jena, 1922).

(6) Schuecking, L. L., *Die Familie im Puritanismus. Studien ueber Familie und Literatur in England im XVI, XVII, und XVIII Jahrhundert* (Leipzig, 1929).

(7) Carlton, F. T., 'Capitalism and Social Change,' *Sociology and Social Research* (July, 1944), vol. XXVIII, pp. 440–51.

(8) Laidler, Harry W., *Social Economic Movements* (New York, 1944).

Gurvitch, Georges, *Sociology of Law* (New York, 1942), p. 211 ; (London, 1947) pp. 166ff.

Lasswell, H., 'On Social Balance and Public Opinion,' in his *Democracy through Public Opinion* (New York, 1941), pp. 132ff.

(9) Kulischer, Eugene M., 'Recent Migration in the Soviet Union,' *American Sociological Review* (June 1944), vol. 9. no. 3, pp. 223–8.

(10) Griffith, E. S., *The Modern Government in Action* (New York, 1942), pp. 22–3.

Reimann, G., *The Myth of the Total State* (New York, 1941).

(11) Bergson, A., *The Structure of Soviet Wages: A Study in Socialist Economics* (Cambridge, Mass., 1944).

Bienstock, G., Schwartz, S. M., and Yugow, A., *Management in Russian Industry and Agriculture* (New York, 1944).

Brutzkus, B., *Economic Planning in the Soviet Union* (New York, 1946).

Chapmay, S., 'Profit Motive and Economic Incentive,' *Journal of Economics*, vol. LVI, pp. 51–6.

Court, A. T., 'Wages and Economic Efficiency,' *Academy of Political Science Proceedings*, vol. XXII, pp. 17–19.

Craukshaw, E., 'Privilege in Russia,' *New Statesman and Nation* (4 May 1946), 31 : 315.

Fairchild, M., 'Social-Economic Classes in Soviet Russia,' *American Sociological Review*, vol. IX, pp. 236–41.

Hubbard, L. E., *Soviet Labor and Industry* (New York, 1942).

——*Soviet Trade and Distribution* (New York, 1938).

Hughes, F., 'Incentives and the Soviet Inventor,' *Discovery* (Jan. 1947), 8 : 10–12.

MacIntosh, A., 'Differential Effect of the Status of the Competing Group upon the Level of Aspiration,' *American Journal of Psychology*, vol. LV, pp. 546–54.

Markus, B. L., 'The Stakhanow Movement and the Increased Productivity of Labour in the USSR,' *International Labor Review* (Geneva, July 1936).

Mather, W. G., 'Income and Social Participation,' *American Sociological Review*, vol. VI, pp. 380–83.

May, M. A,. and Doob, L. W., 'Competition and Cooperation,' *Social Science Research Council*, Bulletin 25 (New York, 1937).

Meyer, Peter, 'The Soviet Union: A New Class Society,' *Politics* (March and April 1944), pp. 48ff., 81ff.

Moore, W. E., *Industrial Relations and the Social Order* (New York, 1946), ch. XVI, 'The Question of Motives' (Extensive bibliography.)

Pressey, S. L., and Hanna, D. C., 'Class as a Psycho-Sociological Unit,' *Journal of Psychology*, vol. XVI, pp. 13–19.

Tawney, R. H., *The Acquisitive Society* (New York, 1920), ch. IX, 'The Condition of Efficiency.'

（12）現代機械工業における分業の堕落的および非人格的効果に関する参考文献としては、次のものを見よ。

Engels, Friedrich, *The Condition of the Working Classes in England in 1849* (London, 1936), ch. V–X.

Marx, Karl, *Capital*, vol. I, ch. XIV, sections 4, 5; ch. XV, sections 3, 4, 5, 8, 9 (New York, The Modern Library).

「……労働の劣悪さは、最小の分業しか存在しない職人の世界で最も大きい。……機械組織の単調さは労働をより流動的にし、その地平線を拡大させる上で役立った。」Salz, Arthur, 'Specialization,' *Encyc. Soc. sciences*, vol. XIV, p. 284.

Soule, George, 'Standardization,' ibid. pp. 319–22.

Venable, V., *Human Nature: The Marxian View* (New York, 1946), ch. IX.

（13）「伝統的類型」の社会における労働の生産とパースナリティの形成との関係についての他の取扱いは、マンハイムの見方とは大幅にちがって対照的である。マルクスにとっては、社会的分業の行なわれている社会の労働者は「職業白痴」である (Marx, K., *The Poverty of Philosophy*, Marxist Library, vol. XXVI, p. 121)。ギルドにおいては、「労働者とその生産手段とは、殻をつけたかたつむりのように、密接に統一されていた……」(*Capital*, p. 394). エンゲルスにとっては、独立自営の織工は家長制的支配に対して敬意を示す奴隷根性を表した。(*The Conditions of the Working Class in England*, pp. 2–3).

W・E・モアー (Moore) はマルクスと同じようにギルド職人を見ている——もちろん、ギルド職人は「現代的観点から」いうところの「機械の奴隷」ではなく、……「伝統の奴隷」であった。(*Industrial Relations and the Social Order*, New York, 1946, p. 292.) また、Fromm, Erich, *Escape from Freedom* (New York, 1941), ch. I, II, III. も参照。

Simmel, Georg, *Philosophie des Geldes* (Munich, 1922).

Weber, Max, *General Economic History* (New York, n. d.), ch. IX, X, XI,

(14) Simmel, Georg, *Ueber soziale Differenzierung : soziale und psychologische Untersuchungen* (Leipzig, 1890).

(15) Cattell, R. B., 'Cultural Functions of Stratification : regarding the Genetic Bases of Society ; Individual and Group Dynamics,' *Journal of Social Psychology*, vol. XXI, pp. 3–55.

'Distinction without Difference,' *Saturday Review*, vol. CLVIII, pp. 264–5.

(16) Galsworthy, John, *The Island Pharisees* (New York, London, 1908).

Renier, Gostaaf Johannes, *The English : Are They Human?* (New York, 1931).

Thackeray, William Makepeace, *Vanity Fair.*

(17) Ortega y Gasset, J., *Revolt of the Masses* (New York, 1932).

(18) Weber, Max, 'Class, Status, Party,' *Essays in Sociology*, op. cit. pp. 180–94.

Goldhamer, H., and Shils, E., 'Types of Power and Status,' *American Journal of Sociology* (Sept. 1939), pp. 171–82.

(19) Day, G. M., 'Folkways versus Stateways : with Special Reference to the Social Institutions of Family, School and Church in Soviet Russia,' *Sociology and Social Research*, vol. XXIII, pp. 334–44.

Harmsworth, H. C., 'Pecuniary Group Relationships in Modern Society,' ibid. vol. XXXI, pp. 291–6.

(20) Elliot, W. Y., *The Pragmatic Revolt in Politics, Syndicalism, Fascism, and the Constitutional State* (New York, 1928).

Freund, Michael, *Georges Sorel, Der Revolutionäre Konservativismus* (Frankfurt, 1932).

Herbert, S., and Rees, J. M., 'Syndicalism,' *Encyclopoedia Britannica* (Chicago, 1947).

Lorwin, L. L., 'Syndicalism,' *Encyc. Soc. Sciences*, vol. XIV.

Perdrieux, N. P., 'Notes sur le corporatisme, *Revue des Sciences Politiques*, vol. LI, pp. 606–28.

Sorel, Georges, *Reflections on Violence* (London, 1915).

(21) Weber, Max, 'The Meaning of Discipline,' *Essays in Sociology*, pp. 253–64.

(22)　レーニンの職業的革命家の党概念「何をなすべきか。　われわれの運動の焦眉の問題」*Collected Works* (New York, 1929), vol. IV, Book II, pp. 89–258.

(23)　Gothein, Eberhard, *Ignatius Loyola und die Gegenreformation* (Halle, 1895).

(24)　共和制ドイツの変貌に関する優れた観察者は、部分的大衆組織化の成長をドイツ民主主義の最も重要な問題と考えた。ドイツ議会はそれ自体、主として単一の利益や信条を代表する硬直した大衆諸政党から成り立っていた。したがって、それらの政党は民主主義の特徴である柔軟性を、その寡頭政治の段階には欠如していた。この段階では、諸政党は優れて地域的利害、個人的な縁故などに依存する。Schlesinger, R., *Federalism in Central and Eastern Europe* (London, New York, 1945), pp. 122ff.

Bergstraesser, L., *Geschichte der politischen Parteien in Deutschland* (Berlin, 1932).

(25)　党内の管理者的要因の比重を減少するために、一九三八年以後、非常に多くの新しい党員の加入が認められた。党員は一九三九年の（候補者も含めて）二、四七七、六六六人から、一九四一年には（候補者も含めて）三、八七六、八八五人にまで増大した。新しい党員は赤軍の大量補充によって獲得されたが、このことは同時に赤軍の統制力の増大を意味した。モアー（B. Moore, Jr.）の論文 'The Communist Party of the Soviet Union 1928–1944. A Study in Elite Formation,' *American Sociological Review* (June 1944), vol. 9, no. 3. p. 269. を参照。

Williams, A. Rhys, *The Russians* (London, 1943), pp. 88f.

Laidler, H., op. cit. pp. 429f.

さらに、この主題について次の文献も参照。

Baykov, A., *The Development of the Soviet Economic System* (Cambridge, 1936).

Bienstock, G., Schwarz, A. M., and Yugow, A., op. cit.

Dobb, M. H., *Soviet Economy and the War* (London, New York, 1941).

———*Soviet Development since 1917* (London, New York, 1948).

Prokopowicz, S. N., op. cit.

Schlesinger, R., *Soviet Legal Theory* (London, 1946).

Soltykoff, A., 'Le Parti communiste et l'économie soviétique,' *Revue Politique et Litteraire*, vol. LXXV, pp. 444–7.

(26) Moore, B., op. cit. pp. 267–78. 参照。

(27) Weber, Max, *The Theory of Social and Economic Organization*, tr. by A. M. Henderson and Talcott Parsons (New York, 1947), pp. 139–43, 245–50.

(28) Pear, T. H., 'Psychological Aspects of English Social Stratification,' *John Rylands Libranry Bulletin*, vol. XXVI, pp. 342–68.

———'Social Stratification in British Society ; Abstracts of Papers Read at the General Meeting of the British Psychological Society, Section of Social Psychology,' *Nature*, vol. CXLIX, pp. 487–9.

Sorokin, P., 'War and Postwar Changes in Social Stratification of the Euro-American Population,' *American Sociological Review*, vol. X, pp. 294–303.

(29) Mannheim, Karl, *Ideology and Utopia* (New York, London, 1936), pp. 215ff.

「労働者階級解放の条件は、あらゆる階級を廃棄することである。これは丁度、第三階級、すなわち、ブルジョア階級を解放する条件が、あらゆる階級とあらゆる体制を廃棄することにあったのと同様である。」

「労働者階級はその発達過程において、古い市民社会を、階級とその敵対主義を排除する結社体でもって取り替えるであろう。そこにはもはやいわゆる、固有の意味での政治権力は存在しないであろう。というのは、政治権力は正確には市民社会における敵対主義の公式的表現であるから。」Marx, Karl, *The Poverty of Philosophy*, op. cit. Vol. XXVI, pp. 146f.

「広く社会の純然たる代表として、すなわち広く社会の名における生産手段の掌握者として、国家のとった最初の行為は、同時に、国家としてとるその最後の独立した行為である。ある領域から他の領域へ次々に、国家権力が社会関係に介入することは余分のものとなり、したがって自然に介入することを止める。人間の統治は事物の行政と生産過程の管理によって置き換えられる。国家は『廃棄され』ないが、死滅する。」Engels, Friedrich, *Anti-Dühring*, p. 102.

「社会的進化の過程で、階級差別が消滅し、全生産労働が団結した生産者の手中に集中される時、公的権威はその政治的性格を喪失する。厳密に言うと、政治的権力とは、他の階級を従属的地位におくために、一階級が勢力を組織的に使用することである。……いろいろの階級と階級的葛藤をもつ古いブルジョア社会は、それぞれの自由な発達がすべての自由な発達に導くような結社体によって置き換えられるであろう。」Marx, Karl, and Engels, Friedrich, *The Communist Manifesto*, ed. by D. Ryazanoff (London, 1930), pp. 53-4.

(30) Branch, E. Douglas, *The Hunting of the Buffalo* (New York, 1929).
Thurnwald, Richard, *Die menschliche Gesellschaft in ihren ethnosoziologischen Grundlagen* (Berlin, 1931-5).

(31) Schlesinger, R., *Federalism in Central and Eastern Europe*, op. cit. pp. 122ff. 組織的統治集団と歴史的統治集団の概念に関しては、Mosca, *The Ruling Class*, ch. II, sections 2-5, and ch. XII. 参照。

(32) Somerville, John, *Soviet Philosophy, A Study of Theory and Practice* (New York, 1946).

(33) Moore, B., 'The Communist Party of the Soviet Union,' loc. cit.; cf. Hook, Sidney, 'Liberalism and the Case of Leon Trotzky,' *Southern Review* (Autumn 1937), pp. 267-82.
Mosely, Philip E., 'Freedom of Artistic Expression and Scientific Inquiry in Russia,' *The Annals* (Amer. Acad. Pol. Soc. Science) (Nov. 1938), pp. 254-74.
Scheffer, Paul, 'From Lenin to Stalin,' *Foreign Affairs* (April 1938), vol. 16, no. 3, pp. 445-53.

(34) 第一章注（7）を見よ。

(35) 詳細な議論については、第六章「計画社会における政府の民主的統制」を見よ。

(36) 人間が好んで醜聞をあばきたてるようになって以後、文学を通しての抗議はアメリカを舞台とする場面の特徴であった。一九二〇年代には、ドレイサー、シンクレア・ルイス、メンケンの名前が想い出される。広告文化についての造詣深い批判については、Horkheimer, Max, and Adorno, Theodor W., *Philosophische Fragmente* (New York, 1944). を見よ。

(37) Friedmann, Georges, 'Revolt against Formalism in the Soviet Union,' *Science and Society* (Summer 1938), vol. II, no. 3, pp. 300-321.
Lukacs, Georg, *Fortschritt und Reaktion in der deutschen Literatur* (Berlin, 1947). 参照。

(38) 社会的上昇の階梯に関しては次のものを参照。 Weber, Max, 'The Protestant Sects and the Spirit of Capitalism,' *Essays in Sociology*, pp. 308ff.

Ferguson, Charles Wright, *Fifty Million Brothers. A Panorama of American Lodges and Clubs* (New York, 1937).

(39) Bavelas, A., and Lewin, K., 'Training in Democratic Leadership,' *Journal of Abnormal Psychology*, vol. XXXII, pp. 115–19.

Bell, D., 'Selection of Leaders in a Democracy,' *Commentary* (April 1948).

Duprat, Gil, 'Les Elites et le prestige, formes élémentaires de la vie sociale,' *Revue Internationale de Sociologie* (Jan., Feb. 1935), pp. 1–52.

Eaton, J. A., 'Experiments in Testing for Leadership,' *American Journal of Sociology*, vol. LII, pp. 523–35.

Mills, C. Wright, 'American Business Elite : A Collective Portrait Based on the *Dictionary of American Biography*,' *Journal of Economic History*, vol. V, supplement, pp. 20–44.

Mosca, G., *The Ruling Class*, op. cit. ch. XV, esp. sections 4 and 5.

Murphy, A. J., 'A Study of the Leadership Process,' *American Sociological Review*, vol. VI, pp. 675–87.

Murray, H. A., *The Assessment of Men* (New York, 1947).

Neumann, S., 'Leadership : Institutionl and Personal,' *Journal of Politics*, vol. III, pp. 33–53.

Riemer, S., 'Upward Mobility and Social Stratification' (Sozialer Aufstieg und Klassenschichtung), in *Archiv fuer Sozialwissenschaft und Sozialpolitik* (1932), vol. LXVII, pp. 531–60. (Tr. by A. Lissance, published by the (N. Y.) State department of social welfare and department of social science, Columbia University.)

Ward, N., 'Problem of Leadership,' *Sociology and Social Research*, vol. XXX, pp. 275–81.

Zeleny, L. D., 'Objective Selection of Group Leaders,' *Sociology and Social Research*, vol. XXIV, pp. 326–36.

(40) Ichheiser, Gustav, *Kritik des Erfolges* (Leipzig, 1930).

(41) Farago, L. (ed.), *German Psychological Warfare* (New York, 1941–2).

（42）パーソナリティに関する参考文献としては次のものを見よ。Murray, H. A., *et al.*, *Explorations in Personality* (New York, 1938, 1947).

Spearman, C. E., *The Abilities of Man; Their Nature and Measurement* (London, 1927).

次のものを見よ。'Scientific Recruitment. Modern Methods of Selecting Army Officers. Application in Civil Life,' *The Times* (London, 25 Feb. 1945).

Recruitment to Established Posts in the Civil Service during the Reconstruction Period, British Government White Paper (Cmd 6567).

'Personnel Selection in the Army,' *P.E.P.* (June 1943), no. 207.

（43）Fleming, C. H., 'Cumulative Records, Notes on Their Content and Use,' *Educational Research Pamphlets* 1 (London, 1945).

（44）Munroe, Ruth L., *Teaching the Individual* (New York, 1942), Sarah Lawrence College Publications no. 3, p. 42.

（45）Martindale, Don, *Morale of the Civilian Soldier*, doctoral thesis (University of Wisconsin, 1948).

（46）Greaves, H. R. G., *Civil Service in the Changing State* (London, 1947), pp. 218ff. Civil Service については ch. V. を見よ。

（47）Laski, H. J., 'The British Cabinet, A Study of Its Personnel,' *Fabian Tract No. 223* (London, 1928).

（48）Nightingale, R. T., 'The Personnel of the British Foreign Office and Diplomatic Service 1851-1929,' *Fabian Tract No. 232* (London, 1930).

（49）すべての引用は、Jones, A. J., *The Education of Youth for Leadership* (New York, London, 1938), pp. 74, 77, 79. からなされている。

（50）Collingwood, Robin George, *The New Leviathan* (Oxford, 1942), p. 226.

（51）Lindsay, A. D., *The Modern Democratic State* (London, New York, 1943).

（52）われわれはアール・ボールドウィン (Earl Baldwin) のよく引用される次の陳述を思い出すかもしれない。すなわち、「政府の一員として召換された時、私が最初考えた一つのことは、ハロウを恥かしめないような政府でなければならぬということだった。私は、以前の政府にハロウ校卒業者が四、五人（多分五人）いた時、どうであったかを思い出して、六人入れることを決定した。」Baldwin, Stanley, *On England* (1926, Penguin), pp. 237-8.

(53) 個人の忠誠心を拡大するこの過程は、「一般化された他者を広げること」についてのG・H・ミードの公式化と比較されるかもしれない。Mead, G. H., *Mind, Self and Society*, ed. by C. W. Morris (6th ed. Chicago, 1947), pp. 90, 154-5, 161. 参照。彼の論文 'The Psychological Bases of Internationalism,' *Survey*, vol. XXXIII, pp. 604-7. も見よ。

(54) Lindsay, A. D., op. cit.

(55) この関連で合衆国の進歩した位置を、最近、英国の指導的教育者の一人が認めている。サー・アーネスト（現在はロード）・シモンは、この前の戦争中、多くの指導的なアメリカの大学を再訪し、「アメリカの大学生活の規模、かれらの建物の壮大さ、要するにあらゆる種類の大学問題に関する積極的な議論に非常に大きな感銘をうけた。」かれは英国における奨学制度と下付金の増大を熱心に説いて多少の成功をおさめた。この目的のために、かれは一九三七―八年度の英国および合衆国の総大学歳入費（単位、百万ポンド）を示す次の表を公けにした。

	合衆国	英国
授業料	34	2
政府機関からの全補助額	32	3
寄附金，収入，贈与および雑収入	31	1.5
	97	6.5

アーネスト・シモン卿は次のように附け加えている。すなわち、「アメリカ大学の総支出額は英国の支出額の一五倍であった。アメリカの人口は英国の三倍であることを認めても、支出率は五対一であった。」Sir Ernest Simon, *The Development of British Universities* (London, 1941), p. 4.

米国高校就学状況

1934　　5,669,156

1936	5,974,537
1938	6,226,934
1940	6,601,444
1942	6,387,805
1944	5,553,520

資料出所 'Table 152, High School Enrollment 1934–1944,' *Statistical Abstract of the U. S.* (Washington, D. C., 1947). (Prepared by the U. S. Dept. of Commerce, Bureau of the Census.)

高校卒業者数 1870–1944

1870	16,000
1880	23,634
1890	43,731
1900	94,883
1910	156,429
1920	311,266
1930	666,904
1940	1,221,475
1942	1,242,375
1944	1,019,233

Ibid. table 154.

(56)「秘密社会」に関しては, Simmel, G. *Soziologie* (3rd ed. Munich, Leipzig, 1923), ch. V, pp. 257–304. を見よ。

(57) Veblen, T. *The Theory of the Leisure Class: An Economic Study of Institutions* (New York, 1935).

(58) Robinson, J. H., *The Mind in the Making* (New York, 1930).

第五章　政治の変革

一　政治と制度的統制

一貫性のある政策、とくに経済政策は、明らかに政治機構に影響を及ぼすことなしには履行されえない。政治機構を社会変化に適応すべき要求は、なにも合衆国ないし英国の現在の政治制度を廃棄し、他の制度によってとりかえるべきだということを意味しない。それとは反対に、なす必要のあるのは、現存の政治制度を、それがもっている本来の国民生活の統合的機能を損傷することなく、よりよい道具に変形することである。

ともすると、二つの目標は相いれないかのように見える。というのは、変化しつつある社会の行政はその制度の不断の再適応を要求するが、これにたいして国家的統合は政治制度の安定性をもとめるからである。普通、このジレンマは、手続き上の実験は容認しながらも、他方で伝統的な枠組には手をふれないでおくことによって解決される。たとえば、英国議会制度や合衆国の政府「行為機関」の場合がそうである。合衆国における憲法擁護感情の強さは、ナチの同盟者や共産主義者が――たとえばマルクスが「共産党宣言」（Communist Manifesto）で行なっているように――「かれらの目的を公然と明言すること」を許さないであろう。同盟者も共産主義者もともに、公然と「三〇年代」には連邦憲法にたいする忠誠を断言し、その目的実現のための指導性をもっともらしく主張した。その他のことに関しては、五百万移住者の植民地的民主主義から一億五千万人の帝国主義的世界列強への、アメリカ社会の一大社会的進化は、「建国の父たち」の憲法に対する断絶ではなくて、かえって新しい非常事態の光のなかで先任者たちについて連続的に「実り豊かな誤解」をもたらした。

詳細な提案に乗り出さないで、われわれは二、三の基礎的原理を展開したいと思う。これらは、一たび計画化——とくに自由のための計画化——が政治の目標として広く受けいれられるようになると、必然的に政治機構を変化すべき運命にある。

現代の政治的発達を理解するために、政治社会学者は政府の意味を考察し、その役割を歴史的展望の中で定義する。

部族組織は単純である。本質上、それは血縁関係の諸型式に依存している。数家族および数氏族の融合は、もっと複合的な単位を形成する。その場合、小さな下位的諸単位は、その下位的諸単位の相互関係を規制するより大きな枠組のなかで一緒にされている。ポリティコス（Politikos）という言葉は本来、家族、血族、あるいは職業的結社と対照されるところの「公共的」（public）ということを意味した。「公共的」生活は、自己統制的、孤立的な下位的諸単位のなかに存在して、その間隙をみたした。したがって「政治」と「公共」という言葉は、基本的には協同のために自足性と隔離性とを克服しなければならない諸集団の相互関係を指している。相互集団的諸関係のこのネットワークは「政治的団体《ボディ・ポリティック》」を形成する。これらの相互集団的規制の性質は多くの仕方で、大きくコミュニティの形状を決定する。下位的諸単位がヒエラルキー的に組織化されている場合には、コミュニティは逆に位階による諸規制を発展さす傾向がある。下位的諸単位が平等なものとして整合化されている場合には、一種の連邦的ないし民主的組織があらわれるであろう。政府の主な機能は、形式にかかわりなく、小さな諸集団を単一諸単位の体系以上に、より包括的な特殊機能体系に統合することである。
以上、「国家」、「政府」という言葉について、あるいはフランツ・オッペンハイマーの導入したもっと一般的なタームでいえば、「枠組集団」(1)および、それと「社会」と見なされる下位的諸集団との関係について予備的に明らかにしておいた。

枠組集団内部には、相互集団的諸関係を規制する無数の仕方がある。西欧世界では、われわれは次のように四つの発達段階を、効果的に区別することができよう。

1　絶対主義(2)は、中世的体系の瓦解以後、近代史上最初の枠組集団を確立した。絶対主義は多くの地方的諸単位を単一司法権の管轄領土に統合しようとし、封権領主の限られた権力と、市政官や聖職者のヒエラルキーのような独立法人を廃棄した。ふつう封建領主や王侯の一つが、その他のものを隷属させうるほど強力になった。かくて、かれは単に統一した領土、市場、軍隊および、官僚を作りだしただけでなく、また新しい専門的諸機能を単一の諸単位にわりあてた。下位的諸単位は新しい、もっと包括的な秩序のもとで結合された。この段階における絶対主義国家は全体主義国家に接近した。すなわち、絶対主義国家は、啓蒙されていようがいまいが、万事を専制君主的ないし温情主義的なやり方で規制しようとした。絶対主義の失敗は、基本的には、社会の下位的諸単位の自由と自発性を否定する支配者の近視眼的態度に帰するものではなかった。そうではなく、むしろテクノロジイーの原初的状態が、かれの支配と統治への努力を制約していたのであった。現代的な輸送および通信の諸手段は利用できなかった。とくに近代産業と産業主義的官僚制の欠如は、古い独裁君主が独りだけで全体系の支配者になることを阻止した。王侯は自分自身のために生産に従事し、自己の責任において国家のマニュファクチュアーの確立に努力した。結局かれは失敗し、新興ブルジョワジーの産業革命の遂行を受けいれざるをえなかった。

二、三の軍事工場や奢侈品製造施設の例外はあるが、重商主義《マーカンティリズム》という国家に補助され、王侯から特権を与えられた工場は、投資を回路づける上で失敗であることが明らかになった。別の言い方をすれば、資本の流失は宮廷の奢侈品でなく、大衆消費財を生産する資本主義企業に流入したのである。(3)

2　ブルジョワジーの数と力の増大は、絶対主義国家を自由主義国家に変形した。自由主義国家では、本質上二つの政治階級、つまり、ブルジョワジーと国家の官僚が社会構造を決定した。二つの階級の間の緊張は、今日まで多くの公認された近代理論のなかに生き残っている型の政治哲学を作りだした。そしてその緊張は現にそのなかに反映されている。(4)

自由主義国家は産業と自由企業の出現とともにおこり、自由市場と、社会的組織化の基礎原理として自己の経済的適所を見いだすべき個人の権利とを宣言した。自由主義者は、個人的諸活動と相互集団的諸関係の自然発生的整合化を信じていた。国家は干渉すべきではない。国家は、任意結社と自由企業の無数の過程がスムーズに機能するための法的枠組のみを提供すべきである。

しかしながら、自由企業理論が妥当するのは、ただ契約し競争する社会的諸単位が小さくて、過剰生産、行詰り、障害をきたすことなく、変化する諸事情に迅速に適応することができ、その結果、不適応を取り除く特殊な統治機関をもたらす限りにおいてである。

3　第三段階は、地方自治体とその厳格な自己規制の成長によって到達する。個人企業の範囲は少なくなり、政府の介入は未調整的企業の破滅的帰結の機先を制するために増大する。政府は単に法律を支持するためだけでなく、小企業の破滅と犠牲を阻止するためにも招致される。(5) 実業が補助金をもとめ、破産がはびこるとき、つまり「国家」が不適応組織の諸症状を除去するために介入しなければならないとき、自由主義国家は終焉する。(6) しかしながら、この段階では、諸症状はまだ「症候群」として、すなわち同時におこる一連の相互関連的不適応としては認められないし、また政府の側における予防的行為ないし予見についても、話し始められていない。

4　国家と政府が、単に諸症状を除去するためだけにせよ、不適応の成長を阻止するためによびだされるとき、第四段階が到来する。古い絶対主義国家をそのまま全体主義に導く道か、自由のための計画化への道か――この二者択一が提出される。全体主義のもとでは、国家は、古い独裁君主の権力をしのぐあらゆる社会的および物質的技術を用いながら、生活の全問題を能率的に組織化することによって、諸症状の生起を阻止しようとする。全体主義的な解決法は、臣民のために何が善なるものであるかを知っているとうそぶく啓蒙専制君主のそれに類似した、温情主義的態度を発達させる点で、絶対主義者のアプローチに従うものである。

この解決法は民主主義においてはがまんできないものである。画一化と温情主義は、市民から意味ある決断の機会を奪い取るからである。温情主義の危険が回避さるべきだとすれば、他のやり方が試みられなければならない。すなわち、われわれは、国家の介入の範囲に対して注意深い限界を設けながら、種々の不適応の予防方法を発明しなければならない。

近代国家は奉仕国家である。国家は単に現存する疾病にとりくむための公共保健事業を組織化するだけでなく、無数の行政的および合法的措置によって伝染病を予防しようとする。国家は老齢者、未成年者および失業者のために配慮する。公共機関はガス、電気および交通諸施設のような「公益事業」を提供し、管理する。たいていのヨーロッパの国家はラジオ放送網を公益事業として所有し、管理している。教育は、若い世代と年とった世代に、変化しつつある社会の諸要求を理解さすための道具の一つとして役立つ。つまり、社会奉仕国家としての民主主義国家は、社会生活の全領域に積極的に関与する。(7) しかし国家がいたるところにあるとすれば、この国家は作用上、全体主義国家とどのように異なるのか。われわれのいう国家がすべてに広がりをもつものであるとすれば、われわれはどのようにして民主主義的計画化や自由のための計画化について話すことができるか。全体主義国家と社会奉仕国家との間には明らかにいくつかの類似点があるにもかかわらず、差違も指摘されうるのである。以下に述べる命題の中でわれわれは、どの程度まで伝統的政府機構が、われわれが予防的とよんでいる計画化の類型によって影響されるかを明確にしたい。

二 予防的計画化政策の原理

1 強力な中央権力のみが計画化を遂行しうる。計画化は、全体主義的計画化にせよ、予防的計画化にせよ、弱い中央の権能の掌中におかれる場合、能率的な道具になることはできない。イギリスの例は、民主主義と自由が、強力な中央集権と両立できないことはないということを示している。事実、正確に言って、イギリスの権力は中央集権によって責任あるものにされてきたのである。合衆国の大統領が「民衆保護者」の役割を行なうさいには常に、大統領は英国の首相以上に大きな権能さえもっている。後者は議院の「信任」次第である。大英帝国では、議会の優越性も内閣の責任性も、権能の集中ということが計画化のために要求されるときでも、弱化すべきではない。自由は確立された議会の回路を通しての民主的諸統制と、この目的のために考案されている補足的諸方法とによって保証されるべきである。われわれがこの点を強調するのはほかでもなく、多くの人々は、全体主義を予防する最善の策は中央政府の権能を否定することだと考えているからである。自由にたいする脅威は、

「われわれのもの」である政府、すなわち、われわれが選び、われわれが解任することのできる政府からくるのではなく、公衆の責任性を欠如する寡頭政治から生まれるのである。公務の行政および回転の責任が公衆にあるということは、心して護衛すべき民主主義政府の鍵となる条項である。

2　異なる諸方策の整合化が計画化に不可欠のものである以上、中央集権化は必然である。広範囲の計画化を行なう若干の基礎的諸対象についての一致は不可欠である。これらの基礎的諸問題の性質と威厳は、それらの通常の法的局面とは必然的に異なっている。ちょうど憲法上の諸条項が一定の資格をもつ者の多数決によってのみ変更されうると同じように、基礎的計画化の法律も同様の保証を与えられるべきである。基礎的諸政策を整合化するためには、専門家によってのみ判断される一貫した基準を必要とするであろう。ちょうど最高裁判所が連邦の法律にたいして州の法律の適合性を見守っているように、基礎的諸原理の内部的一貫性とそれに伴う諸規則および諸条令の適合性を判断するために、法廷を確立する必要があろう。もちろん、いろいろの困難の生ずることは予想される。専門家は同意しないかもしれない。専門家は異なった思想の流派に所属しているかもしれないし、また意識的ないし無意識的な集団的関心によって動かされるかもしれない。この場合、専門家は裁判官および触媒として行為する教育のある素人に対して、自己の指導原理を説明しなければならないであろう。そうしても、誤まった観念が時たま、過去におこったように、大規模に政策の上に影響を及ぼすようなことがあるかもしれない。専門家は以前には公衆の批判にさらされることは少なかったが、それは、かれらの理論がふつう非公式的に指導的政治家のインスピレーションとして役だったからであった。いかなる計画化の観念も、両大戦間の経済的動乱をひきおこしたヴェルサイユ賠償政策[8]のような、包括的諸政策を鼓吹しなかった。

共和制ドイツにおけるブリューニング体制のデフレ政策も、一貫した計画化政策の一部ではなかった。だが、

ブリューニングの政策は、ナチの思潮を増大させた破局的失業を適度に生み出す役目を果した。(9)

専門家の賛否両論に風を入れるべき調整的計画機関の存在は、人間行為の実験的性質を除去するものではなくて、価値あるいろいろの統制を加えるであろう。経済専門家の論旨のもつ一面性は、片よりと、かくされた動機づけを認知するような訓練を受けた他の専門家によって十分に露呈されるはずである。その上、予測を不断に実際の諸事象とその無情な分析に直面させることは、過去の諸経験からの一つの学習方法となるかもしれない。

今までのところでは、人間は過去の諸経験から学習する能力を、個人生活の限られた文脈においてしか獲得していなかった。今や、諸集団が連帯して過去から学習すべき時である。計画化の雰囲気のなかでは、政策の変化はただ単に変化しつつあるムードの反映ではなくて、社会的学習の過程によって統制されるであろう。

ニュー・ディール政策は面白い例であるが、この政策には古い接近法と新しい接近法とが珍らしく一緒にされている。一方では、ニュー・ディールの若干の計画化の方策は、たしかに前進する不況の潮をせきとめ、アメリカ経済をかなりの繁栄のレベルにまで高めた。他方では、人はニュー・ディール政策から次のことを学ぶことができる。すなわち、真に整合化された計画が欠如していると、その他の点ではよく考えられている方策でも、十分な成功を修められないということである。特に、その計画と同時に、敵対的な諸圧力集団を鎮めなければならない場合にそうである。政治家は圧力諸集団を代表するか、あるいは圧力集団に影響されるものである。世論の自発的に回路づけられた流れに敏感であるということは、民主主義過程の一部である。しかし民主主義は諸観念を篩にかけ、真に共通の諸目的を明確化して限定し、党派的関心の特殊な申し開きを認識して、片よりを除去するためのあるメカニズムをもたなければならない。この最終的政策を組み立てる当局は、圧力諸集団をなだめることよりも、むしろ諸提案の一貫性を目ざすべきである。そして当局は、諸政策が経験から誤まった前提や予想にもとずいていることが判明した場合、それらの諸政策を改訂する権能を与えられるべきである。この関連において、われわれは、卒直に間違った諸政策を取り消す勇気をもち、かつ過去の誤謬を卒直に受けいれて、新しくやり直す必要性を理解するように公衆を教育したロシヤの政治家から学ばなければならない。

公衆教育は全生活の実験的性質を強調する必要がある。公衆教育は各レベルの知能と教育的背景にたいして、基本的問題を解釈するための技術を工夫しなければならない。この関連で、テネシー流域の実験は重要な貢献をした。というのは、この実験は経済計画を教育運動に結合したからであった。[11]

3　計画社会における集権化は、ある基礎的政策問題においてのみ不可欠である。ちょうど政策調整機関が、正当化しうる場所での集権化を強調すべきであるように、この機関は頑として、集権的諸制度が全機能を侵害する内在的傾向に反対すべきである。権力の委任と自治との間の相違を明確に理解しておかなければならない。上級権力機関は最終的責任を譲渡することなく、下級権力機関に諸機能を代行する権力の委任を行なう。地方自治の拡大は、[12]政策立案上の多くの決定や責任を地方当局に配分することを意味する、各場合に役だつ方法の選択は機能の性質によってきまる。しかしながら、民主主義は、自助と民衆の創意性を、それが計画化と両立する限り、奨励するであろう。これは単に市民の公益にたいする関心を刺激し、その関心を公共の問題に連結するのに役だつだけではなく、市民とかれの政府およびその計画との同一視をも育てるであろう。その上、民衆はかかる同一視によって、その計画にたいするかれらのふだんの諸経験を、中央の権力機関に注意させ、かつそれによる利益をもたらすよう鼓舞されるであろう。

4　計画社会においては、政府とコミュニティはもはや別々の実体ではない。政府の遍在性を認めれば、自由の原因は合法的政府機能を制限しようとすることによっては提供されない。個人の自由を制限するものとして、政府統制の目標、範囲および機構の限界を明確に定める方が、もっと要領を得ている。政府の諸機能を分析してみると、計画化の方向における諸統制は自由に奉仕するものであることがわかるであろう。社会統制のほんとうの意味は、ほっておくと抑圧や渾沌を生じたり、諸力のバランスを妨害したり、あるいは公益を損傷するような自然的成長の諸傾向を抑制することである。統制がそれ自体自由にたいする脅威として解釈されるということは、計画化の誤解による悲しむべき評言である。民主的共同体における警察は、法的施行によって犯罪や破壊的諸傾向の成長を阻止したり、抑制したりするために奉仕する場合、市民の自由の行為者であって、抑圧のそれではない。

5　法治国家がその規制の機構と権力によって経済生活に干渉することは、十分な生産を維持し、恣意的独占を統制するために奉仕すべきである。

企業の自由は産業の統制と両立することが可能であり、その統制によって共同体の利益のために利用できる諸資源を十分に活用することを保証するのである。のちほどわれわれは、現在の産業組織から生ずる経済的安定性および完全生産にたいする諸脅威と、民主的統制にふさわしい計画化の諸方策についてもっとくわしく論じたい。ここではわれわれは二、三の一般的考察にとどめる。

資本主義の最近の発達段階の特徴である各企業連合や企業合同は、しばしば生産制限、資本投資、特許統制[13]、資源および市場販路の勝手な政策をうちたてる。かかる力の連合は公共的責任を負うことを欠如しており、それらの組織および管理の技術にしたがって、適切に統制されなければならない[14]。

中央権力機関は産業民主主義の範囲を限定しなければならぬであろう。すなわち、中央権力機関は産業経営の上で、労働者にいかなる分け前を与えるべきか決定しなければならない。産業民主主義は、産業主義社会における過度の集中化にたいするもっとも有力な解毒剤である。産業民主主義の創設は多くの点で、地方政治にたいしてよりも、大きくコミュニティにとってより重要である（これは地方政治の重要性を否定するものではない）。というのは、産業主義社会にたいする個人の日々の関心は、かれの地方的居住にたいする以上に、その仕事により近接しており、かつその仕事により依存しているからである。(15)

明確な法令によって、産業を統制しうる様態を限定すべきである。四つの可能な統制形式は、立法と行政と代表(16)と参加(17)である。諸統制をおこなうさい、介入する権能は「公益」の概念を形成しなければならない。恣意的濫用を防ぐために、その言葉の意味は明確に定義されなければならない。「公益」という概念は、疑いもなく、その底に流れる社会哲学の面で非常に多くの解釈を許す。こういった落し穴があるにもかかわらず、計画化の段階における立法化の基礎として一般的定義にまで到達しなければならない。取引抑止の操作、不当な生産制限、あるいは価額の人為的上昇は、公益に反するものだが、このことは一般に認められている。

三　社会構造の統制

「法律と条令」が到る処にいきわたっている世界では、若干の者は、ともすると一切の統制を、その本性上純粋に否定的なものと見がちである。しかし自由を守護する統制の機能も看過されてはならない。交通規則は車の秩序正しい流れを妨害するものではなく、それを促進するものである。公的統制は、交叉した諸目標を目ざして働いている無限の衝突する流れを停止させる。われわれの論のこの点から、社会統制の中心は自己をどのようにして制御することができるか、ということについての反省に導く。ここでのわれわれの関心事は、国家干渉それ自体の弁明ではなく、民主的自由の保持ということである。

自由のための計画化の体系においては、枠組組織は市民から自分自身の生活をやりとげる責任を取り除いたり、市民に上から規定することによってその自助の心を剝奪すべきではない。枠組組織は単に、処置しなければ蓄積する傾向のあるような主要な不適応を予防するだけでよい(18)。

過去において渾沌と圧制の予防は、主として政府内部の権力の計画的分配に限られており、これにたいして社会における権力の分配、すなわち階級構造はいわば手をふれないで放置されていた。その限りでは、ここにいう干渉形式は、新しいものである。社会の現状は地勢と同様、事実として考えられた。両者はここかしこで多少修正されたかもしれないが、いずれも、ある設定された考えによって計画されることはなかった。

現代の統制は実に、社会の操作という新しい形式に向って動いている。われわれは単に慎重に政治的諸権力のバランスを作りだすだけでなく、社会中いたるところの権力諸中枢の助力をも得る(19)。

イギリスの政治構造は徐々に発達したが、これにたいしてアメリカやフランスの憲法は、政府の諸権能と諸制度との均衡のとれた体系を組織化することをめざして、制定され計画されたものであった。憲法作成者たちは、自由のための計画化を考えた父と見なされるかもしれない。かれらの主たる関心事は諸権力の均衡化をはかって、単一個人、小集団、あるいは大衆の圧制に導く諸力の成長を予防することにあった。しかも、かれらの計画化自体、現存の階級構造を修正したり、圧制に導きかねぬ産業上の諸発達を制限したりする段になると、急に手をひいてしまった。すぐれて農村的社会の農耕経済においては、かかる統制の必要がなかったのである。その上、憲法作成者たちは、たとえそれ以上のことをなそうとしたとしても、技術の欠如のために、ほとんどそういったことはできなかったであろう。社会構造を計画化するわれわれの新しい方法は、都市社会における高度資本主義の問題を処理しなければならないのである。手もとにある技術としては現代的な課税法、財産とその使用上の新しい規制形式および類似の諸手段がある。

　これらの諸方策が必要となるのは、政治機構の均衡の統制[20]が危機的な独裁制に向っての漂流を十分にくいとめることができない場合である。繁栄と平和の時代には、政治のゲームは憲法および正規の諸制定法の背後で行なわれていることを見ることができる。列強が自己の誤謬の経済的帰結を弱小国に転嫁しうる二〇世紀の危機においては、いかなる憲法作成者も機密部隊の出現、鍵鑰的地位にある人々の反民主的陰謀、および不平等に分配されている権力の濫用を阻止することはできない。両世界大戦の間にヨーロッパでおこったような破局的な政治上の地すべりは、皮相的な症状に取りくむことによっては阻止することはできず、その底に横たわる社会構造に取りくむことによってのみ阻止されうるものである[21]。現代の危機に直面して民主主義を保持するために必要なのは、われわれが組織化された政治の抑制と均衡《チェック・アンド・バランス》をこえて物を眺め、社会の抑制と均衡の上に焦点を合わせることである[22]。

　社会の均衡は二つの仕方で、すなわち革命か、あるいは変革によって達成される。社会的革命は、ロシアにおける場合のように、社会を平準化するかもしれない。ソビエト連邦では、ほとんどすべての者は労働者にされ、かれらの給与の違いは、ある二次的な社会的差異として許容されたが、決して権力的な差異は許さなかった[23]。非革命的な変革の方法は、その出発点として現存の階級構造から着手するが、自発的な諸運動も大きな不平等に導かなければ、それなりに許容する。危険を感じさせるような不平等は、ある程度の社会的同質性を達成するための適当な統制によって抑制されうる。またそうした社会的同質性なしには、計画化のための一致は出てこないのである。ソビエトは、社会構造における富と権力のあらゆる差異を平準化することによって、かかる一致をねらった。ファシストは暴力とテロによって強大な寡頭政治の権力を保証しようとした。これらにたいして、第三の道は大多数の同意による平和的変革のために努力する。

なるほど、かなり同質的な社会のみが計画化の手段と目的について平和裡に同意に達すると予想されるのである。かかる同質性は、プロレタリア独裁下におけるような画一性を意味しない。職業、地位的集団形成および生活様式の多様性は、西欧文明に色あいをそえているだけでなく、均衡をも作りだしている。この多様性は、深刻な不平等さによって権力の均衡が危険にされたり、あるいはより公正な機会と安定性のための計画化に反するような既得権が作りだされたりしない限りにおいて、維持されうる。[24]

権力の集中が過度になるといつでも、それは専制政治を危機的状況に招く。権力は形態変化をうける。時として権力はじかにあらわれるが、ふつうは経済的ないし行政的権力として、あるいはプロパガンダや教育として偽装されている。したがって操作的権力がいかなる形態をとってあらわれるにせよ、民主主義を注意して守るためには、権力の遍在的存在と潜在的危険を民衆が認識していることが必要である。

権力濫用のもっとも危険な一つは、混乱によって利せんがために、意図的に公的恐慌を惹起し、恐怖を操作することである。たとえば、自分の嫌いな政府に対して不信の念をもつ銀行家や財界の実力者は、時に資本の騰貴を招くような一般的な信用の喪失を教唆する。[25]かかる影響は民主主義の自由の基礎をくつがえすものであって、その源泉と形式にかかわりなく、適切な対策でもってかかる影響に対処しなければならない。これらに対処する対策は不当な画一化と「自由社会」の終焉をもたらすだろう、というような反対が提出されるかもしれない。われわれはこれに対して次のように答えることしかできない。すなわち、自由と民主主義の構造的基礎の守護を目的とする諸方策にたいしては、いかなる制限も設けられるべきではないということである。その上、民主主義とは、自由の友と敵とを同じように取り扱わなければならないということを意味するものでもなければ、また専制政治に反対する統制とそれにくみする統制とを区別することができないということを意味するものでもない。統制について常に自由を損傷するものとして語ることは、混乱を招く。われわれは有益な統制と有害な統制とを区別して、民主的な仕方でいろいろな対策を提供しなければならない。世論機関が万人に利用できる社会では、しばしば陰謀は公開するだけで十分である。資本騰貴を通しての怠業《サボタージ》は、啓発された明敏な世論によって対処されうる。警察国家の粗野な方法に対比すると、民主的統制の分野における創意性には、限界がないのである。

四　経済統制

今日経済の領域において、民主的計画者が直面している戦略的問題から着手したい。多くのいろいろな理由から、適当な経済統制の設置は、現代の計画論においては非常に重要な役割をはたしている。一方では、経済秩序の人間存在にたいする衝撃は、普遍的であり、基本的である。社会のいかなる安定性も、その前に経済過程の統合化と安定化なしには考えることはできない。他方では、そして同じ理由から、経済的計画化の問題はしばらくの間、専門家の側における研究調査にゆだねられてきている。当該経済学者たちは、これまでに現代西欧の経済体系の重要な欠陥に関して、かなりの点まで意見の一致さえ見るに至っている。もちろんなお、かれらの間には経済的不適応の基礎的原因ともっとも有効な治療法という点では、意見の不一致が残っているけれども。

それと同時に、経済的計画化の人気は危険なしとはしない。多くの経済学者と広範囲の公衆が信じさせられているのは、計画化は一般に経済的計画化と同一のものだということである。ひとたび経済過程が意図的な調整政策によって安定化させられると、議論のあるところだが、社会の他の部分は安心してレッセ・フェールの原理に任せられるかもしれない。[26] われわれはすでに、不適応にかんするかかる自己満足を広い社会過程の中に拡散したことがあった。われわれはつぎに、経済的計画化はそれ自体、現代社会の他の諸位相が適当に経済と整合化される場合にのみ、効果的になるということを論証したいと思う。

社会学者は、そこに含まれている経済問題の技術的論議に加わったり、議論の多い問題に仲間入りすることはできない。[27] 社会学者の関心は、喫緊の問題を理解し、提出された解決法の社会学的意味を評定することに限られる。

今日多くのまじめな観察者は、われわれの受けついでいる世界経済秩序のもっとも顕著な欠陥として、国民経済内部と国民経済間の両方における過度の不平等と、ある社会集団および世界の大きな地域の事実上の貧困と、[28] 資源の不公平な分配と、収入および雇用の危険な不安定性とをあげるであろう。これらの経済的病弊のうち、収入と雇用の周期的動揺は、特に先進諸国において、政治的民主主義にたいする最大の脅威を生みだしている。産業社会における働く大衆は、着実な労働と漸進的な生活水準の上昇とを期待することができさえすれば、かなりの非能率と不平等とに耐えうる用意があるように思える。しかし、三〇年代初めの大量の失業はドイツの民主主義を破壊する上で主要な役割をえんじたので、多くの人々の一致した意見では、西欧の確立された民主主義でさえ、大恐慌が再発すれば、生き残ることがむずかしいであろうと見ている。この理由から、伝統的な景気循環の除去ということは、民主的な経済的計画化の鍵的問題となったのである。次のような理由から、そのことはなおさら、かかる問題となったのである。すなわち、高い安定した雇用水準の確保ということは、大量の貧困と資源の浪費という最悪の諸事態を除去する方向にむかって長足の進歩をするであろうからである。

経済的安定化の課題は、もし専門家が産業上の動揺の根元的原因について同意をうることに成功すれば、たしかに今よりもっとたやすくなるであろう。意見の不一致は必ずしも、敵対的仮説のどれか一つの価値を減少するというものではなく、むしろそれはさまざまの影響が作用していることを反映するものである。かくてケインズ学派が指摘するように、(29) 豊かな社会においては貯蓄の総量が周期的に利用できる投資の機会を超過し、そのために新しい資本にたいする需要は供給以下にさがるので、雇用を減少するということになるのだが、これは実にもっとものように見える。しかしこの仮説は、強力な投資傾向のある国でも、周期的な暴落をまぬかれないという事実と矛盾しない。こういった場合に、生産構造と収入および消費の分配の間に特徴的な断層がおこるかもしれない。

いずれの場合にも、最初の不均衡は、技術的変化や作物の出来高といったような、外的諸要因によって生みだされる。しかしこれらの要因やその他の部分的不適応を、全体としての体系の安定性に対する脅威に化するのは、それらの不適応の拡大する傾向である。不況を全国的ないし世界的にさえするかかる衝撃の累積は、産業資本主義、とくに一般に普及している貨幣体系、および資本と労働の固定化の増大に内在する若干の条件に起因するように思える。

偏見にとらわれない観察者が下しうる結論は、産業社会の経済的安定性を周期的におびやかしている危険は、実に無数あるということだけである。安定化方策の兵器庫もそれと同じように大きいのだということを聞いても、驚く者はまずないであろう。

簡単な分類としてこれらの安定化方策は治療的政策と予防的政策とに分けて考えられる。治療的政策のなかには、さらにある妨害的諸徴候を和らげることだけを意図するものと、不安定性の諸原因を攻撃しようとするものとの間に区別が設けられる。われわれはここでも安定化のために利用できる道具について徹底的な分析を試みようとはせずに、各カテゴリー内の二、三の特徴的な方策を選びだして、それらについて第三の道の根底に横たわる諸原理の光にてらして論評を加えたいと思う。

1　景気循環政策の一番古い道具は、あれこれの形の失業手当て（the dole）である。これは少なくとも、その提案者が不況の再現を不可避なものとして受けいれ、失業者の社会的運命を軽減するためにのみ努力する限りでは、典型的な対症療法である。(30)

失業手当ては私企業の正常な作用に干渉しないものである点、それは経済的自由についての伝統的概念から判断すれば、ある利点をもっている。しかしこれらの利点は、本来的な安定化への貢献として失業手当てが無益であるということによってなしくずしにされる。失業保険およびその他の失業救済の形式は、おそらくいかなる経済秩序においても補助的な役割をはたしているに他ならない。それらは、経済的混乱に対処するためにもっと有効な方策がもたらされうるまで、働く場所を失なった労働者に、一時的な急場をしのがせるものである。しかし間に合せの救済はともかくとして、失業手当ては社会的改善のためにはほとんどつくすところがない。不況は神の御業《みわざ》というよりも人間の作ったものである。このことは、一般的な知識になっている。したがって、労働者は、正常な賃銀で生産労働を提供することを要求しており、かれらはもはや公衆の支持によって長い間にわたって我慢させられてきた怠惰を満足できなくなっている。

2　長い間、公益事業は、失業の徴候を軽減するために計画された諸方策中の第二の防禦線と考えられていた。

失業者に何らかの形の少なくとも半生産的活動を提供することによって、怠惰のもつ頽廃的効果を阻止することが希望であった。しかしながら、過去二〇年間に、公益事業の意義は、不況期間中の他のあらゆる形式の公費事業の場合と同様、この特殊機能をはるかにこえるものだということがわかった。一つの代償的投資形式として、公益事業、私的投資が公共貯蓄におくれをとる場合にはいつでも、私的投資の代用となるかもしれない。このようにして、公益事業はある不況のより深い原因を攻撃し、事業上の期待に好ましい効果をもたらすことによって、新しい再生を生みだしさえすることができる。公益事業計画が対循環的方策として時宜をえて適用されるなら、この計画は、地域的景気後退が広い経済不況にまで広がることを阻止することができるかもしれない。(31)

公益事業と公費事業は全体として、伝統的にとられてきた私的投資にたいするより間接的な干渉方策が効果のないものであることが判明するにつれて、人気を得てきている。これはとくに利率の操作についてあてはまる。原理上、時に応じて利率を上昇させ、経済的繁栄がインフレーションに悪化することのないように予防すべきである。しかしながら、主として財政上の考慮にもとづく世界の低賃銀政策は、ここ二、三〇年間に、この道具を使用不能にしてしまった。利率の単なる引きさげでも、不況中の民間投資をおびやかす事実上の危機を代償する上で、はたして効果があったかどうかは、疑問である。

民主的計画化という観点からいうならば、利率の操作と代償的公益事業は重要な共通の特徴をもっている。両方策は、中央銀行組織(32)や政府の財政力というような、鍵鑰的位置から発出している。これらの鍵鑰的位置はそれ自体、市場の諸力の闘争を起えたところにあり、したがってだいたい企業の動揺をうけない。これらの鍵鑰的位置のいずれも、元来は雇用を安定させる目的のために作られたものではなかった。ここに社会秩序の変形に関連して、現存の公共的権力の機能が特殊なものから、一般的なものへ拡大されるもう一つの例がある。

それと同時に、両方策は私的創意性にたいする直接的干渉を最小限にとどめ、そうすることによって経済的非集権化の利益の番をする。これはたしかに、貸借関係者の自律的損益計算を通して作用する利潤政策についてはいいうることである。それはまた、厳密に代償的であり、私的創意性の領域外の投資分野に自己を限定する公益事業政策にたいしても妥当する。

3　公共投資が民間投資と競合しだすと、状況は異なってくる。そのときには、雇用および収入にたいする究極的効果は、予見しにくい。一方では、公益企業は技術的進歩、社会福祉、および経営能率上においてさえ、開拓者として十分役立つであろう。この点で、ヨーロッパの二、三の国でなされている運輸および炭鉱の公営は啓発的である。もっとも総合的であるという意味で、もっとも大切な例は、テネシー流域開発庁である。(33)

他方、伝統的に私企業に残しておかれた領域にたいする公共投資の侵入は、民間投資を阻止し、かくて雇用にたいする政府の刺激をなしくずしにするかもしれない。このことは否定できないであろう。多くのことは、一般に行きわたっている経済上のイデオロギーによってきまるのであるが、結局かかるイデオロギーは、現状の擁護者が容認しようとするもの以上に柔軟であるように思える。国営企業や公営企業、すなわち国有ないし厳格な政府の統制下にある公益事業は、私企業の伝統の根城である合衆国においてさえ、ありふれたものになってしまった。「混合体系」、つまり動力、輸送、鉱業、および生活必需品の分配のような基礎産業は、公営ないし公的統制をうけながらも、開拓者的冒険と創意性の必要な諸領域は民間企業に残しておくやり方が、ほとんどの西欧諸国で発展過程にあるように思える。過去二、三〇年間にわたって除々に行なわれたこの進化は、明らかに第三の道の方向を指している。(34)課税を通しての富および収入の漸進的再配分や、社会事業の拡大や、代償的政府事業と結びつくなら、かかる混合体系は、進歩と拡大をつくる力動的諸力にたいして偏見をもつことなく、経済的安定性を促進する上で一大発展をとげるはずである。

4　以上の諸方策――代償的公共投資、利率の操作、富および収入の漸進的再配分、あるいは混合体系の建設でさえ――は、どれもわれわれの受け継いできた経済の基礎、すなわち、価格規制、自由競争および生産手段の私有制の優勢さを攻撃するものではない。民主主義社会では後楯を見いだせない独占的利益はさておき、支配的社会諸集団のいずれにも、かかる方策の採用によって脅威を感ずるような理由は何らない。それとは反対に、大量消費の強化（このために以上すべての方策は役だつ）は、実際に実業、農業共同体および専門職ないし中産階級の地位を安定化し、かくて圧倒的多数の政治的協同化のための経済的基礎を作りだすであろう。

さらに、以上論じた諸方策も、あらゆる事情のもとで経済的安定性を達成するには十分でないかもしれないといった可能性がある。われわれは、代償的公共投資の成功は大きく、かかる政策に対する民間投資の反応いかんに依存することをさきに見た。完全雇用の維持という点では、労働組合の追求する賃銀政策や、実業および百姓によって設定される価格政策も、少なからず大切である。いいかえれば、市場のメカニズムを弱めないで残しておくような最小限の干渉によって、経済的安定性を達成し維持せんがためには、大きな圧力集団は状況と自己抑制についての十分合理的な理解を召集しなければならない。さもなければ、安定経済を踏みつけるような公益から、われわれの伝統的経済体系のメカニズムへの干渉を要求するかもしれない。

この関連で、賃銀および価格統制は、全経済領域にわたる投資統制のとるべき第一歩にすぎないかもしれない。かかる諸方策はなお私有形態に手をつけずに残すけれども、これらの方策によって、その私的所有形態から、伝統的に自由企業と結びついている主要な機能の一つを奪いとってしまうであろう。会社組織の場合には、所有と経営機能とはすでに分離されているが[35]、後者は政府の統制に従わなければならなくなるであろう。しかしながら、資本の危機は依然として私的所有者と同衾《どうきん》するであろうから、全体的な投資統制ということが最後の手段になることはまずないであろう。論理上の帰結としては大規模な全産業の国営化ということになるであろう。そしてこの国営化によって、危険保障と管理責任の諸機能は共同体の手中で再び結合されるであろう。

かかる発展によって、経済的組織化の強調は明確に地方分権化から中央集権化へという方向をとるであろうが、この発展は、経済的安定性が民主的計画化となお共存できるような点以上にまでも進むかもしれない。驚くほどのことではないが、こういった変形は右翼はもちろん左翼の少数者の心をも、そそのかすものとなる。これは、漸進的変革および、計画化と経済的分権化との両立性にたいして信仰を失ってしまっている人々の、革命的活動を鼓吹する。それはまた、そうでなければ安定化のためであるのに、実業界の大諸集団を目ざませ、国家介入のおだやかな方策にたいしてさえ反撥させる。資本と労働が妥協的解決におけるかれらの共通の利益を理解できない場合にのみ、経済的安定性のためにかかる極端な手段を必要とするのだということを両方の側で理解しておくべきである。あるいは別のいい方をすれば、健全な判断と自己抑制を行なうことによって、競争的社会諸集団は、急進的な経済的変革なく安定性を達成し前進しうるのである。この証拠に、こういった考察からよくよくはっきりさせておくべきであるが、集団的態度と集団的行動を考慮する場合にのみ、経済的計画化の技術的諸側面は適切に議論されうるのである。集団的態度と集団的行動は、明らかに新しい状況への再適応を必要とし、したがって、たとえ他の理由がないとしても経済的理由から、計画化の対象になるのである。民主的計画化を効果的にするためには、どうしても総体的なものでなければならないが、それは他でもなくこの意味においてである。

再配分的課税、投資統制および公共企業の拡大はすべて、生産手段の私有制という伝統的概念に反するものである。しかしよく吟味して見れば、財産概念のごく極端な解釈だけが、すなわち元来ローマ法のなかで発達したものだけが、上述の経済的諸変革によっておかされるにすぎないということがわかるのである。

なるほどローマ法の概念は、所有者にそれを破壊する権利をも含めて、自己の財産の無限の使用を許しているが、資本主義初期の時代の法的諸変革のさい採用されたのはこれであって、それがその後ずっと西欧の経済体系を支配してきたのであった。(36) しかしローマ法の概念は、少なくとも社会改革家の心のなかでは、財産を大きな共同体か、あるいはある上級の権能のために保持信託されたものとして見なす、古い所有形態の記憶を決して抹殺することはできなかった。同じ観念が今、経済的計画化の文脈において再びあらわれつつあるのである。

かくて、財産収入および地所の課税は、共同体に私有制の結実を相伴する権利を認めている。病気、事故および失業にたいする従業員保険への事業所の加入は、生産手段を使用する社会的帰結に対するその所有者の責任を確立する。前大戦中、それまで使用されたことのない農地が耕作され、ある産業施設が他のために閉鎖されなければならないことを布告されたとき、私的所有者にたいする共同体の優位性は、はっきりと確立された。所有制度についての新解釈のもう一つの表現は、私的独占に反対するたたかいである。これは、財産の反社会的使用と見なされるものを排し、政治的に組織化された共同体の手中以外の手中に、経済力が集中することを阻止しようとするものである。

財産の無制限的使用をもとめる願望は、人間不変の本能から生まれるものである。これは、長い間資本家の信条の一箇条となってきた。しかしそうではない。歴史研究、最近の新しい社会体系の出現、そして数多くの心理学的実験は、財産にたいする態度が伝統と教育の所産、とりわけ一般に行なわれている社会秩序の所産だということを、疑いをさしはさむ余地のないものとして確立した。(37) 資本主義の伍列の内部においてさえ、財産に対する態度はかなりさまざまである。ヨーロッパの百姓がもつ自己の土地にたいする完全な同一視と、株式証券所有者がもつ自己の「財産」――かれはしばしばその所在地さえ知らない――にたいする抽象的態度との間には、雲泥の差がある。利潤の分配にかんする資本家の実験はもちろん、ソビエトにおける経験も、「これはわれわれに共通に所属するものだ」という感情は、私有権と同様の刺激を吹き込むものになりうるということ、そしてわれわれは人間をかかる集団主義的同一視のために教育することができるということを証明している。[38]

ここでも第三の道は極端な一面性を差し控えるであろう。だいたい、個人主義的同一視と集団主義的同一視とどちらがより適切であるかは、労働の性質によって決定すべきであろう。集団主義的同一視にたいする要求は、もし巨大な工場や事務所で骨折らなければならない人々のために、再び労働を人間化するためだけなら、大規模社会で成長しても問題にされない。他方、農夫や小店主は、かれらの私的所有感がそのまま残されるほうが、より効果的にその社会的機能を充足するであろう。その上、経営的機能と私的所有制との結合は、開拓者的な創意性と想像とを必要とする所では、不可避のように思える。私有財産制度は、また産業指導のために連続的な教育的意義をもつかもしれない。計画社会は意図的に、かかる指導性の訓練基盤ならびに過度の官僚制化にたいする一つの保護装置として、小規模企業を育成すべきであろう。

五　軍隊の統制

集中的権力の一番顕著な組織として、軍隊、すなわち陸・海・空軍がある。これらによる統制は明らかに、ヨーロッパのこれまでの歴史が示しているように、民主主義への一挑戦である。特にスペイン系南米諸国の革命党などの檄文はさておき、フランスのナポレオン政策やブーランジェ政策、スペインのフランコの栄進、ポーランドのピルスーツキー体制、およびヒットラー総統は、民主主義を護るために、大将軍に気をつけなければならない十分な理由となる。これらの独裁君主的政治の歴史的諸事例があるにもかかわらず、正規の軍隊が無条件的な専制政治の道具になったのはごくまれだったということも事実である。これはまた次の事実によるのかもしれない。すなわち、軍隊は自然的成長の所産ではなく、その端緒から計画的に作り出されたものであったということである。軍隊は、よく考えられた位階と明確に限定された権威によって権力を分配している最高の組織の一つである。軍隊は、権力を合法的に明確な責任をもって使用するように、人々を訓練するいろいろの習慣と伝統を取りいれている。[39]最高位の指揮官は権力に近ずくことを一番誘惑される位置にあるといえようが、かれでさえも、軍隊の倫理規程によって権力に近ずくことを抑制されている。なるほど、軍隊は国家権力の危機や忠誠心の分裂などことあるときには、ともすると、その権力と政治的影響力を専横に使用しがちである。それにもかかわらず、軍隊の自己抑制型式は、「暴力の行使者」やかれらの武器の兵器庫でさえ、注意深く工夫された番人のもとでは、民主的な秩序によって統制されうるものであることをよく明示している。

武力による独裁政治はふつう正規の軍隊から生まれるのではなく、私的軍隊[40]から生まれるものである。そして産業上の大君主と同様、武力による独裁政治は無統制的権力中枢としての民主主義をおびやかすかもしれない。敗北した軍隊の迅速な解体と士官連中の擬似的軍隊としてのボヘミアンへの転向から、熟練した諸集団を煽動政治家たちは自由に駆使して私的軍隊に組織化したり、暴力でもって論争に反対させたりする。ファシストやナチのテロ組織における退役士官および「常備兵」の役割はよく知られている。[41]独立した権力の源泉としての陰謀集団の黙認は、民主主義の一大脅威となる。

海国民主主義[42]における常備軍の設置、新兵器という観点から見た場合の軍隊の影響力の増大は、今まで以上に敏感な注意と将来の発展にたいする統制とを必要とする。民主主義社会における軍隊の位置についての民主主義理論は、とくに新しい武器という観点から見ると、ほとんど発展を示していない。

軍隊の社会的構成[43]、陸海軍士官連中の社会的構成は注意しなければならない。たとえば、ワイマール共和体制瓦解のはっきりしている理由の一つは、共産主義者にたいする反対闘争の期間中に、反動分子が軍隊に呼びもどされたという事実にあった。いったん呼びもどされると、かれらは徐々に支配力をえていった[44]。ちなみにわれわれは共和党の大統領、フィールド・マーシャル・フォン・ヒンデンブルクと、危急に立ち至った時のかれの顧問の役割を思いだすことができよう[45]。

民主主義のためには、軍隊を調達する方法として、フランスのやり方とイギリスのそれとどちらの行き方が好ましいのか。フランス人は一般兵役——つまり「国民軍」の設置——を、専制政治にくみすることのない民主主義の護衛と考えた。フランス国民の間には忠誠心の分裂と国民の左・右両派への偏流があるので、フランスの命題は、これを証明し、反証するに足るような諸変数を孤立化し難い[46]。

以前には、軍隊の危険を政治において解消するイギリス流のやり方は、職業軍人に依存していた。つまり、職業軍人の改組によって、軍隊のカスト的心性や思いあがった威信の発達を阻止したのであった。どんな軍国主義者精神も、市民的忠順との葛藤においては発達できないのである。軍隊組織化のこの型式は、海国民主主義と島国に特徴的であって、陸軍のモデルとしてほとんど使えない。軍事的には、大英帝国でさえ、もはや島国とは考えられない。というのは、大陸侵攻の成功が示すところによれば、適当な海軍と空軍さえあれば、海峡横断攻撃が可能だからである。若干の抵抗はあったが、イギリスは戦後の徴兵軍においてはフランスをモデルにした。そ

して「兵隊即市民」という公式を非常に強調した。(47)

大きな射程をもつ原爆やロケット・ミサイルのような新兵器は、防衛と安全という点で新しい問題を提出した。(48)これらの解決の仕方は全体として、地球上に民主主義と自由が存在するか、それとも奴役が存在するかを決定するものとなろう。産業における自由企業対国家指導の問題は、それにはあまり関係しない。この問題はだいたい、純粋に経済的、法的あるいはイデオロギー的考慮よりも、将来予想される戦争の条件によって決定されよう。なぜなら、一国の軍事力は、ますますその科学および産業上の潜在能力に依存してきているからである。軍隊の統制と、軍隊が民主主義の護衛兵になるかならぬかという議論は、この背景に照らしてのみ意味をもつものとなる。

次のような二組の競合的事実は特に注目に値する。すなわち、

1　長距離ミサイルや原子戦争が出現して以来、大量の陸軍、大海軍および強力な空軍でさえも、その決定的な重要性を減じてしまった。(49)将来の戦闘力のいちじるしい機械化は、少数の熟練した専門家からなる基幹要員にプレミアをおくものとなる。産業における経営者と同様、これらの基幹要員はこれまで以上に大きな権力を統制するであろうが、ここから強奪的寡頭政治に向うことがあるかもしれない。

2　他方、総力戦で生き残るためには、全市民の参加を必要とする。ヨーロッパ諸国にとって、第二次世界大戦は、戦闘要員と非戦闘要員との間の区別を永遠になくしてしまった。一般市民は、イギリスの場合、単に戦時作業や市民防衛事業のために動員されただけではない。かれらはしばしば軍隊以上に、より大きな危険にさらされたのであった。兵隊と一般市民との将来の整合化は、確かにもっと拡大され、もっと強調される筈である。(50)全体主義者の「兵隊稼業」というスローガンから予想されたことは、戦争の社会的諸分枝と総力戦の諸要求とにはさまれて、海上民主主義はなかなか実現しそうもないということであった。

これらすべては、かならず平等主義的傾向(51)を育成し、以前にもまして軍隊をより民主的な響きをもったものにさせるであろう。逆説的に聞えるかもしれないが、戦争中ナチの軍隊は、士官連中のカスト的要素という点では、合衆国の軍隊以上に、より「民主的」であり、かつより自由であったといわれている。民主主義社会は冷酷な必要性を徳性にすることができるかもしれない。新しい現実が、社会的不平等の解決をもとめる民主主義社会の要求と、「法の前の平等」以上のものをもとめる要求とをみたせば、それだけそうした冷酷な必要性を徳性にすることが多くなるかもしれない。

常備軍は、戦争を軍人だけがしていた時代の残存物と見られるかもしれない。国民の戦争は「国民軍」という考え方の最後の機会を提供し、社会的民主化を能率的防衛と安全の手段として利用する。一般市民兵からなる国民軍は、階級精神——これはかれらを一般人から疎隔させる——を伝達する一連の排他的な家族から選抜された士官階級が成長することを阻止する。公共の事柄に対する高い意味での市民の参加ということに関心をもつ政治思想家は、国民軍の組織に賛意を表しているが、これは驚くにあたらないのである。(52)

イギリスの軍隊教育は、戦争中たのもしいほどに発展し、公共的諸事象について軍人に議論させることは決して士気を弱めるものでないことが証明された。この教育計画は持続すべきである。モスクワ放送によると、軍隊の民主化は、軍隊のなかに社会の葛藤する諸価値をひきいれることになるというが、これは階級闘争と凝集力の弱い紐帯によって結ばれている社会においてのみ言いうることである。再分配をはかる社会では、階級闘争はおこりそうもなく、一致は強化されるであろう。現代の戦争と技術から、諸国民および恐らく人類が深く感銘させられているのは、かれらが善かれ悪しかれ共通の運命を分けもつものだという教訓である。もし軍隊教育が、その精神において自由と平等の本質的番人であるという観念に徹するなら、民主主義のための教育はにせものでなく、生きた現実になるであろう。

六　シビル・サービス(53)

複合的産業主義社会における計画化は、技術的に優秀であり、行政的に集権化され、政治的に健全であって民主的諸統制に従う文官を前提とする。社会的平衡との関係で軍隊についてこれまで述べられてきたことは、官僚制には一層よくあてはまる。イタリアの都市国家におけるその最初から、ヨーロッパ大陸の諸国家にあまねく官僚制が伝播したことは一つの計画化の実験であった。官僚制のこの普及(54)は、ローマ法の普及、比較的同質的な行政的政治領土の創設、および封建領主や中世地方自治体のもつ諸特権を絶対君主とその機構の手中へ集中化することと手を相たずさえて進んだ。大陸の多数の国家間における政治的・軍事的競争は、かつて傭兵隊長（condottieri）の指揮下に傭兵を散発的に兵役につかせていたのにとって代って、新しく設けられた常備軍を維持するために、もっと合理的で、もっと広範かつ規則的な課税徴集制度を発達させた。公的課税行政は、フランスのアンシャン・レジーム（ancien régime）の特徴である非合理で、浪費的な税金取りたて請負い制度と、封建領主の特権下にあったいろいろの課税免除にとって代った。

一八、九世紀の大学改革は、程度はまちまちだが、いま重商主義のドイツ版である財政学（Kameralwissenschaft）も含めていうなら、法学と社会諸科学とを結合することによって一群の官僚用員を訓練する上で本質的に役立った。一七四〇年代に、試験（「業績評定制度《メリット・システム》」）がプロシアで導入された。一七七〇年には、「文官任用委員会」が創設された。オーストリアは一八世紀の後半に同じような動きをした。全般的に、開放的な競争試験によって補充された資格と免状による公務員の終身官的サラリーマン階級の概念は、すべての産業主義諸国で受けいれられた。

たしかに、公職の概念には、文化的伝統によって、いろいろな差異がある。ルーテル正教によって幇助《ほうじょ》をうけたプロシアの官界は、(55)公共的職務と特殊な宗教的裁可、すなわち公職授与式（Weihe）とを結びつけたが、これは海国民主主義では知られていないものである。後者では、より大きな軍事的安全性、「制限されない機会」、および異なった法的伝統という種々の理由から徐々に進む余裕があった。たとえば、イギリスでは、弁護士は個人所得者であって、大学ではなく、高等法院裁判所の先輩のもとで法の解釈の訓練をうけた――英国法は、ナポレオン法典のように、ローマ法に基礎をおいていない。それにもかかわらず、一八五〇年代以後のイギリスおよび一八八〇年代の国家公務員改正令以後の合衆国は、だいたい同一の一般的型式をとってきた。合衆国では、一八二九年にアンドルー・ジャクソンが先弁をつけた「官職占取制」は、漸次「資格任用制」によってとって代られた。しかしながら、恩情政治、なかなか廃れない地方の伝統、不十分な訓練、重複する管轄区域、あるいは不十分な統制など多くの問題は、能率性、経済性、よりよき人事、および士気をあげるという点で、なお問題を残している。

最近二、三〇年間に驚くほどの成長を示したにもかかわらず、官僚制は民主主義の真の脅威ではない。たしかに、危機的状況とか、ワイマール共和体制下のドイツのように、忠誠心の分裂している国においては、シビル・サービスは、たとえ革命の中心でなく、かつ必ずしも民主主義に敵対するものでなくても、容易に権力の独裁的強奪を受けやすい。すなわち、全くそのように、シビル・サービスは侵略的征服者の占領軍当局に服従する。これは、マックス・ウェーバーが正当にも第一次大戦前強調した点であり、多少の変異性はあったにしても、ヨーロッパ大陸数カ国において、政治的および軍事的運命が交代したもとで、証明された点である。政策を立案する官吏の上層部はふつう追放されたり、交代させられたりするが、機構は本質的には手をふれないままで残される。その方法としての遵法主義的運営様式、管轄区域の統合および機構の非人格的性格は、大きく、政治目的や対象を、規律正しい常規を逸することなく、外部から再定位することを可能にする。プロシアの官僚制は異質的社会諸類型の合併されたもの、つまり軍隊で訓練された士官候補生（Junker）と大学で訓練をうけた一般人とフランスの亡命企業家と合併したものであった。合併の結果、自己の倫理と伝統をもつ特殊なタイプの廉直な公僕が生み出された。非常に現代的な、おそらく階級補充的な官僚制は、適当な法的統制によって、役人が個人として階級的偏倚からの分離を達成しうる以上に、階級的偏見にとらわれないようにかれを訓練することができる。シビル・サービスの統合的機能は、個人的偏倚を廃する集団精神（esprit de corps）を育成するのである。

ひとたびこの集団精神は象徴的に倫理規範や見方に結晶化され、精巧化されると、新参者に影響を及ぼして、かれらのそれまでの態度を作り直す力となる。社会学的および心理学的諸研究は、公務への異なった社会的レベルからの補充者を融合させたり、かれらを変化する諸要求に適応させたりする最善の仕方が何であるか、これについての知識を提供することができる(57)。特殊な集団精神を植えつけ、内部的な摩擦や葛藤を落着させるためのメカニズムを発達させるような考え方から、諸集団を計画することができるはずである。最近の諸研究は、形式的業務内の非形式的過程の理解のために資するところが大きい。官吏のもつ任意的好悪のあらゆる種類のものが、こまかな調査をうけた。（官吏も結局人間に他ならぬのである。）派閥と神経症的人格とは看過されない現実であり、これらは議論と治療のために公開の場にもちだされなければならない。これらの生活領域における実地研究はますます重要になるであろう。そしてそれは少なくともスラム街の実地研究と同様、この分野で当をえた研究となるであろう。H・D・ラスウェル(58)は、異なった官吏類型とその行動の分析方法を発達させ、とくに有益な諸貢献をしている。

これらの内部的諸統制以外に、新しい外部的諸統制が工夫されている。官僚機関を統制する一つのやり方は、競合的機構を創設することである。これは、実地経験から得た法則であるが、これが意味をもつことを検証されたのはそんなに以前のことではない。競争は往々にして、敵対主義を建設的批判に昇華するものである。競合する諸部局の役人は、お互いの一番よい批評家になれるであろう。かれらは仕事の上のごまかしを知っており、「官界の秘密」(59)のカーテンの背後にまで入りこむことができやすい。その上、議会関係や政策立案担当長官にたいしてだけでなく、広く公衆にたいしても、利害関係のある行政諸機関から規則的かつ完全な報告書を提供させるような規定を設けることができる。

産業国では、無数の多様な成人教育事業、国民健康保険制度、地方および中央住宅公団、精巧な保険制度などは、公共的諸機関の諸機能と範囲をいちじるしく拡大した。さらに、若干の国家は、たんに石炭、電気および国内輸送を含む国家資源の大部分の所有者になっているばかりでなく、新しい地域および都市の開発を企画し、その監督にあたると共に、工業、農業および防衛の諸目的のための研究を組織化し、採用することをも企てている。

明らかに、この状況の変化は、ある程度まで、有能な公務員として要求される訓練と資格を修正せずにはおかない。H・R・C・クリーヴスが指摘しているように、たとえば、イギリスの文官の原理は約百年前に改革者たちによって設けられたものであり、適当な資格のある高級公務員は知的な才幹と上層階級の家柄――これが公務員を貴族階級と対等に近い地位においたのであろう――をもつものとされていた。他方、「二〇世紀における国家公務員に要求されるもっとも必要な資質」は、「創意性と企業心、精神と人間的理解および民主的接触と科学的訓練の独創性と建設性、および社会科学に対する熟知性」である。[60]

第一次世界大戦前には、国家の機能は大きく法律を可決するということに限られていたが、その法律はまた多かれ少なかれ、財産権と市民間の諸関係を統治する一般に受けいれられていた諸原理の表現であった。当時は、「論理的な分析をすることができ、冷静な判断を下せるという能力が、高級公務員に要求された主要な資質であった。」法律の執行にあたって、かれは「一般原理を特殊事例に適用」しなければならなかった。しかし、国家的統制の結果、新しい経済機能が生じるにおよんで、状況は一変してしまった。G・ウィリアムズが観察しているように、「必要なのは、心のより大きな柔軟性であり、原因と結果を関係づける能力であり、将来の諸事象が現在の行為によって斟酌されるような諸発達の連鎖を予見する能力であり、決定の迅速さと行為する用意とである。」[61]

七　新聞とラジオの民主的統制

次に、われわれは出版物とラジオと、情報や意見や宣伝を生み出し、かつ伝播するそれらのもつ大きな力とを取りあつかいたい。これらの新しい権力的諸制度の民主的統制は決定的な重要さをもっている。というのは、それらの影響力は必ず社会の成長とともに増大するからである。大衆に到達する諸機関は、その影響力が消散してしまっている間は放っておいてもよかった。相互に張り合って競合する小新聞や小さな宣伝組織は、大きな害をおこすことはなかった。しかしそれらが漸次影響半径を拡大し、鍵鑰的位置から集中的に管理することが可能になってくると、それらのもつ公共的責任性に対して、またしばしばその責任性に従った行動をとっていないことに対して注意が注がれるようになる。それほどにまで、これらの権力の成長と使用を、公的統制の圏外に残しておくことはできないからである。

1　出版の自由

しばしばこの問題が混乱しているのは、報道機関および新聞の長い間確立されてきた法人構造を、個人――その自由は保護されなければならない――の面から議論するからである。C・J・フリードリッヒは正当にも、次のように論評している。すなわち、出版法人の構造から、国家がこの制度的権力の行使を効果的に抑制する方法と手段を見いだすことが命令化され合法化されるのである(63)。

新聞雑誌の本来の意味と機能は、情報を提供し、自由な議論による意見の明確化を助けることである。第一の目的は、信頼できるニュースの提示を保証されなければ、みたされないし(64)、また第二の目的は、大企業によっていろいろの新聞が所有され意見が独占されたり、あるいは間接的な広告の影響を利用して、党派的関心を広めるために不当な紙面や放送時間がわりあてられたりすれば、保証されなくなる。特権的集団は自己の観念を伝播するために非常に強力な装置を使用することができるのに、特権をもたない集団は同じような表現手段を剝奪されているのでは、社会の均衡を維持することはできない。これに対する治療法を見つけだすことは容易でない。というのは、新聞社の規模はしばしば、その報道の質とその取材範囲を確保するからである。他方、新聞事業の規模こそ、多くの大学の理事会に比較できるような公共的受託者団体による統制を促進するものとなるであろう。

そしてこれはまた正しい接近法となるかもしれない。かくて、ロンドン・タイムズやマンチェスター・ガーディアンや、オブザーバー紙は、公益のために独立したものとなっている。受託者の職権において、民主主義の諸目的への新聞の同調性を監視する以上に、異なった新聞の立場にたつ政治的意見の表現に干渉する必要はない。公共的受託権は、新聞もラジオも、独占的利益への依存から解放するであろう。

英国および合衆国の両国において、最近新聞雑誌諸機関の構造と現在の諸傾向について調査が行なわれたが、これはまさに両国の責任ある市民の自覚の成長のあらわれである。イギリスにおいては、首相は一九四七年三月、国会議員多数の求めに応じて英国諮問委員会[65]を任命した。その委員会の出した報告書は、編集者、新聞経営者およびジャーナリストに対する苦心の調査から得られた情報の山を構成している。さらに報告書は、一方では新聞を一切の国家統制から自由化することと、他方では新聞連盟の拘束や圧力から自由化することとの間の妥協を見いだす新しい可能性を切り開いている。[66]

この調査は、イギリスにおける新聞生産の条件と現実と危険に関して多くの新しい光をなげかけているが、他方、出版の自由にかんする委員会によって提出されたアメリカの新聞およびその他のマスメディアに関する報告書は、現状のいろいろの危険と同時に、いろいろの必要条件について明確に述べている。今日新聞の広範囲にわたる影響と、新聞を自己の見解を表現するための道具として使用しうる集団の大きさとの間には、反比例の関係がある。新聞が国民にたいしてもつ重要さは、マス・コミュニケーションの一手段としての新聞の発達とともに非常に増大してきているが、この発達は、「新聞を通して自己の意見や考えを表現できる人々の割合を非常に減少してしまった。」

この傾向およびその他の危険な傾向が露呈する中で、「現代社会がわれわれの新聞から要求できるものを」指示する五つの要件のうち、とくにそのなかの二つに強調がおかれている。一方では、「社会のすべての重要な見方と関心は、そのマス・コミュニケーションの諸行為の中に明示されるべきである。」他方では、「社会を構成する諸集団の代表的な投影図を必要とする。……いかなる社会集団でも、その真実は、集団の弱点と悪徳とを排除すべきではないけれども、その集団の価値、抱負、その集団の共通の人間性についての認識をも含んでいる。[67]」

2 ラジオ管理の責任

広く異なった意見と趣味に適合し、異なった人口部門に訴えるような、番組の多様性と均衡という問題は、今日ラジオの分野では、さほど決定的な重要さをもたない。公共企業体としてのイギリス放送協会（ＢＢＣ）の構造と組織[68]は、民主主義の精神にのっとって集権的通信事業の問題を取り扱うさいの非常に有望な実験である。ＢＣの諸条令は異なった見方の公正な提示を保証している。かくて、それ自体いちじるしく全体主義的な搾取に導くような道具も民主的な統制下におかれるのである。それが民主的である所以は、まず第一に、ＢＢＣ委員会は営利のみによる統制ではなく、いろいろな分野の公衆代表の参加する統制をとっており[69]、全体は議会の統制下におかれているからである。ＢＢＣ方式が示すところでは、一制度を民主的に組織化しようとする意志の方が、道具の技術的本性以上に重要だということである。ラジオはその技術それ自体、ともすると過度の集権化と指図をやりかねないが、イギリスでは、これらの傾向をくいとめうる組織化の型式を発明するほど、民主主義精神は強力であった。

もちろん、すべての代表的意見と趣味に時間をわりあてるという公正な方法に関して、人々の同意をうることは大問題であった。過去においては、趣味と意見の間の平衡はだいたい自由競争を通して確立されていた。今日ではそれが、フェア・プレイの精神において計画されなければならないのである。たとえ、その結果が必ずしも、ひとの欲するほど満足なものでなくても、それを常に改善することはできよう。それ以上に大切なのは、わけのわからない統制によってではなく、公開の議論によって、その結果を改善できるということである。もう一度いっておくと、創造的統制の成長は自由を減少するものではなく、自由を増大するものだということである。

いま出現しつつある解決法では、意見の釣合のとれた表示をチャンスにまかさないで、自発的な同意を通して決着させるのである。その結果は不当なときもあるかもしれない。その理由の一部は、ひとは決して諸関心の「真の釣合」を確立するための障害を克服できないからであり、また一部は、かような事柄を正確なタームで完全に測定することは決してできないからである。しかしたとえそうであっても、これらの不十分さが意識的な同意の平面でおこり、かつ公共的統制をこえた決定に起因しない場合には、それらの不十分さを不断に改訂することができる。

均衡のとれた社会構造という観点からラジオの宣伝力を考えるなら、反民主的宣伝をいかに許容するかということに対して、立場を明確にしておくべきである。理論的議論のレベルでは、民主主義はあらゆる見方を許容すべきである。しかし、それは民主主義理論をその反対者との不断の議論の中で十全に発達させることだけを考えた場合である。もし反民主的宣伝と、さらに悪くいけば、煽動とを自由にやらせていたら、自殺になるであろう。民主主義の本質の一つは平和的変化にたいする信仰である。民主主義は民主主義存在のこの要件を防衛すべきである。民主主義が許容することのできない一つの事柄は、論争を解決する一つの方法として暴力を宣伝することである。(70)

以上の理由から、世論に影響を及ぼす方法として、合理的な議論と宣伝とを区別することはきわめて大切である。小さな社会においては、議論と説得は相互に介入し合っていた。会議での演説は一部分、合理的な論議にもとづき、一部分、情緒的な伝染にもとづいていた。社会の成長とともに、二つの機能はしばしば分離するようになる。大衆の会議においては、論議は正面だけであり、いんちきである。大衆の会議の主な機能は情緒をゆさぶって、信条と抱負に対して注意を焦点づけ、それらを補強することである。これと反対のことが委員会会議についてはあてはまる。すなわち、委員会会議の場合には、情緒的諸要素は論議の前面から消去される傾向があり、その結果、まじめな議論が可能となる。議会制度も、総会の場合、多くの純然たる情緒的議論を許しているが、真の内容ある議論は次第に委員会会議の方に移されつつあることは、否定できないところである。

3 宣伝の本質(71)

われわれは宣伝の統制について論ずるにあたって、まず一般に行なわれている若干の誤まった概念を除去することから始めなければならない。多くの人々は依然として、宣伝とは嘘を広めたり、危険な情緒をよびさましたりする精巧な技術以上の何ものでもないと考えている。民主主義社会は、断固としてかかる危険な策略はすべて、明白な検閲か、あるいは不正な主張に対する厳しい責任性を強調することによって、統制すべきである。(72)しかしながら、宣伝を十分に評価できるのは、人が宣伝の最も重要な機能、すなわち人々の議論と行為のよって立つ実在のレベルの決定されることを認識する場合だけである。

「実在のレベル」(reality level) とは、あらゆる社会が発達させている精神的風土のことであって、この風土のなかで、一定の諸事実とそれらの相互的諸関係は基礎的なものとして考えられ、それが「現実的」と呼ばれているのである。これに対して、その他の諸観念は「合理的に受けいれうる」陳述のレベル以下におちこみ、それらの観念は幻想的だとか、ユートピア的だとか、あるいは非現実的だとかよばれるのである。あらゆる社会には、実在について一般に受けいれられた解釈の仕方が存在している。この意味で、あらゆる社会はその慣習を通して、一組の尊敬できる観念を確立しており、それ以外の観念はとにかく「悪魔的」なもの、「破壊的」なもの、あるいは「無価値」なものとしてしめだす。「現実的」であるとか、「現実味が少ない」とかいうことは、常に、ある諸事実に対して多かれ少なかれ価値を附与するための一つの先験的《アプリオリ》な理由である。異なった哲学の流派のものがこれについてどう考えようとも、また道具主義や論理実証主義がかかる本体論をいかに不合理だと考えようとも、公衆の思考は無意識のうちにかかる実在のレベルを確立しているのである。これは社会学的な事実である。そして社会は、ある本体論的な秩序に関して、その社会のメンバーが大体同意しているときにのみ、統合されるのである。

たとえば、主として平和主義者の意見によって統治されている国をとりあげて、この国における戦争の問題についての議論と、軍国主義精神の横溢している国における同じ問題の議論とを対照してみたい。考えられる事実は大雑把には同じかもしれない。主な違いは次の事実のなかに横たわっている。すなわち、軍国主義的雰囲気のある国では、平和主義者は、生活の諸事実に正面からとりくもうとしない変り者として、つまり実在感覚の低い人間として見られるということである。これとは逆に、平和主義者の心性のある国では、戦争国民の英雄は邪道心をもつ残酷家《サディスト》として見られる。後者の判断においては、人間性は基本的に協力的かつ平和的なものとして定義され、それが邪道心つまり非人間化された人間を生産するわずかの者の利益のために作られた人間の諸制度によって悪化されただけである。

実在のレベルという概念はまた、ソビエトにおいてなぜマルクス主義がドグマとして確立されるにいたったかということをよりよく理解するためにも役立つ。ソビエトでは、マルクス主義は単に支配集団の気まぐれではなくて、明らかに民衆の実在感覚を安定化させるために生命力となっているのである。この準拠枠は社会の経済力学に最高の尊厳性を帰属させ、他の諸要因はその性格上たんなる附随的なものとされる。階級闘争は究極の実在性であって、そこから引き出される戦略と戦術は「現実的」である。これからそれるアプローチはすべて、単に理論において間違っているだけでなく、進歩への道をほりくずす破壊的実在性を分けもつものと考えられる。全体主義国家がなぜわれわれの哲学とは異なる哲学を追求するのか、このことを理解するためには、公衆の思考における実在性のレベルの意義について注意する必要がある。「意見を異にする人々を納得させる必要はなく、ただ抑圧すればよい。」ナチ体制のもとでユダヤ人、自由主義者、民主主義者、マルクス主義者、キリスト教徒などに対して、同じように低次の実在性が帰属された。かれらに対する迫害は、ナチズムの霊感となった「真理」以下に、かれらをおとしめることによって、もっともらしく正当化されたのであった。全体主義体制においては、宣伝の主要な機能は、この綱領《プラットフォーム》を設定することであり、何が実践可能なものであり、何がユートピア的なものであるか、何が真実のものであり、何が破壊的なものであるか、これをもっとつっこんだ思考のゆるがすことのできない諸前提として確立することである。その目的は当該社会の統合的諸価値を、H・D・ラスウェルのいわゆる「公衆の注意の焦点」にもってくることであり、これらの諸価値および思考習慣に情緒を充満させることである。民衆の中に無意識的に受けいれられることを助長し、これによって選択的アプローチを考えることの恐怖が教えこまれるのである。賛否両論をたたかわす以前に、宣伝の平面において、どんな種類の世界でわれわれが生活するかということや、実在性を説明するさい最高の価値をもつ支配的な教義は決定されているのである。

4　議論の民主的領域

民主主義はそれ自身固有の実在性レベルをもっているかどうかという問題、そしてもしもっているとすれば、その実在性レベルは、市民の無意識的な心のなかにその種子を蒔かなくても存在しうるものかどうかという問題が提起される。

わたくしの確信するところでは、民主主義社会は、いかなる市民もそれ以下におちることのできない最低レベルを発達させている。権威主義的な精神、独裁者、自動機としての市民、独断的な精神は、純粋の人間性のレベル以下におちる。しかし民主主義の特徴は、そもそもの発端から漠然とした目的を認め、思考における多様性の大きさを評価することである。また民主主義教育の一部は他でもなく、差異のもつ種々の美しい陰影に順応しなければならない時、混乱しないような精神類型を発達させることでもある。

前述のように、民主主義は本質的に、議論の領域として競合的実在性の諸レベルを容認し、これらの実在性の諸レベルをコミュニケーション、生きた接触、観念の交換、共通の儀礼の発達を通して調整するものである。実在性レベルのこの相互的調整が自発的になされている限り、社会は民主的である。民主主義社会では、平和主義者と軍国主義者の見方、無政府主義者と全体主義者の見方を議論することができるが、それは公衆の精神のもつ綜合的能力によって、これらのものを一連の見方の両極端として見ることができ、それらの中心には両端のバランスをとれるほど確固とした見方があることを見ることができる限りにおいてである。民主主義の精神は実験的精神である。すなわち、民主主義の精神は決してその実在性レベルを絶対的なものとして固定化せず、生活——政治の過程——を、不断の力動的な過程として考える。(73)ちょうどそのように議会の過程はたえず二つの両極端——政府と反対党——を相互に調整し合っている。その過程は固定した中心からあちこちへ動く振子のようなものとしてではなく、中心それ自体も所与の方向に動いているようなものとして相互に調整し合うのである。これと同じく、結局、民主主義的議論の綱領全体も、目につかないほど少しずつ方向をかえているわけだが、しかしそれは常に世論の方向と軌を一にしている。議論の自由を許す社会はどのようにして進歩するのかを知るためには、長い歴史のいろいろの時期を比較してみさえすればよい。たとえば、今日では暗黙のうちに保守主義者にも自明当然のものとして認められている「社会主義者」の諸原理の総数をとりあげてみよう。それらは二、三〇年前にはユートピア的なものと見做されていたのである。実在性のレベルを目につかないように変化し、民主的議論の基盤を変えてしまうこの偉大な能力は、しかしながら、誇張すべきではない。もし世論を通しての民主主義社会の自由な統合が暴力的な変化にさらされると、心的渾沌が生まれる。民主主義体制のための一定量の直接的宣伝の意義および民主主義のための教育の意義は、ここにあるのである。忠誠の感情を成長させるための情緒的雰囲気を意図的に作りだすことによって、実在性のレベルは確立される――つまり、国民の大多数が自己を同一視するところの一組の信仰と選択は確定されるのである。民主主義にたいしてよく論ぜられることだが、民主主義がそれに反対する見方を広く許容することができるのは、その見方が縮小しつつある少数者を代表する限りにおいてである。すなわち、民主主義は、良心的な従軍忌避者の数が控え目のパーセンテージ以上に成長しない限り、かれらを寛大に取り扱う余裕があるということである。しかしこれらの方向を異にする諸集団の一つがあまりにも強力になって、民主主義社会の既存の実在性レベルを抑圧する傾向があらわれたら、一体何がおこるであろうか、批評家はこう尋ねるのである。この論は、われわれが真正面から取り組まなければならない一つのポイントを提起している。

5　忠誠心と一致

均衡のとれた社会構造においては、権力はたんに経済制度、シビル・サービスあるいは軍隊に与えられているだけでなく、かなりな程度まで気まぐれな世論にも依拠している。この領域で、民主主義の均衡が維持されるのは、方向を異にするいろいろの見方が安定したある点に焦点づけられている場合だけである。いろいろの逸脱を寛容に許すことができるのは、異なったものでありたいと思うすべての人々が民主主義の方法を、かれらの道徳規範の中核として、すなわち、かれら自身の実在性レベルとして受け入れている場合だけである。この基礎的一致が破壊されてしまうと、われわれが経済領域で「危機」と呼んでいるものと同種の渾沌が生まれる。このことは次のことを正当化するものと思われる。すなわち、もっと執拗に多数者は民主主義秩序の強力な保証となるような見方を宣伝してもよかろうということである。(74) 同様にして民主主義は、民主的教育政策の中核を発達させる権利と、宣伝を意図的に使用して、その政策の中核を情緒的に受けいれさせるための道を舗装する権利とをもっている。このようにすれば、単なる理論的な議論によって可能となる以上に、ある価値と生活様式にたいする忠誠心を、より徹底的に教えこむことができる。

次のことはわれわれにとって認識しなければならない至上命令である。すなわち、公共的生活は理論的な議論（この場合には、全く情緒ぬきで論ずるということが真理のために不可欠の条件となる）だけに基礎づけられているのではなく、それは習慣や無意識的価値判断のなかにも根づいているということである。民主主義はこれなしには生存することができないのである。すなわち、民主主義のたんなる知的解釈だけでは、一致のもっとも要素的な前提条件に対して目を閉じるものとなるであろう。他方、教育と宣伝によって注入される最小限の忠誠と、全体主義的な教え込みや一つの見方だけを排他的に提示することとを混同することは、先見の明の欠如を示すものである。社会における諸価値の基礎的統合化が必要であることを認めることは、市民にたいする一党体制の総体的攻撃——これは市民に何らの選択も独立した思考の余地も残さぬ——とは根本的に異なるのである。

民主主義において注入を使用するかどうかは、他のすべての場合と同様に、程度の問題である。これにたいして何もしないことは、しすぎることと同様に有害である。これも再び、民主主義体制への忠誠心を作りだす目的と範囲と技術を限定する政策上の合意の問題になる。

宣伝による忠誠心の注入が何故ある限界をこえてはならないかという理由の一つは、それによって力動的民主主義のもっとも固有の道具の一つ——すなわち、世論の円滑な働きが危険にさらされるかもしれないということである。世論(75)は純然たる実体である——世論は新聞や宣伝やその他のメディアによって生みだされる諸効果の総計以上のものである。これらは世論の一部分であって、その全体を構成するものではない。世論はムード、倫理的価値判断、態度から構成され、あらゆるものを内につつむ流動的媒体であって、ある操作機関によって生産されるものではなく、近隣の諸単位、クラブ、居酒屋、集会室、市街の中に存在する無数の諸接触から成長するものである。民主主義の伝統が生きている所では、その伝統が人々にいだかれている。英国でその力が一番よく見られたのは、チェンバレンの宥和《ゆうわ》政策が世論によって抑制されたときであった。民主主義においては、共通の道徳性は世論のなかにその根元をもっていると信ぜられている。そして世論はある点で、部族社会や伝統のなかになお根をおろしているような社会におけるタブーの現代的等価物である。したがって、精神的な権力として世論を維持することは、民主主義にとって不可欠のことである。だから社会構造を計画化するさいには、人為的操作によってあまり干渉しすぎることなく、意見の自由な変化を維持できるように万般の配慮がなされなければならない。前述の意味において教育と宣伝は、事実上、共通の態度と一定の実在感覚を確立する助けとならなければならない。しかし、これら二つの影響とは別に、民主的合意の自発的諸源泉――その純粋な形における意見の生命――は、保存すべきである。これは大衆社会では容易なことではない。というのは、意見を形成する真の中核は社会の諸細胞――家族、近隣単位および工場――であり、それらの間の自発的な相互作用がその発芽力となるのだからである。かかる共同生活の諸条件が破壊されている所では、人間と人間との間のコミュニケーションは閉鎖され、精神生活それ自体損傷される。周知のように、産業文明の突如とした成長、とくに大都市の成長は、社会における自由な統合の基礎的形式を破壊してしまった。したがって、再建の作業は、コミュニティと町づくりの計画、社会の物理的構造の規制から着手しなければならないであろう。しかし意見は基礎的諸細胞における生活だけを意味しない。第一次的諸細胞から、制度化されたより人為的な回路のネットワークは、もっと広い領域にまで通じており、そこにおいて国民の公共的精神は多くの異なった源泉から放射されるいろいろの見方を吸収するのである。

第一次的諸細胞を越えたこれらの中心の一つに工場があるが、これは特殊な意義をもっている。というのは、工場は民主主義における意見形成のますます重要な焦点になるはずだからである。学校はもう一つの中心になるはずである。郡参事会、上級議会、労働組合、商工会議所、および意見形成のためのその他無数の組織的演壇は、相互的コミュニケーションが容易にされるように、相互に連結すべきである。機械化の発達にもかかわらず、世論の流動性を維持することは、民主主義社会においては何よりも大切なことである。

自由な世論は民主主義の力学であるが、このことを別としても、自由な世論はまた普通小集団や閥のなかにゆきわたっている抑圧に対する一つの安全弁としても不可欠である。非常にしばしば、不平を吹聴されはしないかという懸念が、多くのちゃちな暴君に、負け犬を抑圧することを差し控えさせているのである。国家の専制政治をおそれる人々は次のことを銘記しておかなければならない。すなわち、平均人は手近かなボス形式のなかには危険な暴君の存在を見いだすが、少なくとも手のとどかない独裁者については、あまり気を使わないということである。したがって世論の神聖さと自由は、さきに考察した諸制度のいずれにも劣らず、注意深く見守る必要がある。

結びにあたって、次の二つの事柄を留意しておきたい。すなわち、第一に、社会的諸技術の現在の発達段階においては、増大しつつある権力中枢をできるだけ人々の自由に干渉しないように嚮導しなければならない。たとえわれわれが社会構造を統制しなければならないと主張する場合でも、このことは人々の私的生活および実業生活において、あるいは世論の領域において、かれらを統制すべきだということではない。それとは反対に、私的生活および実業に対する社会的諸技術の不可避的な干渉こそ、社会の完全な服従を阻止するために統制すべきである。一切の統制に反対することは、社会の圧制的な諸技術のほしいままにすることを意味する。これは、ちょうど自動車の自由はブレーキをもたないことにあるのだというのと同様に、馬鹿げている。

浮かびあがってくる第二の点は、行為の民主的自由から逆の諸傾向が発達するときにだけ、外部的統制は必要となるのだということである。指導原理となるのは、いかなる規制も民主的な同意の上に遂行され、かつ衆人監視のもとに民主的に訂正されなければならないということであり、またその規制によって諸制度の自発的な働きには、できるだけ干渉しないということでなければならない。公共的規制の種々の機関は、早晩、権力中枢の拡大ならびに予防的方策そのものを監視するための統合的自警委員会に合併されるであろう。予防的諸方策にたいする監視は、それらの方策によって阻止しようとしている制度の二の舞をふんで、それらの方策そのものが独裁的なものになることを回避するためである。

(1) Oppenheimer, Franz, *System der Soziologie* (Jena, 1926), vol. I, p. 465, vol. II, p. 18.

(2) Heckscher, Eli F., *Mercantilism*, tr. by M. Shapiro (London, 1935).

(3) Weber, Max, *General Economic History* (New York, 1927), pp. 170f., 174f.

(4) Ebenstein, William, *The Pure Theory of Law* (Madison, 1945).

Hallowell, John H., *The Decline of Liberalism as an Ideology* (Berkeley, 1943).

Hayeck, Friedrich A. von, *Individualism and Economic Order* (Chicago, 1948).

——*Road to Serfdom* (London, 1944).

Hobhouse, L. T., *Liberalism* (London, 1911).

Laski, Harold J., 'The Rise of Liberalism,' *Encyc. Soc. Sciences*, vol. I.

Lippmann, Walter, *An Inquiry into the Principles of the Good Society* (Boston, 1937).

Mannheim, Karl, *Ideology and Utopia* (New York, London, 1936), esp. pp. 197–206.

Mises, Ludwig, *Liberalismus* (Jena, 1927).

Ruggiero, Guido de, 'Liberalism,' *Encyc. Soc. Sciences*, vol. IX.

(5) Gerth, Hans, 'The Nazi Party : Its Leadership and Composition,' *The American Journal of Sociology* (Jan. 1940), vol. XLV, no. 4, pp. 517–41.

Palyi, Melchior, 'Economic Foundations of the German Totalitarian State,' ibid. (Jan. 1941), vol. XLVI, no. 4, pp. 469–86.

Sering, Paul, *Jenseits des Kapitalismus* (Regensburg, 1946).

(6) Smellie, K. B., *Our Two Democracies at Work* (London, 1944), pp. 58–60.

(7) 'Increasing Government Control in Economic Life,' *The Annals* (Amer. Acad. Soc. Pol. Science) (March 1935).

'Government Expansion in the Economic Sphere,' ibid. (Nov. 1939).

(8) Keynes, John Maynard, *The Economic Consequences of the Peace* (New York, 1920).

（9） ドイツの失業者数は一九三二年には六百万人以上になった。時間賃銀は一九三〇年一二月から一九三二年一月にかけて、多くの熟練労働部門において一五パーセントから二二パーセントも下落した。Forsthoff, Ernst (ed.), *Deutsche Geschichte seit 1918 in Dokumenten* (Stuttgart, 1938), tables on pp. 240–41. を見よ。

Anderson, Evelyn, *Hammer or Anvil, the Story of the German Working Class Movement* (London, 1945), pp. 135ff. も参照。「自由労組に所属する全労組員のうち失業者は、……一九三二年（一月および二月）には四五パーセントにも及んだ。」

Neumann, Franz, *European Trade Unionism and Politics* (New York, 1936), p. 30. Published by the League for Industrial Democracy.

（10） 次のものを参照。Chase, Stuart, *Democracy under Pressure; Special Interests vs. the Public Welfare. Guide Lines to America's Future as Reported by the Twentieth Century Fund* (New York, 1945).

Crawford, Kenneth G., *The Pressure Boys* (New York, 1939).

Herring, E. P., *Group Representation before Congress* (Baltimore, 1929).

MacIver, R. M., 'Pressures, Social,' *Encyc. Soc. Sciences*, vol. XII.

Perlman, Selig, *Labor in the New Deal Decade* (three lectures) (New York, 1945), Educational Department International Ladies' Garment Workers' Union.

T.N.E.C. Monograph No. 26 (Washington, D. C., 1941).

Waring, P. Alston, and Teller, Walter M., *Roots in the Earth* (New York, 1943) (on 'the farm bloc').

（11） Finer, Herman, *The T.V.A. Lessons for International Application* (Montreal, 1944), esp. ch. 'Multi-Purpose Authority,' pp. 220ff., 'Clearly Defined Scope of Powers,' pp. 226ff., 'Application for World Scale,' 参照。「無制限の権力と契約に基づかない干渉権を与えられている超国家的機関は存在しえないであろう。それとは反対に、T・V・Aが一貫して示してきたように、公平無私な助力性、諮問的性格、限定された目標および明確に記述された手続きの意見を伝達することは絶対に必要であろう。」p. 228.

（12） モスカによると、自治制は民主主義の過度の集中化に対する唯一の治療法である。民主主義とは自発的集団統合力およびその創造力に対する信仰を意味し、かつ力動的変化は大社会においてさえ、有機的成長の所産であり、その諸傾向を統治者やエリートは解釈しなければならない。Mosca, *The Ruling Class* (New York, 1939), p. 159.

Frantz, Constantin, *Der Föderalismus als das leitende Prinzip fuer die soziale, staatliche und internationale Organisation* (Mainz, 1879; abridged ed. Stuttgart, 1921).

——*Die Naturlehre des Staates* (Leipzig, 1870).

Oppenheimer, Franz, *System der Soziologie*, op. cit., vol. II, *Der Staat*, 'Der Föderalismus,' pp. 774–84.

Proudhon, P. J., 'Du principe fédératif et de la nécessité de réconstituer le parti de la révolution,' *Oeuvres complètes* (Paris, 1875), vol. VIII.

(13) Stern, Bernhard J., 'Restraints upon the Utilization of Inventions,' *The Annals* (Amer. Acad. Pol. Soc. Science) (Nov. 1938), pp. 13–31.

「免許棚上げ」政策の重要性を誇張することに対する反論については、Schumpeter, Joseph, *Capitalism, Socialism and Democracy* (2nd ed. New York, 1947), pp. 96ff. を見よ。

(14) 全英労働組合会議の総務委員会の「商工業独占」部会における重要な報告書は、独占の性質と程度と発達について議会に年次報告書を提出する公式機関の設置と、あらゆる独占の操作を調査する権限をもち、かつ適切な国家的関与の提案権を認められた永続的法廷の設立とを示唆している。

全英労働組合会議の提案は次のようである。すなわち、(1)土地利用に結びつく現金および信用貸金の便益に関する公的な統制あるいは規制、(2)行政の最高のレベルにおける経済諮問委員会の設置、(3)これには専門家を含む産業委員会を付設すること、(4)国営産業、公共企業体を創設し、そのメンバーは大臣の任命によるものと労働者代表を含むものとすること。*The Times* (London, 30 Aug. 1945) (leader). も参照。

Gordon, Lincoln, *The Public Corporation in Great Britain* (Oxford, 1938).

——*Britain without Capitalism* (London, 1936).

Employment Policy and Organization of Industry after the War (Oxford, 1943), Nuffield College.

本章の(7)も見よ。

(15)　このような計画化は、ケイト・リープマン (Kate Liepmann) が『労働への旅』*The Journey to Work* (London, New York, 1944). の中で示したように、活動的な市民に、マイナスないしプラスの影響を及ぼすことができる。勿論、計画社会は、近隣の単位を現代の都市計画を通して更めて強調することによって、これを変更しようとして努力するであろう。

(16)　たとえば、ロード・ナァフィールド (Lord Nuffield) は公共産業委員会を提案した。

(17)　種々の統制形式の賛否に関する十分な議論は、シュマッカー (Schumacher) の「ビジネスの国家統制論」('Essay on State Control of Business,' *Agenda* <Feb. 1944>, vol. 3, no. 1. である。かれの提言によると、政府による産業統制は生産過程への参加によって成就されるというよりも、非常に強力な買手になることによって成就されるべきだというが、これは一つの技術として非常に大切である。強力な買手は常に遂行基準を設定し、生産方法、量、質、価額、利潤に影響を及ぼすことができ、したがってかれの言うように、「私的な購入を国家的購入に変形する。」(pp. 152-7.) この技術は社会学者にとって特に興味深い。何故なら、それは強力な効果を及ぼす干渉と強制の諸要素を含んでおりながら、しかも企業家には強制として経験されないで、自由として受けとめられるからである。その理由はこうである。すなわち、それらは統制される人間に対して、かれは自分で圧力に適応しているのであって、その圧力に服従しているのではないという幻影を与えるからであり、またこれらの圧力を受け入れることは「西欧文化」の一部分となっているからである。にもかかわらず、文化は変化させられるかもしれない。この関連で、次に述べる観察は私には極めて重要であるように見える。すなわち、「ウォルトン・ハミルトン (Walton Hamilton) が述べているように、民間企業は、その強制を課するという点で、政府以上によい成果をあげる。というのは、その場合の強制は選択として偽装されているからである。」 Lynd, Robert S., 'The Implications of Economic Planning for Sociology,' *American Sociological Review* (Feb. 1944), vol. IX, no. 1, p. 20.

(18)　これに対する唯一の例外は、国家が産業を国営企業として運営するために、産業を社会化する場合である。その場合、計画化は生産過程への積極的な参加を意味すると言えるかもしれない。しかし、この場合でも、国家がプロデューサーになろうとすることは正当ではなく、社会化された領域に対するこの位置によってのみ、国家に、予防上必要な規制力を与えることが正当とされる。

(19)　ここにおいても殆んど常に、全体主義国家は大規模に人間を移動させ、統治階級全体を罷免し、かれらの目的に奉仕する既得権を意図的に作り出すことによって、新しい可能性を実現しはじめた。民主主義諸国は戦後、不承不承ながらかれらの例にならった。すなわち、あるタイプの政治形態を強調し、人口の移動が緊張の緩和を約束する場合には、どこでもこの移動をはかった。新しい問題は、まだ真正面から取り組まれたことはない。つまり、どこまで民主的計画化はかかる方策をとることに関与すべきなのか、またどうすることが集団的再定住の方法となり、進歩的民主主義の精神における権力の再建となるのか、という問題である。全体主義国家による人口の移動については、次のものを参照。

J. Isaac, *Economics of Migration* (London, 1947).

Men without the Rights of Man, A Report on the Expulsion and Extermination of German-speaking Minority Groups in the Balkans and Prewar Poland (New York, n. d., later than May 1947). Committee against Mass Expulsions, Christopher Emmet, Chairman.

Kulischer, Eugene M., *Jewish Migrations, Past Experiences and Post-War Prospects* (New York, 1944). (Pamphlet Series, Jews and the Post-War World, no. 4.)

(20)　Vagts, Alfred, 'Die Chimaere des europäischen Gleichgewichts,' *Zeitschrift fuer Sozialforschung* (mimeographed ed. 1942).

(21)　民主主義の独裁制への堕落の型式は、その全位相にわたって極めて注意深く研究しなければならない。一九三二―四年におけるドイツの独裁制に向かっての発展と一九四六―八年におけるチェコスロバキアにおけるそれとの間には、かなりの差異があるにもかかわらず、若干の類似性も存在している。

(22)　抑制と均衡 (checks and balances) の平衡については、ラスウェルの次のような陳述の中に要約されている。すなわち、「われわれは、抑制と均衡の原理 (*principle of checks and balances*) に調和して、大統領職は議会と法廷によってバランスを保たれ、議会は大統領職と法廷によって、また法廷は大統領職と議会によってバランスをとられていることを知っている。

「この原理は連邦政府と州の間の関係にも当てはまる。権威の一領域は州のために保持されていて、連邦政府はこれに立ち入る権限をもたない。憲法のもとにおける権力の制限された特殊な委託と軌を一にして、連邦政府は、憲法によって自己に割り当てられている権能のみを行使することができる。連邦政府に委託されておらず、かつ特に州に禁止されていない事柄はすべて、州によって執行され、連邦政府によっては執行されない。」 Lasswell, H. D., *Democracy through Public Opinion* (New York, 1941), pp. 1341.

(23) しかしながら、権力に関連する差異は党内には存在している。第三章参照。

(24) Schmitt, Carl, *Verfassungslehre* (Munich, Leipzig, 1928), pp. 226ff. 参照。

(25) Rist, Charles, 'The Financial Situation of France,' *Foreign Affairs* (July, 1938), vol. 16, no. 4, pp. 601–11.参照。

(26) Wootton, Barbara, *Freedom under Planning* (Chapel Hill, 1945).

(27) Lowe, Adolph, 'Wie ist Konjunkturtheorie ueberhaupt moeglich,' *Archiv fuer Weltwirtschaft und Seeverkehr* (1926), vol. 24, pp. 165–97.
Kalecki, M., *Essays in the Theory of Economic Fluctuations* (London, 1939).
Schumpeter, Joseph A., *Business Cycles* (New York, 1939).

(28) Clark, Colin, *The Conditions of Economic Progress* (London, 1940). (An international and statistical survey.)
Rostas, L., 'Industrial Production, Productivity and Distribution in Britain, Germany and the U. S.,' *Economic Journal* (Cambridge, 1943).

(29) Keynes, John Maynard, *General Theory of Employment, Interest and Money* (London, 1936).
Schumpeter, Joseph A., *Capitalism . . .* op. cit.

(30) Bakke, E. W., *The Unemployed Worker* (New Haven, 1946).
Abboth, Edith, *Public Assistance* (Chicago, 1941), 2 vols.
Lane, M. S., and Steegmueller, Francis, *America on Relief* (New York, 1938).
Lazarsfeld, Paul, and H. Zeist, *Die Arbeitslosen von Marienthal*, Psychol. Monographien (1933).
——*Men without Work* (Cambridge, 1938).
エブリン・バーンズ（Eveline Burns）は国家資源計画委員会の調査部長であるが、その委員会報告書、「保障、労働および救済政策」(*Security, Work, and Relief Policies* 〈1942〉) において、戦前一〇年間の救済方策について次のように批判している。すなわち、「緩和剤的方策にくらべると、予防的方策に対しては、あまりにも強調がおかれなかった。公共的援助は、かれらの居住地域や必要理由にかかわりなく、すべての必要な人々に等しく利用できるものではなかった。社会的に提供される収入に依存して生活する人々に許される生活水準は、そのプログラムを受ける大多数の者について極めて低く、また若干の集団あるいは若干の地域におけるすべての者について、かくも偉大な潜在的富をもつ国において衝撃を与えるほど低かった。公共事業は失業者のほんの一部分の人にしか利用できなかった……保護生活者集団の大多数の者は、どう見積っても自尊心を高めるなどとは考えられようもない、しかもしばしば自尊心を非常に損傷するような条件以下の援助しか受けることができなかった。」*National Resources Development Report for 1943*, 78. th Congress, House of Representatives, Document No. 128, part 1, p. 75.

(31) Schumpeter, Joseph A., *Capitalism* . . . op. cit., p. 397.

合衆国の労働振興行政については、次のものを参照。McMahon, Arthur, Millet, J. D., and Ogden, Gladys, *The Administration of Federal Work Relief* (Chicago, 1941).

Burns, Eveline, *Security, Work and Relief Policies*, op. cit.

Douglas, P. H., *Social Security in the United States* (New York, 1939).

Lorwin, Lewis, *Public Works and National Planning* (Washington, D. C., 1941).

——*International Development—Public Works and Other Problems* (Washington, D. C., 1942).

(32) 合衆国については、Whittlesey, Charles R., 'Federal Reserve Policy in Transition,' *The Quarterly Journal of Economics* (May 1946), vol. LX, no. 3, pp. 340–50. を参照。

(33) Lilienthal, David E., *T.V.A.: Democracy on the March* (New York, London, 1944). 参照。

(34) スカンジナビア諸国については、次の書物をあげられよう。

Childs, M. W., *Sweden: The Middle Way* (New Haven, 1936; Pelican, 1948).

Cole, Margaret, and Smith, Charles (eds.), *Democratic Sweden* (New York, 1939).

Hacker, Louis, *American Problems of Today* (New York, 1938).

Howe, F. C., *Denmark: The Cooperative Way* (New York, 1937).
Strode, Hudson, *Finland Forever* (New York, 1940).

(35) Berle, A. A., and Means, Gardiner C., *The Modern Corporation and Private Property* (New York, 1933).
'Distribution and Ownership in the 200 Largest Nonfinancial Corporations,' *T. N. E. C. Monograph No. 9* (Washington, D. C., 1940).
Hilferding, Rudolf, *Das Finanzkapital* (Berlin, 1910).

(36) カール・マンハイムはフェルディナンド・テンニース (Ferdinand Toennies) のような社会学者と同意見であったと思われる。テンニースはローマ的所有概念の勝利と、貨幣経済の興隆や資本主義の発達を結びつけて考えている。*Geist der Neuzeit* (Leipzig, 1935), p. 59.
マックス・ウェーバーはこの見方に反対して次のように強調した。すなわち、英国はローマ法を借用した大陸の伝統に従わず、かつ「多くの特殊な資本主義の合法的制度は中世に起源をもつものであって、ローマに起源をもたない」というのである。*Wirtschaft und Gesellschaft*, pp. 427, 448ff., 453f., 467, 471, 487f., 492ff. [Ed.]
Hallowell, A. Irving, 'The Nature and Function of Property as a Social Institution,' *Journal of Legal and Political Sociology* (April 1943), vol. I, pp. 115–38.

(37) Moore, Wilbert E., 'The Emergence of New Property Conceptions in America,' ibid. pp. 34–58.
——'Sociology of Economic Organization,' *Twentieth Century Sociology*, ed. by George Gurvitch and Wilbert E. Moore (New York, 1945), pp. 438–65. (With bibliography.)
これ以外の参考文献については、Karl Mannheim, *Man and Society* (前掲書), pp. 413–14. を見よ。

(38) 前述の(7)を見よ。

(39) ボールアンガーとガリフェ両陸軍大将の場合は特徴的である。Frank, Walter, *Nationalismus und Demokratie im Frankreich der dritten Republik*, 1871–1918 (Hamburg, 1933), pp. 223ff. を見よ。
ドイツについては、Huber, Ernst Rudolf, *Heer und Staat in der deutschen Geschichte* (Hamburg, 1938). を見よ。

Rosenberg, Arthur, *The Birth of the German Republic*, 1871–1918, tr. by J. F. D. Morrow (London, 1931). 第一次世界大戦の終りにおける軍の指導性と政治の指導性との間の関係については、次のものを見よ。

Schwertfeger, Bernhard, 'Die politischen und militärischen Verantwortlichkeiten im Verlaufe der Offensive von 1918,' *Die Ursachen des Deutschen Zusammenbruches im Jahre 1918*, ed. by Philipp Albrecht (Berlin, 1928), vol. II. vol. III.

Rogers, Lindsay, 'Civilian Control of Military Policy,' *Foreign Affairs* (Jan. 1940), vol. 18, no. 2.

Schwertfeger, Bernhard, *Das Weltkriegsende, Gedanken ueber die deutsche Kriegsfuehrung*, 1918 (Potsdam, 1937).

(40) イタリアのファシストの出現と「突撃隊」の役割に関する記述としては、Silone, Ignazio, *Der Fascismus seine Entstehung und seine Entwicklung* (Zurich, 1934). を見よ。

国家社会主義については、次のことをあげれば十分であろう。すなわち、「国家社会主義党の全政治指導者のうちの四八・六パーセントの者は、一九一四—一九二一年の期間にわたる戦争に積極的に参加した。戦時および戦後の時期を特色づけた戦闘に参加した全党員のうち約二五パーセントは、リーダーの地位にあるが、一方、参加しなかった党員の場合には、二〇・二パーセントしかリーダーになっていない。」Gerth, Hans, 'The Nazi Party : Its Leadership and Composition,' *The American Journal of Sociology* (Jan. 1940), vol. XLV. no. 4, pp. 530–31.

「復員後でさえ、家族の百年の伝統に従って選択したかれらの職業を継続しようと希望していた本務とする官吏二〇、〇〇〇人は、免職にされなければならなかった。幻想から目をさまされた者の中から、しばしば新国家の敵の集まる諸結社体は、メンバーを補充していた。」Friedensburg, Ferdinand, *Die Weimarer Republik* (Berlin, 1946), p. 239.

(41) 「将校が政治委員会で積極的な役割を演じ、前将校が職権上の資格で (*ex officio*) 頭角を表わす時、遂には彼らがこれらの委員会を支配するようになり、市民の権能を取り替えることは確かである——これは一見したところ、スペイン語の支配する世界の不治の癌となっている。」A・リビングストン (Livingstone) のモスカ (Mosca) の著書『統治階級』(*Ruling Class*), op. cit., p. XXV. への序論。次のものも参照。Chorley, Katharine, *Armies and the Art of Revolution* (London, 1943). Lauterbach, Albert T., 'Militarism in the Western World,' *Journal of the History*

of Ideas (Oct. 1944), vol. 4, no. 4.

Earle, Edward Mead (ed.), *Makers of Modern Strategy* (Princeton, 1943). (Extensive bibliography.)

Lauterbach, A. T., *Economics in Uniform: Military Economy and Social Structure* (Princeton, 1943).

Wright, Quincy, *A Study of War* (Chicago, 1943), 2 vols.

(42) ウェーバーとフェーターは共に民主的自由と海軍の力との間の結びつきを強調している。 Weber, Max, *General Economic History*, tr. by Frank Knight (London, n. d.), p. 329.

Fueter, Eduard, *World History 1815–1920*, tr. by Sidney Bradshaw Fay (New York, 1922), pp. 37f., 84ff. 参照。

(43) Vagts, Alfred, *History of Militarism* (New York, 1937).

Demeter, K., *Das deutsche Offizierskorps in seinen historischsoziologischen Grundlagen* (Berlin, 1930).

(44) Schmidt, Major Ulrich, 'Die Reichswehr,' *Das deutsche Wehrwesen* (Stuttgart, 1935), pp. 239–343.

Fried, Hans Ernest, *The Guilt of the German Army* (New York, 1943).

(45) Heiden, Konrad, *Der Fuehrer: Hitler's Rise to Power* (Boston, 1944).

———*A History of National Socialism* (London, 1934).

Schwertfeger, Bernhard, *Raetsel um Deutschland* (Heidelberg, 1947).

Wheeler Bennett, John, *Wooden Titan: Hindenburg in Twenty Years of German History, 1914–1934* (New York, 1936).

(46) モスカは、西欧の発展上、不偏不党の軍隊の保証人となったのは、高貴な出身の将校の団体であったという見解をもっているが、フランスの場合にしか、かれの予見の確証、すなわち、民主化された軍隊でも軍国主義的な独裁制に導くべき運命にあるということは見られないであろう。かれの仮説によると、統治階級出身の将校団体は、多様な社会的勢力のバランスを反映しており、これらの諸勢力はその勢力によって承認され、かつその勢力内部で承認されている。これに対して、軍隊の民主化にあたって、これらの人々は、軍隊と広い社会との食い違いにおける社会的葛藤の中で積極的になれるだけである。Livingstone, op. cit.

次のものも参照。Davis, S. C., *The French War Machine* (London, 1927).
Mayer, Colonel E., *La Guerre d'hier et l'armée de demain* (Paris, 1921).
Monteilhet, J., *Les Institutions militaires de la France* (Paris, 1934).
'Pertinax' (A. Géraud), *Les Fossoyeurs* (New York, 1943), 2 vols.

(47) Chorley, Katharine, op. cit., pp. 248–9. 参照。

(48) 第三章第一二節参照。

(49) 大量の軍隊は大体、戦闘の道具としての意味をもたなくなってしまった。けれども、現代の軍隊は、フリードワルドが述べているように、「軍事面と行政面の両方で、ある課題を遂行しなければならないかもしれない。そして、これらの目的のためには、高度に機械化された小部隊が最適であろう。」Friedwald, E. M., op. cit., p. 88.

(50) 一九四七年末に、内務大臣およびスコットランド担当国務大臣によって、英国地方官庁に送付された覚え書きは、新しい基礎の上に民間防空局を再建するための計画を述べているが、戦時に、コミュニティを次のような三つの主要な要素に組織化する意図のあることを明らかにしている。

1　大英帝国のいかなる地方における益務にも利用できる高度の移動性をもち、規律正しい訓練のゆきとどいた常駐軍。

2　主力は時間ぎめの勤務であるが、若干の常勤の中核をもつ地方部隊。この軍隊は、より限られた地域内のどこにでも派遣できるような移動性を備えている。

3　緊急事態に、かれら自身、その家族および近隣者を守ることのできる完全装備の民兵。

The Manchester Guardian (11 Dec. 1947).

(51) Speier, Hans, 'Ludendorff: The German Concept of Total War,' in *Makers of Modern Strategy*, ed. by E. M. Earle (Princeton, 1943), p. 319.

(52) Ferrat, André, *La République à refaire* (Paris, 1945), pp. 87–108.

(53) Allport, F. H., *Institutional Behavior* (Chapel Hill, 1933).
Appleby, P. H., *Big Bureaucracy* (New York, 1945).

Barnard, Chester I., *The Functions of the Executive* (Cambridge, 1938).

———'Functions and Pathology of Status Systems in Formal Organizations,' *Industry and Society*, ed. by W. F. Whyte (New York, 1946), ch. 4.

Beck, J. M., *Our Wonderland of Bureaucracy, A Study of the Growth of Bureaucracy in the Federal Government, and Its Destructive Effect upon the Constitution* (New York, 1933).

Belsley, G. Lyle, 'Why Bureaucracy Is Belittled,' *Personnel Journal* (Jan. 1947), pp. 19–23.

Bendix, Reinhard, 'Bureaucracy, the Problem and Its Setting,' *American Sociological Review* (Oct. 1947), vol. 12, pp. 493–507.

———'Bureaucracy, and the Problem of Power,' *Public Administration Review* (Summer 1945), vol. V, no. 3, pp. 194–209.

Bendiner, Robert, *The Riddle of the State Department* (New York, 1942).

Blachley, F. F., and Oatman, M., 'The Position of the Civil Service in Germany,' *South Western Politcal and Social Science Quarterly* (Sept. 1929), vol. X, pp. 171–89.

Boehm, Franz, 'Berufsbeamte oder Angestellte des oeffentlichen Dienstes?' *Die Wandlung* (March 1949), vol. IV, no. 3, pp. 195–208.

Brady, R. A., *The Rationalization Movement in German Industry* (Berkeley, 1933).

Burnham, J., *The Managerial Revolution* (New York, 1941).

Cochran, T. C., 'The Social History of the Corporation in the U. S.' *The Cultural Approach to History*, ed. by C. F. Ware (New York, 1940).

Cole, Taylor, 'Italy's Fascist Bureaucracy,' *American Political Science Review* (December 1938), vol. XXXII, pp. 194–209.

Demetviadi, Sir Stephen, *Inside a Government Office* (New York, 1930).

Finer, Herman, *The British Civil Service* (London, 1927).

——'The Civil Service in the Modern State,' *American Political Science Review* (1925), vol. 19.

——'Organization, Administrative,' *Encyc. Soc. Sciences*, vol. XI.

——'Personnel Problems in the Post-War World,' *Personnel Administration* (Sept. 1942), vol. 5, no. 1.

Friedrich, Carl J., *Constitutional Government and Democracy* (Boston, 1941).

——'The Continental Tradition of Training Administrators in Law and Jurisprudence,' *The Journal of Modern History* (June 1939), vol. XI, no. 2, pp. 129–48.

——*et al.*, *Problems of the American Public Service* (New York, London,1935).

——*Public Policy* (Cambridge, 1940).

——and Cole, Taylor, *Responsible Bureaucracy, A Study of the Swiss Civil Service* (Cambridge, 1932).

Gaus, John M., and Wolcott, Leon O. (with a chapter by Verne B. Lewis), *Public Administration and the United States Department of Agriculture* (Chicago, 1940).

Hintze, Otto, *Der Beamtenstand* (Leipzig, Dresden, 1911).

Handman, Max, 'The Bureaucratic Culture Pattern and Political Revolutions,' *American Journal of Sociology* (Nov. 1933), vol. 39, pp. 301–13.

Hewart, Lord, *The New Despotism* (London, 1932).

Hughes, Everett C., 'Institutional Office and the Person,' *American Journal of Sociology* (Nov. 1937), vol. 43, pp. 404–13.

——'Personality Types and Division of Labor,' ibid. (March 1928), vol. 33, no. 3, pp. 754–68.

Hsu, Frances L. K., 'A Closer View of China's Problems,' *Far Eastern Quarterly* (Nov.1946), pp. 50–64.

Kingsley, J. D., *Representative Bureaucracy* (Yellow Springs, Ohio, 1944).

Kosok, Paul, *Modern Germany, A Study in Conflicting Loyalties* (Chicago, 1933), ch. VIII, 'The Administrative Bureaucracy,' pp. 100–123.

Laski, H. D., 'Bureaucracy,' *Encyc. Soc. Sciences*, vol. III.

MacMahon, Arthur W., and Dittmer, W. R., 'Autonomous Public Enterprise—the German Railways,' *Political Science Quarterly* (1939), vol. 54, pp. 481ff., and vol. 55 (1940), pp. 25ff., 176ff.

Mendelsohn-Bartholdy, A., 'Bureaucracy in Germany,' *The New Social Science* (Chicago, 1930), pp. 21ff.

Merton, Robert King, 'Bureaucratic Structure and Personality,' *Social Forces* (May 1940), vol. 18, pp. 560–68.

———'The Role of the Intellectuals in Public Bureaucracy.' ibid. (May 1945), vol. 23, pp. 405–15.

Mises, Ludwig von, *Bureaucracy* (New Haven, 1944).

Morstein Marx, Fritz, 'Bureaucracy and Dictatorship,' *The Review of Politics* (Jan. 1941), vol. 3, no. 1, pp. 100–117.

———'Bureaucracy and Consultation,' ibid. (1939), vol. 1, pp. 84ff.

———'The Bureaucratic State,' ibid. pp. 457ff.

———*Government in the Third Reich* (New York, London, 1936), ch. 4.

———and Wood, Bryce, 'The Brazilian Civil Service,' *Inter-American Quarterly* (1940), vol. 2 : 4, pp. 42ff.

Mosca, G., op. cit.

Mosher, William E., and Kingsley, J. Donald, *Public Personnel Administration* (New York, London, 1936).

Muir, Ramsay, *Peers and Bureaucrats* (London, 1910).

Phelan, E. J., 'The New International Civil Service,' *Foreign Affairs* (Jan. 1933), vol. 11. no. 2, pp. 307–14.

Selznik, P., 'An Approach to a Theory of Bureaucracy,' *American Sociological Review* (1943), vol. 8, no. 1, pp. 47–54.

Sharp, W. D., 'The Evolution of the Civil Service,' *The University of Toronto Quarterly* (Jan. 1939), vol. VIII, no. 2, pp. 155–64.

Sharp, W. R., *The French Civil Service : Bureaucracy in Transition* (London, 1931).

Sullivan, Lawrence, *The Dead Hand of Bureaucracy* (Indianapolis, New York, 1940).

T.N.E.C. Monograph No. 11, 'Bureaucracy and Trusteeship in Modern Corporations.'

Weber, Alfred, ‘Der Beamte,’ *Ideen zur Staats-und Kultursoziologie* (Karlsruhe, 1927), pp. 81–102.

———‘Bürokratie und Freiheit, *Die Wandlung* (Dec. 1945), vol. I, no. 12, pp. 1933–48.

———‘Das Ende des modernen Staates,’ ibid. (Aug. 1947), vol. II, no. 6, pp. 463–77.

———‘Deutschland und Europa. Zugleich eine Betrachtung des Ruhrstatuts,’ ibid. (Feb. 1949), vol. 4, no. 2, pp. 99–111, esp. the section ‘Die Ruhrbehoerde—ein Manager-Koloss,’ pp. 109ff.

———‘Fluch und Segen der Buerokratie,’ *Die Neue Zeitung* (8 Jan. 1940).

Weber, Max, *Essays in Sociology*, op. cit. ‘Bureaucracy.’

———*General Economic History*, op. cit. ‘The Modern State.’

———*Theory of Social and Economic Organization*, op. cit. ch. III, section II, ‘Legal Authority with a Bureaucratic Administrative Staff,’ pp. 329–41.

White, Leonard, *The Civil Service in the Modern State* (Chicago, 1930).

———*Introduction to the Study of Public Administration* (New York, 1926).

———*The Prestige Value of Public Employment* (Chicago, 1929).

White, Leonard, *Trends in Public Administration* (New York, 1933). (Recent Social Trends Monograph.)

———Bland, C. H., Costberg, F., *et al.*, *The Civil Service in the Modern State* (Great Britain, Canada, France, Germany, Australia, Japan, etc.) (Chicago, 1930).

Woody, Carroll H., *The Growth of the Federal Government* 1915–1932 (New York, London, 1934). (Recent Social Trends Monograph.)

(54) Mosher, W. E., and Kingsley, J. Donald, op. cit. ch. I. Brief historical survey. 参照。

(55) カール・J・フリードリッヒは前掲論文 ‘The Continental Tradition of Training Administrators in Law and Jurisprudence’ の中で必要な文献をあげている。

(56) Weber, Max, *Essays in Sociology*, op. cit. p. 229.

(57) それと同時に、マンハイムは広い基盤に立って官僚を補充することの重要性を認識し、M・A・フェラット (Ferrat)

の戦後に関する次のような陳述に心から同意を示した。すなわち、「今日、二、三の首脳部を変えてもどうにもならない。修正されなければならないのは、行政の一般的精神である。変形されなければならないのは補充の源泉である。更新されなければならないのは、そのメンバーに与えられる教育の精神そのものである。行政学部を作って、その各専門部局は大きな公的機関、国家の公僕および軍人に接近できるようにすることが必要である。この学部への接近を保証することが必要であり、かつそれを通して、より重要な公的機能への接近を、国民の、特に労働者階級および農民階級の、当然受けるべき資格をもつ子供のために、保証することが必要である。」op. cit. p. 9.（編者）。

(58) Lasswell, H. D., 'The Participant Observer. Studies of Administrative Rules in Action,' in *The Analysis of Political Behaviour* (New York, 1948), pp. 261-78.

(59) Simmel, Georg, on 'Secret Societies,' in *Soziologie*, op. cit.
Weber, Max, *Essays in Sociology*, op. cit. pp. 233f., 437.

(60) Greaves, H. R. C., *The Civil Service in the Changing State* (London, 1947), pp. 218ff. また *The Reform of the Higher Civil Service* (London, 1947), pp. 3–117. (A report by a special committee for the Fabian Society.) の「人事」に関する章も見よ。

(61) Williams, G., *The Price of Social Security* (London, 1944), p. 189.

(62) Smith, Bruce L., Lasswell, H. D., and Casey, Ralph D., *Propaganda, Communication, and Public Opinion: A Comprehensive Reference Guide* (Princeton, 1946). の有名な文献目録参照。
Albig, W., *Public Opinion* (New York, London, 1939). (Extensive bibliography.)
Doob, Leonard W., *Public Opinion and Propaganda* (New York, 1948).
Kris, Ernst, and Speier, Hans, *German Radio Propaganda* (New York, London, 1944).

(63) Friedrich, C. J., *Constitutional Government and Politics*, op. cit. p. 448.

(64) カール・ジョアチム・フリードリッヒの示唆するところでは、信用できない歪曲されたニュースから生まれる危険は、ニュースの伝播過程に公正な抑止を加えることによって除去できる。「個人の自由の最も効果的な保護は、民間の関係者が議会や大統領のようなもう一つの権威の解釈を問い正したいと思う場合に何時でも、憲法条項の意味に関して

「解釈上」の判断を提供する機能を高等裁判所に信託することによって達成される。煽情主義者による真実軽視の若干の類型から法の保護を奪い去り、かれらの原告を、証拠審理を行なう法廷に似た機関の前に連れ出すことを、苦しめられた当事者にまかせることによって、プレス手続きを『公平にする』こともできないことではなかろう。」Friedrich, op. cit. pp. 448-9.

(65) この委員会に関連する条項は次のようである。すなわち、「出版を通しての意見の自由な表現を促進し、ニュースの提供における最大の実際的正確さを期するために、新聞と定期刊行物および報道機関の統制、管理および所有権（財政構造や独占的な統制の傾向も含む）について調査し、それにもとづいて勧告すること。」

(66) 出版に関する王立委員会は一九四七―九年の間に、本委員会にかけられた議事録を公刊している。(Royal Commission on the Press [1947-9] *Report*; H. M. Stationery Office, London, 1949).

アメリカについては次の報告書を見よ。the President's Committee on Civil Rights: *To Secure These Rights* (U. S. Government Printing Office, Washington, D. C., 1947).

「大統領の公民権委員会は、表現の自由は社会の安寧に対する危険が明らかに存在する場合にのみ、法律によって抑制するというわれわれの伝統を再確認している。」p. 9. 次のものも参照。Ickes, Harold L. (ed.), *Freedom of the Press Today: A Clinical Examination* (New York, 1941).

Lasch, Robert, 'For a Free Press,' *The Atlantic* (July 1944).

(67) *A Free and Responsible Press*, a general report on newspapers, radio, motion pictures, magazines, and books by the Commission on Freedom of the Press (Chicago, 1947).

国家の独占と商業主義の独占の両者を避けながら、出版を再編成するという興味深い実験が、チェコスロバキアで、終戦と一九四八年二月のコミュニストの一撃との間の期間になされた。一九四五年五月、チェコ政府は法令を出して、何人も新聞を所有することは非合法にされた。新聞と定期刊行物は政党、労働組合、共同組合および文化団体によってのみ経営することができた。政党およびその他の組織によって編成され、情報省に附属する「定期刊行物委員会」は、出版と財政に関する内部的問題に関する訓令を発した。検閲はなかったが、新聞を所有する各団体は有価証券を預けておいて、委員会の決定にふれた場合には科料を課せられた。Martin, Kingsley, *The Press the Public Wants* (London,

1947), p. 107, and *The Manchester Guardian* (11 Nov. 1947).

(68) Gordon, Lincoln, *The Public Corporation in Great Britain* (London, New York, 1938), pp. 156ff. Saerchinger, Cesar, 'Radio, Censorship and Neutrality,' *Foreign Affairs* (Jan. 1940), vol. 18, no. 2, pp. 337–49. 参照。

(69) この関連で、ハンブルクのドイツ北西部ラジオ理事会（*Nordwestdeutscher Rundfunk*）の構成は興味深い。英国軍政によって一九四七年末に発令されたＮＷＤＲ憲章に基づいて、会は全人口のいろいろの地域、政治、職業および宗教の部門を代表する一六人のメンバーから構成されている。ドイツ北西部地域の三州の知事、ハンブルク市長、中央裁判所長、ドイツ労働組合連盟議長、商工会議所連合会長のほかに、教会、大学、教育、芸術、演劇およびジャーナリズムの代表が加わっている。DENA *Report* (17 Feb. 1948).

(70) Lasswell, H. D., 'Free Speech? Yes; Free Incitement? No'（不幸にして参考文献のあり場所がわからなかった。〈編者〉）

(71) 関連する時宜を得た議論への指導については、*The Public Opinion Quarterly* (Princeton) を見よ。

(72) 合衆国については次のものを見よ。*To Secure These Rights*, op. cit. pp. 52f. and 164f. Ernst, Morris L., and David, Lotte, *The People Know Best: The Ballots vs. the Polls* (Washington, D. C., 1949).

(73) Dewey, John, 'What Is an Aim?' in his *Democracy and Education* (New York, 1916). 参照。

(74) 合衆国では、大統領委員会は、「国民に与えられており、お互に所有している公民権について、国民に知らせるために長期的な公教育運動」を勧告している。*To Secure These Rights*, op. cit. p. 173.

(75) Toennies, Ferdinand, *Kritik der oeffentlichen Meinung* (Berlin, 1922).

Mannheim, E., *Die Traeger der Oeffentlichen Meinung* (Bruenn, Prag, Leipzig, Wien, 1933). (Studien zur Soziologie der Oeffentlichkeit.)

A Free and Responsible Press, op. cit. pp. 9–11. 参照。

第六章　計画社会における政府の民主的統制

社会の構造および平衡の解明は、民主的計画化に向って動きつつある産みの苦しみのなかで、政府をどのようにして統制するかという問題を提起する。現在の種々の形式における代議制的政治機構について述べる代りに、われわれは次のような決定的な状況に論を限定したいと思う。すなわち、議会政治が新しい時代の窮状に直面させられ、それに内在する制度的諸原理が、その制度に課される諸要求にうまく適応しなくなっているように思える状況を問題にしたいと思う。代議制度はわれわれの考えうる唯一の民主的統制の形式ではないけれども、既存の代議制的政治体制が新しい諸機能に適応しなければならない場合、どんな所に困難があるかということについて指摘しておくことは実り豊かなことであろう。

一　現代民主主義理念の歴史的限界

もっとも広く行なわれている民主的政治形態としての代議制度は、多くの場合、どちらかというと最新の起源のものであるが、このことは必ずしも理解されていない。事実、代議制度は国家の政治機構を意識的に計画化しようとする、最初の試みであった。市民総会による民主的統制の考え方は古代ギリシャおよびローマに起源をもっていたが、この考え方は多かれ少なかれ暗黒時代に見失なわれてしまったり、あるいは主権に対する要求のなかった中世の自治体においては、あやしげな地位しか保てなかった(1)。民主主義的考え方を再び前面におしだしたのは、近代の新興中産階級であった。中産階級は、絶対主義の時代に貴族と官僚ないしこのいずれかの手中にあった、共同体の諸事象を統制する意志と権力をもっていた(2)。

革命的な自然法にかんする清教徒的神学者や哲学者の考えは、とくに大陸のルソーとモンテスキューの考えは、中産階級を臣民から近代市民にかえ、かつかれらに社会を統制できる制度の基礎をきずいた。ルソー哲学が正当化したのは、市民は公共の事柄における政治の最終的審判者であるという見方であった。モンテスキューはわれわれに、統制する人々を統制し、たとえ社会全体としてではなくても、少なくとも権力の座にある諸集団間に計画的な均衡を発達させることを教えた。かれの有名な理論は、立法、司法、行政の「三権の分立」を要求した――これは、かれが英国の議会制度の中で考えた理論である。モンテスキューの理論は憲法作成にたいする情熱によって知られており、われわれの時代の計画的心性の先駆をなしている。

均衡の考えは一八世紀の合理主義者の方法のなかで精巧化され、アメリカ合衆国憲法はこれを根本的に採用した。しかしながら、バランスについての合理的観念は、合理主義のこの所産を悪く巧みに再解釈する必要があるほどにまで洗練されていた。歴史的に発展したある制度の有機的なバランスについて、明解な合理的用語で描き出すことによって、エドマンド・バークの嘲笑をうけた過剰合理化の落し穴を最初に論証したのは、モンテスキューおよび一八世紀の哲学者たちであった。かれらのいう過剰合理化は、すべての計画された機構を柔軟に維持し、変化の不断の移り変りに適応できるようにしておくことを思い出させるものとなるであろう(3)。

新設ないし再建された現代の代議制度は、ふつう二院制——下院は人民の意志を代表する——であり、一九世紀の社会にはかなりよく奉仕した。しかし、共和体制とナポレオン体制との間のフランスの動揺は、革命やクーデターによって中断されたことがあった。その動揺は恐らく二〇世紀の危機におけるヨーロッパ諸国の特徴的な諸困難を予示していた。現代の危機における代議制度の実際的ないし潜在的壊滅について一番よく理解できるのは、歴史的社会的背景のなかでそれらの制度本来の目的を、今日の挑戦的諸条件と対比してみる場合であろう。

代議制度の出現した時には、ヨーロッパにおける代議制度の主要目的は、絶対主義官僚制とバランスをとることであった。新しく勃興した権力機関として、官僚制度は他の諸階級の興隆と抱負を抑圧しうる鍵鑰的位置にあるように見られた。軍隊を別にすれば、官僚制度は最初に統合された大組織であり、ブルジョワジーの自由を奪いとってしまうことさえできた。そのブルジョワジーは、自己の生活様式を人間的自由の本質だと考えていたのであった。だから中産階級は、この新しい官僚的権力と態度を制限するためにあらゆる努力をした。この官僚的権力と態度は市場と自由結社のそれとは非常に異なっていた。これはヒエラルキー的な特徴をもっていたが、その強調は規則一点張りと予量可能な昇進と先任権と勤務評定と終身権と安定性と千篇一律性と先例とにおかれていた。

かくて議会統制の現代的エートスは、社会と官僚制という二つの別個の仕切られた区画のある世界に根づいている。自由主義の熱情はすべて、これに対するアンチテーゼから出ている。[4]自由主義の恐れるのは、官僚的メンタリティによって非官僚的生活領域を侵害されることであり、また新しい権力的地位が小さな競争的諸単位のもつ分散的権力を凌駕することである。さきに示したように、この二者択一とその背景はもはや存在しない。権力はもはやシビル・サービスだけに集中されない。軍隊を別とすれば、社会的な自由が損傷されるのは、大企業や組織労働者や、あるいは大衆プロパガンダの中央集権的諸機関によってである。くりかえして言うなら、これらすべては公衆の統制下にもたらされなければならない。というのは、これらはいずれも、自発的な自己調整のきく独立の小単位ではないからである。

その上、二つの型のメンタリティ、つまり「官僚」のそれと「自由企業」のそれとの間の明確な区別も、もはや存在しない。今日大企業を動かしているのは官僚制である。公務員の伝統と常規は自由企業に特徴的な徳性や特性と混和することが可能である。現代の官僚制度はもはや、ジョン・スチュアート・ミルがかつて「衒学者支配《ペダントクラシイ》」とよんだものを表わしていない。「実際生活」と「青写真行政」との間の区別は、意味を失なっている。非常に多くの鍵鑰的位置は統制を要する中央集権的諸機関と結びついているので、文官業務は最も害を及ぼさないように非常に抑制された管理型式となっているように思えるのである。――もちろん、この管理は厳格な監督を必要とするけれども。

新しい状況は、政府の注意と合法的統制を要求する諸事象が恐ろしく増大したとき出現した。これが提起する問題は、議会統制の機構は果して、種々の新しい鍵鑰的位置とその力動的操作から生まれる様々の問題を十分に処理しうるほど強力かつ能率的であるかどうかという問題である。

二　民主主義の二つの退廃した安全装置

社会構造のバランスは、民主主義を維持するための前提条件である。第一に、このバランスは、一つあるいは数個の権力集団が、自己の特殊な利益のために政府を利用しようとして圧力をかける機会を拒絶する。憲法の制定はかかるバランスの代用にはならない。かかるバランスがひとたび達成されたなら、政府機構のなかに、そのバランスを保持するための安全装置をつくるべきである。とくに市民およびその代表が、かつての二つの有力な政府統制手段、すなわち、予算の統制と武力による反乱の威嚇とを失ってしまっている場合にそうである。

武力による反乱の威嚇は、ライフル銃がなお主要な武器であった限りにおいて特に効果的であった。単なる威嚇であっても、武装した人民の抵抗は、人民の民主的な政府を保証した。トーマス・ジェファーソンはそのよく引用される陳述のなかで、この感情に古典的な表現を与えた(5)。

機械戦の時代には、実際に武装してない市民は危急の場合でも効果的な抵抗を行なうことはできない。バリケードや小銃は曲射砲にたいしては大した障壁にならない。このことは、ウィーンの社会民主主義が一九三四年に学んだところである(6)。

予算統制に関してジョン・マッコーレー(7)は、いみじくも次のように述べている。すなわち、「政府が国家の経済資源を直接統制している国では、政府が必要と思うものを政府自身のためにとっておくことは簡単で、その残りを市民の使用分として市民に分配している」というのである。富が分散していて、政府は税金を支払うものの同意がなければ、徴集できなかった。その限りでは、予算の承認とか拒否ということは政府の諸活動を阻止するために役だった。今日でも、予算の承認はなお、同意のもっとも強力な表現と象徴となっている。しかしながら、危急の場合には、強力な行政は代表の意志に従うことをこばめるし、また予算案の採決を代表が拒否しても、それはたいした意味をもたないであろう(8)。

以上は現代の非常時において政府にたいする人民統制のもつ本質的弱点についての反省である。これらの反省に立って、われわれは次のような公式をひきだすことができよう。つまり、専制政治にたいする古い安全装置が弱められれば、弱められるほど、それだけ一般意志の効果的な組織化ということにウェイトがかかってくる。専制政治を確立しようとする局部的諸権力のあらゆる試みを不断に警戒する必要がある。組織された多数者は、たとえ武装されていなくても、時宜をえた暴露と孤立化によって、権力を強奪しようとする少数者の試みを阻止することができる。強奪者たちが全体主義的独裁制を組織し、確立する時間をもたないうちに、ゼネストや組織的な受動的抵抗によって十分速やかにかれらをうちのめすことができるであろう(9)。しかしながら、ひとたび専制政治が権力をふるう地位につくと、市民の抵抗は貧弱な手段しか駆使できなくなる。戦術的な行動の時機は独裁制の形成期である。独裁制は形成期にうちのめさなければならない。これは新しい、したがって今まで知られていないレベルで、強奪者集団の人事、技術および戦略からくる社会の危険にたいする公衆の機敏さを要求する(10)。機械文明の時代における民主主義は、市民の大衆政治教育によって反民主主義的脅威とその源泉と技術についての理解を高めることを要求する。社会主義者、保守主義者、自由主義者あるいはその他いかなる民主主義政党も、その差異にかかわりなく、かれらの共通の敵は、啓蒙された大衆ではなく、民衆煽動家に利用され、激昂させられた暴徒《モブ》であることを認識すべきである(11)。民主主義の危険な敵は、できるだけ多くの権力を保持するために汲々としている保守主義者ではなく、暴徒の力をかりて専制政治をうちたてようとして、合法的変化の手段としての民主的な政府の転覆をはかろうとする傭兵隊長（condottieri）である。進歩主義者は民主主義過程の一部として保守主義を認めることを学ばなければならないし、保守主義者も、大衆の無知と低教育水準がもはやかれらの利益にならないことを学ばなければならない。かれらはもはや、代表者会議やその仕事を横目で見ることを学んではならないのである。

三　代議政体の九つの長所

代議政体に対していかなる批判があびせられているにしても、その政体のもつ顕著な長所は自由を保護するどんな社会組織をつくる場合でも、その出発点とすべきであろう。民主的統制の最善の道具として代議政体のもつ持続的な長所を要約すると、次のようになる。

1　あらゆる社会的諸力の統合化。代議政体は、社会のすべての人間とすべての重要な思潮を統合する。代議政体はあらゆる「社会的諸力」、すなわち、社会の重要な政治的意味をもつ諸思潮を利用する唯一の政治的組織であるが、このことを明らかにしたのは、モスカの名誉である。[12] いかに能率的であっても、代議政体以外の他のあらゆる政治形態のもつ弱点は次の点にある。すなわち、他の形態では、わずかの社会集団にしか依拠できず、残りの集団すべてに反対し、かつかれらを抑圧しなければならないということである。この社会学的な定義では、ちょっと見たところ、政治技術は個人に基礎づけられないで、全体として社会の実際の基礎的諸傾向と諸力に基礎づけられている。これは、個人の尊厳に対する尊敬の念を欠くものと受けとるべきではない。すなわち、個人的能力の十全な発達は、現に真の民主主義社会の主要な教育目的であり、また将来も依然としてそうであろう。しかしながら、政治学にたいする社会学的接近は個人主義的理論からの離脱を表わしている。政治技術は根本的に社会の敵対的諸傾向を利用し、それらの諸傾向を整合化することにあるが、個人主義的理論はこの事実を見落しているからである。政治家的指導性はこれらの力動的諸傾向を考慮する。したがって万一その指導性が単に個人的な諸要求や平均的諸欲求を満足させることだけを目的としているとすれば、それは不十分なものといえよう。集団の諸要求を統合できるだけの力をもつ抱負と傾向だけが、政治にかかわりをもちうるのである。

2　観念および取引上の競争。代議制度は二重の目的を達成する。すなわち、代議制度は局部的諸関心を表明するための広場を提供すると同時に、取引によってそれらの諸関心を動的にバランスのとれた協定型式にまで融合する。民主的な闘争および討論の型式は、最大限の合意を追求し、かつそれに到達するように競争者を訓練する。民主的な合意は、画一性を意味しないで、相互に制限し合って、協同的計画を作りだそうとする複数の努力を整合化することを意味する。かかる整合化は、交渉による建設的な妥協を目ざす日々の闘争から生まれる。(13) 局部的諸関心を複合する形式すべてが建設的な妥協に導くわけではない。その形式を選択する原理が間違っていることもあるし、またかれらの会合の社会的型式と精神によっては、敵対主義を緩和するよりも、むしろ敵対主義を強化するようなものになることもあろう。全く同一の人々から、かれらの社会的行為領域、相互的関係の型式および挑戦する観念の性質によっては異なる諸反応を引きだすことができるが、これは政治社会学の基礎的教義の一つである。この観点から見るとき、代議制度は持続する価値がある。選挙区を地域の原理によって限定することによって、代議制度は、投票が局部的関心によって支配されないように注意している。投票者は一市民として呼び出されるのであって、宗派や職業や階級の一員として呼び出されるのではない。民主主義、地位と階級と宗教と職業の諸系列に沿って市民を統合するための最大限の機会を提供する。民主主義は、かれらの特殊な諸関心に訴えることを許し、それらの関心を組織化して圧力集団を編成することを認めている。しかし民主的に組織化された諸国民の大統領および議員の選挙ということになると、連帯性を形成する諸要因と公益の定義が、国民統合の機会を与える。

議会に選出された代表は葛藤する諸観念を劇化して、特殊な諸関心を弁護するかもしれない。しかしながら、かれらの交差的砲火と試験ずみの交渉能力は普通、一つの統合的視点の結晶化を助長し、取引による建設的な妥協を生みだす。

人々は高潔な気持で公益を見つめることができない。その理由は、かれらがそうするように教えられているからである。しかし敵対的な諸力と交差する諸思潮の圧力のもとでは、すべての党派は公益の名のもとに弁ずることを強制される。その場合、公益とは、権力を当てにした諸力からなる平行四辺形の最終的所産として定義されよう。(14)

議会での議論と委員会の働きは、集団エゴイズムの洗練に役だち、ついには「共通の意志」、すなわち、ルソーの言葉でいうと、全体意志（volonté de tous）との対比における一般意志（volonté générale）を生みだす。この一般意志には何ら神秘性はない。それは、「集団心」とか、「永遠なる正義と真理」とかいったような形而上学的な実体ではない。一般意志とは、政治的指導者が局部的諸関心および状況と対象の敵対的定義を克服するさい、ここで、いまかれらに協力しようという気持をおこさせる社会的技術の単なる結果に他ならないのである。

3　団体代議制度にたいする議会代議制度の優越性。議会代議制度は左からも右からも批判されてきたが、それは団体代議制度や組合代表制度をとれば、現存の社会的諸勢力をもっと明瞭に表現することができるという優れた申し開きの名のもとになされたのであった。[15]他でもなくこの理由から、団体代議制度は議会代議制度のもつ統合的機能を達成できない。議会代議制度の基礎は機能的に限定された選挙区ではなく、地域的に限定された選挙区にあるからである。この問題は確かに重大である。というのは、現代社会は実業、労働、農民の諸関心など——これらは統制を受けたり、また時には交渉によって協定を強いられたりする必要がある——を代表する大きな機能的諸組織なしには、存続できないからである。[16]しかしこのことから、新しい型の団体代議制度によって議会代議制度をとりかえたり、それを補足することが得策であると結論することは誤まりである。[17]

地域的に選出された議会と並行に存在する専門会議における局部的諸関心の機能的代議制度は、二重政体に導き、二つの結果のいずれかをもつはずである。もし専門会議が一致して行動すれば、専門会議は議会を圧倒し、麻痺させ、早晩議会を抑圧してしまうであろう。その場合には、国民はちりぢりばらばらの葛藤する利害集団に解体してしまう。その時には、上位権力が場面に入りこまなければならなくなるであろう。これは、団体の利害集団とその集団機構からなる専門会議を抑圧するために、半軍事的諸組織によって補充された政党体系をファシストにまで発達させるかもしれない。社会構造とその代議制度の両方において、局部的統合の優越性は民主主義をおびやかすものとなるであろう。局部的に組織化された分割社会には、大きな緊張が発生するはずである。この緊張は、社会の各階層からひきだされた戦闘力をもつ抑圧的一党体制によってのみ克服することができる。しかしながら、ファシズム体制下の明白な「統一性」は、議論からは生まれず、プロパガンダと恐怖と独裁的な「解決法」の強制から生まれるのである。ひとたび権力を握ると、独裁者とその従者の一団はかれらの諸力をサンジカリスト的諸組織に向け、諸組織のなかに潜入し、かれらを捕虜にして、諸組織を体制——かれらのメンバーのためではない――のために大衆画一化の道具に変えてしまう。(18)シンジケートの会議は、それ自体では均衡のあるアプローチに発展できない。というのは、その選挙の原理そのものが、コミュニティの分割的諸要素を除去するよりも、むしろ増殖するために役立つからである。

法的定数による地域代表制に基礎をもつ体系の統合機能は、局部的路線に沿ってコミュニティが分裂することを阻止する。企業組合は圧力集団として役立つかもしれない。かれらは裏面工作をするであろう。かれらは根本的には民主的な均衡と統合を妨害することなく、助言を与えるであろう。しかし企業組合は第二会議ないし独立機関として法制的組織のなかに樹立できない。統治権の一要素として、企業組合は不均衡と解体と全体主義的抑圧に導く「二重政体」(dual government) を代表するものとなりやすい。

4　情緒的同一視と責任感。代議制度は自己決定の教訓を強く推し進めて、市民に最高の満足を与える。選挙民は究極的にその「受けるにたる」政治を入手するので、代議制度は深く市民の責任感を喚起し、市民とコミュニティとの最大限の同一視を助長する。この感情の力があらわれるのは、民主的諸制度が瓦解して、人々が突然に、奴隷状態の生活をすることがどんなものであるかということを認識する時である。長く存続してきた民主主義が円滑に機能しているうちは、自由の喜びは普通自明当然のものとして考えられ、多くのものはその遺産を評価することができない。選挙運動の自然のなかで象徴的に再確認する諸行為によって、何故コミュニティとその自由との同一視をたえず養い、また養わなければならないかという理由の一つは、他でもなくこのためである。

5　公衆の責務。公衆の責務は、民主的統制のもっとも重要な原理の一つである。(19)現代社会はしばしば、全体主義体制においても民主主義体制においても類似しているように見える社会的諸技術を生みだしている。かかる場合に、公衆の責務は本質的な差異を示している。ある社会が民主的であるといえるのは、その当該社会の諸制度が公衆に責任をもたれている場合である。[20] 確かに、責務の形式はいろいろである。問題や制度やその場面の性質によって、公衆受託者、評議員会、行政当局、そして最終的には議会当局の責務となるのである。

6　責任の割り当て。議院および主要行政官を周期的に選挙する制度は、被治者にたいする政府の真の責任を確立する。事柄がうまく行なわれない場合、選挙民は誰を罷免すべきかを知っている。指導者に帰属される責任は、非常に明確に保持されている。これは、社会的に透明な教区的な世界においてよりも、どちらかというと不明な大衆社会において一層重要な事柄である。現代的暴君の人為的にきわだたされている存在は、一部大衆の間で「指導階級」を強くもとめていることの表われかもしれない。「護衛の交代」――すなわち、職務上の配転――は代議体制（representative system）の徳性であって、このために代議体制は古代都市国家および現代全体主義においておなじみの「追放《パージ》」をやらなくてすむのである。[21]

7　柔軟な政策。職務上の配転は新しい人間と新しい政策に機会を与える。これはみごとに現代という時代の実験的性格に合致している。現代という時代が徐々に人間に教えたことは、社会的実在に対して実験的態度をとり、[22] 実験的政策の中で試行錯誤的に学習することである。かかる社会的実験は、つぎの点で科学的諸実験とは異なる。すなわち、(a)政治的英知は統制的実験の厳しく堅い法則を適用することではなく、むしろ高度に複雑かつ柔軟な実在に対して合理的な期待を向け、かくて柔軟性を民主主義に内在する原理の一つにすることを意味するものであること、(b)実験のために政策をあまりにも急に変化すると、安定性に対する民衆の信仰を破壊し、協同のために必要な信頼をくつがえすことになること、(c)計画化は、安定した枠組内部での手段の柔軟性を許容しながら、予量可能な計画期間の基本的規定および目的の一貫性を要求することである。

8　反対者の建設的使用法。議院制ないし大統領制の純然たる代議体制だけが、反対と批判を建設的に使用することができる。代議体制は、諸観念の開放的な競争を合法的に基礎づけている社会的統合の最高のものである[23]。

9　行為するための決断。民主主義的投票は議論に決着をつけ、ここでいま行為するための決定を強制する。民衆の健全な判断[24]に疑いをさしはさむものでも、この事実を認めなければならない。合理的な議論は無限の討論に導くかもしれないが、しかし行為は至上命令として決定を要求する。昔の絶対主義君主は議論に決着をつけるために、「これが予の意志であり、命令である」(Sic volo, sic jubeo!) という古代専制君主の公理にしたがった。王や支配者の神聖なる起源と権利——総統の無過失性についての全体主義者によるプロパガンダはいうまでもなく——にたいする信仰は動揺させられてしまっているので、多数者を、投票と議決によって、とどまるところを知らぬ議論に思いきって終止符をうつために非合理的権力にしたのである。合理的で納得のいく簡潔な決定は、所与の目的にいたるために欠くことのできない優先的手段となる。合理的な分析も、われわれが選好する諸価値、その含む意味およびありそうな帰結を解明するのに役だつかもしれない。合理的分析によって決定できない諸価値の葛藤がある場合、過半数の投票による可否の決定は無限の討論に結着をつける。われわれはその投票によってもたらされそうな非合理性を非難するのではなく、それを神託のような決定、つまり「民の声は神の声」(vox populi vox dei) として受けとるのである。

四　民主主義過程

代議体制の資産は比較的大きなものがあるが、このために、われわれはその弱点の若干にたいして盲目であってはならない。これらの弱点は過去において大きな負債となったことがあるが、拡大しつつある社会の変化する諸条件のもとでは、もっと大きな負債になるかもしれない。

民主主義と代議政体（representative government）の敵、および代議政体を支持する若干の者でさえ、長い間、政略的問題における民衆の思慮分別性について心を悩ませてきた。アテネの国家のような小さな共同体においては、市民が公共の事柄を理解し判断することを期待しても合理的であったように思える。しかしわれわれの社会のような議論百出する複合社会においては、最高の重要性をもつ複雑な事柄において大衆の判断を信頼すると、それはまやかしである。つまり、アテネでは、奴隷は活動的市民でなく、その「民主主義」は実際には、いわば中産階級の少数者支配であった。

現代の大衆民主主義の変則性が判明したのは、苦境にあったドイツ国民が大衆技術によって操作され、その結果かれらが自己の暴君を権力的地位にしたてあげるために加勢した時であった。大衆民主主義の病的機能だけでも、ルソーおよびその信奉者たちの伝統に対する信頼、すなわち事情はどうあれ、大衆の時代の人民主権にたいする信仰を、失墜させるに十分であろう。

われわれは、代議体制の諸制度はある条件のもとでだけ働くのだという事実を直視しなければならない。だから、代議政治の適切な理論は、その体制の成功と失敗の両方の必要にして十分な理由について説明しなければならないであろう。決定的に重要なのは参政権の問題であり、医学的および犯罪学的に正常人から逸脱する人々以外、財産、教育、人種、その他の資質にかかわりなく、コミュニティの全成人市民にたいして徐々に選挙権を拡大していくことである。

1　参政権の機能

「多数者による統制」を不合理なものとしてでなく、合理的なものとして説明し、正当化することのできる理論——すなわち、一般選挙権を成功的に機能させるために不可欠な公式を確立することのできる理論があるか。大衆は政治における善悪、正邪を判断することができるかどうか、この問題に答えようとする場合、極端な個人主義的アプローチも、また集団主義的アプローチも、われわれの役にたたない。あれこれの政治問題を賢明に理解することができるのは、ジョンであるかビルであるかを決定するために、一人ずつ個々人に尋ねてみるのも、さきのアプローチと同様に無益であろう。日々われわれの上におそいかかっている多数の問題にたいする解答を全部知っているような者は、明らかに誰一人としていないし、またわれわれの中の選良でさえも、そのようなことを知ることはできないであろう。われわれは「一般意志」(*la volonté générale*)というある神秘的実体の教義も受けいれることができない。この教義によれば、一般意志は人民大衆を導くものであり、あたかもローマの天才のように、コミュニティの諸問題に対する解決法として、これまでどの個人あるいは少数の選良が見いだしえたよりも、よりよい解決法を大衆に見いださせる助けになるというのである。満足のいく説明は、他のところに横たわっているに違いない。

第一に、われわれはつぎのことを認識しておかなければならない。すなわち、選挙権を適切に理解するためには、選挙権は文脈から切り離して考えてはならないのであって、全体としての民主主義過程の一部として解釈されなければならない。大衆の決定が直接効力をもち、かつ大衆があらゆる問題を直接判断しなければならないとしても、またたとえ大衆の代表が政策を形成する唯一の代表であるとしても、かれらはまず合格しないであろう。しかも大衆も、大衆の議会代表も、統治する唯一の代表ではない。選挙民は、かれらの候補者の提案や公約を是認するか、拒否することしかできないのである。次に選ばれた代表も、ごく小さな一集団——英国の場合、内閣——によって提出された諸政策を支持するか阻止するかだけである。かくて、選挙権は、世論を結晶化して立法的および行政的行為の政策決定に至る全民主主義過程の一位相にすぎないのである。社会学的にいえば、選挙権は変化しつつある諸条件と諸事象に対して、社会を不断に適応させる社会政治的過程の一位相にも他ならないのである。一般普通選挙はまさに流れに石を投ずるようなものであって、多くのことはその後の政治過程の進行によってきまるのである。選挙民の参加、政党の鋳造力、政府の形成、政府と諮問機関と委員会および公務員との協力——これらが一緒になってその功績について判断すべき何ものかを生んだのである。この広大な見方においては、全体としての政治過程は生の諸衝動の触媒としてあらわれる。その機能は政策の一般的な諸表示を変形し、人民の「委任」を運用可能な諸政策にかえることである。

大衆に統治する能力があるかどうかという質問は、現状では社会学的にいつて人を誤まらせる。大衆は一体、日常生活のなかで経験するコミュニティの底流にある諸傾向を表現することができるかどうか、このように問う方がより合理的である。

理論的な問題としては、多数の諸態度を徐々に煮立たせて、遂には小さな諸偏倚を自動的に解決し、大衆のなかに最も広く、かつ最も深く行きわたっている動機づけ法をもりあげることが合理的に期待できるかどうかということである。

この関連において、注意すべき大切な点は次のことである。すなわち、選挙の基礎は投票や世論および国民決議権を通して表明されるように、単に社会の与えられた瞬間における意見の横断面だけではない。(25) 選挙はいろいろの問題やパースナリティの選択をひきだすものであるが、それらの選択は選挙民のより深く根ざした関心に一致していることもあれば、一致していないこともある。選挙民はその時の表面的な問題に反応することを求められてはいない。すなわち、投票者が求められているのは、自分自身の経験や性向や片寄りと関係づけうるような人間と政策に味方することである。選挙運動中、候補者とその政策は主要な公共的動向のシンボルになる。選挙民は、孤立化し無関係の諸選択物——所与の瞬間に提出されている——の中から選ぶはっきりした個々人の集まりではない。もしこのようなものであれば、投票を偶然的なものにしてしまうよりほかなく、政策を打ちだすことはできないであろう。選択の範囲は、歴史的諸政党が歴史的瞬間に歴史的に統合されているコミュニティとその異なった有機的諸部分に提出する諸選択物に限定される。したがって、選挙運動から生まれるのは、諸問題にたいする一組の選択である。これらの選択は歴史をもっており、諸政策の中に入り込んでいる。そして人はそれらの諸政策に大まかに同意するか、あるいは同意しないかである。極端な個人主義者の目から見ると、選挙結果は貧しいものにしか見えない。かれは、個人のパースナリティとかれの複雑な全抱負を完全に表現するような選挙を期待しているからである。しかしながら、投票行動は完全な自己表現を意味するものではなくて、基礎的諸傾向の結晶化を意味するものであり、われわれはその諸傾向に、同胞市民と共に同意ないし不同意を示すのである。だから、選挙というものは、たとえ全コミュニティに対してでなくても、少なくとも一つの基礎的要素に対して、われわれを結びつけるような諸要求のみを表明するのである。かくて選挙権は個人の力をあらわすものではなく、政治の過程を通して適応しなければならないような諸勢力をあらわすのである。政治は単に多数の個々人を統治するだけではなく、コミュニティ全体の生活を構成する基底的諸要素を制し調整するのである。ところで、諸政党は人民のこれらの共通の願いや関心をうまく組織化し、表現することができないかもしれない。その場合、早晩、政党体系は——たとえば英国で実質的に自由党が消滅したときおこったように——変化し、実際にコミュニティの支配的な諸要素をよりよく代表するように組織がえするであろう。

これらの観察から、われわれは、多少の力点の相違はあるにしても、申し立てによれば、その寡頭政治的傾向に対してよく言われている現代の大衆的諸政党批判を再説することができる。確かに、政党の政策や綱領や候補者の指名は、指導的な少数者によって起草され決定される。かかる少数者がいかに派閥的であり、また鍵鑰的位置から世論を操作しようとするかれらの欲望がいかに大きくても、諸観念の自由貿易という条件のもとでは、かれらの策略は限られた範囲内でしか成功しない。政党の指導性は結局、総力をあげて投票を獲得することである。だから、選挙候補の指名と選挙戦のための党綱領とは、予想される選挙民の反応にたいして調整される。人民の反応を予想することによって、党の指導者は選挙民の態度をよみとる。そして人民の種々の期待の圧力のもとで、党の指導者は選挙民の代弁者としてかかる態度を表出しなければならないのである。

候補者の氏名とスローガンは、人民の基本的諸関心のシンボルとならなければならない。このことは次のことを示している。すなわち、公共的統制の真に恩恵的影響は、諸制度の観察者がその統制の存在を認識さえしない場合に、最も強力に作用するのである。独裁者はごく限られた範囲内でしか同意を予期できないが、この事実こそ、かれの政策を他の政策とは全く異なったものにし、究極において自己中心的なものにさせる。健全なコミュニティにおける民主主義的諸政策は、それらが訴える力をもち人々に受け容れられるからこそ、第一義的には、課税、財産および家族のような諸問題に関係するのである。すなわち、民主主義的諸政策はにせの諸問題ではなくて、市民生活の本質的なものに関係する。その結果、この変形過程の鋭い観察者、モスカが正しく指摘したように、代議体制は実際には多数者支配に導くものではなくて、「国家の嚮導に対する一定数の社会的諸価値の関与」(26)に導くものである。

もちろん、これはごく大雑把に言いうるにすぎない。というのは、政治理論の全装置は蓋然的妥当性しか有しない経験法を提供するより他ないからである。しかし実践的目的のためには、それで全く十分である。社会的および政治的体系は固定された歯車の時計仕掛けではない。政府の政治過程は力動的諸勢力の調整の過程であるが、広汎な諸傾向の概括的な操作によって多くの些事は自己適応にまかせる。しかし、この概括的理論と指示された大まかな適応でさえ、ある好ましい諸条件のもとにおいてのみ実現するのである。大衆は常に群集として反応する。すなわち大衆は、瞬間的な刺激によって動揺させられたり、皮相的かつ短命な統合の諸衝動にしたがったり、あるいは歴史的伝統のある刺激的諸情緒——家族、近隣、職業および宗教に結びついている——に対して反応するかもしれない。群集的諸特徴は扇動と操作によって呼びさまされ、瞬間的統合に導くかもしれない。これに対して政治的過程はせいぜい、歴史的諸集団としての人民を代表する諸反応をひきだす作用をするにとどまる。

両大戦間における中央ヨーロッパの民主主義には、民主主義的諸条件の下で歴史的諸集団を発達させ、民主的選挙民の役割を演じさせる十分な時間がなかった。言いかえれば、歴史的諸集団はまだ民主主義の伝統を生活様式として同化するまでに至っていなかったということである。その上、中央ヨーロッパの民主主義は、政治的自己表現のこの手段を採用しなければならなかった時に、不幸にも多くの経済的および社会的破局が現われて、歴史的諸集団のより深い連帯性が弱化してしまい、かくて表面的な反動と群集的反応がひきおこされたのであった。

これらの発育不全の諸実験の研究が示すところでは、大衆を群集的行動に逆行させない限りにおいてのみ社会の基本的諸要素は働きを開始するのである。現代心理学にとっては全く自明のことであるが、百万人は単なる百万人ではなく、かれらの分子構成によって複雑な構造と分節をもっているのである。(27) これらの百万人は、扇動によって大衆的反動に逆戻りさせることができる。そして全体主義国家が使用しているような宣伝技術によって、もっと根深い動機づけをよびさますこともできる。民衆扇動の技術は、危機的諸状況において支配的になるところの人間精神の諸層に訴えることにある。宣伝者は、合理的思考と分別を閉そくしたり、一掃したりする恐怖と狂喜を巧みに利用する。扇動家はその聴衆から大衆的承認ないし大衆的拒絶の反応のみをひきだそうとするものであって、コミュニティの基礎的諸傾向を表現している諸問題や諸政策の公的解明にはつとめない。

大衆社会の歴史的接合を待つおとし穴について以上述べたところから、すべての民主主義に対する脅威は明らかとなる。それは群集的行動への逆行の危険である。ちょうど文明人が潜在的に盲目的衝動へ逆行させられうるのと同じように、組織社会も潜在的な大衆事態へ逆行する危険に直面させられている。この大衆的な退行への危険性は、一つの抵抗手段に対するわれわれの一貫した強調、すなわち、よく編成された有機的な地域的諸紐帯とうまくつくられた大規模の諸組織とに基礎をもつ健全な社会構造を目ざす連続的な教育に対するわれわれの一貫した強調を正当化する。選挙民は、無関心や渾沌とした大衆から成りたっている限り分別を失なった存在となる。選挙民は、個人がしっかりと根をおろしているはっきりとした集団的諸形式にしたがって生活している限りにおいてのみ、思慮分別をもつのである。

基礎的な社会的諸傾向を強調し、個人そのもの(per se)が投票行動に表現され難いという場合、われわれは何も選挙民の構成や質の重要なことを軽視するわけではない。われわれは単に、歴史的社会的枠組内における諸意志の統合を優先する必要のあることを強調したいのである。選挙民の意志は、「他の事情が同じならば」(ceteris paribus)という仮定に立って、力動的要素から孤立化した現在ある諸態度の統計的平均値以上のものである。

このことがわかれば、われわれは選挙民の性質、その知性や経験、社会のなかに安定した位置をもたない不安定的諸集団の盛り上りなどを評定することができる。投票者の年齢、性、職業、地域および宗教的な構成も、それと同様に重要である。機敏な指導者の数とその効用性、平穏をかき乱す諸事件と宣伝運動の圧力のもとで安定性と保守主義をつくりだす諸要因と、変化と地すべりをおこさせる諸要因との間の関係も等しく重要である。選挙民の質は向上したり低下したりするので、向上のために全力を注がなければならない。社会構造が高度に合理的かつ調整されたメカニズムになぞらえるようになればなるほど、それだけ投票者の責任も増大することは明らかである。現代の社会組織は、群集的行動や群集的思考の非合理的爆発の衝撃を容易に吸収することができない。

選挙民をして一般に行きわたっている固有の諸思潮をよりよく表現できるようにさせるというこの課題は、希望のない企てではない。このことについて価値ある経験的諸研究がなされてきている。たとえば、共和制ドイツでは、読書の習慣と投票行動との間にマイナスの相関があることが示された。急進政党の機関紙をとっている多くの読者は急進政党に票を投じなかった。この反応は、かれらの新聞購読のもつ浮化的機能のあらわれとして解釈されるかもしれない。多くの投票者は読むことの中に要求不満をおこさせる生活事態から生ずる諸情緒の代償的な排け口を見いだしたのであった。しかしながら、問題となった投票のさいには、多くの投票者は、一読者として代償的に耽溺した諸変革への要求が賢明なものか否かに疑問をもったかもしれない。

投票行動と購読行動との間に普遍的恒常的な関係が存在しないのは当然である。異なった政治的環境のもとでは、また事情もかわるであろう。しかしながら、大雑把にいえば、かなり安定した諸条件のもとでは、一九世紀に存在していたほど、現代産業社会には革命攻勢への傾斜はない。というのは、今日もし激変がおこったとしたら、たとえば一八四八年のとき以上の一大危機が招来されるからである。発育不全の諸実験は、非常に除去し難い反革命的諸体制に導くかもしれない。あれこれの理由から、相対的に安全な場所にいる人々は不安で実験的精神に乏しく、すでに得ているものを危険にさらすよりも、それを維持することの方により大きな関心をもっている。相対的に安定した諸条件のもとでは、群集行動への退行の傾向はあまり大きくない。そうした退行への傾向は、社会が、何か一掃するような災難によってゆさぶられる場合におこりやすい。現代社会で、このことがおこるのは、大量の失業によって何百万という労働者が解雇されたり、権力の突然の交代がおこなわれたりして、そのために全階層が破滅してしまい、他の諸階層が脅威的な高台にのぼる場合である。結局、かかる諸激変は民主主義的体系の働きに反響をひきおこさざるをえない。したがって、民主主義を保持しようとしている人々は、社会心理学的意味と歴史社会的環境における投票行動を研究すべきである。選挙の意味そのものは、社会構造における諸変化と軌を一にして変化する。選挙民のよりよい政治教育は多くのことをなすことができる。しかし退廃を効果的に予防するためには、社会構造をたえず監視しなければならない。

2　政党の役割

民主主義過程において、選挙のつぎにくるのは諸政党を通しての政治的意志の統合ということである。この位相は多様な関心や欲求や願望の生の材料を筋道の通った指令にまで精巧化し、遂には政策的諸決定に導く。ルソーもアメリカ民主主義の建設者も、政党のことは何ら考えておらず、政党に民主主義体系における場所をあてがわなかった。これは明らかな事実であるが、われわれは今日、諸政党の統合的機能を抜きにしては、連邦憲法を運用することはできないことを知っている。かれらの考えにおける政党論のこの省略から次のことがわかる。すなわち、民主主義の理念は長い期間にわたって、小さなコミュニティに対してのみ適用されるものとして思念され、かつそうしたものとして発達してきたということである。したがってこの同じ理念を大きな社会の事態に適用するためには、大きな努力を必要とすることがわかる。

政党組織を通して意見や衝動を精巧化し、洗練することによって解決されなければならない大きなパラドックスがある。それは次のように述べられよう。すなわち、民主主義的原理の適用が広くなればなるだけ、それだけ提出される傾向や目的の多様性も大きくなる。これに対して、より大きな、より高度に統合された産業主義社会は複雑な問題に対して簡単な工夫と解答――「イエス」か「ノー」かを要求する。もしパラドックスの一面しか見なければ、人は無数の敵対的諸要求の渾沌か、あるいは一つの原理のもとにおける厳格な千篇一律化においやられるであろう。さらに、民主主義の術は、矛盾する諸要求の均衡をつくりだす技術にあるのである。

古い民主主義においては、多様な見解と関心の非常に重要な回路づけは諸政党の歴史的本性の力によって行なわれる。その場合の諸政党は、諸集団、政治に携わる諸家族および諸個人の強力な歴史的忠誠心に依存している。かかる政治的伝統は基本的に、動機づけを強化し、コミュニティに根づいた諸反応をよびおこし、表面的な諸反応を背後におしやる助けになる。いかに諸関心が政党の操作によって歪曲されている場合でも、政党自体は指導者の記憶と観念とイメージの宝庫をあらわす。政党はこれらの諸要素を運動中に生き返らせる。アメリカにおける政党的忠誠心の強さは一つの逸話が示している。一裁判官ジョージィアは「私は悔悟する一キリスト教徒として死んでいくが、わたしを造りたもうた神様にお会いするときには頑迷な一民主党員としてお会いしたい」といった。エイガーは、この逸話に注釈を加えて、正しくもつぎのように説明している。すなわち、「献身は歴史、伝統、地域主義、家族的紐帯、市民の自負心、『われわれの味方』とか『われわれのチーム』という感情の入り混じったものからおこるのである。(28)」

党組織を通しての意見変形のもう一つの要因は、われわれの社会統合論の面からのみ十分に評価できるが、この理論についてはここではスペースと他とのバランスの関係で、くわしく述べることができない。したがって、この理論を詳しく説明することはやめて、二、三の例をあげて基礎的な考え方を伝えたいと思う。意見と意志は諸政党を通して統合されると述べるだけでは十分でない。というのは、異なった統合技術は、同一の人間素材と態度から異なった混合物を生みだすからである。先述のように、投票者は職能路線にそうてか、あるいは地方選挙区として、かれらの諸関心を統合しなければならないが、その機会いかんによって、選挙民から異なった心性をひきだせるかもしれない。職能の強調は、和解できぬ分裂をあらわし、かつそのような分裂を刺激する傾向がある。これに対して地域の強調は、市民的見地を呼びさます。いま一つ別の統合の法則は、過半数の得票者を選出する一人一区制は、固定的な党路線と独断論に利する傾向がある。(29)かくて、それぞれの選挙制度および政党構造は、単に選挙の結果おこる諸反応の性質を決定するだけでなく、異なった教育的諸影響をも及ぼすのである。第一のタイプは合理的な妥協のために訓練された精神をはぐくむが、後者は教義を好む精神をそだてる。さらにもう一つかかる問題についての観察をあげよう。有能な政治指導者を選出し、開発する機会は、ワイマール共和体制のドイツで用いられていたリスト制の場合以上に、椅子を個人的に競争して勝ちとらせる場合の方が、より大きい。比例代表制と結びついているリスト制では、たたかう能力とたたかう意志のある人間に対してよりも、党という機械の規律に頭をぺこぺこするような人間に対して、より多くの機会が与えられる。(30)

以上のいずれの場合にも、方法の選択は、われわれが投票者のもつ諸意見の陰影を忠実に代表し表現する道を選ぶか、それとも明解な諸決定を結晶化する道を選ぶかによってきまる。疑いもなく後者が優先される価値をもつのは、人々が政治感覚を保持しており、政治が議論のための議論を意味するものではなくて、集団的行為を意味するものであることを理解している限りにおいてである。他方、二者のいずれかを選ばんがために自己表現と実際の参加とを不当に抑圧することは、誤まりであろう。これにたいする解釈法は、明解な二者択一論を述べることの中に横たわっているように思える。その場合、二者のいずれを選ぶかは熱烈な論争の中で決定すべきである。選挙民は、その自発性にブレーキをかけたり、それを中立化したりすることなく、実際に、決定に到達すべきである。政治に対する民衆の関心は、あらゆる手段によって鼓舞すべきである。人々は自己表現の最大限の機会を受けなければならない。後の段階における操作は、多様な意見を単純な二者択一にまで減少するために役立てなければならない。

　二大政党制は、民主主義を適切に機能させるための理想的な解決法である。これはおどろくべき調整的効果をもっており、誰が統治し、誰がカムバックするチャンスをもちながらも反対の立場にたつかを明確に決定する。二大政党制の代価はよく知られているように、それは一貫性を欠くが、大きな安定性を約束する。これは特に合衆国にあてはまる。合衆国では、二大政党は基本的原理や基礎的哲学の上では分割されない[31]。その理由はこうである。すなわち、このように大きな国で一政党によって宗派的、経済的あるいは地域的な関心が過度に強調されたならば、かならず暴力的な対立を呼びおこさずにはおかないであろうからである。だから、その政党制の基礎原理は差異を緩和し、妥協を促進する働きをしているのだといえる。二大政党が相重なる諸関心を代表しているので、常に主要な事柄について同意に達する可能性が存在している。したがって、ある党から他の党への転換から現実的な動乱がおこる恐れは全然ない。選挙戦は喧噪《けんそう》をきわめるにもかかわらず、結局、過激な変化はおこりそうもない。これが安定した雰囲気をつくりだす。この雰囲気は連続的で秩序ある進歩のために大切である。独断的になって、新しい諸観念を劇化する仕事は、小さな第三党の運動にまかされている。その残余は社会生活のなかにあらわれることがある。これらの新しい観念が十分に成熟して、人々に訴えるほど人気を得るようになると、古い二大政党のいずれかが、あるいは両方ともこぞって、早晩、それらの観念をかれらの綱領のなかにとり入れる。かくて、人民党員運動から噴出した諸要求は、共和党か民主党に受け入れられてきた[(32)]。英国でも、チャーチスト運動では同じことがおこった。かれらが敗北した後、チャーチストの諸要求は他のものによって充足された[(33)]。

われわれはつぎのことを自らによく問うてみなければならない。すなわち、かかる二大政党制は、主義の上の諸差異をうまく隠す傾向があるが、民主主義的な計画化の基礎として役だつかどうかということである。一見して、人は特に諸差異を誇張し、主義を強調する傾向のあるヨーロッパの大陸的な考え方から判断する場合、その可能性を否定するかもしれない。というのは、計画化はきっぱりとした帰着点、つまり全体にわたって二つの異なった諸制度間の選択を要求するからである。ところで、われわれは計画化の前提として一貫性を強調し、個々ばらばらの諸方策にいらだちを感じ、論理一貫性のある諸政策を唱道するにもかかわらず、われわれの考えでは、二大政党制は民主主義的計画化のためによく奉仕することができる。確かに、われわれが総体的な計画化を目ざさず、実質的に計画の対象とする諸問題と、多様性を許すそれ以外の諸問題とをはっきりと区別するときにのみこのことはおこりうるのである。総体的な計画化は一つの統一政策、したがって論理的には一党制を要求するように思われる。しかしながら、両党が技術主義社会の非常に顕著な害悪を除去するために、予防的計画化の必要ということで同意さえできれば、二大政党制は部分的計画化のために可能であり、かつ望ましいものとなる。これは若干の鍵鑰的諸要因を統制することによって達成できる。このことについては、諸政党の意見は一致しなければならないけれども、自由のままに残される諸問題や、また予防的計画化を効果的にするための最善の諸方法については、なお意見を異にすることが可能である。かかる体制のもとでは、もし権力をにぎる政党の失敗が判明すれば、選挙民はその実験をその党独自のやり方で解決するという条件つきで、他の政党を権力の座につかせることができよう。

合衆国の諸政党は将来、計画化の問題で対立することも十分予想されるけれども、もう一つの不況が選挙民に予防的計画化の必要なことを確信させる、新しい危機的な段階が恐らく到来するであろう。そのときには、恐らく必要最小限の計画化の問題、たとえば完全雇用のための計画化のような問題に関して同意がえられるであろう。そして非常時には、両党提携の超党的政策が具体化するかもしれない。

比例代表制にもとずく多党制と連立政権の必要から、もちろん、計画化への途上でさらに大きな困難に遭遇するかもしれない。それでも部分的な計画化は可能である。部分的な計画化は「国民政府」を代表する広汎な連立政権と、二、三の本質的な計画化の諸方策に従うという計画化時代の基礎的な同意を要求するが、他の諸問題はその時、その場の必要に応じて対処されうるであろう。

戦争中、英国首相および米国大統領は、戦争に勝つという目的はかえることなく、その時の世論と要請に答えて、内閣を改造することができた。同様にして、計画化を目ざして移行する政策においても、定めた目標を追求するために手段と人間は変えられるであろう。たしかに、戦争は基礎的同意を最も必要とする事柄である。しかし、非妥協的精神で計画化の事柄にあたると、内乱と究極的には戦争以上に破壊的な独裁制に導くかもしれないが、民主主義諸国家にはこのことが理解されていないという考え方は正しいであろうか。それとも、大量の失業および（あるいは）民主主義の喪失のような一大破局に直面した場合、民主主義諸国家は戦時における努力に匹敵するような諸努力を結集することができるという議論があるが、この論は不当であろうか。

激昂した大衆は歴史から学ぶことができないが、その基礎的構造の主要な転換をはかることなく、民主主義諸制度の歴史的鋳型の中で動いている国家からは、必要な変革を平和裡にやりとげることが期待できるのである。

特徴として、戦争末期に「常態」ないし「平時の仕事」への迅速な復帰が行なわれると予言した人々の期待は、少なくとも英国においてはあたらなかった。英国民は戦後の時期をダンカーク撤退後の脅威的なナチ侵略の非常事態にも似た国家的非常事態と見做す用意があり、またそのように見做しがちであった。合衆国は超党派的外交政策を持続することでは意見が一致しており、永遠に孤立主義を放棄することができた。諸国家は歴史から学ばないなどと簡単にはいえない。問題は、どんな社会的歴史的諸条件がかかる学習を促進し、またどんな諸条件がそれを阻止するかということである。たとえば、われわれはすべて次のことを学んでいる。すなわち、第一次世界大戦後の賠償のような賠償は自己敗北的なものであり、大規模なインフレーションや大量の失業は社会構造を根底から掘りくずすもので、すべての者にためにならないということである。(34) コミュニティの基礎的社会構造と心理学的構成が均衡を維持し、民主主義過程がスムーズに作用しつづけている限り、かかる教訓は保持される。

この点でわれわれは、計画化の時代における民主主義は、政治過程の統合的一部を形成するものであるけれども、代議制度の一般的装置以外に、新しい制度を樹立してはならないかどうかについて問うことができよう。われわれはその制度を公社と呼べるかもしれない。われわれはこの制度を自発的組織として、そのメンバーはコミュニティのいろいろの階層と要素の最も優秀な代表者から補充されるものと定義したい。この機関は、民主主義的多元論が膠着《こうちゃく》状態となり、諸作用を計画するさい、決定できないような場合に、調停によって民主主義と自由を維持するために奉仕すべきである。この機関は、計画化の一貫性と連続性を保証するための一種の最高法廷でなければならない。(35) 独裁主義諸国家においては党の最高権力がかかる一貫性と連続性を保証している。これに対して、民主主義国家においては、統合化の過程は高い尊敬をうけ、かつ私利にとらわれない人々の非党派的団体によって助成されるかもしれない。この団体は権力闘争の圏外にたつが故に、大きな道徳的威信を獲得し、「国家の良心」となるであろう。(36)そのメンバーはコミュニティの多様な社会的および精神的諸思潮を代表しなければならない。そうすれば、かれらの同意と共同決議は、広く諸緊張の高いレベルでの調停をあらわすものとなるであろう。宗教団体におけるように、入会には最高の献身と公平無私を保証するような厳格な言質をメンバーから要求すべきである。メンバーの選挙制度は互選と委任の組み合わさったものでなければならない。危急の場合には、つまり調停がうまくいかない場合には、問題の仲裁をする機関によって専門委員会が任命されることになろう。

この提案は、素描した額面通りに実現されるなどとは考えないで進められており、計画化の時代におけるトップ・レベルの統合の必要性を劇的に表現したものである。民主主義が警戒しなければならないのは、不一致の許容限界が縮小し、迅速な一致を不可欠とするような状況である。過去には、民主主義は統合のためのかかる特殊な用意がなくてもやっていくことができた。というのは、無意識的な伝統が統合的紐帯を提供し、分散した議会の諸行為さえも統一していたからである。伝統の弱化とともに、それにとって代るべき類似の威厳と権威を見いださなければならないのである。公共的良心は、小さなコミュニティにおいて機能していたように、目に見えない暗黙の統合を通して機能することをやめてしまった。この公共的良心によって、以前と同じく可塑的で隠微な、しかし新しい時代の諸可能性に合致した、新しい諸機関を作りだすべきである。

3　民衆の意志を政策決定に変形すること

民主主義過程の次の段階は、民衆の意志を運用可能な政策に変形することである。投票者は、多かれ少なかれ曖昧なプログラムと党綱領と候補者名簿に対する反応の中で、かれらの意志を投票に表わす。投票者は多くの代表者や大統領を選出する。そしてその選ばれたものが審議に加わり、政府を構成し、行政を統轄する。代議制と審議と統轄は、次の位相であって、そこにおいて選挙民の本来、生硬な諸衝動が変形されるのである。

　代議行為は複雑な現象である。古代の都市国家は直接民主主義しか知らず、またそれをこえて進む必要もなかった。都市国家はある大きさ以上に成長すると、古い都市国家を拡大するよりも、むしろ新しい町や居留地《コロニー》を作った。ルソーの関心は常に古代のモデルに焦点づけられていたが、かれは代議制と主権とを両立することはできないと信じていた。代議制の観念は中世政治学の貢献であった。しかし自治体の代議制は人民の代議制とは非常に異なるものである。人民の代議制は特に現代的な所産であり、選挙権の確立および拡大とともに発展したのであった。正確な指図に従って自治体を代表する中世の間諜《かんちょう》と、自己の選挙区を代表する現代の代議士との間には、雲泥の差がある。その主な違いはつぎの点にある。すなわち、中世自治体の間諜は、その自治体の触媒のなかに前以って結晶化された見解を伝達すればよかったが、現代の代議士は触媒過程の内部で自己の役割をはたさなければならないのである。現代の代議士は、生の諸衝動から出発して洗練された政策を作り出すまでに至るあの政治過程の位相の中で作用する。かれは一たん選出されて議会ないし行政官庁に出てしまうと、かれの選挙民の社会的諸傾向の入りまじったものしか代表しないと言える。かれに対する「民衆の委託」は、全く無限定的ではないが、きわめて曖昧で大まかにしか限定されない一般路線しか含んでいない。個人的に、かれはもちろん、十分に発展した諸原理と実践的な諸提案を支持するかもしれないが、かれが代表するものはそんなに分節化していない。自分の支持するこれらの諸衝動とかれ自身の人格および責任とを混合して、それらの諸衝動を分節化するのは、かれである。かくて、漠然としか限定されていない諸傾向と生の諸関心とを、大量の複合物以上の政策的諸決定にまで変形する過程の中で、人格的要素が入り込む。この人格的要素——個人比率——は、さもなければ漠然とした情緒的な諸潮流に柔軟性と適応性とを与える。この過程によって、不明瞭な多数意志は、単なる多数意志の合計ではなく、それらの洗練されたもの、人間化されたもの、個別化されたものにまで精巧化されるのである。これらはいずれも、専門的な審議と討議と取引の位相のなかで発展する。しばしば代議士は明白な哲学を持ち合せておらず、かれが代表するところの人々と全く同一の人間類型――すなわち、少しずつ違う経験や知識、若干の哲学的公理とある情緒的態度をもつ一個の人間にすぎない。これらの断片と傾向は一次的には著作や論文の中で分節化されておらず、政策事項のなかで、すなわち、行政および立法の諸機関による討議のなかで分節化されるのである。民主主義の批評家は普通、どう見てもレベルの低い国会の討議と安っぽい退屈な修辞法をとりあげるか、あるいはすべての演説にけちをつけさえする。無論、これらの事柄はすべて改善されねばならないし、また改善されうるであろう。しかし民主主義の批評家は普通、適切なパースペクティヴを欠いている。かれらは議論《ディスカッション》と国会の討議《ディベイト》の違いを理解していない。後者は科学的な解明や意味論の問題ではない。いろいろの弁解や申立ては、むしろ前述した触媒過程に貢献するのである。演説や討議は方向を異にする諸問題と諸価値を公衆に注意させ、考慮中の立法に焦点づけて、それらの問題と価値に挑戦し解明する。行為への圧力と同意への要求は不断に関心と価値の適応をもたらす。議会闘争は、敵対的諸衝動を批判的態度に昇華させ、変形するのに役立つ。利己主義的関心と純粋衝動の拮抗作用は、コミュニティの生活において見いだされるように、適応しやすい。そして討議のどの位相でも建設的な妥協に達するであろう。ふだんの生活の中の敵対的な諸潮流は平穏を乱すものとして未解決のまま残るかもしれないが、共通の政策を求める差し迫った要求がある場合には、政策立案者はそれらの敵対的な諸潮流を資本として、意志と思考を建設的に統合するために用いる。個々の市民は限られた経験しかもたず、多分にかれの特殊な地域とコミュニティと職業と階級の偏見を所有している。これに対して、議会や国会における職業政治家は、政治的弁明と利害の衝突などの文脈の中で、幅広い経験と政治的判断を獲得する。

政治過程のこの段階において、技術的に正しい助言と諸事実の専門家的知識と理論的に妥当な公式を期待することは誤まりであろう。これらの諸要素が討議の中に入りこめば入りこむほど、それだけ討議はよくなる。しかし、それらの諸要素が討議から生まれることを期待するのは誤まりであろう。討議はむしろ競争的な諸関心と諸価値をはっきりと述べ、実施可能な政策協定を結ぶのに必要な調整に到達する上で役立つものである。すべては政策決定と行為に焦点づけられている。法的、技術的およびその他細部のことは、適当に専門委員会の仕事にゆだねられる。純正な議論を行なうためには、その本性上、小集団を必要とする。それ故、実質的な議論を本会議ではなくて専門委員会に委託するやり方は、議会制度の欠点ではない。政策立案的レベルにおける意志および関心の統合を、そのより理論的部分から分離することができるという事実は、もちろんそのまま民主主義哲学の一部である。というのは、民主主義哲学は諸事実をはっきりと価値判断[37]から分離し、単なる専門家と現実の政策立案者とを峻別する可能性を主張するものだからである。

（1） Weber, Max, *Wirtschaft und Gesellschaft*, Abt. III, *Grundriss der Sozialoekonomik* (Tuebingen, 1925), ch. 8, 'Die Stadt,' pp. 514–601, esp. §5, 'Antike und Mittelalterliche Demokratie,' pp. 583–601.

——*General Economic History* (London, n.d.), ch. 28 and 29, 'Citizenship,' 'The Rational State,' pp. 315–51.

Altheim, Franz, *Italien und Rom* (Amsterdam, Leipzig, n.d.).

Glotz, G., *The Greek City and Its Institutions* (London, 1929).

（2） Mosca, G., *The Ruling Class* (New York, 1939), pp. 376–86.

Ducros, L., *La Société française au six-huitieme siècle* (Paris, 1920).

Hanotaux, Gabriel, *La France en 1614* (Paris, 1914), ch. 2 and 3, 'Les Institutions politiques,' 'L'Ordre Social-Les Classes,' pp. 105–392.

第五章第六節「シビル・サービス」の注(15)参照。

(3) Becker, Carl L., *The Heavenly City of the Eighteenth Century Philosophers* (New Haven, 1932).

Bolingbroke, H. St. J., *The Idea of a Patriot King* (1738).

———*Dissertation on Parties* (1733-4).

Boucharin, N., *Historical Materialism* (New York, 1925).

Kaeber, Ernst, *Die Idee des europaeischen Gleichgewichts in der publizistischen Literatur vom 16. Jahrhundert bis zur Mitte des 18. Jahrhunderts* (n.p., 1907).

Montesquieu, Baron de, *Esprit des lois* (1748), Book 11, ch. 6.

Sichel, Walter, *Bolingbroke and His Times* (London, 1901-2), pp. 150ff.

Schmitt, Carl, *Verfassungslehre* (Munich, Leipzig, 1928), pp. 182-99.

Vagts, Alfred, 'Die Chimaere des europaeischen Gleichgewichts,' *Zeitschrift fuer Sozialforschung* (mimeographed ed. 1942).

(4) 第三章第1節参照。

(5) 「時折の小さな謀反はよい事であり、自然界の嵐と同様、政治の世界においても必要である。……それは政府の健康のために必要な薬品である。」(To Madison, 1787.)

「国の統治者は時々、この国民が抵抗の精神を保持していることを警告されなければ、どんな国がその自由を保持しうるであろうか。かれらに武器をとらせよう。」(To Colonel Smith, 1787.) *Thomas Jefferson on Democracy*, ed. by Saul K. Padover (Pelican, 1946), p. 168.

(6) Deutsch, Julius, *The Civil War in Austria*, tr. by D. P. Berenberg (1934).

Gulick, Charles A., *Austria from Hapsburg to Hitler* (Berkeley, Los Angeles, 1948), 2 vols.

(7) MacMurray, John, *Constructive Democracy* (London, n.d.), p. 26.

Corwin, Edward S., *The President: Office and Powers* (New York, 1948), は、一九二八年四月二〇日の討論から上院議員ボラーの言葉を引用している。すなわち、「国会は、私用に供することを拒否したり、流用を特殊な目的に限定することによって、特別の場合の大統領の職務の履行を物理的に不可能にするかもしれない。……しかし、もし陸（あるいは）海軍が存在しており、それが指揮命令に従うなら、大統領は、アメリカ市民の生命および財産を保護する彼の義務を履行するために、意図するところへ軍隊を送ることができよう。疑いもなく、大蔵省に金がない場合でも、大統領は軍隊を派遣することはできた。」（第四章の注）アーサー・ロック（Arthur Krock）は次のように付け加えている。すなわち、「国の最高法の執行に当って、大統領は明らかにそれと同様のこと、ないしそれ以上のことをなすことができるのである。」*The New York Times* (9 June, 1949).

（8）ワイマール共和制における緊急法と政府の関係については、次のものを見よ。Friedensburg, Ferdinand, *Die Weimarer Republik* (Berlin, 1946).
Henemann, H. J., *The Growth of Executive Power in Germany* (Minneapolis, 1934).

（9）Bergstraesser, L., *Geschichte der politischen Parteien in Deutschland* (Mannheim, Berlin, 1932), p. 168.
Borkenau, Franz, *The Communist International* (London, 1938).
Gumbel, E. J., *Verschwörer* (Berlin, 1924).
Noske, Gustav, *Von Kiel bis Kapp* (Berlin, 1920).
Oertzen, F. W. v., *Die deutschen Freikorps 1918–1923* (Munich, 1939).
Posse, E. H., *Die politischen Kampfbuende Deutschlands* (Berlin, 1930).
Schemann, L., *Wolfgang Kapp und das Märzunternehmen vom Jahre 1920* (Munich, 1937).
Schmidt-Pauli, E. v., *Geschichte der Freikorps 1918–1924* (Stuttgart, 1936).
Schweyer, F., *Politische Geheimverbaende* (Freiburg, 1925).

（10）Lowenthal, Leo, and Guterman, Norbert, 'Portrait of the American Agitator,' *The Public Opinion Quarterly* (Fall, 1948), vol. 12, no. 3, pp. 417–29；および同著者の *Prophets of Deceit* (New York, 1950). 参照。

（11）Lederer, Emil, *The State of the Masses* (New York, 1940). 参照。

（12）Mosca, G., op. cit. pp. 154-5, 158f., 474, 488.

（13）幾らか単純化し、したがって過度に楽観的なやり方であるが、バーク（Burke）は、この見方について次のようなかれの有名な陳述の中で発言している。すなわち、「国会は異なる敵対的利害から送られる外交官の会議ではない。それなら、各人は何れかの利害を、他の行為者と弁護者に対立する行為者と弁護者として支持しなければならないが、国会は一国の審議会であり、一つの利害、つまり全体のそれをもっている。地方的目標によっても、地方的偏見によっても、動かされるべきではなく、一般的善……によって導かれるところでなければならない。」C. J. Friedrich, *Constitutional Government and Politics* (New York, 1937), p. 230 の引用参照。

(14) 組織の本質は、ある類型の反応と統合を引きおこす固定的布置を作り出すことにある。よい組織のもう一つの特性は、それが個人として行為する人間以上に立派な観念を組織する点にある。「今日、全体に対する部分の反対は機能的基礎をもっている。」……「強力な労働組合や、まして (*a fortiori*) 労働組合連盟は、その意志を国家に課することができる。……この危険を未然に防ぐために、どんな犠牲を払っても、個人と国家の中間的な新しい主権の勃興を防止する必要がある。」Mosca, op. cit. p. 481.

(15) Beckerath, E., 'Der moderne Absolutismus,' *Archiv fuer Weltwirtschaft und Seeverkehr* (1927).

Coker, F. W., 'Pluralistic Theories and the Attack upon State Sovereingnty,' in *A History of Political Theories*, ed. by W. A. Dunning (New York, 1902–20), vol. IV, *Recent Times*, pp. 80–119. (Extensive bibliography.) Cole, G. D. H., *A Short History of the British Working Class Movement 1900–1927* (New York, 1927), ch. IV, pp. 63–77.

———*World of Labour* (London, 1928).

———and Postgate, Raymond, *The British Common People 1746–1938* (New York, 1939).

Elliott, W. Y., *The Pragmatic Revolt in Politics, Syndicalism, Fascism, and the Constitutional State* (New York, 1928).

Freund, Michael, *Georges Sorel, Der Revolutionäre Konservativismus* (Frankfurt, 1932), bibliography, p. 351, note 33.

Greer, Thomas H., *American Social Reform Movements, Their Pattern since 1865* (New York, 1949).

Lorwin, L. L., *Syndicalism in France* (New York, 1916).

——'Syndicalism,' *Encyc. Soc. Sciences*, vol. XIV.

——*Labor and Internationalism* (New York, 1929), pp. 559–77.

Perlman, Selig, and Taft, Philip, *History of Labor in the United States, 1896–1932* (New York, 1935), vol. IV, *Labor Movements*.

(16) 第五章注(10)参照。

(17) Forsthoff, Ernst, *Deutsche Ceshichte seit 1918 in Dokumenten* (Stuttgart, 1938).
Moellendorff, Richard von, *Konservativer Sozialismus* (Hamburg, 1932), esp. 'Dokumente zur Gemeinwirtschaft,' pp. 212ff.

(18) Neumann, Franz, *Behemoth* (New York, 1944), part III.

(19) Griffith, E. S., *The Modern Government in Action* (New York, 1942), p. 51.

(20) *A Free and Responsible Press* (Chicago, 1947), p. 17.

(21) Bergstraesser, L., op. cit., pp. 140ff. 第1章(7)注も参照。

(22) ロレンツ・フォン・シュイタン (Lorenz von Stein) は、サンシモンの生活に対する「実験的」態度を浮彫りにしている。サンシモンが述べているのは、次のことである。すなわち、「私は学者を研究する一手段として結婚を用いたが、それは私には、自分の企てを履行するために不可欠のことであるように思えた。」ロレンツ・フォン・シュタインはルイ・レイボーによって「正しく美しい」ものとして描き出されたサンシモンの特徴づけを引用している。つまり、「この動乱の真只中にあって平静で、自分自身を裁かれずに他人を裁き、食通であり、世界人であり、放蕩も性癖というよりも体系をもっている人、サンシモンは五〇年の生活を一年に詰め込んで生きた人であった。かれは人生に杓子定規に取り組むのでなく、その中にとびこんで、古い時代の英知を早まわりして達成しようとした。かれは晩年には、あれもこれも自分の計算ずくめでやるために、何でも使用し、また濫用もした。かれは晩年、かれの世紀の病気の生理学を確定するために、その病気のワクチンを自分で注射した。かれの生き方は完全に実験的な生活様式であった。それを月並な標準から判断することは、おろかであろう。」カール・マンハイムは、一九三二年にフランクフルト大学での講義の中で、特に現代の実験主義的態度を、社会学的思考の原点の一つとして、サンシモンにまで跡づけるのが常であっだ。 Stein, Lorenz, von, *Der Sozialismus und Communismus des heutigen Frankreichs, Ein Beitrag zur Zeitgeschichte* (Leipzig, 1848), vol. II, part III, pp. 239f. 参照（編者)。

特にジョージ・H・ミードの「社会的行動主義」の形式におけるプラグマティズムと、倫理学の絶対主義に反対するものとしての「責任性の倫理」に対するマックス・ウェーバーの強調とは、等しく、この実験的態度のあらわれである。 G. H. Mead, *Mind, Self, Society* (Chicago, 1934), および Max Weber, 'Politics as a Vocation,' *Essays in Sociology* (New York, 1946), pp. 118 ff. 参照。

(23) 英国においては、陛下の在野党の指導者は、かれが反対している政府から給与を支払われているが、この事実は特徴的である。

(24) 人はフリードリッヒ・シルレルの諺「悟性は常に少数の者にしか与えられない」ということについて考え、これとリンカンの文章「あなた方は国民の中の若干を始終ばかにし、国民全部を、ある時にはばかにすることができるが、しかし国民全部を始終ばかにすることはできない」ということを対比して見ることができよう。現代の社会主義とその態度として、ドイツのラサール主義者の歌の一句、「大衆の無知には精神の剣のみが突き刺される………」は特徴的である。

レーニンについては、われわれはよく引用される次の一節を引き合いに出せるかもしれない。すなわち、「すべての国の歴史が示すところでは、労働者階級は専らそれ自身の努力によって、組合意識を発達させることができるだけである。つまり、労働組合は自ら、雇用者と闘い、必要な労働立法などを政府に通過させるために、組合を結成する必要性を認識するであろう。」

「しかしながら、社会主義の理論は、もてる階級の中の教育のある代表、すなわち知識階級によって精巧化された歴史哲学と経済理論から成長した。現代の科学的社会主義の建設者たち、マルクスやエンゲルスは、かれら自身、ブルジョア知識階級の一員であった。これと同様に、ロシアでは、社会民主主義の理論的教義は、労働運動の自然な成長とは全く独立に発生した。……」Lenin, V. I., 'What Is To Be Done,' *Collected Works* (New York, 1929), vol. IV, Book II, pp. 114f.

(25) Gallup, G., and Rae, S. F., *The Pulse of Democracy* (New York, 1940).

Lazarsfeld, P. S., Berelson, B., Gaudet, H., *The People's Choice, How the Voter Makes Up His Mind in a Presidential Campaign* (New York, 1944).

(26) この議論は問題へのモスカのアプローチの仕方に多くを負っている。私は私自身のアプローチの中で、かれの理論の若干の点を具現しようと努力した。というのは、私の気持では、それらの点は、まだ民主主義に対する最大の懐疑的論議を同化するに至らぬかれの説明の殆んどの部分にくらべて、より健全だからである。(Mosca, op. cit. p. 155. 参照。)

(27) モレノーとその関係者は、小さな社会集団の中核的構成を解明するよき端緒を切り開いた。Moreno, J. L., *Who Shall Survive? A New Approach to the Problem of Human Interrelations* (Washington, D. C., 1934). 神経症および精神病の論文参照。

(28) Agar, Herbert, *Political Parties in the U.S.A.* (1904), p. 6. (Only in private circulation.)

(29) Friedrich, C. J., *Constitutional Government* (New York, 1937), p. 283.

(30) Ibid., pp. 283f.

(31) Carpenter, W. S., *The Development of American Political Thought* (Princeton, 1930).
Carter, Edward W., and Rohlfing, Charles C., 'The Constitution of the United States–A Bibliography,' *The Annals* (Amer. Acad. Soc. Pol. Science) (May 1936), pp. 190–200. (314 titles.)
Gosnell, H. F., *Democracy–the Threshold of Freedom* (New York, 1948).
Merriam, C. E., Gosnell, H. F., *The American Party System* (New York, 1940).
Odegard, P. H., and Helms, E. A., *American Politics* (2nd ed. New York, London, 1947).

(32) 前掲エイガー（Agar）の研究参照。この研究はアメリカ的体系のこれらの特徴を巧妙に展開している。

(33) この関連で種々の体系の新奇な特徴の出現に関して興味深い観察を行なうことができよう。新しい稀なものの出現は、異なる集団構造と異なる集団組織化の形式において異なるチャンスをもっている。

(34) 次のものを参照。Fisher, Paul, 'Reparation Labor, A Preliminary Analysis,' *The Quarterly Journal of Economics* (May 1946), vol. LX, no. 3, pp. 313ff.
Keynes, John Maynard, *The Economic Consequences of the Peace* (New York, 1920).

(35)　連邦コミュニケーション委員会のような機関、合衆国のウイルソンやルーズベルト大統領のもとにおける戦争労働委員会のような非常時の機関、第一次大戦後の英国におけるウイットレー委員会、ドイツの企業経営者と労働組合指導者との間の「労働協会」(一九一八年)は、限られた地域で、かかる目的に奉仕する断片的な機関としてあげることができよう。

(36)　英国における退位の危機、一九三二―三三年のヒンデンバーク大統領を取りまく秘密結社の影響、あるいはアメリカの政党が「ダーク・ホース」の候補者を選出しなければならない場合に、「煙草の煙のたちこめた部屋」で行なわれる大統領指名の不確かな結果などのような危機と不安に印象づけられているので、著者は世襲的選抜や、ハーディングおよびグラント大統領が対決しなければならなかったような戦後の状況や、あるいはワイマール共和制の衰微期の大統領の役割など、いずれかの不安定な状況から守る方法や手段に関心をもっている。カール・マンハイムは、この問題をもっと完全に精巧化する意図をもっていた。このことを示すノートが存在している。(編者)

(37)　これは、知識社会学の現代の研究に照らして見るとき、あまり明白でない。

第三部　新しい人間——新しい価値

第七章　慣習から社会科学へ

これまで提案してきた制度的な諸改革は、人間の改造と人間行動の修正なしには不十分であろう。政治の安定性はいかに教育を政治形態に順応させるかにかかっている。これはアリストテレスの賢明な観察であるが、ここ数十年間にわたって再びわれわれにも、そのことが痛切に感ぜられるようになってきた。経験が示すところでは、民主主義は、その全制度を一貫して民主主義的目的に向けて定位しなければ、存続することができない。これは全制度の教育的効果に対する不断の自覚を要求する。われわれは次のように一般化して言ってもよかろう。すなわち、諸制度の網の目と教育的諸方策と基礎的な価値判断との間に何らかの整合性がない場合、結局いかなる社会も存続することはできないということである。(1) 以下本章では、この三者の間の整合性の必要についてではなく、その程度や性質のみについて論じたい。

一　社会的教育の概念

制度は結局、相互に関係をもつ個々人の固定化した行動型式以外の何者でもない。だから制度は、「制度的行動」(institutional behavior)(2)に対する訓練を要求する。学校があれば必ず教室内での行動の仕方、同級生や先生に対する交友関係、評点その他の報酬についての訓練があり、また学校生活の根底にある基本的価値を忠実に守り、それを正しく評価するための訓練がある。(3)例えば、知識や共同体的活動や、学校の依拠する特殊な伝統や理想を正しく理解させるための訓練がある。明らかに、価値判断のための価値判断や抽象における価値判断というものは存在しない。価値判断は具体的な社会的状況の中で人間の行為や行動を導いたり、規制したりする交通信号のようなものである。(4)価値判断は集団的諸経験の準拠枠である。(5)行動の単位は孤立的行為ではなく、社会体系の一位相である。(6)これは簡単なことだが社会学の中心的な真理である。各行為は一連の多かれ少なかれ整合化された社会的活動の一連鎖である。したがって各行為はともかく、現にかかわりをもつ社会に依存しており、その社会は人間行動を形作り調整するのである。われわれの制度と教育的方策と価値判断の三者は、単に同一過程の異なった側面に他ならないが、この事実はレッセフェールの理論家には看過され、権威主義者の慣行においては過度に強調されたり誇張されてきた。

レッセフェール的態度からすると、経済、教育その他における最善の策は、外から干渉せずに、個人を自由に自己適応させることである。「自分自身に」自己適応したような者はこれまで誰も存在しないが、レッセフェール的な態度はこの事実を看過している。自力独行の独立心に富む人間は、家族や地方的共同体や学校や教会（その他の諸制度はあげるまでもなく）など古い行動形成的機関の所産である。かれの自発的適応は、それまでに条件づけられ同化していた行動型式を発達させるのに役立つ。全体主義者と権威主義者は行動の条件づけや調整ということを、注入だとか、あるいは固定的な思考や行動の型式を盲目的に受け入れることだと誤解している。個人は一人で放置されると、その最善を成就することはできないし、また社会的影響や活動の整合化は画一化や練習と同一のものでないことも、明らかである。「民主的計画の技術」（The Art of Democratic Planning）は「第三型式」（The Third Pattern）を精巧化することにある。すなわち、民主的計画の技術は何もしなかったり、あるいはしすぎたりすることを避けるものである。

しかし一体何が自由主義者に、行動を条件づけたり調整したりする意識的な努力をしなくても、社会は機能するものだと信じさせたのであろうか。また何が全体主義者に、万事に干渉させ、種々の制度間の整合化の指揮をとらせたのであろうか。こまかに精査して見ると、かれらの異なった態度や心性は、社会の異なった歴史的発展段階に対して定位され、またそれらを反映していることがわかるのである。自由主義時代には、どの国家や計画当局者も人間行動を条件づけたり、人間行動の社会的調整に配慮することはなかった。それは、家族や学校や近隣や教会その他の第一次的な態度を形成する諸制度が静かに必要とする行動型式を作り出していたからであった。伝統や慣習から整合化が生まれ、それらが社会の統一性を危険にしない程度に、いろいろの偏倚を制限していたのであった。近時、われわれの第一次的態度形成的諸制度は、大きく弱体化してきている。家族は個人に対するその支配権を喪失しつつあり、共同体的精神は色あせつつある。学校や教会は紋切型化し、かくて無力化する傾向にある。暗黙のうちに、それらを整合化していた統一哲学も解体しつつある。以前には伝統や慣習が人格を形成する諸制度と諸価値を整合化し、統合していたが、だんだんとそれらが機能することをやめてしまった。このことが認識されるようになってはじめて、社会諸科学は行動を意図的に形成するために、社会的諸制度を整合化するという中心問題を提起したのである。

人はこれを慣習（custom）から社会科学（social science）への変化と呼ぶことができるかもしれない。慣習と伝統が働いていた限りでは、社会科学の必要はなかった。社会の科学は、社会の自動的機能によって適応できなくなった時に、またその場所に出現したのである。その時、状況の意識的な分析と社会諸過程の意識的な整合化とが必要となったわけであった。

確かに、慣習や伝統がすべての場所で社会科学にとって代られるというようなことはないであろう。特に英国では、強力な伝統の組織が生存しており、暗黙のうちに人々に受け入れられている。そこでは慣習や伝統が有害でさえなければ、何ら介入する必要はない。たとえば、劣悪な栄養摂取の習慣がある場合とか、あるいは整然とした秩序のある社会の支障となるような過度の競争がある場合などにのみ介入すればよいのである。伝統と慣習の網の目が解体してしまって、個人が新しい行動型式を作り出したり、あるいは自己の諸制度を改作することができない場合にのみ、言葉の最も広い意味における社会科学は助力するのである。

社会科学は社会的教育（social education）の基礎的知識を提供するが、この社会的教育という言葉はよく使われながら、めったに明確に定義されない概念である。社会的教育は社会的群居動物を作り出そうとするものではなく、現実の民主主義の精神から見て均衡のとれたパースナリティを作り出すことを目的としている。すなわち、個性は共同体的感情の犠牲において発達すべきではない。

その上、「社会的教育」という言葉における「社会的」という語は、民主的パースナリティ類型を作り出す場合の影響の手段、すなわち現存する社会的諸力の意図的な使用を強調するものである。(7) これと対照的に、伝統的教育学は、注意の焦点を第一次的には人格対人格の影響ということにおき、いろいろの環境的影響を看過していた。伝統的教育学は環境的影響を自明当然のこととして不問に付し、そうした影響を人間の外部にある一種の第二の天性と見做していた。現代的なアプローチにおいては、社会的環境はもはや漠然と眺められた実体としてではなく、その教育的な意義を探究されなければならない一組の型式として姿を現わす。その上、これらの環境的諸型式を、全体主義的方法をとらずに、どのように民主的教育のために使用するかということは、永遠の問題となるであろう。

作用をやめた伝統にとって代った社会科学は、つぎのような三つの方向で民主的計画化を助けるであろう。すなわち、社会科学は、(1)全体主義的画一化との対比において民主的整合化の考えを明らかにし、(2)人間行動の形成と改造、いいかえれば人間を条件づける社会的および心理学的手段を解明し、(3)民主的計画の目的となる民主的な行動と良心と人格の型式を明確化するであろう。

二　人間行動の新しい科学

1　民主的整合化の意味

全体主義的画一化と対比して民主主義的整合化の観念を明確にするさい、われわれはまず第一に、古典的自由主義には整合化の理論がないことを了解しておかなければならない。古典的自由主義の信ずるところでは、人間活動の究極的整合化は社会の中の目に見えない力の働きによるのである。社会は社会そのものを自ら管理するので、人間は社会全体の調和以外の事柄について配慮すればよい。自由主義者の社会的行為理論は大まかに述べると、次のようである。

(a)万人に機会が開かれており、(b)自由な選択が可能であり、(c)個人による実験や試行錯誤の余地があり、(d)当該諸事実についてのインフォーメイションが利用でき、(e)最後にあっても非常に大切なことだが、以上の諸要因と結びついて適応への誘因と同時にそのために必要な知恵を作り出す自由競争が存在する限りでは、計画の必要もなければ、何が正しい行為の仕方であるかを教える必要もなく、また目的を特に教え込んだり、動機づけを刺激する必要もないというのである。正面から理解すれば、自由主義理論は、自己中心的な個々人の適応によって社会の中に正しい秩序が自動的に生みだされることを信じているのである。社会学的にいうと、個人的および競争的適応――たくさんの適応形式の中のたった一つの適応形式に他ならないが――は、その前提条件にかかわりなく、唯一の妥当な適応形式として見られているのである。

自由主義の考え方の中にも否定できない英知があり、われわれのいう第三の道は、その自由主義的考え方の若干の要素をとり入れるであろう。しかしながら、体系としては自由主義はもはや採用できなくなっている。文化の領域においても経済の領域においても、大規模な単位の競争の圧力は個人を困惑させており、緊急に組織化する必要がある。制度的圧力の困惑させるような複雑な事態のもとで、個人はもはや共同目的のために意味のある自己の貢献方法がわからなくなっている。

一見したところでは、全体主義がやるように組織化すれば、その治療ができるように思われるかもしれない。渾沌の真只中では、画一化は万能薬であるかのように見えるかもしれない。行動の解体、責任からの逃避、価値についての疑惑が蔓延しているところでは、注入と教え込み、命令と禁令は、確実性と安定性をとりもどすための最善の策であるように見えるからである。

この上から課された秩序は活力を欠如するものであり、適当に秩序づけられた生活は画一的な組織化とはおよそ似ても似つかぬものであるが、このことを理解するには長い苦しい時間がかかるかもしれない。レッセフェールのテーゼと厳格な画一化というアンティテーゼから、第三の道というジンテーゼ、すなわち民主的計画化という理想は徐々に文化領域の中で進化する。このことについてはさらにつっこんだ説明を必要とする。計画化とは反対のこと、すなわち統合の欠如ということから述べると、理解しやすいであろう。(8)

例えば、現代の大量の失業状態から、青年期の全年齢階層に対して怠惰の時代だという宣告が下せるかもしれない。この失業に対して何もなされない限り、この成熟段階にある青年は社会型式から落伍してしまう。すなわち、青年は家族生活から抜け出すが、大人の世界の中にそれに代る役割や責任を見出すことができないままである。これは指導を欠いた技術的発達の結果、集団が社会構造から脱落していく一つの典型的事例である。レッセフェール政策では、それに対して何もなさないか、せいぜいよくした所で、一抹の施しを与えて、個人の自己適応を待つであろう。他方、全体主義国家では、このような事態において、強制労働事業を導入する。すなわち、全体主義国家は、個人的発達の要求に関係なく、厳格に画一化することによって問題に答える。これでも、個人の面倒は当然個人で見るべきだという口実のもとに、何もしないよりか確かによい。しかしこの全体主義のやり方は、決して真に問題を解決するものではない。真の解決は、脱落集団を社会組織の中へ復帰させ、有機的に再編成する時にのみ、可能である。

社会の解体過程の研究は、脱落、その量および選抜機構の諸類型を確立すべきであろう。方針の定まらぬ青年、保障のない老人、未婚婦人、労働許可証や労働手段をもたない異邦人、忠誠心を欠く革命家など――これら多くの事例は不適応におちいった人々の場合で、かれらは程度の差はあるが、調整のとれた集団機能の相互作用から脱落している。われわれの見るところでは、社会秩序の質は両側面から創造的な適応を用意することによって、これらの不適応におちいっている人間をつれもどす能力いかんにある。(9) 客観的側面では、社会は、社会の中で建設的な役割を遂行する資質のある人間を再吸収し、教育するための機能と機会を提供すべきである。たとえば、失業青年の場合は、就学年齢がひきあげられて、創造的な衝動の排け口が提供されるならば、単に不幸が除去されるだけでなく、自己発達と社会的改善のための新鮮な機会も与えられるであろう。画一化を考える人間には秩序を回復する必要だけが眼にうつるような場合でも、再編成という考えに動機づけられた計画者なら、単に鳥を籠に入れることだけではなくて、何かもっと建設的なことを示唆できるであろう。

初期資本主義社会は、国の静態的な習慣をゆるやかにゆすぶるために外国移民をうまく利用して、冒険心や企業心を広め、土着民の無気力さを奮起させることができた。無意識のうちに、初期資本主義はこのようにして、集団統合の実験を行なっていた。もしそういうことがなければ、外国移民は同化されないまま疎遠な一団として残ったであろう。これと同様にして、はじめて議会制度が合法的な変化に反対党のもつ創造的機能を認めるのに成功した時、議会制度はそれまでは単に破壊的でしかなかった反逆的要素を再編成し、かれらを社会構造の中につれもどすことができた。民主的に計画された社会は、それと同様に、再編成しなければ、社会不安のもとになるあらゆる問題集団を創造的に利用する限りにおいてのみ、その理想に近づきうるのである。これは予想されるところであるが、創造的社会は年をとった人間に適当な仕事と機能を提供して、かれらが単なる負担にならないように、かれらにも自己の資質や英知を使用できるようにするであろう。(10) 民主的再編成は非常に多様なタイプの人々を使うことができ、あらゆる社会集団の適切な機能を開発するという点で、画一化や固定的な組織化とは異なる。統合はかくて、保守主義者がわれわれに信じこませたように、単に同調性を意味しないし、どんな代価を払ってでも秩序を求めるというようなことでもない。統合は、人間の諸制度間の秩序ある相互依存性と連続性を意味する。すなわち、それは、孤立化や欲求阻止や自己中心的な利己主義ではなくて、協同や共通の目的や共通の理解を意味するのである。

われわれは民主的再編成の本質ということに中心をおいて述べてきたが、そのわけはここから、人間行動に影響をおよぼす新しい技術の理解への道が開かれるからである。民主主義社会学(11)は、多くの行動上の阻害現象を社会的解体の徴候として見るのである。諸制度の改造と行動の改造とは、同一過程の二局面であって、社会構造の退廃は整合化された攻撃によってのみ矯正されうるのである。かくして、行動と性格の改造は、心理学者と同時に社会計画家の関心事となるのである。

2 人間行動の形成と改造

過去二〇年間に、心理学、社会学および歴史学のいろいろの部門の研究はめざましく進歩した。これら三つの科学の統合したものは「人間行動の科学」(science of human behavior) と呼べるかもしれない。実験心理学、精神分析学および一般心理学のいろいろの学派の研究ならびに応用心理学の特殊部門(たとえば児童心理学、教育心理学および犯罪学など)は、すべて人間行動の可変性についての知識を不断に拡大するために貢献してきている。これに、人類学の明らかにしている原始人についての知識と、社会学的な知識をもつ歴史家が明らかにする異なった時代の人間性や行為についての知識をつけ加え、さらにわれわれが現代社会の異なった階級の行動型式――危機や戦争や革命のような、漸進的変化や急激な変化に対する人間の諸反応――を観察するならば、もはやわれわれは人間行動について無知をかこつことはない。何がこの人間行動の科学の理論および実践上の偉大な革新となるであろうか。

理論的には、変えることのできない生得的本能の古い観念が人間性のもつ大きな可塑性についての洞察に道をゆずった時、より進んだ社会学的観察の基礎はきずかれたのであった。たとえば、われわれはもはや攻撃性や獲得性のような「本能」を信じなくなっている。新生児の中には漠然とした未組織の動因が認められるにすぎず、その動因はある限界内で環境の諸条件に適応し形成されるのである。われわれはもはや「人間性は変えられうるか」というような廃れた形而上学的な質問はしない。正しい質問は「人間行動は変えうるか」ということである。この質問にはもはや推量や思弁では答えられず、社会科学的研究によって答えられる。われわれが知りたいのは、利用できる証拠に照らして、変容可能な行動型式のうちのどの範囲のものが、人間をして人間的たらしめている二、三の基本的衝動や要求を満足したり表現したりするのに役立っているのかということである。この場合、一番よい案内者となるのは、これまで人間の行動を条件づけたり、修正するのに役立った方法についての研究である。

この問題を提起して、われわれは「社会的教育」(social education)の領域に入る。社会は常に強力な教育機関であった。しかし教育的影響がどの程度まで社会的性向から生起するものであるかについての認識は、徐々にしか学ばれなかった。このような新しい知識は次のような約束を与えるものである。すなわち、われわれは徐々に、望ましいパースナリティ特性や態度を育成する社会的環境を構成することに成功するだろう。

もちろん、われわれの前任者もこれらの効果について全く盲目だったわけではない。しかしかれらはえてして伝統的な公理に頼って、社会的環境とその影響のなぞを解くことができなかった。教育についていうと、かれらは主として父親と息子の関係や、生徒と教師の関係などについて考えていた。「道徳教育」についていうと、かれらは「してはいけない」ということを中心に考えていた。この禁止は日常生活において自己表現を阻止するのに役だった。(12) そしてもっと厳粛な場合には、かれらはよく「説教」に頼った。それでもかれらは、敬虔なる人間を養育することに成功した。かれらの成功は、当時の人々の原始的な教育学に起因するというよりも、むしろ非形式的な諸影響の緩慢で調和的な機能に起因するものであり、有機的諸集団によって伝達された正しい行為の伝統的戒律に起因するものであった。家族や近隣や地域共同体がよき行為のイメージや理想を提供していた。それらのよき行為像や理想は青年の心に深く刻みこまれ、人間を動機づけたり、その行動型式を鋳型化するのに役だった。今日われわれがそれらの無言の働きを自覚し、それらについて反省しているとすれば、それは、これらのインフォーマルな諸影響が弱化し退廃しつつあるからであり、またそれらの本質を体系的に探究しなければ統制されえないような、新しいもっと包括的な社会型式が発達しつつあるからである。

以下、われわれはパースナリティ形成に資する社会的諸力の若干について述べたいと思う。われわれは将来、議論される可能性の高い問題を中心に取りあげたい。

三　人格的関係、第一次集団、およびそれらの教育的意義

「新時代」がいかなる変化をもたらすとしても、人間対人間の関係や第一次集団は、社会の基礎的性格形成の

機関として残るであろう。家族その他の第一次的集団、すなわち遊戯場や近隣や小地域社会におけるパースナリティ形成の研究文献は、増加の一途をたどっている。(13)これらの研究によると、家族がいかに摂食、就寝、排泄などに関する諸習慣を形成することによって、社会的学習の手ほどきをするかということや、またその習慣形成の文脈の中で、いかに苦痛や恐怖やその他の情緒の基礎的処理型式が確立されるかということが示されている。これらの研究は、情緒的緊張を処理するさいの微妙な差異や異なった自己統制形式の発達について明らかにしているが、この異なった自己統制形式は、気質や文化が集団によってごくわずかでも異なることを明らかに示している。

児童研究は次のことを示している。すなわち、社会的成熟とは、だんだんと大きな集団に参加することによって学習する能力にあるという前提のもとに、児童はどのようにして遊び場や近隣の生活から、家庭における狭い経験領域で獲得した行動型式を他の諸集団に拡大することを学ぶかということを明らかにしている。児童研究は、単に家族や学校だけでなく、ギャング集団やクラブや地域社会も、性格特性を発達させたり、異なった伝統や特殊な基準や関心や、抑制的影響や解放的影響を植えつける上で、特殊な教育的影響力をもつことを示している。これらの有機的諸集団のもつ教育力の強さは、その全包容的特性にある。それに比べると、読書や説教の場所は、教育的な影響力としてはまことに限られていることがわかる。幼児期にわれわれは、その全生活を有機的諸集団の中で送る。だから、それらの集団は自我のすべてのレベルの上に作用する。第一次集団と人間対人間の諸関係は持続的な諸影響をおよぼす。というのは、それらの集団や関係はわれわれのより深層の経験を形作り、かくて所属感や安定感の中に反映されているいわゆる性格の根元に影響をおよぼすからである。群集心理的人間の興奮性は、性格の大きな変異からきているが、この変異は主として上述の第一次的態度形成機関の弱化に起因するものであって、自由のための計画において民主主義社会は、これらの諸機関を強化しなければならないであろう。レッセフェールの伝統と全体主義者のとるアプローチは、それぞれ極めてはっきりしている。前者によると、第一次集団や人格的関係への介入は、個人の自由を侵害するものであるから、それらへの介入はさけなければならないという考え方を固持する立場をとる。これはきわめて尊敬すべき伝統である。他方、全体主義社会では、家族やいかなる形式のプライヴァシィでも、全体主義的統制を個人的に回避する逃げ道として強く疑惑の目で見られる。(14)

自由のために計画する民主主義社会は、その自由主義的伝統を尊敬し、単に第一次的および人格的諸関係を画一化から守るだけではなく、それらの自由を保証するために社会の権能を行使するものでなければならない。私生活における人格的交友関係の自由な選択や、家族生活と伝統の不可侵性や、自由結社の権利は、あらゆる干渉に対して保護されなければならない。というのは、これらのものは独立心に富み、かつ自律的パースナリティ育成の基盤だからである。

しかし二つの場合に、この政策は、たとえ教義上是認されても、失敗するかも知れない。そしてこのとき、自由のための計画という原理は、行為への扉を開くのである。

1　出生率の減少

現代社会の無数の力は、第一次集団、とくに家族と地域共同体を弱体化したり、解体したりさえする傾向がある。そのポイントとなる顕著なケースは、先進諸国における出生率の減少である。(15)われわれの社会は文明化すればするほど、家族は小さくなっている。これは現代人の心性の変化や、大量生産と産児制限の手段の普及によって生みだされた退廃現象を示すものであろうか、それとも内外の諸条件が大家族や子供の養育を計画し、用意する機会を減少させているのだろうか。

レッセフェール的態度では、個々人の願望の変化が究極的な要因として考えられ、産児制限は個人の基本的権利だと見られる。自由のために計画する人間なら、家族が他のものと取り換えることのできない性格陶冶の機関として考えられる限り、家族およびその他の第一次集団の繁栄をはかり、子供の養育に介在する都市生活の諸困難を除去するための方策について考える。他方、全体主義体制は「国家親権主義」(state parentalism)[16]の態度を採用して、親のもつ多くの機能を引き受ける。全体主義体制はとくに、このようにして、青年から無意識のうちに、家族感情を剝奪しようという希望のもとに、青年の心理的成熟を統制しようとする。[17]

かかる重大な問題に関して、民主主義社会では、家族と家庭の社会的および心理学的諸条件を確保するための建設的政策や立法措置を講ずることに対して、たやすく人々の同意がえられることを期待できよう。そして、それによって子供をもち、養育するように親を奨励し、近隣関係や地域社会の生活を強化することが期待される。この政策は、全体主義者の政策と同様、国家を現代世界において、異なる諸集団や組織を効果的に維持調整する手段をもつ唯一の制度だと見ている。したがって、この政策は主要な変化をもたらすための道具とならなければならない。そのさい、その変化をもたらすことに成功するかどうかは、非常に多くの手段を整合化することにかかっている。民主的政策はこれらの手段を行使し、その管理を民主的に統制するために、民主的な同意を必要とする。究極的に私事において決定されなければならないような事柄は、規定したり、禁止したりすべきではない(たとえば、避妊器具の販売は許されるであろう)。人々に望ましい行為を認めさせるために、いろいろの教育的宣伝活動が使用されるが、それでいて非信奉者には、かれら独自の生き方をする自由が許されるであろう。

教育的宣伝の目標は、全市民のものの見方を拡大し、かれらの良心を呼びさますものでもなければならない。ひとたび好ましい発達のための客観的条件がととのえられると、市民は広く共同体の利益に照らして自己の狭い自己中心的な関心を見るようにチャレンジされるであろう。言いかえれば、このような場合に、共同体は、私的関心事の水準以上に高い意識水準の環境的諸影響を生みだすが、これらの諸影響は公共的な支持がなければすたれてしまう。これはそれと同時に、以前に慣習や伝統によって維持されていたあの道徳的雰囲気を醸成するために役立たなければならない。

2　第一次集団の有害な慣行

現代の知識に照らして見て、はっきりと有害な家族その他の第一次集団の慣行の場合は、もっと問題が複雑である。粗末な食事、心的発達に対する有害な心理学的効果に関係なく、子供を養育し教育する親の迷信などは有害な慣行である。このような場合に、進歩的計画者は、教育的諸機能を国家に譲渡するように要求したり、あるいは家族行動を統制したりすることによって、全体主義者の道をとるような誘惑にかられるかもしれない。(18)

善悪のはっきりとした基準を科学的に確立できる限りでは、問題は単純である。悪い食事、清潔さを教える教育方法の間違いなどは、生活の有害な障害として分類され禁止されるであろう。専門家が心理学的助言にもとづいて事態を治療しようとしていて、かれが自己の観察に影響を及ぼす多くの価値判断によって濃霧につつまれているような時には、はるかに困難な立場におかれる。このような場合には、権能による外からの介入は有害なだけである。それは親のよい意味での無知を、専門家のうぬぼれた一面性と置き換えるだけだからである。かような場合には、個人的啓蒙か、国家の指導する啓蒙にまつ方がよい。

われわれは民主主義秩序の存在を危険にする教育的および心理学的諸方策を考える時、境界線的事例に出会う。現代の心理学的観察の光に照らして見ると、命令と禁止によって権威主義的行動を教え込むある教育的慣行は、それが家族内で過度に発達される場合、非民主的なパースナリティ類型を作り出すものである。ここで民主主義社会は次のことを了解しておかなければならない。すなわち、大人の世界は子供と青年の世界に反映するものであり、また子供時代に発達されなかった態度や習慣や抱負は後になって発達することはできないということである。この見地から、基礎的な民主的な行動型式と性格形成型式を公的議論によって解明し確立すべきである。この議論から最小限の禁止条項（たとえば、加虐的―被虐待的性格を作り出すような慣行や、恐怖を売り歩くような慣行）に関して意見の一致を見ることができよう。共同体は、民主主義社会の要求を探求することに関心をもつ諮問団体の勧告を採用することもできよう。この場合にも、あまり規制しすぎると自家撞着におちいり、かえって本来の目的を失する政策になりかねないであろう。

四　組織集団とその教育的衝撃(19)

人格的諸関係と第一次集団とは、そもそもその本質上、自発的に成長すべきものである。これらを計画することとは、それらを直接的に操作することを意味するのではなく、むしろ、それらの自発的潜在的諸力を助長し解放するように環境を変えることを意味するのである。成長しつつある社会にとって、人格的諸関係と第一次集団とは個人に対する幼児期にあたる――それらは保護を必要とするのである。社会が主として小集団から成っていた限りでは、それらの自発的相互作用は内外の必要な諸適応を作り出していた。しかし大規模な組織の世界では、小集団は大集団の圧力に簡単におしつぶされ一掃されてしまうであろう。労働は資本に従属し、労働者階級の人々は工場の創設される場所で生活しなければならない。コミュニケーションの便益と収入は、人が密集した市街地区か、静かな郊外か、それとも離れた所で生活するかどうか、あるいはその余裕があるかどうかを決定する。現代のあらかじめ作り出されている世界では、われわれがそこに入りこむ前にわれわれのために舞台は設定されており、都市大衆の住居は第一義的には、生活をより人間的なものにするようには配列されておらず、投資的利潤を生み出すように配列されている。効率という観点から見ると、小単位では採算がとれないことが多い。大ホテルやアパート住宅の方が、たくさんの小住宅よりも、ずっと採算がよい。しかしながら、心理学的および教育学的意味から見れば、近隣と家庭づくりの計画には儲けになるかならぬかを越えて優先する価値がある。

小単位のもつ社会的教育的価値を強く主張しても、そのためにわれわれを誤り導いて——多々あることだが——軍隊、工場、官僚制などのような大組織単位を非難するようなことがあってはならない。これらの大組織体のもつ可能性の探究を怠る者は、現代社会を全く見放すことになる。というのは、実際に将来の偉大な「社会的発明」は恐らくこれらの分野でなされるであろうからである。これまでそれらは大体、どのようにして最大の見返りをうるかという面で効率性の見地から探究されてきていた。しかし現代産業心理学や社会学は、それらを社会的教育の光に照らして探究し、高度に画一化された工場生活のもつ人格的欠陥をいかにして治療するかを問題にしているのである。(20)

改善への道は二面的である。まず第一に、細かく観察するとわかることだが、大きな単位は小さな単位に分解することができる。そして分解された小さな単位は、その他の小集団のもつ社会化の効力や、第一次集団のそれさえも、もつことができるかもしれない。工場生活は実際に小さな作業班を自発的に形成しており、それらの班は、かれらのやり取りの中で、第一次集団とそのメンバーの間に広く行きわたっているのと同じ相互扶助のルールを生み出している。これらの小作業班は班自体の伝統を発達させ、独特の仕方でその班の手続きに感情を付与する。ホワイトヘッドによると、経営技術はこれらの集団形成の自発的細胞を破壊せずに、これらをうまく利用することにある。かくて、工場はその組織機構の中で社会的生活組織の成長を再び作り、育成することができるのである。

大組織の諸問題を処理する第二の道は、それらの組織が好ましい効果をもたらす時はいつでも、それらを一つの教育的な道具として意図的に利用することにある。大きな単位は、その発端そのものから意図的に組織化された結果であり、計画者が舞台を設定しゲームのルールを決めるために合法的な機会を提供している。これは意味のないことではない。第一次集団の場合には、われわれはその集団発展のための外部的条件しか修正できないが、ここでは本来的型式を精査しても全然害はない。大組織は、たとえば組織的規律のような、ある目標のためには理想的な教育者となる。偶然性を除去しさえすれば、官僚制化[21]は非常に有益である。それは個人的専横への傾向を阻止するであろう。適切な手続きによって、責任と公的責務の分配も官僚制において達成されうるのである。

すべての組織が官僚的なのではない。チャールズ・H・クーリーが観察しているように[22]、組織化はいいかげんなものから厳格なものまで一つの系列がある。大規模組織の問題は、社会学がその類型の系列を詳細に説明して、それぞれの教育的効果を体系的に究明する場合にしか、解決されないであろう。大規模組織を、単純な有機的生活形式のもつ自由と自発性を抑圧するものとしてなげく人間は、次の一事を忘れてはならない。すなわち、もし健康な原理が組織的に具体化されたならば、かりそめにもそれに参加する人間の中に悪い意図をもった者があったとしても、それはよい効果を生み出すだろうということである。グンナー・ミュルダールは非常に印象的な仕方で、われわれに次のことを教えている。すなわち、抑圧、陰謀、人格的憎悪などがあるにもかかわらず、アメリカのニグロは偉大な進歩を遂げてきた。それは、社会福祉と教育の諸制度の中に具現されているアメリカ民主主義と社会正義の教義が、他の面では敵対的環境が残っているにせよ、種々の機会を提供してきたからであった。[23]かくて、よい原理を制度として具現すれば、人々はこれらの制度によって、かれら自身のさもしい闘争と嫉妬と憎悪から、自己を守ることができるのである。高潔な一投票者としてのアメリカ市民は、これらの制度を支持し、あまり好ましくない衝動をチェックし、自らに正しいことをなすよう強制しているのである。

五　若干の社会制度とその教育的衝撃

われわれは今、これまでの社会に対する盲目さから脱皮して、制度のもつ教育的影響力を正しく評価することも学びつつある。「制度」(institution) という幾らかあいまいなタームを使用するさい、われわれは奉仕と財貨に対する金銭的代償とか、財産制度のような事柄を念頭においている。[24]いま前者を例にとれば、われわれは金銭による報酬が中心的な役割を演じている社会環境には、ある金銭中心的な心性が共存していると解するのである。それは特殊な所有形式をもたらすものだが、いったん確立されると、全社会構造に滲透して、われわれの心性をも色づける。[25]

これらの制度を操作することによって、われわれは間接的に人間の行動を変容する。かかる操作の効果を見るためには、ロシアにまで行く必要はない。戦争中、制度的操作を通して次のような三つの基本的変化がもたらされた。すなわち、完全雇用、高い課税、特に余剰取得税を通しての所得の再分配および、配給と物価統制を通しての基礎的消費の平等化である。他の面では全く資本主義体制の行きわたっている環境の中で、これらの変化がどのような心理的効果をもたらしたかを考察することは、非常に啓発的である。(26) 完全雇用プラス配給制度は、ある程度まで金銭が雇人に対してもつ誘因的価値を減少させた。社会団体はただちに、これを補償するために、別の誘因を導入したり、労働命令のような強制的方策さえ講じた。それと同時に、労働条件はこれまで以上に魅力的なものにされ、労働者は経営責任を一部分担させられた——かくて、肉体労働の威信と地位は高められた。言いかえれば、承認を求める人間の欲望を満足させるために、数多くの手だてが施されたのであった。

金銭で何も買うことができなくなったとしたら、金銭は戦争中の社会では、戦前の社会でなされていたように、地位や身分を限定することをやめたであろう。承認を求める渇望は、以前にもまして、非物質的な報酬に満足した。かかる心理学的報酬は前資本主義的状況を想い出させる。当時、収入と富は地位を限定するほどのものでなかった。以上のことはすべて、社会団体には補償する傾向があることを示している。心理学的補償のこの過程は、単純社会では自動的に働いた。特に、試行錯誤の累積的効果を通して徐々に代りの満足が見出された時にそうであった。現代社会では、われわれは金銭的報酬と雇用水準と分配の公平さを統制することができるが、次第にそれらに附随する心理学的補償を意図的に操作することが必要になってきている。かくて、消失する満足に代る心理学的代置物を社会の決定集団は予見し、これを純然たる物質的変化と同じように統制しなければならないであろう。

しかし、われわれが物質的要因とそれに対応する心理学的要因を操作するようになればなるほど、それだけわれわれの金銭的報酬体系は「貨幣モーレス」(money mores)、すなわち、一組の態度と習慣に結びついていることが明らかになる。たとえば、絶えまない労働に対する神経症的強制、すなわち、働いていなければ罪悪感にさいなまれるという事実は、自然的および人為的に惹き起された欠乏性と共存するものであることがわかるのである。ヴィクトリア時代におけるレジャーに対する不信は、際限もなく貯蓄すべき資本家の強制と結びついていた。

金銭的報酬と人為的欠乏性が個人に与える教育的衝撃は、もう一つのメカニズム、すなわち競争のそれによって強化される。競争のもつパースナリティ形成力は、金銭的誘因のそれ以上にはるかに徹底的でさえある。競争的体系は、協同によって刺激される自我以上に自己中心的な競争的自我を作り出す。

これは次のことを示すのに十分であろう。すなわち、いかなる制度的変革も、新しい体系を働かすために必要な心理学的および教育的諸変化を伴なわなければ、完全なものになりえないということである。社会的教育は自我の深層レベルにまでますます滲透すべきであろう(27)。スリルはあるが、おだやかでない問題だが、われわれはこれまで心理学的再建の限界を測定することはできなかったのである。われわれの見るところでは、金銭的報酬を非金銭的報酬によって置き換えることができ、かつ地位と収入は必ずしも一身同体的なものではない。われわれの理解するところでは、社会は承認を求める欲望を、それ以外の手段によって満足させることができる。しかし、この欲望が自明当然のものとして受け取れる最終的与件であるかどうかは、未解決の問題である。われわれの社会に非常に行きわたっている社会的承認を求める欲望は、それ自体、社会的に惹き起すことが可能であり、またできそうでさえある。哲学や生活技術は時に、これらの領域からの隠退を奨励したことがあり、極東では社会的承認を求めることの欲望を麻痺させる方法、あるいは少なくともこの欲望を窒息させる方法が知られていたのである。われわれの社会でも、一見基礎的な衝動と見えるあの衝動が消沈する境界線的事例がある。例えば、永久的な失業社会[28]にいる人間は、金銭的報酬を剝奪されており、社会的承認を求めるあらゆる願望を漸次絶っていく徴候としての無感動状態を発達させることが多いのである。

資本主義社会は所有への衝動を、性格陶冶の準拠枠として使用していると述べた場合、ひとたび金銭的報酬や私有財産制度を取り除けば、出しゃばり的自我や自己中心的自我はもはや発達しなくなるという意味で言ったのではない。明らかに、自己中心性と自己主張性は、私的充当、搾取および支配の出口以外の他の排け口を見出せるはずである。武士社会では[29]、英雄への抱負によって自我は形成された。学者は名声と卓越性を求めて努力するであろう。そして精神的冒険を求める昇華された欲望が、かれの労作の生命となっていることは多いのである。多くの研究はこの中心的問題に捧げられてきているので、われわれはほどなく、現代の最も重要な論題、すなわち異なる社会体系における自我作りの問題について、今までよりはるかに多くのことを知ることができよう[30]。さらに、われわれが既に知っていることから、異なる性格プロフィールとパースナリティ類型が、異なる社会体系と共存するものであると十分に主張できる。ひとたび物質的諸条件を鍵鑰的位置から操作すると、自我の深層部にも影響されるであろう。

制度的諸方策の操作は、計画化の枠組における特殊ケースを表わす。それは第一次集団の自由な発達のための計画化とも違うし、軍隊や官僚制のような組織の意図的建設や再建とも違う。それは独自の（sui generis）領域である。完全雇用の実施や課税を通しての所得の再配分は、民主主義的立法および行政の意図した結果である。だから、これらについては何も新しいものはない。計画社会の新奇さは、異なった諸方策の整合化と、それらの方策を相互依存的革新の一貫した政策に統合化する点にある。それとは別に、予見可能な心理学的帰結を嚮導しなければならないであろう。

ここでも、民主的計画化は根本的に、「心理学的補償」の全体主義的操作とは異なる。第二次世界大戦における全体主義国の宣伝大臣は、戦局の変化に対する心理的反応を探知して、大衆に暗示を提供し課する中心機関として奉仕した。二、三の粗雑な方策でも、欠乏性や空襲の損害や敗北を補償するために役立った。反逆的ムードをおさえ、服従性を高め、身代りのヤギの虐殺を通して攻撃性を逸らせ、指導者崇拝を行なわせることは、この大衆的技術の一部を形成していた。戦前の民主主義諸国のとったこれと真反対の政策は、何もしないことであった。すなわち、大量の失業のもつ心理学的効果は、一般的な恐慌と情緒的渾沌を導くがままに放置されていたのであった。

第三の道の選択は、どんな包括的方策でも、その社会的および心理学的帰結を民主的に計画化することを示唆している。このためには、まず第一に、民衆の自発的反応と態度に関する社会・心理学的諸研究と総合的情報事業が必要である。(31) 置き換えられた心的エネルギーは往々にして身代りのヤギ的機制の餌食にされているが、この エネルギーを代置し、かつそれを水路づけるために、建設的な心理学的方策が工夫されなければならない。自由社会は、個人に捌け口の選択を提供することによって、一般的な注入をさけている。このアプローチをとれば、あらゆる理由から考えて見て、昇華方法が社会的雰囲気の一部となり、かつそれらの方法が自然発生的に個人に訴えるものとなることを望めるのである。

個人が選択の自由をもっている限りでは、かかる解決法には全然非民主的ないし反自由主義的なものはない。T・H・グリーンが既に見ているように、われわれの「よりよい自我」を激励して、正しい解決法が見出せるように環境的影響を配列することは、進歩的な自由主義的見方と矛盾するものではない。人々に望ましい価値を選ばせるように、心理学的環境と物質的環境の両方に影響を及ぼすことは、自由の精神に反するものではない。グリーンのこの言は正しい。グリーンの考えは[32]、もっと高い水準で、金銭的モーレスを変える操作にも適用されるかもしれない。その場合、われわれは疑いなく純粋に物質的諸条件以上のものを再配列するであろう。われわれは個人に受動的服従[33]を強制せず、能動的自己決定をすすめる限りでは、また金銭的モーレスの制度的変革を民主的に実施する限りでは、われわれは自由のために計画するという精神において行為することになろう。われわれは望ましい行動を引き出すために環境を計画しながら、個人的偏倚性には扉をあけておくが、これは一見、筋違いのように見えるかもしれない。しかし、それは全然違うのである。第一に、かかる手続きは自由の存在論的基盤である自我の能動的部分を取り入れている[34]。第二に、それは諸観念の自由な統合と公的競争の範囲を提供している。革新はたいてい、逸脱的諸類型の自由な統合を通してもたらされる。そのような諸類型は微々たる異論者として既存の社会構造の外部に立たされているが、社会変動の危機的状況において新しい考えや可能な解決法を提供することが多いからである。

六　若干の社会的機制とその教育的衝撃――競争と協同

1　基本的差異

競争と協同は個人に特殊な教育的効果を及ぼし、顕著な行動型式を条件づける。このような社会的機制は社会的制度とは若干異なるが、これも計画的規制に力をかすものである。

競争と協同は二つの異なる仕方で、すなわち、簡単な社会的メカニズムとしてか、あるいは社会構造の組織原理として眺められる。

メカニズムとしての競争や協同は、文献以前の社会、資本主義社会や非資本主義社会など、どんな社会にも存在し、いろいろの目的に奉仕している。[35] しかし、きびしい個人主義と競争の見られる資本主義的位相について話すさい、われわれは社会組織のすべてに行きわたっている構造的原理を考えている。

この区別は資本主義的競争――われわれの社会構造の基礎的なものと言われているもの――を、仮りにも不可避的な動機づけの力として維持する必要があるのかどうか、という問題を解明するのに役立つであろう。ところで、人は社会構造の組織原理としての競争を除去して、これを次のような計画化と置き換えれるかもしれない。その計画化というのは、望ましい目的に奉仕する社会的メカニズムとしての競争は除去しないものである。例えば、ソビエト連邦は計画化を、その経済的および社会的組織化の基本原理にしているが、それでいて労働と教育の領域においては「社会主義的競争」を導入しているのである。

想像される混成的社会で、計画者は、競争や協同を、それらが望ましい教育的効果をもつように思われる領域では、社会的メカニズムとして導入するであろう。われわれは最近になってやっと、われわれの求愛形式、競技、職業的追求、プレステージを求めるアスピレーションおよびその他多数の領域において、競争的メカニズムが大きな役割を演じていることを了解している。[36] 自由のための計画社会において、このうちのどれだけを維持すべきかは明らかに問題であって、所与の事例の価値について議論すべきであろう。完全な計画社会でさえ決して、活動の全領域において協同に優位をおかないであろう。協同化の成功とその組織についてのもっとつっこんだ研究は、計画者と社会教育家の努力の助けになるであろう。[37]

社会的メカニズムとしての競争と協同のもつ教育的効果を考えるさい、現代の社会学と心理学の諸成果を想い出すことは大切である。ラテン語が示しているように、競争という言葉も協同という言葉もともに「追求」ということを意味している。すなわち、共力的追求と対向的追求を意味している。[38] 目標は協力的ないし個人的努力によって追求されよう。現代の実験的研究は、以前に考えられていたほど、その差異が根本的なものでないことを証明している。これらのメカニズムのいずれかが他のメカニズム以上に深く人間性に根づいているわけではなく、またいずれかが発生的な優位性をもっているわけでもない。人間は所与の社会制度に適応するように訓練されて、協同的態度や競争的態度を獲得するのである。[39] 前者が行きわたるか、後者が行きわたるかは、所与の社会の教育的努力と制度的配列によってきまる。

競争は協同以上に攻撃性を鼓舞し、それに排け口を与える。もちろん、攻撃性を建設的目的への競争に向けることによって、攻撃性を人間接触と人格的関係の水路の中に純粋かつ簡単には流入させないで、これを昇華することによって、攻撃性を達成への原動力として利用することは、よいことなのかどうかということを問題にできるかもしれない。経済的競争の唱導者は、競争的攻撃性を政治的目的よりも経済的目的に向ける方が好ましいと主張している。二つの命題は最近の歴史に照らして見ると、問題にできるように思える。競争的衝動の成長はそれ自体、政治におとらず経済においても、無慈悲に現われる。抑制を欠く経済闘争も政治闘争も共にコミュニティを破壊するであろう。

抽象的には社会的メカニズムとしての競争は善くも悪くもない——それはすべて競争とその場面の種類によってきまる。だから、われわれは競争の種々の類型とそれぞれの教育的効果について、も少し密接に焦点づけて検討しなければならない。

2　個人的競争と集団的競争

まず第一に、われわれは個人的競争と集団的競争を区別しなければならない。前者は、はっきりと敵対的な態度を育てる。すなわち、個人的競争は、ある人間が競争相手を排除するために何かを追求する型式を作り出す。したがって、前者の持続的目的は後者をダウンすることであり、かれに対してできる限りの妨害を働くことである。それぞれ自分の競争相手の能率をさげることに関心をもっている。

集団的競争は、外集団に対しては敵意を作り出すが、内集団では協同を作り出す。フットボールの両チームが勝利を競い合う場合、チームの一番上手な者は下手な者のプレーを直してやることに関心をもち、かれを助けて一緒に練習してやる。ところが、かれらが個人的に競争する場合には、上手な者は下手な者に劣等感を惹きおこさせて支配しようとするであろう。その代り、かれは弱いチーム仲間を刺激して、かれのありったけの力を発揮させる。かくて、愛憎の動機でさえも、場面のあり方によって統制されるのである。個人的競争の努力の数を減少させ、そうした努力を集団的競争によって取り代える社会は、確かに、同情的感情を刺激し、民主的同意のより多くの機会を用意する。もちろん、これは、より大きな外集団への敵意の代価として、より大きな集団的連帯性がもたらされる場合には、妥当しない。より小さな競争集団が、ある場合に、より大きな単位と競争するために協同しなければならなくなり、そのことから集団的忠誠心を拡大することを学習する時には、この効果をなしくずしにするからである。

社会的教育のこの図式は単に限定された集団的忠誠心を拡大するだけでなく、外集団に対する攻撃性を抑制したり、あるいは少なくとも、そのような攻撃性を昇華するであろう。このような限定された忠誠心の統合化は戦争中、連合国の多数の兵士と市民が共通の目的を追求するために、かれらの国家的忠誠心を拡大した時起った。敗戦した侵略国と無限定的に対抗せずに、もしもっと広い忠誠心を世界的組織に転移することに成功すれば、攻撃的エネルギーを人類のための高尚なアスピレーションにまで昇華する新しい方法が見出されるかもしれない。

もし次の世界戦争がおこれば、敵も味方もなく共通に破滅するであろうという見通しは統一力として作用するかもしれない。全滅を阻止するということは普遍的に訴えるものであり――崇高かつ具体的課題とならなければならない。もし失敗すれば、あなた方も、人間存在の全位相におけるその他すべての者にも累を及ぼすであろう。

3　平等な者の間の競争と不平等な者の間の競争

競争の効果を論ずるさい、われわれはさらに力量の伯仲する者の間の競争とそうでない者の間の競争を区別しなければならない。競争にくみするたいていの議論は対等な者の間の競争に向けられている。したがって、不平等間の競争に支配されている現今の社会で、その競争にも好ましい効果があるなどと言ったら欺瞞である。平等な者の間の競争は個人を自主、独立、自由愛好的にする。つまり、そのような競争は相互的規制を確立し、フェア・プレーへの執念を呼びおこす。平等者間の競争が不平等者間の競争に転化する時、心的風土は一変する。競争は依然として競争相手の適応を強制するが、かれの自己適応はもはや独立性や自主性を育てない。これは、不平等な条件のもとでの経済的競争によって例証されよう。

ある出費も、ある人間にとっては最後の一文をもはたいて出さなければならぬという危機を意味するが、他の人間にとっては、それはかれの財産の微々たる一部のいたでにすぎず、そんなものは何でもなく支払うことができる。何でもなく支払える余裕のある人間は、最後の一文をもはたき出さねばならぬ人間とは、全然異なる位置にある。これでも競争であり、機会は均等だなどと、公然とうそぶくようなことがあれば、偽善的雰囲気を作り出し、闘争の犠牲者の間に憤懣を呼びおこす。この憤懣は、厳格なカスト制度の中に残る憤懣以上に根が深い。カスト制度では、従属的階級は、あの世での生活の補償を夢みて、そもそもはじめから、かれらの運命をあきらめているからである。

不平等者間の競争は常に、反道徳的効果をもつ。その心理的衝撃は報酬の類型によって――特に報酬がわれわれの金銭的モーレスの一部を形成している場合には――違ってくる。競争の効果は、私有財産制度と結びついている時には、リスクの有無にかかっている。

限りない私的利潤を追求するための競争は自由に拡大する資本主義社会においては意味があった。そこでは、人間企業のどのフロンティアに立つ開拓者も大きな危険と予見できぬ市場に直面した。しかしながら、今日の会社企業は大きな安定性をもち、重大な危険を政府へ転嫁し、必要な場合は政府が特権と補助金と保護を与えている。人為的に欠乏性を作り出すことが利潤をあげる主要源泉となっている。つまり、競争は多くの分野でその純正な機能を喪失してしまい、企業体の私的利潤は、もはや個人的リスクへの報酬とか、投資のための信用できる誘因とかを表わさなくなっている。資本主義を賛美し、その永続を願う人々は、無意識的にか意図的に、かかる差異を無視し、あたかも競争が常に同じものであり、常に強壮剤的効果をもつものであるかのように、競争を弁明している。

したがって、教育的努力は初めから、平等者間における競争だけを育成し、それと同時に、不公平な慣行を許さぬような自由の精神を高めるべきである。フェア・プレーと再配分的正義の精神における競争は、競争のメカニズムがよい結果を約束するように思える場合は常に、支持すべきである。もちろん、相互の成長を阻止し合うような競争相手間の嫉妬が、卓越さを妨害することを許してはならない。これは平等主義のはき違えである。他方、卓越性の追求は、特権と権力への誇大妄想的渇望に導いてはならない。態度形成におけるこのバランスの問題は、あまりにもよく問い正されているけれども、少なくとも英国の経験が示すところでは、単に極端な態度だけでなく、非常に分化した態度をも家庭と学校の教育を通して作り出せるものである。正しい行動型式のビジョンと望ましいパースナリティ類型のイメージがはっきりしている限りでは、少なくともこれは正しい。競争に関するこれらの観察は一般に、学校、スポーツ、社会事業における競争の問題であれ、あるいは宗教教授におけるそれであれ、競争の具体的な全形式に対してあてはまるものである。これらはいずれも競争的基盤にもとづいて組織化でき、前述した競争のもつ一般的効果の若干は、どの場合にも検出されうるのである。

4　計画社会における競争と協同

計画社会はまず第一に、種々の競争形態を探究して、それぞれの機能的価値と教育的意義を検討するであろう。全体主義社会がその社会的メカニズムを上から課する傾向があるのに対して、自由のための計画社会は各メカニズムの特殊な適合性、便宜性および民主的統制の容易さを実験検証することを目ざすべきである。様々の社会的メカニズムは、多様な型式の混成的社会体系の鍵鑰的地点となる。われわれは、たとえば学問の場合のように、競争的刺激が権力の蓄積に導くことなく、無限の機会をもっているような分野では、すべて競争を許容すべきである。しかし、われわれは経済的領域や政治的領域において、報酬が無制限に成長することは注意して見守るべきである。

以上競争について述べてきたことは、それと同じように協同についてもあてはまる。協同ということは社会生活の異なる領域における非常に多くの過程に適用される。これらの過程は機能的に評価し、その長所を判定する必要がある。社会的相互行為における多様性に価値をおく社会は競争と協同を、相互背反的なものとして取り扱わないで、むしろ個人および集団に、一つの追求形式から他の追求形式にかえる技術を教えるであろう。多様性と弾力性のための教育は、子供の遊戯集団に、同一の目的に競争して到達するか、それとも協同して到達するか、その到達方法を教えるであろう。少年に示されるのは、たくさんもないのに競争して取り合えば、他の者をおしのけて自分の大きな分け前を取ることのできる少数の者には好都合であるが、協同すれば全員に平等に分配されるということである。(40)

大人の生活のより複雑な問題を青年に理解させようとする社会は、単にこれらのメカニズムの機能的局面を明らかにしようとするだけでなく、それに対応する社会的態度を青年に熟知させようともする。この教育類型は次のことを示すであろう。すなわち、個人的競争はどのように成功のための集中力を高めるかということ、個人的競争は個人のための個人の業績と排他的利益とに最高の価値をおく傾向があるということ、かくて個人的競争はどのようにしてロボットのように、誇大妄想的達成の実現を追求する非友好的人間社会を作り出すかということ、そしてかかるやり方が破壊的能率性をもつナチスの類型に導くものであるということである。これと同じ社会的解釈方法によって、協同は仲間意識と仲間による社会的承認を求める願望をもたらす傾向があることを論証できよう。過度に競争的な社会では、他人と分けられない個人的成功への熱狂は神経症的特性に発達するかもしれない。これに対して、バランスのとれた社会における正常な人間は、一つの欲求充足類型から他のそれへかえることが可能である。この柔軟性は児童期の適当な訓練によって獲得されるかもしれない。

協同と競争についての以上の議論はどうしても簡単になってしまったが、それでも、競争的社会をより協同的社会と取り換えたら、競争的社会のもつ一切の利点が消失してしまうのではないかと懸念したり、計画社会を単一の千篇一律的な社会的メカニズムの社会と思念している人間が、いかにナイーブであるかということを示すには十分であろう。自由のための計画社会は、競争や協同のような第二次的メカニズムを、客観的な基準、すなわちそれらのメカニズムが所与の目的達成の手段としてもつ機能的適合性とそれらの教育的衝撃に照らして決定する。

ある者は、競争的社会の方が計画的社会よりも、個性化と分化のより大きな力を提供するという理由で、競争的社会を弁護する。かれらは競争の中に、強力な個性と自由を生み出すメカニズムしか見ていない。もちろん、個性化と自由への意志が平等者間の競争の中で発達するというのは正しいが、しかし競争はそれらの唯一の社会的源泉ではない。どんな個人的適応の成功や諸困難の克服でも、個人の創意性や自主性を高める。これらを経済的制度によって用意する必要はないのである。立身出世の機会を協同的活動と置き換える場合には必ず、計画的社会はその教育政策によって、創意性と個人的責任性の出口を用意するであろう。

教育、社会事業、自治といったものを少なくとも、金儲けと同様に魅力的なものとして利用することによって、そのバランスは回復すべきである。多くの開拓すべき分野が存在しており、その分野で、すべての者は社会的改善のために貢献する機会をもっている。

もちろん、公共心にとむ市民が、この社会は「自分のもの」であって、「かれらのもの」ではないという気持を持っている場合にしか、社会の中に社会的創意は生存しない。かかる社会では、メカニズムの選択は第一義的には、抽象的利潤計算や私的予算の計上という面からはなされず、公益という面からなされる。教育的目的を追求するコミュニティは、そのコミュニティが惹きおこすどんな変化についても、その教育的意味に対して適切なウェイトをおく傾向がある。

5　社会的教育の定義

統合の第一次的形式と、それに対応する行動型式は社会の基礎的性格を規定する。大きくは、支配的行動に基礎をおく権威主義的組織化か、統合的行動に基礎をおく民主的整合化か、この二つの何れかである。[41] 第二次的メカニズムは程度は異なるが、両体制を補充するが、社会の根本的性質は決定しない。その基準となるのは、重大な状況に直面して、基礎的凝集性を支配的行動によって達成するか、それとも統合的行動によって達成するかということである。第二次的メカニズムは、行動の永続的訓練場としてしか関与しない。行為の地の上に、性格は形成されるのである。あるメカニズムが過度に支配的な傾向を育成する場合には、凝集の一般的型式は根底を掘りくずされるであろう。

その時、社会的教育は社会的型式と配列の教育的衝撃を取り調べて、望ましい目的に役立つようにそれらを修正しなければならない。本論では、われわれは理想——よい行為と性格の理想の教育的影響について故意に省略した。最近、理想を軽視して、社会的状況とその教育的意義の現実的研究を重視する傾向がある。これは抽象的観念論に対する健康な反動である。というのは、抽象的観念論は、その社会的文脈に関係なく、観念を広めることによって性格の改善をはかろうと期待していたからである。戦争の真只中で、すべての者が平和主義者になるとほのめかしたり、競争社会の中で肉屋やパン屋に、利己的なことを止めて儲けを放棄するようなことを教えているのを聞くと、実にいらだたしい思いがする。

社会的秩序を改善する——社会的諸集団、諸制度およびメカニズムを統制する——新しい可能性は、それらの操作ということに重点を移し、かくて社会的教育の理想面や倫理面を軽視する危険を生む。この道に沿ってあまりにも行きすぎて、人間の行為と性格を自動的に変えるような新社会秩序を期待する人々は、次のことを了解すべきである。すなわち、競争は、最近の研究が明らかにしているように、単にその競争と他の諸要因との組み合せによってばかりでなく、それに結びついている理想によっても、違ったものになるということである。「フェア・プレー」の理念は修飾的理想であって、競争のメカニズムから自動的に結果するものではなく、より大きな文化から派生するものである。異なる社会的状況は、それぞれの教育的影響をおよぼす。その状況にさらされる人々は、その教育的意味を理解する。連続的な「状況の定義」、諸事象の不断の価値評価は価値を教育力にする。社会的文脈の中でのこれらの意義についてのこうした再発見は、抽象的観念は嫌うが、具体的理想主義に対しては受容的であるすべての人々に、歓迎されるであろう。

(1) Cook, Lloyd Allen, *Community Backgrounds of Education* (New York, 1938). 参照。
(2) Allport, F. H., *Institutional Behavior* (Chapel Hill, 1933). 参照。
(3) Waller, W., *The Sociology of Teaching* (New York, 1932), esp. part II, 'The School and the Community,' 参照。
(4) Mannheim, Karl, *Diagnosis of Our Time* (London, 1943).
(5) Muzafer, Sherif, *The Psychology of Social Norms* (New York, London, 1936). 参照。「集団場面で、集団のメンバーはかれらの判断における共通の規範に向って集中することによって、状況を構造化する傾向がある。実験的会合の始めには、かれらは多様な方向を異にする判断をもって出発するけれども、実験の過程で一体となり、分岐する者はかれの判断の逸脱的位置を不安かつ不確実にさえ感じるようになる。この収斂は、集団の他のメンバーに対する一人、二人の判断の直接的影響によって即刻もたらされるものではない。それは一時的な型式を示す。……つまり、個々人の集団が新しい不安定な状況に直面して、その状況に関して前もって確立された関心や意見を持ち合せない時、その結果おこるのは渾沌ではない。すなわち、一つの共通の規範が生まれて、状況はその共通の規範との関係で構造化される。ひとたび共通の規範が確立されると、それ以後ばらばらの個々人はその規範をそれまでその集団規範であった準拠枠に代るものとして受け入れつづけるのである。」pp. 107, 111.

(6) Hiller, E. T., *Principles of Sociology* (New York, London, 1933), p. 473.

(7) Stanford Education Conference, *Social Education* (New York, 1939).

(8) たとえば、われわれは、失業者が増大するにつれて、大人と青年の割合が不均合になることを聞いている。「一八五〇年には一六歳以下の青年一〇〇〇人につき二〇歳以上の成人は、八八九人にすぎなかった。この割合は今までに変わってしまい、青年一〇〇〇人に対して成人二一〇〇人以上になっている。そしてもし現在の傾向が続けば、大人と青年のこの不均衡は増大するであろう。……青年の労働機会の領域は狭められ、青年が労働に従事する年齢は不断に上昇してきた。この状況の結果、おびただしい数の青年が学校に残るようになり、また青年が学校を出る時と仕事につく時との間のギャップが増大している。」*Social Studies in General Education* (1938), pp. 99–105. は、これらの数字について、Homer P. Rainey *et al.*, *How Fare American Youth?* (New York, 1937), pp. 41–2. A report to the American Council on Education. を引用している。

Lindley, Betty and Ernest K., *A New Deal for Youth* (New York, 1939).

(9) 『人間と社会』の注が明らかにするところでは、著者はさらに次の二つの例について、すなわち、(a)潜入的な移住に対するものとしての選択による計画的集団移住、(b)非行処理の社会的方法、について精巧化する考えをもっていた。

(10) Gruchy, Care de, *Creative Old Age* (San Francisco, 1946).

Martin, Lillien J., *A Handbook for Old Age Counsellors* (San Francisco, 1944).

Samson, Emily D., *Old Age in the New World* (London, 1944).

Simmons, Leo W., 'Attitudes toward Aging and the Aged: Primitive Societies,' *Journal of Gerontology* (Jan. 1946), vol. 1, no. 1, pp. 72–95.

(11) Mannheim, Karl, *Man and Society* (New York, 1940), part, III, 1, pp. 117ff. 参照。

(12)　「社会的教育」(social education) と「教育社会学」(educational sociology) のタームについては，H. E. Barnes, H. and F. B. Becker, *Contemporary Social Theory* (New York, 1940), ch. 22, 'Some Contributions of Sociology to Education,' とくに pp. 793ff. 参照。

(13)　Cooley, C. H., *Social Organization* (New York, 1909, 1929).

Frank, L. K., 'Research in Child-Psychology, History and Prospect,' *Child Behavior and Development* by R. G. Barker *et al.* (New York, 1943).

Folsom, J. K., *The Family and Democratic Society* (New York, 1945).

Freud, A., and Burlingham, D., *Infants without Families. The Case for and against Residential Nurseries* (New York, 1944).

Glover, E., 'State Parentalism; Some Reflections on Present Tendencies,' *The New English Weekly* (23 March 1944).

Waller, Willard, *The Family* (New York, 1938).

また L. K. Frank, Margaret Mead および Kimball Young の出版物も参照。

(14)　Schlesinger, R., *Changing Attitudes towards the Family in Soviet Russia* (London, 1948). 参照。

Heuss-Knapp, Elly, *Schmale Wege* (Stuttgart, Tuebingen, 1946). (ナチズムのもとにおける家族の困難を明らかにする人間的に興味深い物語がのせてある。)

Kirkpatrik, Clifford, *Nazi Germany: Its Women and Family Life* (Indianapolis, New York, 1938).

Mann, Erika, *School for Barbarians* (New York, 1938).

(15)　Myrdal, Alva, *Nation and Family* (New York, 1941), esp. ch. V. を見よ。

Glass, O. V., *Population: Policies and Movements in Europe* (Oxford, 1940).

(16)　Glover, E., 'State Parentalism...' loc. cit. 参照。

(17)　Ibid. および同著者の *War, Sadism and Pacifism; Further Essays on Group Psychology and War* (London, 1946). 参照。

(18) Lawrence K. Frank の出版物を参照。

(19) Golden, Anton S., and Rattenberg, Harold J., *The Dynamics of Industrial Democracy* (New York, London, 1942).

Mooney, James D., *The Principles of Organisation* (London, New York, 1939). 参照。

(20) Mayo, Elton, *The Human Problem of an Industrial Civilization* (Boston, 1946).

(21) 第五章注(53)参照。

(22) Cooley, C. H., op. cit. 参照。

(23) Myrdal, Gunnar, *An American Dilemma. The Negro Problem and Modern Democracy* (New York, 1944). 参照。

(24) ゲオルグ・ジンメル (Georg Simmel) はこの主題に関して、次のかれの著書の中で多くの重要な事を述べている。*Philosophie des Geldes* (Leipzig, 1900).

(25) 労働への古い誘因が現代の社会保障的方策によってどのような影響をうけるか、また異なる国々がこのためにどんなことをやってきているか、という問題については、Gertrude Williams, *The Price of Social Security* (London, 1944). 参照。

(26) *The Times* (19 Nov. 1942).

(27) Freud, A., and Burlingham, D., op. cit. 特に種々の満足を求める願望を誘発する玩具については同書 p. 64. を見よ。

Murphy, L. B., *Social Behaviour and Child Personality, An Exploratory Study of Some Roots of Sympathy* (New York, 1937).

Murray, Henry A., *et al.*, *Explorations in Personality* (New York, 1938).

Young, Kimball, *Personality and Problems of Adjustment* (New York, 1944).

(28) 第五章注(30)参照。

(29) Chadwick, H. M., *The Heroic Age* (Cambridge, 1926). 参照。

(30) Klein, Viola, *The Feminine Character. The History of an Ideology* (London, 1946).
Mead, Margaret, *Sex and Temperament* (New York, London, 1937).
Thomas, W. I., *Sex and Society: Studies in the Social Psychology of Sex* (London, 1907). 参照。

(31) *Britain and Her Birthrate* (London, 1945). (A report prepared by Mass-Observation for the Advertising Service Guild.)

(32) Lindsay, A. D., Introduction to *Lectures on the Principles of Political Obligation.* (Reprinted from Thomas Hill Green's Philosophical Works, New York, 1948, vol. II.)

(33) Howard Becker, 'Sarcasso Iceberg: A Study in Cultural Lag and Institutional Disintegration,' *American Journal of Sociology* (Nov. 1928), vol. XXXIV, no. 3, pp. 498–9. に引用されている逸話参照。すなわち、「一九世紀の後半部に、プロイセンの一管区指導官（*Landrat*）は、村落地域に……水道および下水の施設を取りつけるという、どちらかいうと、とっぴょうしもない考えを抱いていた。」パウロ教会民主主義の影響のもとで、かれは百姓と自治都市の公民を集会に招いたが、その提案は異口同音に反対された。何年か後、その管区指導官は猛烈に一人の村人から非難された。かれはその村人に、自分が百姓や公民を説得しようとして努力したことを思い出させた。それに対して、百姓は次のように言い返した。「説得ですって。あなたは簡単にわれわれを強制し、押しつけるべきだった」と。

(34) 第九章「民主的パースナリティ型式」の第一節参照。

(35) Cooley, Charles H., 'Personal Competition,' *Economic Studies* 4 (1899), pp. 78–183.
May, M. A., Allport, Gordon, Murphy, Gardner, *et al.*, 'Memorandum on Research in Competition and Cooperation,' *Social Science Research Council* (April 1937) (New York).
Mead, Margaret (ed.), *Cooperation and Competition among Primitive Peoples* (New York, 1937).
Murphy, G., *et al.* (eds.), *Experimental Social Psychology* (New York, 1937). 参照。

(36) Waller, Willard, 'Rating and Dating Complex,' *American Sociological Review* (1937), vol. 2, pp. 727–34.

(37) Bardin, S., *Pioneer Youth in Palestine* (New York, 1932).
Infield, H., *Cooperative Communities at Work* (New York, 1945).

——*Cooperative Living in Palestine* (New York, 1944).
Revusky, A., *Jews in Palestine* (New York, 1936).
Sampter, J. (ed.), *Modern Palestine* (New York, 1933).
Stoloff, R., *Cooperatives and Collectives in Palestine* (New York, 1938). 参照。

(38) May, M. A., and Doob, L. W., *Competition and Cooperation* (New York, 1937), p. 8.

(39) 「支配と勝利から小さな自己満足を得る子供は、周囲の皆に対して、よい子になることからも小さな自己満足を得ることができるであろう。」Murphy, L. B., op. cit. p. 751.

(40) これは勿論、協同と不平等な分配とが結合している場合も排除するものではない。たとえば、ある狩猟部族において、全員が獲物をとるために協同するが、分捕品は高い威信をもつ者に多くを与えるというやり方で分割されるのである。Margaret Mead, *Cooperation and Competition*... op. cit. 参照。

(41) 第八章第一節を見よ。

第八章　民主的行動型式

一　統合的行動の概念

われわれが見てきたように、新しい社会は新しい統制を必要としており、またこの統制は逆に新しい行動型式と新しいパースナリティ類型を要求している。もしこれが本当であるとすれば、われわれは次に、何が民主的パースナリティ類型のこの新しい行動を構成するかについて、十分論議をつくしてわれわれの期待を具体化しなければならない。民主的行動および性格の理想的型式について解明することは、かくてわれわれの前述の議論——そこではまず第一に、民主的な整合化の考え方を解明し、ついで人間行動改造の心理学的および技術的諸可能性を明らかにしようと試みた——を完成するであろう。新しい人間を作り出す手段については既に取りあげたので、われわれの当面のアプローチはその理念、(1)すなわち、われわれの教育的および社会的努力のすべてを指導する行動類型と人間類型のビジョンを確立することであろう。今日民主主義諸国に、理念よりも組織の問題を論じ、目的よりも技術の問題を論じる傾向があるので、教育の目的と内容の明確なビジョンを確立することは、なおさらのこと望ましいといえる。民主主義は、自ら作り出したい市民類型について明確な概念を喪失してしまっている。

これは疑うべくもない事実である。

明らかに、理想的型式を精巧化するということは、それ以後民主主義社会におけるすべての者を、それに従って行動させるとか、あるいはわれわれが民主的と呼ぶ人間類型のみが存在でき、またそれのみが望まれるとかいう意味ではない。理想は、民主主義社会の全教育的努力の向うべき方向を示すだけである。すべての人間がその理想を達成することはなく、またそれと同じように、すべての行為領域が全く同じ仕方で民主的型式と一致するようなこともない。これは自明である。これらの修正にもかかわらず、どんな社会体系でも「操作的理念」(operative ideas) ――A・D・リンゼイがそう呼んでいるのだが――、すなわち、バリエーションがあるにもかかわらず、生活様式を確立する思考および行為の型式をもっているということも疑えない事実である。全体主義社会も、かかる生活様式 (a modus vivendi) ――たとえそれがわれわれの善良な判断から見て拒否されるものであったにしても――を確立していたことは誰も疑えない事実である。

実際問題として、生活、行為およびパースナリティの民主的型式を最も簡単に表現する方法は、権威主義的ないし支配的型式とそれを比較することである。

単純な平面では、現にあるものは常に明らかである。誰でも同意するように、個人の協同への準備態、特に自分と平等な者との協同への準備態を含む行動を「民主的」行動と呼ぶことは、現代民主主義信条の一部である。これも誰でも了解しているところであるが、この平等はわれわれの隣人を決して自己の目的の道具や手段として使用することなく、かれの人格を尊敬する準備態を意味する。カントはこれを認識していた。最近では、それが互恵の原理(2)として公式化されているが、これは疑いもなく平等者間の協同の観念を指している。同様に、支配的行動との比較における民主的行動の本質的特徴は、暴力や圧力や権力を最小限にしか使用しないことにある。そしてもしわれわれが権力に頼るとしても、それは同等の統制的影響力をもつ同輩の統制下でのことである。

人々は長い間、民主的行動のこれらの主要な特徴に多かれ少なかれ気づいていたけれども、私の思考様式に至るまでの最近の発達は、人間行動を理解するための物差しとして役立つべきあの基本型式の考え方を大いに強化した。心理学者H・H・アンダーソン(3)、別の文脈ではピィアゼ(4)、さらに最近ではハーバート・リード(5)は、民主主義社会における社会的関係の根本的属性をよりよく理解するために大きな貢献をした。ピィアゼは民主的社会過程における相互性の観念を強調したが、H・H・アンダーソンとD・W・ハーディング(6)は、私が民主的行動の原型と名づけたい行動を、「統合的行動」と呼んだ。このタームは採用する十分な理由があると思う。何故なら、それは簡単な協同以上の何かもっと根本的なものを指し、民主的行動を特徴づける種々相を解明する鍵を含んでいるからである。

この統合的行動概念の重要な要素は、その精神において行為する人間が、単にかれ自身の考えと意志を他の仲間に上から課そうとしない——上から課そうとするのは支配的態度の本質であるが——ばかりでなく、不一致に寛容であるということである。かれは妥協のために寛容なのではなくて、自分とは本質的に異なる人間の若干の特徴を吸収して、自分自身のパースナリティを拡大しようという期待から寛容なのである。実際には、これは、民主的パースナリティが不一致を喜んで受け入れることを意味する。何故なら、民主的パースナリティは自己を変革にさらす勇気をもっているからである。事柄の根本にまでさかのぼっていくと、われわれは、変化に対する開放性といってもその人間が実感として安全に思う範囲内だけのことであり、したがってかれの誠実さを観念の協同と交換のもつ鑑識力にさらされても、地位や個性を喪失する心配のない範囲内だけのことであることを発見するのである。

この観察の最も重要な点は、ある人の見方を権威主義的に上からおしつけることと、地位喪失の恐怖との間の連関を了解していることである。権威主義的関係では、党人は他の者よりも高い地位を占めており、かれの活動はその地位を維持することと関係があるという推論が成り立つのである。これに対して、民主的友好関係の理想的な場合には、地位の問題は本質的平等を承認されていることによって除外して考えられる。言い換えれば、威信を求める願望は、他人から自らすすんで学ぶという考え方をとるために、権威主義体制のもとにおけるほど重要でなくなるのである。事実、実際の学習にあたって(この学習というのは既存の知識を受動的に同化することではなく、何か新しいものを経験する能力を意味する)、地位喪失の恐怖ほど大きな障害は存在しない。地位に乗っかった人間は実際に学習できない。これは一八世紀のドイツの思想家によって観察されたことであるが、その思想家の名は不幸にして、アングロサクソン諸国ではよく知られていない。(7) G・C・リヒテンベルクが述べたことを大ざっぱに言うと、年長者を長い間観察すればするほど、益々、目に見える老衰はたいていの場合、生理学的老朽の結果ではなくて、間違った心理的態度に根づくものであるという確信を得るようになったということであった。老人は学ぼうとしないことが多い。何故なら、かれらの見方を改訂することは、かれらの威信と沽券《こけん》にかかわることのように思えるからである。

行動型式とパースナリティ構造の型式との間のこの密接な相互的関連が、一たび認識されると、行為様式とパースナリティ類型の差異は、ことごとく今まで以上に知的に理解できるものになる。その時、行為の型式はパースナリティ構造の重要な一部となる。顔を失なうことを断えず心配しているような地位に乗っかった類型を作り出す社会は、社会的尊敬へのこの関心を数限りない儀礼(8)の中に表現せずにはおかない。その儀礼の中では、「上司」は一貫してかれの従属者の服従を自ら再確認することができるのである。その上、かような社会では、社会的承認、すなわち、行動を条件づける最も根本的な武器は、特に支配するように期待されている人間の側の、自己主張的行動に与えられるのが常である。これと対照的に、真に民主主義的な社会では、公的な認可の基準は、仲間を対等な者として処遇することをこばんだり、あるいは仲間をはずかしめさえしかねない、うぬぼれた支配的人間を挫折させる傾向がある。

われわれにはそもそもこの議論の発端から、統合的行動を既存の実体としてではなくて、民主主義の一つの理想として見ることについて、何の疑問も残さなかった。理想を構成することは、いやしくも、それを完全に達成するということを意味するのではなくて、むしろ教育と相互的統制の方向を与えることである。明らかに、統合的行動は大規模組織においてよりも、人格的関係の中で実現されるチャンスの方が大きい。社会的要求が大きくなり、組織が必然となればなるほど、それだけ支配の要素はしのびこみやすくなってくる。しかし、統合的行動の理想が生きており、それが現実の動機づけの力となっている限りでは、盲めっぽうな服従を阻止し、民主的行動を支持する場を保持したり導入したりさえする傾向が存在している。支配に基礎をおく社会では、これと反対のことが当てはまるであろう。人格的関係の領域においてさえ、自己主張的かつ報復的な性格は勇気あるものとして賞賛され、人々は組織化、いや過剰組織化に耽溺する。というのは、人々は、これだけがかれらに力を与えるものだと感ずるからである。すなわち、自我は、支配的性格をもつ規制によって支持されている場合にのみ、安全に感ずるのである。制度的型式の中に打ち立てられている処罰と刑罰は、全体主義社会に非常に強力に滲透しているものと同一の自己主張的、攻撃的傾向の表われである。

民主主義的精神の持主にとって、統合的行動は一つの理想にすぎず、それへの近似性という面で経験されるだけである。アナキストには、権力と支配の使用を全く差し控える行動のみが許される。かれは無政府主義に基礎をおく社会を欲し、組織化が成長しても支配の要素を入りこませないと主張する。ある意味でアナキストは、限界的状況の民主主義者である。民主主義精神とアナキストのそれとの違いは、民主主義精神の方が現実により近いという点にある。民主主義精神は、ある状況における、また社会的組織化のあるレベルにおける、権威の必要性を認めるけれども、しかしその目的は新しい社会的発明によって支配を最小限にくいとめ、支配に基礎をおく組織化の形式を、もっと人間的な組織化の形式でもって置き換え、権力をコミュニティの統制下におくことである。

これが明らかになると、われわれは理想的な統合的行動の意味と帰結について、もっと詳かにあとづけることができる。

協同とは、適切に理解すると、異なる諸目標の連続的統合を意味する。これは先に見た通りである。諸目標を統合する訓練を一度も受けたことのない者は、真の民主的協同を経験したことのない者である。というのは、民主主義の本質は諸目標の統合であって、単なる妥協ではないからである。支配的人間でも妥協することはある。支配的人間はお互いに抑圧し、相互に自分の意志を上からおしつけようとする。そしてこれに失敗する時にしか、かれらは妥協をはかろうとしない。

妥協は二つないしそれ以上の相反する見解や意志の間の合理的調整であると言われているが、これは当を得ている。党がかれらの本来の主張の若干を犠牲にするのは、単に便宜上の問題にすぎない。どんな真に創造的な力も、妥協からは表出しない(9)。

統合的行動は妥協以上のものである。すなわち、人々は、体質や社会的位置、衝動や関心の差異がかれらの人生経験と態度を異なる仕方で形作るという事実は十分承知しておりながらも、かれらの異なるアプローチの仕方を、共通の生活様式の中で協同するという目的のために変形する。かかる変形は統合の創造的形式である。共同生活と共同的追求の過程から、協力者は本来いだいていた目的以上のものさえも抱くようになるところの新しい目標が出現する。まさにその発端から、この種の統合は不同意者や創意性に富む人間のための広場を提供する。そしてかれらの貢献は、われわれのそれとは異なるかもしれないが、排除されずに、吸収されるのである。アングロサクソン諸国では、不同意者は創造的妥協の新しい考えを生み出す上で重要な貢献をしているが、この概念を発達させることができたのはアングロサクソン諸国だけであった。

1　民主的寛容対狂信

寛容の真の考えは、A・D・リンゼイが強調しているように、受動的に甘受することではない。その考えは、共同体の最も身分の低い成員を通してさえ、神の声が語られるという信仰に根づいている。かくて、われわれはかれに耳をかたむけなければならないのである。というのは、身分の最も低い者でも、その独特の生活経験において、最高の知者の注意さえまぬかれていたものをも見ているかもしれないからである。

「統合的行動」という言葉は、民主主義と寛容の観念の中に常に存在している潜在的諸傾向を科学的に定義したものに他ならない。これらの傾向をもっと意識的かつ顕在的なものにすることはさておき、統合的行動はもっと進んだ歴史の段階に民主的協同の考えを適用するものである。同族ないし同一コミュニティのメンバーだけでなく、本質的に異なる個人や集団も協同しなければならない時、同化への用意があるということは絶対必要である。統合的行動は、協同の原理を、新しい目標が不断に進化しつつある力動的な変化に富む世界に適用する限りでは、単なる協同の観念をも超越している。

統合的行動のさらに二つの別の局面は、以上述べてきたことを発展させると、うまく説明できる。

民主的寛容は狂信とは両立できない。後者は真理に対する情熱的な追求を放棄し、創造的な貢献する機会を自分の仲間から剝奪するものである。[10] いかなる「支配民族」(Herrenvolk) の観念も、他人のために何が最善であるかについての知識の独占を主張するエリート（少なくともファシスト的な意味での）概念も、これらの路線に沿っては発達できない。これは必ずしも次のことを意味するわけではない。すなわち、ある事柄についてのその人の知識の方が、他の者の知識以上に正確であり、その人の情報を使うことができるような専門家はコミュニティにいないとか、あるいは他の者以上に本質的な問題に深い関心をもつ人々はいないとかいうのではない。民主主義社会では、これらのより知識の豊かな、より明敏な人間類型の存在は極めて大切である。しかしながら、コミュニティにおけるかれらの位置は、他の者から隔絶したものや他の者を支配する位置であってはならないのであって、コミュニティが相互的交換を通してかれらの高い資質を分けもてるような位置でなければならない。真に民主主義社会は、高い才能と業績をもつ人間を孤立化させることなく、かれらとコミュニティの残りの者との間のコミュニケーション路線を創設することによって、かれらを統合する。[11]

創造的寛容の理想がもつ他の内包性は、永遠に発生する不同意者と共通の目標や真の協同を確立するという課題である。

意見を異にする者とでも、協同する必要があるという教義は、しばしば現実に重要な問題を中性化するという慣行に堕落してしまった。民主主義の頽廃期に、これは基本的考えの一致はありえないという理論に導く。だから、民主主義が協同を維持するためになしうる最善の策は、部分的な問題についてだけ同意を得ることだということになる。言うまでもなく、これは「妥協の必要性」を説く論の改訂版にすぎない。妥協は勿論、多くの場合にさけられないであろう。われわれは、基本的統合を待つ余裕がない。すなわち、コミュニティが自身の資力で新しい創造的な解決法を見出すまで待てないのである。しかし、われわれは妥協を真に進歩的な統合の満足すべき代置物として受け入れることが多ければ多いほど、それだけ創造的な寛容性は根本的なことについての議論を徐々に排除していく中立政策に堕していく傾向がある。[12] かくて、だんだんと民主主義内部の本質的なものに対して注意されなくなってくる。原理や生活のより深い理解を気にしないで、妥協工作のみにかかわるような去勢された心的態度の類型が優勢になってしまうのである。

この一般的無関心状況の中で、哲学、宗教、歴史感覚は消滅しつつあり、精神の問題においてさえ、実業家の取引的な態度が主要な徳性となっている。測定できるものだけが正確だという科学者は、誰にでも確証できる限られた作用面から、事柄の表面しか見ないこの態度の典型である。道徳と宗教の領域でも、外部的なものだけに同意が得られれば十分であると考え、本質的なものはもはや考慮されなくなっているのである。

このために、民主主義は献身できる目的を渇望している人々にとって、あまり魅力的でなくなっているのである。スピノザが正しくも言っているように、われわれはある情緒を取り代えるためには、別の情緒を手段にしなければ取り代えられないのである。狂信によってけがされていない情熱——これがわれわれの必要とするものである。[13]

他方、われわれは本質的なものを固定した不変のものと見ている限り、本質的なものの共通の理解を希望することはできない。民主主義的前進の唯一の適当な形式は、進歩的経験の光に照らして本質的なものを不断に再解釈し再統合する一種の協同である。[14] 正しく解釈される場合、この態度しか変化しつつある世界に伍していけるものはない。他の態度は、現在の外部的問題だけの同意を得るために、変化の主要な源泉を失う。

2　民主的責任型式

それは民主的な責任概念へ向っての一歩にすぎない。共同生活と統合的行動にアクセントをおいて考えると、新しい真理を発見する喜びの方が誇りと独善性に勝つであろう。この場合、人は盲目的な服従によってではなく、共同経験の進行の中で定義され規制される新しい状況をもつ新しい世界の自覚を通して、責任性の訓練をされなければならない。

民主主義的真理は、共同生活過程の中で出現する時、真理となるのであるから、一般的な同意を作り出すことをサボることは許されない。われわれはわれわれ自身の法律を制定した以上、それに抵抗したり、その効用をくつがえすいわれはない。もし変更を必要とするなら、一般的同意によって法律改正のための規定を作ればよい。したがって、法律への忠誠は主として、公認手続きへの忠誠にあるのであって、その方法を廃棄する違反ほど、民主主義の精神に反する大きな違反はない。

今やわれわれは、責任問題の主観的局面と客観的局面に到達する。抽象的自由主義は前者にしか関与しないのに対して、客観主義論者は制度と組織と最後には国家を過度に強調する。われわれは主観的要因と客観的要因との間のバランスをとる方法によって、両方のアプローチのもつ一面性を克服したいと思う。

抽象的自由主義は個人を唯一の実在と見做しており、責任性の根元を専ら自明当然のこととして個人の中に求める。客観的には、個人以外に責任性はありえない(というのは責任性のつく椅子は個人の心の中にあるから)けれども、そのような責任性は何か純粋に内面的なものだと認められる。極端な自由主義的個人主義は、責任性を人格的意志(ドイツ語でいうGesinnung)の問題と見なし、社会的および教育的問題を、専ら個人内部の正しい態度を作り出すことだけに限定する傾向がある。われわれは無論、心理学的および教育的諸要因に対する自由主義者の見方から何ものかを学ぶことができるが、しかし自由主義者とは反対の見方をとる客観主義論者が強調するところの、社会的文脈とその影響をも無視するわけにはいかない。

客観主義者の見方では、権利と義務は客観的要求から出ている。相互社会的規制と個人の良心は、たとえ伝統を通して発達され、慣習になっているにせよ、あるいはある統治者や公式の法令によって制定されたものであるにせよ、社会組織の中に現実の起源をもつ内面化された命令に他ならないのである。

義務を客観的場面の一部として解釈し、良心なる現象をその客観的場面に帰属させる傾斜は、各種の保守主義には勿論、独裁制の中にも広く行きわたっている。「客観主義者」でも、時には、良心がコミュニティや社会秩序の客観的要求との接触を失なうほど、主観的になりうる事実を嘆くに至ることがある。特に独裁者の「厳命」が個人の決定に取って代る場合、このアプローチのもつ誇張がどんなに危険であっても、その誇張の中には、責任性は常に客観的な歴史的文脈において作用するものであって、その文脈なしには大して意味をもたないという洞察の一要素が含まれている。これはさらにわれわれに次のことをも教える。すなわち、われわれはかれだけを切り離して改善することによってではなくて、それと同時に社会的文脈を変形する努力によってのみ、一人の人間を教育したり再教育したりすることができるということである。われわれは、直接個人に働きかけることはさておき、望ましいパースナリティ類型の成長を育成するように環境を操作しなければならないのである。

二　責任性の主観的側面

他の多くの場合と同様、われわれはまず第一に、責任性の生得的形式は存在しないことを了解しておかねばならない。すべての社会は不断に、いろいろの責任がとれるように個人を訓練したり、少なくとも、そのために注意深く準備している。

どんな社会でも、そのメンバーが自己の行為の結果に対して責任をとろうとしなければ、存続することはできない。これは右のことと同じく真である。万が一にも心理学が自由意志のような物はないということを証明したとしても、社会は人々にかれらの行為に対して責任をとらせる諸方策を維持しなければならないであろう。(15) したがって、制裁と処罰は全社会に共通に存在しているのである。

それにもかかわらず、われわれがある制裁を特定の社会組織に関係づけ、社会構造と、その構造が要求する心性の構造とを関連させるや否や、大きな差異が発展する。

基礎的社会構造が支配に依存している場合、単に支配的行動だけでなく、責任の支配的類型も発出するであろう。これと同じことは民主主義にもあてはまる。統合的行動の民主的型式は、良心の民主的概念およびそれに対応する責任感に根づいている。どんな社会でも原理をその論理的結論に運ぶようにはいかないことを、われわれは認めなければならない。すべての権威主義的社会は民主的自己規制の一定の飛領土を残しており、またどの民主的社会にも一定の支配型式は生き残っている。かくて一定の制限を付けて考えると、われわれの一般論は依然として妥当するのである。というのは、異なる社会類型における行動の構成成分の割合は根本的に異なるからである。権威主義的社会では、支配的態度が行きわたっており、民主主義社会では、統合的行動が優勢である。あれこれの行動類型のいずれが優勢であるかということはさておき、二つの社会体制間の差異は、重要な決定が支配の精神において行なわれるか、それとも統合の精神において行なわれるかということと、支配的行動型式と統合的行動型式のいずれが公的承認を受けているかということによって決まるのである。

行動および責任の異なる形式を細かく考察すればするほど、それだけそれらの形式は人間の成熟段階に対応していることが明らかになる。支配的形式は児童期により接近しており、民主的協同への参加を訓練され、責任を分担する行動型式は、より高い成熟水準においてしか発達しない。

1　「指導者」と父親の同一視

責任をとる最も初期の形式の一つは、子供が自分の両親と同一視することから生れる。[16] 両親にとって、子供はその親の欲することをなす存在であり、子供の発達させる超自我は何らかの形で、親への依存性と関連している。権威主義的社会では、この責任性の初期的段階にとどまっている。その場合、忠誠は直接「指導者」（Führer）に焦点づけられているが、その指導者のイメージは父親のイメージと置き換えられている。ここでは、服従は指導者のためにのみ要求され、すべての責任性は指導者に依存し、この人格的忠誠と依存性を越える者は全然現実に考えられない。この類型の責任性においては、合理性の範囲も究極的には、さきの場合と同じようにして決定される。すなわち、「父親」や「指導者」のみがあなた方の行為の理由を知っているので、合理的な論証は不必要である。盲目的な服従は単に便法としてだけでなく、徳性と考えられる。合理的論証を構成要素として認めたら、全体系を崩壊させてしまうような不安定性が生じるであろう。

対応する責任形式と一貫した行動を作り出すもう一つの原初的方法は、最も顕著なメカニズムとして報酬と処罰を行なう外部的条件づけである。[17] 同一視によって決定される行動や、賞罰によって条件づけられる行動はすべて、個人の側における多量の自己統制と、それと同時に責任性の若干の要素をも要求するある程度の一貫性をもっている。しかし、これらの「低次元」の一貫した行動形式は個人の意識的決定に基礎づけられていないし、またその行動は状況および共同生活への自己の貢献についての知的な評価をも要求しない。

人間はまだ、無意識的な習慣と練習のレベルを動いており、われわれが自分のパースナリティと行為の一部にしたいと思う行動型式は、まだ知的に選んで獲得するわけにはいかない。反応と習慣が主として機械的なものである限り、責任性も機械的なものにとどまる。その中心的徳性はある一貫性であり、往々にして快楽を放棄する能力である。

このレベルでは、確立されるべき習慣がそれ自体価値をもつ場合にしか、行動の改善は不可能である。別の言葉でいうと、このレベルではギャングの一員ではなくて英雄を見習う場合や、敵対精神に支配された破壊的活動ではなくて、協同的友好的な社会活動に報酬を与える場合にしか行動の改善は不可能である。

全体主義社会は、低次元の行動と責任の形式の潜在力を利用することに巧妙である。しかしながら、全体主義社会の限界は、それらの潜在力をもっと高貴な目的に役立てたり、それ相当の責任性の類型を伴う高次の行動形式を奨励しようとしない点にある。

これらの低次の行動型式を取り扱うにあたって、現代民主主義は、それらもある程度まで必要であることを了解すべきである。プラトーの教育観は望ましい態度を明らかにするのに役立つかもしれない。かれの指摘によると、われわれは盲目的な従順さと有用な自動的習慣を教え込まないで、子供を教育することはできない。教育の第一段階は望ましい習慣を植えつけることに向けられるとすれば、次の段階は合理的なものと非合理的なものとを意識的に識別する批判的センスを、個人の中に発達させることを目的とすべきであろう。

責任性の問題は、フロイトの精神分析学のいう「超自我」(Super-Ego) と密接している。フロイトの精神分析学は、普通、良心と呼んでいるものを科学的に説明しようとしている。最近、この超自我の概念は、民主主義の動向に合わせてかなり改訂されてきている。フロイトはその人生の大部分を支配的禁制的社会で送り、超自我の消極的局面を痛いほど知っていた。フロイトにとって、超自我は親と文化の課するタブーの残滓物に他ならず、社会的教育の禁止面だけを表していた。A・H・マレー[18]は、しかしながら、超自我が否定の要素と同時に創造の要素をも含むことを示したが、これはかれの功績である。ルイス・マンフォード[19]はかれにならって、超自我が、反社会的傾向を抑圧する単なる禁止的な力であるどころか、積極的理想を設定する建設的な力でもあることを証明した。かくて、超自我は自我理想を精巧化する全価値体系を作り出すことができるのである。芸術、倫理、宗教および科学の諸労作は、この超自我体系の客観化されたものである。なるほどフロイト派の学者はこれを考量して、諸現象を認識し、「昇華」というタームを作り出した。だが概して、かれらは教育の概念を欲求阻止的諸技術の総体として強調しすぎたため、個人の社会化における建設的および創造的可能性については比較的暗かった。

われわれの理解するところでは、人間の社会化は単に「禁止」(don'ts) によってだけでなく、積極的イメージと創造的理想によっても達成されるのである。自己の性向に対する不断のたたかいを意味する苦痛の原理に依拠するどころか、理想の受容は積極的な喜悦の経験と結びついている。われわれは民主主義再生の一部から、禁止にしか注意を焦点づけていなかったヴィクトリア時代のあのくすんだ局面をぬぐい去ってしまっている[20]。もっと希望に充ちた建設的な出発にあたって、われわれは抑圧を完全に除去することはできないが、われわれはこのことを十分に理解できないほど批判的である。しかしわれわれは、支配の世界で以前には恐怖という動機のもとになされた事柄を、共同的努力によって達成することを教える一連の発明を信じている。この態度変容の鍵は、次のことについての了解の中に横たわっている。すなわち、個人にとって苦痛となるたいていの目的は、たとえ外部から課される場合でも、その目的の達成が共通の目的として認められ、積極的目標として情緒を付与されて、共通の負担として担われさえすれば、喜こんで受け入れられるのである。

労働はこの点についての最もよい例証となる。われわれは外部的権威の要求によって労働を強制される限りでは、労働の観念は苦役、苦痛および不快と結びついている。われわれは同一の課題をコミュニティへの自ら選んだ貢献として遂行するや否や、多くの場合にその仕事を上手にやりとげようとして努力し、どんなことがあっても、それを放棄しないであろう。勿論、われわれがこのように反応するのは、そのために訓練されている場合だけであり、禁制的公式を徐々に創造的な心像と建設的なビジョンによって取り代えるように、われわれの超自我が影響をおよぼされる場合だけである。したがって、われわれがこの目標のために超自我を改造することができる場合にのみ、社会の再編成は人々の心の中に根をおろすのだと言っても、決して誇張ではない。創造的動因の刺激と自己完成への衝動は、新しい型の行動と習慣の簡単な訓練を補足するものとなろう。かくて究極的には、われわれは新しい型の良心と責任性の発達する基礎をきずくのである。

われわれの問題をその歴史的展望の中で見るなら、ルソー以後ずっと、人間に対するこの楽観的アプローチ――タブーを弛め、超自我の禁止的要素を解放し、新しく創造的潜在力を強調する――は、くり返しくり返し自己を確認してきていることがわかる。このアプローチは人間と社会の民主的変形を同伴していたし、また現にそうした発展の顕著な局面の一つになっている。現代の教育理論は多くの点で、ルソーのエミール（Emile）の根底となっている洞察を、より科学的なタームで確認したものにすぎない。権威主義的処罰と直接経験とを取りかえようというわれわれの提案や、教育は人間の要求から出発すべきだという考えは、ルソーによって先鞭をつけられたものであった。

（他人に逆らうようだが）子供は事物のなるがままにさせておけ。すると、子供の教育の過程で自然の秩序に従ったことになる。行為そのものから生まれる身体的障害や処罰以外のいかなる子供の不合理な欲求にも決して逆らってはならない――子供は類似の状況に出会ったとき、これらの処罰を想い出すであろう。子供が悪い事をするのを禁止しなくても、子供に悪い事をさせないようにするだけで十分である。経験と無力さだけが、子供には法とならなければならない。……わたくしは既に次のことは述べておいた。すなわち、あなたの子供は、何かを要求するからといって、それを与えてはならないのであって、それが必要だから、それを与えるのでなければならない。また服従によって何かをやらせるのでなくて、必然性によってのみ何かをやらせなければならない。かくて、「服従」と「命令」という言葉は権利と義務という言葉以上にきびしく、子供の語彙《ごい》から排除されるが、力と必然性と無力さと強制という言葉は、子供の語彙《ごい》の中で重要な位置を占めるであろう(21)。

二度の大戦の間の新教育の動因は、主としてデューイの考えによって指導されたが、その起源はルソーの中にあった。

いつか権威主義的な方法をとらなくてもやっていけるようになるという楽観的な見方は、他の分野にも広がっていった。社会的教育の分野における主要な変化は、それと同じ考えを、新しい生活様式と思考様式に適用しようとする試みにすぎないのである。

超自我内部の制約的諸要素をゆるめ、かくしてみなぎる心情と想像を解放する傾向は、ルソー自身の場合におけるように、民主主義の発達型式の再現する一位相であるように思える。拡大と収縮の時期は交代する。以前に抑圧されていた情緒の突発的な噴出と一般的解放は、拡大の時期を開始し、遂には「自我」の内部に恐怖感、すなわち最近、エーリッヒ・フロムが巧みに述べているあの「自由の恐怖」を発達させる。(22) この恐怖は拡大と充溢の停止を命じ、新しい収縮の位相に導く。社会的諸階級間の力動的闘争は一部分、この発達の中に反映される。上昇的階級は拡大にくみする傾向があり、既存の情緒的均衡を取りこわそうとするが、保守的階級は無意識のうちに情緒的な現状(status quo)に固執する。この旋律の内部で、拡大の位相は創造的位相であるが、これに対して収縮の位相は力動的過程における新しいバランスを確立しようとする努力を表している。

3　自発性の訓練

民主主義精神の発達における偉大な業績は、超自我の抑制をゆるめ、諸力の解放を目ざして運動をすすめ、自発性のための訓練を行ない、知性に対する禁制を除去したことである。現代の教育研究に照らして、われわれが了解しているところでは、自発性あるいはイニシァティブをとる能力は一部分は生得的であり、かくてその能力を切り開く過程が非常に重要である。しかし一部分は、その能力は訓練からも生まれる。(23) この訓練というのは、個人の習慣的反応の貯えを引き出せないような予想もしない自由な状況の中に、個人をおくことにある。これは単に移動性と適応性を拡大するだけでなく、常規に基礎をおく生活や過去の経験の閉ざされた円環に限定された生活以上に、より満足すべき生活様式をも切り開くのである。

ロマンティシズムも多くのバリエーションがあるが、直接想像の源泉にかかわる個人主義を唱導している点では、ルソーの示した潜在能力をさらに発展させたものである。しかしそれはもう一つの含みも、もっている。これはベルグソンに十分に表現されている。ベルグソンもルソーと同じように、創造的潜在力を解放し、因襲の殻を破ることを生活の目的にしていた。民主主義教育は、単に建設的ないし自発的であれと勧める点においてだけでなく、個人の生活がイニシァティブへの、自己選択への、新しい組み合せ発見への、また必要ならしばらくの間、自己を処して流れに抗して泳ぐことへの、不断の挑戦を表わすように、個人の生活を計画する点においても、勝利者である。しかし「民主主義教育に反対する」人間は、神経症的な否定主義から反対すべきではない。反対する勇気は、むしろ健康な建設的パースナリティから発出すべきである。全体主義社会はかかる逸脱を許すことができないであろう。すなわち、全体主義社会はどんな反対者でも、いや応なく、既存秩序に自己を適応できぬ社会的不適合の位置におしやってしまう。これとは対照的に、流れに抗して泳ぐ人間も若干はおるべきだというのが、民主主義的ビジョンの一部であり、またかれらの中には上手な泳ぎ手もいるだろうというのが、民主主義教育の一部である。(24)

知性の使用をすすめるこれと同じ考えは、現代の教育哲学の中にも作用している。現代の教育哲学は知性、理性（ratio）そのものを力動的実体と考えている。「安定的な見方」では、知性は静態的カテゴリーの固定的体系であり、その中には、カテゴリーによってとらえなければ捕捉し難い感動が一時的要素を取り去られて貯えられている。創造的進化を基礎的経験として思念する「ロマンティックな者」には、かような脱水された知性は虚構の実体であり、何とかして不断に変化するものを取り扱おうとする方便である。思考の現実の過程はそれ自体、力動的であり、不断に新しいカテゴリーと方法を発明して、単なる同化的知性のステレオタイプを克服しようとするもっと大きな生活過程の一部である。集団の恐れとタブーから人間に、自分の鼻の下にあるものに目を閉じさせていたために、何世紀もの間、名前をつけられずにいた種々の事実と状況と過程に名前を与えるのは、大体、新発見である。

幼児性欲の存在は、その適切な例である。これはすべての母親と乳母に観察されながらも、誰もあえてこれを認めようとしなかった。この場合にも、「無意識的なもの」の発見はショックを与えた。というのは、無意識的なものはそれを否定しようとする心的防衛規制の一つだからである。だから、これらの分野における新しい知識は、より一貫した思考に基礎づけられているだけでなく、それに先立つ集団的禁制の除去にも基礎づけられている。

すべての社会は心的禁止領域を作っている。したがって、知能を解放する行為は、それにつづく発見の予備的条件となっている。機能を喪失してしまって知的発見の成長を阻止している諸禁制を一掃する集合的過程に加わる人間は、たとえ当人自身は天才でなくても、天才の仕事にあずかるのである。極端な天才は勿論、このような人間も、人生を発見の航路にかえる。かれはその仲間と一緒に、世界の新局面を発見する。何故なら、かれは因襲のヴェールをひき裂くことに成功するからである。この新しいアプローチにおいては、事物のもつ新鮮な意義が発見の対象となるだけでなく、人間関係も他の潜在性をあらわす。というのは、異なる経験類型が新しい共同生活形式によって形成されるからである。

現在の発見の一つは、動的良心、すなわち動的な統合的責任観念の発見——異なる人々からなる世界的コミュニティの中で、予見できない状況の中で、しかもこれから共同の努力によって発見されなければならない規範のもとで、生活を共にする可能性を探究するという冒険に対する責任観念の発見である。

良心は長い間、非常に人格的なものと考えられてきた。しかしT・H・グリーンの次の言葉ほど当をえたものは少ない。すなわち、「誰も自分で良心を作ることはできない。個人は常にかれのために良心を作ってくれる社会を必要としている。宗教的あるいは政治的な良心の異端は、常に社会的善に関する何か徐々に成熟しつつある確信を表わしており、そのような確信は既に行為の一般的ルールの依拠する観念の中に暗々裡に含まれている。[25]」

抽象的観念論にとっては、良心の発達は実に純粋な人格的事象である。この見方では、道徳的パースナリティの成長は純粋に個人的な発達、自我の諸能力の改善、理性能力を鋭敏にすること、偏見を除去することなどにある。パースナリティの新しい統合的理論にとっては、良心の発達は純粋に個人的な事柄ではない。それは連続的なギブ・アンド・テイクと結びついており、共同の努力によって新しい規範を見出さなければならない新鮮な活動分野を共通に発見するために、他人と連合することと不可分である。かくて、個人の良心はコミュニティの成長しつつある良心の中に根づいている。このことは、良心の成長が常に慣習的となっているものから突然予想もしない方向に導くということではない。T・H・グリーンが示しているように、異端でさえ、徐々の成熟を表わしており、それが伝統的観念への反対を含む限りでは、一組の伝統的観念に関連する集合的逸脱を表わす。出発点（terminus *a quo*）は共通の経験を形成しており、到達点（terminus ad quem）、つまりわれわれの到達目的も、期待と可能性の共通領域の中に埋められている。変化しつつあるコミュニティは一組のゆるぎない命令によっては決定されず、変化しつつある経験を表現するための新しい規範の永遠の探求に従事する。良心の内容はしたがって、顕在的かつ最終的なルールによっては決定されないで、不断に自己を更新しつつある。

いわば、独立した原子が、個人が自分自身と自分自身の良心の作成者であるかれら自身の世界に生きているのだという見方に基礎をおく教育は、これから規範を発見しなければならない新世界を、一緒に作り出す共同企画にそなえて個人を準備する目的の教育とは異なるに違いない。後の意味で教育される人間は、地に耳をつけて聞き、共同生活の新しい創造的な傾向と潜在力に対して鋭く注意する能力を獲得する。われわれは特殊な訓練をせずに、この能力を発達できるとは考えていないが、集団生活の無数の実験は、この能力が陶冶されうることを示している。

三 責任性の客観的側面

われわれはこれまで、主観的経験に見られる責任性の若干の特徴を解明しようとしてきた。しかし最初から明らかであったが、現実主義的民主主義は主観的経験の面だけから責任性を考えることはできないのである。むしろ、われわれが認識しなければならないのは、責任性は環境から成長するものであり、その環境からのみ責任性は意味と現実的妥当性を引き出していることである。だから、責任性の哲学と社会学は少なくとも、個人の経験に対すると同様に、責任性の形と潜在力を決定する環境的諸要因に対しても、同等の注意をはらわなければならない。著者の哲学は常に「存在拘束性」(Seinsverbundenheit) の考えによって導かれている。すなわち、精神的現象は環境、状況および場に関係づけられており、抽象的な天国に存在するのではないという考えによって導かれている。(26) 問題の両面――個人に影響をおよぼすところの良心の主観的な意味と出現と発達と同時に、良心に内容と目的を与える客観的な場面の両方――に適切な注意をはらうことのできる哲学だけが、適当な哲学だと考えうるのである。教育の面で述べると、個人の良心を覚醒させ、発達させるための主観的な心理学的方策のみに集中する道徳教育は、現実生活との接触を失なっている。教師も生徒も環境に注意するために目を開いていなければならない。そこにおいて良心は実際に出現し、個人および他人に対する力を発揮するのである。

したがって、行為が行なわれ、反応が期待され、課題が解決され、協同のルールが確立されるところの客観的諸条件を理解するための訓練によって、実在感覚を洗練することが社会的教育の本質的部分となるのである。[27] われわれは普通、ある人々に対してだけ、すなわち自分の家族や同族やコミュニティのメンバーに対してだけ、責任を感じる。接触が増大するにつれて、責任感はわれわれの同胞市民や広く人類さえも抱擁するようになるかもしれない。責任感のこの拡大は、個人のパースナルな生活史に依存するだけではない。もっとも、これが責任感の成長の肥沃な土壌となっていることは事実だが。責任感の拡大はそれと同様に、われわれの生活する社会的諸集団の世界の拡大の果実である。これは次の事実を説明する。すなわち、非常に多くの人々はその同胞市民に対して責任を感じるが、他方で、異民族や異国民に所属する人々の運命とは接触をもたぬままであろう。かれらの責任感は決してかれらの国という軌道を超えては発達していない。これと同様にして、自分の親族には鋭い責任を感じる人々でも、その若干は、まだ必ずしもコミュニティの事柄に対しては積極的な関心を発達させていないかもしれない。かれらの責任感は家族や同族のレベルにとどまっているのである。

これらの例から示されるように、個人が感じる責任の範囲は大体、コミュニケーションおよびその他の接触形式の半径と、個人に直接影響をおよぼす集団的統一方法に依存している。遠大な接触をもつ人間は、他国のメンバーをも自分の同情の軌道内に喜んで引き入れ、かくてコミュニティの境界線を超える責任性をも受け入れるであろう。しかし大多数のものは、自分自身のコミュニティの限界を出ないであろう。かくて、われわれの人格的良心は少なくとも、ある程度まで、歴史的過程の副産物だといえる。そこから、責任性の拡大は個人的教育だけでは達成されず、基本的には社会的教育の課題となるのである。その結果、責任性の拡大は戦術的に処理できる問題だし、またそのように処理すべきである。コミュニティが拡大ないし融合の時期にある場合、個人の責任性の範囲は拡大しやすい。たとえば、国連軍が一緒に戦闘に加わっている時には、かれらが共通の行為場面で全然出会ったこともない時代にくらべてはるかに容易に新しい一体感を呼びさますことができた。それまでお互に責任感をもたなかった人々が、一緒に働きだすと、人種的およびその他の形式の集団的偏見は、容易に取り去ることができるのである。共通の目的のもとで、人々はだんだんと人種的およびその他の差異にあまり重要性をおかなくなっていき、最後にはそれらの差異を全然忘れ去ってしまうのである。勿論、敵対性は自動的に「反対する」態度を強化するので、かれらが相互に競争を許されている場合には、このことはおこらない。

責任性の範囲を拡大するわれわれの戦術は、抽象的な諸原理の宣言よりも、集団間の協同をもたらす方策によって、それらの原理を整合化することに基礎をおくべきである。この意味で、観念は外見上の価値通りに受けとってはならないのであって、集団生活を履行する上でのその観念の適合性との関係で、また協同や統合の方向において価値判断すべきである。この過程に奉仕するのに適した観念は協同や統合を大きく強める。そして観念の力も逆に百倍に倍増される。

世界的コミュニティと国際的協力のための教育過程において、戦術的状況を注意深く選択しなければならない。個人に対するアプローチは、いずれも社会的変化の一般的型式の一部を形成するように時宜を得たものでなければならず、純粋教育の分野に閉じこもったままのものであってはならない。

1　規範とその集団的内容

いろいろの責任型式は、その型式を発生する集団過程の性質と密度によって決定される。問題に対するわれわれのアプローチのこの局面は、法社会学という新しい学問の二、三の観察から最もよく表示される。この法社会学という学問は、ところで、プルードンの社会哲学の中にその根をもっている。その主題となるのは、法は抽象的な社会的実体であるどころか、実際は社会過程、すなわち大小の集団生活から進化するということである。したがって、社交の形式、あるいはわれわれの場合で言うなら、集団的統合の形式が存在するのと同数の多くの統制形式（規範）が存在している。この思考路線をとる現代第一線の代表的学者の一人はジョルジュ・ギルヴィッチである。[28] かれは社交形式について優れた分類を打ち出している。われわれの見るところでは、これらの社交形式は異なる種類の法を生み出すだけでなく、異なる良心類型をも生み出すものである。事実、私の考えでは、各種の集団メンバーを統一する社会的紐帯の質と、それに対応するメンバーの心の融合度は、単に出現する諸規範の性格だけでなく、それらの規範に対応する良心の種類をも決定する。

ギルヴィッチは法の三大類型の定義を、それに対応する三つの社交類型に基礎づけている。後者の類型はさらに統合度によって区別されている。三つの社交類型とは、(a)大衆、(b)コミュニティ、(c)講社である。これを利用してわれわれは、単なる相互依存性から心の相互滲透性に至るまでの一つの尺度を構成することができる。大衆とは、無数の人間に伝達されるきわめて皮相的な融合によって合体されているものである。しかしこの社交形式は凝集性を欠いている。というのは、メンバー間の紐帯が集団の容易な分離を阻止するほど強くないからである。講社とは、たとえば宗教的セクトの中で経験されるものだが、最も深いレベルでの心の統合に基礎づけられており、最も親密な圏域に影響をおよぼす。この親密性の結果、講社は小集団に限定すべきである。というのは、数が増大すると、分化も増大し、遂には教派の分裂がさけられなくなるような状態にまでなるからである。コミュニティとは、最善のバランスを達成した社交形式である。というのは、それは安定性の上にうち立てられた相互滲透性に依拠しているからである。「コミュニティでは、一方で全体の要求と義務が、他方でメンバーの要求と義務が、多かれ少なかれ等値として現われる。(29)」

われわれはこのアプローチを詳細に追跡する必要はない。ギルヴィッチは主題の説明の中で、どちらかというと錯綜し、詭弁を弄しすぎているように思えるが、かれの根本的命題は確かに健全であり、私はそれを、以下の観察によって補足したいと思う。多かれ少なかれ複合的な社会はどれも、これらの社交類型を含んでいるが、その類型のどれが行きわたっているかによって全然違ったものになる。全体主義的大衆社会は、一方でその原動力を党の中核、すなわちセクトの中心のようなものから得ており、他方で大衆にまで広がりをもつ両極端の型の融合の上に打ち立てられている。全体主義社会の宣伝者はコミュニティについて多くを話すけれども、かれらは共同体精神、自己規制と相互統制の有機的紐帯を確立することに失敗し、その代りに、組織と、命令的性格をもつ上から課された法にのっかっている。民主主義は、大衆および派閥的統合を末梢的なものにし、コミュニティ的統合類型を促進することによって、安定性を確保しようとしている。しかしながら、社会規模の増大という点から見ると、この特殊な連帯性を維持することは益々困難になってきている。現実のコミュニティ単位は将来の統合の基礎を形成しなければならないであろう。しかしこれは、共同体的生活の法則とは別の法則に従う機能的組織によって補足されなければならない。今日でも、共同体精神を徐々に広めながら、なお保持できるようなやり方で、機能的統合と地域社会的統合とを組み合わせる希望はまだ存在している。かくて、純粋かつ単純な大衆組織の状態に堕落することは阻止されうるのである。

この点についてもう一つ大切なことがある。明らかに、これらの社交形式の枠内での生活と行為と感情は、それに対応する行動形式の訓練を要求する。ナチスの教育実践はセクト的行動と大衆行動の両方の訓練に集中していた。エリートのための青年キャンプや指導者学校は、講社的精神とそれに対応する責任形式を育成しようとしたものであり、他方で大衆訓練は青年を大衆行動のために条件づけようとしたものであった。その大衆訓練の中で、責任感は操作されたスローガンへの感受性と置き換えられた。ここでは、影響の主要な道具は、大衆心理の動きに従って集団を統治するための大規模な宣伝であった。先に指摘したように、ナチスは共同体精神の発達を主張したが、従属的な行為領域においてしか、その機能を許さなかった。重要な事柄の行為にかかわる現実に責任ある決定が下されねばならぬ時は常に、頂上から発出して、ヒエラルキー的組織を通って徐々に底辺に到達する命令によったのであった。

　われわれの民主主義諸国では、あらゆる種類の社交性のために行動を訓練しておくことが望ましいのである。というのは、大社会は同質的でなく、個人の柔軟性を不可欠としているからである。しかし、上述した両極端のいずれも、社会化の主要な範例にすることは許されない。というのは、これは不可避的に全体主義に導くものだからである。共同体的行動は民主的行動の原型として残さなければならない。またそれに応じてその統合型式と法則を行き渡らさなければならない。

　最後に述べるけれども大切なことだが、民主主義型式に対応する良心の類型は、共同体的なものでなければならない。これは、大衆の圧力に敏感すぎることもなく、また自らすすんで多数者に完全に迎合することもなく、宗派的恍惚や狂信も渇望しないようなパースナリティ類型を意味している。宗派的経験の上に育成される良心は、常に自己抹殺的犠牲を追求するが、その忠誠心は、その良心が義務として認めている少数の選ばれた者にだけ限定されている。この型の人間は、民主主義過程で生き難い。というのは、民主主義過程は、本質的に、選ばれた者以外のすべての者を排除するよりも、全同胞市民が益々拡大しつつあるコミュニティの権利と義務に参加することにかかっているからである。現実のコミュニティ生活の進行の中で発達する良心は、宗派的類型のもの以上に真面目である。それは、コミュニティの各人に安定感を与え、個人と集団が古風な精神状態に逆行する――宗派的および大衆的恍惚と結びついてよくおこる過程――ことを阻止する平静さの要素を含んでいる。

コミュニティの統合と、それに対応する良心の類型は、英国にはまだ生きている。その理由は主として英国では発展の連続性が、小さなコミュニティに共同体精神を徐々に拡大する余裕を与えたからであった。大規模な国家的コミュニティへの移行も決して大変動にならなかったのである。この過程の進行中も、共同体的良心の純粋な形式は保存されえたので、各メンバーは今でも他人および社会全体に対して鋭い責任感をもっている。

2　責任性の一貫性の問題

責任性の客観的諸条件を探究するさい、われわれは社会生活の種々の領域で大なり小なり責任性の一貫性と呼ばれているものを考察する必要がある。(30) たとえば、われわれの社会では、実業生活および行政上の責任性は、言って見れば、政治のそれよりも、はるかに一貫している。ビジネスは権利・義務の厳格な限定の上に成り立っている。その権利・義務は多くの場合、単に法的制裁によってだけでなく、相互的統制のレベルにおいても、強力に補強されている。これに対して、政治の領域では、いろいろの程度の不信が習慣的に我慢され、あるいは当然のこととさえされている。これは再び、責任性が単に主観的現象でないことを歴然と示している。すなわち、責任性は社会の組織によって、特に人々が行為する領域の組織によって強化され維持されるのである。たとえば、仕事の事柄や自分の家族のメンバーに対しては極めて良心的な全く同一人が、かれの情事においては無責任なことがある。これも又、若干の哲学者が考えていたように、行動が完全には性格によって決定されないことを示している。ある行為領域は人間の性格の中に統合されないのか、あるいは発達過程で、それから分離してしまうのであろう。このような場合に、かれは社会的実在の一部へ、より直接的に反応するが、その部分には、確立された行動の基準がまだ発達していないのかもしれない。ここでわれわれは両端に同時に責任感を樹立しなければならない。社会関係のこれらのシンデレラ的領域に、因襲的道徳性とは無関係で、それと同時に限られた責任性の非道徳性を指摘することによって、個人の良心にも訴える、新しい意見の風土を作り出さなければならない。

政治、不義の愛の領域および集団的局外者との人格的関係は、われわれのいわゆる文明社会に原始的状態のまま残されている三つの領域である。これらの領域では、責任性の一貫性は低いレベルにある。大体、戦争中の敵に対する行動は、これと類似のカテゴリーに属している。国際的関係の分野における道徳性は、まだ胎児の発達段階にある。しかし、われわれが徐々に無法性の上述した三つの領域を変形するために作り出す治療法は、ある程度まで、この領域にも適用されうるが、このことを留意しておくことは、有益であるかもしれない。

四　旧制度の瓦解

責任性のための訓練は単に主観的な事柄ではなく、客観的制度の統制にも依存している。われわれは次にこの社会学的論点のもつ真理性を若干の古い制度の分析によって示したいと思う。それらの古い制度は、過去には責任性を促進する教育的機関として行為していたが、その影響力の減少や瓦解は大体、大衆における責任感の衰微を説明する。

1　所有権の役割の弱化

現代資本主義の変化の中で、所有制度も、それが基本的に小土地所有者や職人や店主の財産に基礎をおいていた限りでは、ふるっていた教育的価値をだんだんと喪失している。責任性を助長する教育的要因として所有制のもつ機能は、農夫の場合に最もよく例証される[31]。ここでは、「これは私のものだ」という観念は、農夫の生活の組織全体を決定する。それはかれを労働にかりたて、かれに予見と計算させる起動力となり、かれに危険をもおかさせる動因となっている。農夫の私財に対する人格的愛着性は、動産の所有がそれほど人格的な結びつきを構成しないで、より抽象的なものと感じられるという事実と同じほど、よく強調されている。しかし、自分の工場に対する小企業主の愛着性や自分の商売に対する小店主の愛情は、社会的教育者と同じような機能をもち、自分の仕事の要求を処理する場合に、個人として必要なあの責任感をかれの中に作り出す。

小所有者の時代には、同時代の家庭および学校の教育は、所有に含まれる権利・義務の鋭い自覚と共に、円熟した所有感を育成するために全力をつくした[32]。子供に、責任性を教えるために小遣銭を与え、「自分自身の所有する」動物への情緒的愛着性を目ざませるために、ペットを与えた。このような方策は、後になって毎日のビジネス生活の中で開発される特殊な心の枠組と特殊な徳性を作りだすために役立った。しかしながら、今日では、われわれはもはや当時と同じようには社会的教育のこの衝撃に依存できなくなっている。それは主として、大多数の人々が、小所有制の範囲が減少した結果、大会社の従業員として依存的な地位に忍従せざるを得なくなっているからである。小所有者の衰微と共に、あの特殊な責任類型は今や消滅しつつある。もしわれわれは速やかに新しい行為領域の要請に即した責任感を育成する新しい方法を見出すことができなければ、われわれの社会は生活の目的や目標を欠如した、なりゆきまかせの無策の群衆になりさがる危険に直面させられるであろう。事実、子供時代から慣れ親しんできた枠組の中でしか世界を想像できぬ人間は、われわれの世界を運命的なものと見なす傾向があるかもしれない。広い社会学的な見方だけが、社会的責任性は他の形式をとって自己を表現することもでき、新しい方法で創造できるということを理解するために役立つのである。

実業家や小農に典型的な責任性にとって代る主要な責任性形式の一つは、文官の機能型式内で開発されている。ここでは自己の専門と地位に対する誇り(33)が、新しい責任類型の基礎となっている。文官は、私有制の枠組とは別の責任性の枠組が可能であることを示している。これはその点で多くのことをわれわれに教えている。勿論、その方法を卑劣に模写すべきではなく、その方法を新しい事態に適用すべきである。自分の仕事と地位に対する同一視は、利潤の動機と同様のよき責任性の源泉となるかもしれない。われわれは机上の口授を実地作業で補足しながら、その同一視と冒険のための訓練を結合すべきである。

責任性のもう一つの類型——職人のもつ責任性——は、所有制によって作り出された類型と同類である。自分の仕事に対する職人の誇りは、特殊な責任感を生み出している。この責任感は、自分の作ったどの作品も人格的な努力の結果なのだという不断の認識によって生気を維持されている。労働の機械化によって惹きおこされた職人仕事の活動範囲の減少の結果、このタイプの責任も衰微しつつある。そしてわれわれはここでも、もし新しい労働条件に適合した、それに取ってかわるものを見出すことができなければ、一般的な責任感も衰微するだろうという危険に直面させられる。

2　責任性の家庭教育

責任性の非常に多くの形式は、家族単位の訓練基盤の上に発達されてきた。特殊な家族感情があると同じように、その質と存在そのものが家族と結びついているような特殊な責任形式も存在している。変貌しつつある現状のもとで、それらの責任形式の運命について論ずるとすれば、われわれはあまりに深入りしてしまうであろう——ここでは家族構造の変化と共に変わりつつあるそれらの責任形式の一、二を指摘するだけで十分であろう。

全体としての家族および家族内の諸関係に影響を及ぼす大きな変化は、この由緒ある制度の衰微の徴候というよりも、家族構造の変形や、古い農村的家族型式と新しい都市的家族型式との置き換えの表われである。[35] われわれの社会の諸変化は多くの点で、ロシアの家族構造の変化に似ている。これらの変化の中の最も根本的な変化は、勿論、技術革新や産児制限に起因している。産児制限は単に人口のバランスをくつがえすだけでなく、人口規模の前進的衰微をひきおこしており、それはひいては経済およびその他の全社会生活領域にも影響を及ぼすのである。[36] それはまた、基本的な男女関係とかれらの責任感をも変形する。「産児制限は性と生殖との間の絶対的な関係を弛めてしまい、そのことによって性的関係の連続性を自然のうちに拘束していた力の一つを破壊してしまった。」[37] 純粋道徳的義務は単なる方便という面からでは説明することができないものであり、自然的ないし社会的拘束力を強化することによって安定化しなければならない。これらの拘束的制裁が変化したり、弛緩したりすると、状況の道徳的定義も変化しがちである。

ロシアとスエーデンの両国は、多くの点で、これらの問題に対する新しいアプローチを最もはっきりと反映しているように思われるが、共通に一つの特徴をもっている。すなわち、両国とも家族制度の消滅を認めていないことである。しかし、社会は二つの生活様式を、したがって女性に対する二つの道徳律を作り出している。女性は伝統的な意味で結婚して主婦になると、国家は家族生活の諸条件を改善し、子供をもちたいという願望を鼓舞するために万全をつくしている。しかし、たとえ婦人は結婚していない場合でも、彼女らの地位の尊厳性および彼女らの子供のそれは、両国とも可能なあらゆる手段で保証されている。(38) かくて、国家は可能な限り、家族制度を強化すると同時に、たとえ父親が違っている場合でも、数人の子供を養育する用意のある婦人は、これを単に許容するだけでなく、支援もしているのである。国家は、コミュニティに対してこれらの子供がもつ価値を十分に自覚して、かれらの養育責任を受け入れ、子供の教育費も、その父親に求めることなく自ら進んで支払っている。勿論、かかる政策上の変化は、少なくともその初期の段階においては、無責任性の範囲を増大すべき運命にある。男性は性的関係では常に責任が少なかったし、また現在は男性の責任が除去されているので、完全な無責任性へ扉を開けたままになっているように思える。しかしながら、このようなことになるのは、われわれが新しい形式の自由と、より高度の責任類型とを結びつけることに失敗する場合だけである。その表われは、自分自身の子孫だけを扶養することよりも、寛大な社会的方策によって、すべての子供を広くコミュニティが一般的に扶養しようとする用意の中に見られるであろう。

責任感の同じような弱化は、最も広い意味での教育が家族から保育所、幼稚園、小学校および中学校などへ転移される時、観察されるかもしれない。ここでは、子供の福祉と心的発達に対する配慮は主として第三者にゆだねられる。この領域でも、もし親に対して新しい要請を課することができなければ、無責任性は義務の欠如を増大するであろう。この場合の治療法は、親と教師の間により効果的な協力形式を作り出し、よりよい保育所やコミュニティ・センターを創設することにある。これらの改善の過程で、親の責任感は拡大されるであろう。それは純粋に個人的基礎の上ではなく、共同体的基礎の上に打ち立てられるであろう。親は自分の子供を愛し、コミュニティのすべての子供に対する責任を感ずることによって、かれらに対する責任を受け入れるであろう。われわれわれは、この新しい広い責任感が次の場合に作用していることを見るのである。すなわち、現代の親が、たとえば、読書したり、新しいタイプの成人教育課程に参加したりして、自分の子供の最もよい取り扱い方を発見しようとしている場合とか、自分の子供のために最適の学校を選ぶために、教育方法の研究に非常に大きな時間をさいている場合である。

生殖の問題はさておき、過去の家族の主要な存在理由(raisons d'être)は家族員に避難所を提供することであった。家族のもつこの避難所的機能は、社会事業の増大と、生命保険や健康保険や老齢年金の形で公的に保障する社会保障制度のおかげで弱化されつつある。自分の親、親戚および自分自身に対する配慮が個人の関心事でなくなると、私生活の中での責任性の訓練も消滅していくことを認めないわけにはいかない。しかしここでも、これが真となるのは、われわれが責任ある行為、つまり、より公的な性格をもつ新しいタイプの責任性を行使するための新しい排け口を見出せない限りにおいてだけである。例えば、かつては家族員の私的な仕事であった老人の面倒は、今やデンマークでなされているように、老人村を設置するという形をとるかもしれない。(39) 責任ある新しい行為領域は、これらの老人のコミュニティを、できるだけ満足のいく人間的なものにすることであろう。公共的設備は、徐々に老人や病人や失業者の面倒を見る古い私的なやり方に取って代る傾向にある。

家族的紐帯の弛緩は、何か他の紐帯によって置きかえられなければ、近隣とコミュニティの関係にまで広がる根絶化の過程の発端となる。これは「所属感」の喪失を意味し、さらに所属感の喪失は特殊な形式の責任感を弱化する。この責任感は、なかんづく連帯感に基礎づけられているから、異なる集団内の連帯感が消滅すればするほど、それだけ、それに対応する責任形式の情緒的基礎も稀薄になっていく。現代人における安定性の一般的欠如は、ここにその発端をもっており、また垂直的および水平的の両面での社会的移動も近隣とコミュニティの紐帯を弱化している。これも疑えない事実である。しかし、もしわれわれは古い形式の責任性を新しい形式のものと取り換えることに成功すれば、精神の変通自在性は今日知られている精神的および道徳的渾沌に取って代ることができよう。

3　独立した手段をもつ人間の消失

責任感の制度的源泉を評定しようとする試みにおいて、家庭から公的生活に論を移す時、われわれが観察することだが、最も顕著な変化の一つは、独立した手段をもつ人間が徐々に見られなくなることから生じている。以前には、独立の手段をもつ人間は支配と考え方を上から押しつけることに対して抵抗するだけの余裕があった。すなわち、かれは自分自身の責任性を確立するだけの余裕のある人間であった。かれは、奉職する公的機関が本来意図されていた目的に十分に奉仕していないとか、奉仕しそこねていると思えば、ポストから引きさがることができた。かれは新しい考えを宣伝することも、また開拓的経験を企てることもできた。何故なら、かれは、たとえ権力や収入の公式的な源泉がなくなっても、自分の生活を持続できるほど十分に独立していたからであった。社会における集中化が進み、少数の手中に富が累積して、この種の財政的独立が阻害されればされるだけ、それだけ集中化と階層化の低い社会の貴族階級を特徴づけていたあの公共的精神と市民的責任の感覚を発達させる機会は少なくなってきた。ギリシア人とローマ人は、これについて全く真剣であり、自由人しか、すなわち特権階級の人間しか、公共の責任を担うに足る心の自由をもつことができず、また政治に参加できないということを、はっきりさせていた。必ずしも私的な財産や収入に基礎をおかなくても、独立性を保証する何か新しい方法を見出すことができなければ、社会は既得権の進行に対する抵抗の典拠となっている不同意者そのものを抑圧するであろう。

同じく責任性の発達の前提条件をくつがえすものは、政治の中にも見出されるかもしれない。政治において、大衆機構をもつ大衆政党は、人格的良心の独立性に根づくような政策の発達を阻止するからである。プログラムが前以って描き出されている所では、政治における独立した決定の源泉は消滅されている。

これらの例が示すように、責任性をひき出す客観的条件の分析は、その主観的出現についての心理学的研究と同様に重要である。社会が責任感を育てた、消滅しつつある諸制度を置き換えることができなければ、それは単なる注入や説教によって責任性を生き生きと維持することはできない。民主的行動と民主的パースナリティの創造は、社会が責任性と能率的な社会統制の発達を保証するために、どんな種類の制度を提供できるかにかかっているのである。

（1）これは勿論、われわれが、かかる観念にもとづく行動の出現と発達のための社会的および心理的諸条件に関する議論を繰り返すということではない。

（2）ラスウェル（Lasswell）はその著、*Analysis of Political Behaviour* (New York, 1948). の中で「恭順」について述べている。

（3）Anderson, H. H., 'Domination and Social Integration in the Behaviour of Kindergarten Children and Teachers,' *Genetic Psychology Monographs*, 21 (1939), pp. 287-385.

（4）Piaget, J., *The Moral Judgement of the Child*, tr. by M. Gabain (London, 1932).

（5）Read, Herbert, *Education through Art* (London, 1947).

（6）Harding, D. W., 'The Custom of War and the Notion of Peace,' *Scrutiny* (1940), vol. IX, no. 3.
——*The Impulse to Dominate* (London, 1941).

（7）Harding の先に引用した論文 pp. 207-8. も参照。

(8) Parsons, Elsie C., *Fear and Conventionality* (New York, 1914). 参照。われわれは中国清朝時代の官吏の支配下における儀式の精巧化や、一八世紀フランスのアンシァン・レジューム期の宮廷社会のエチケットの位置を引き合いに出せるかもしれない。

(9) Harding の先の引用部分参照。
Morley, John, *On Compromise* (London, 1891, 1923).

(10) 「狂信」と「熱狂」との対比は、シャフツベリー公にさかのぼる。Weiser, C. F., *Shaftesbury und das deutsche Geistesleben* (Leipzig, Berlin, 1916), pp. 130f., 270. 参照。
狂信的態度の現代的な記述については、Karl Jaspers, *Psychologie der Weltanschauungen* (3rd ed. Berlin, 1925), pp. 137–8. を見よ。

(11) Wilson, Logan, *The Academic Man* (New York, 1942).
Znaniecki, Florian, *The Social Role of the Man of Knowledge* (New York, 1940). 参照。

(12) 「……そして、議論の必要な主題の範囲を、自由人の社会にありそうな一つの主題にしぼったことは、自由主義信条の偉大な功績である。」Hayek, *Road to Serfdom* (London, 1944), p. 52.

(13) 本章注(10)を見よ。

(14) この関連で本質的なもの——「理念」——を不変の実体として考える傾向のあるプラトンやその追随者の哲学の上に、新しい光が投げかけられる。この傾向は、その型式を静態的世界から引き出す人間経験の類型、あるいは少なくとも諸事象の流転を安定化——たとえ、この安定化が人為的でなければならないにせよ——しようとする人間経験の類型に対応している。他方、拡大しつつある世界を了解しようとする哲学は、いずれも、これらの安定化への努力とは反対に、力動的諸要素の経験を強調しなければならないであろう。

(15) 勿論、処罰と自由との間の関連は比較的近年に起源をもつものである。原始的時代に見出されるのは、悪事をなす者は悪魔か、悪い霊によって動機づけられているのであり、したがって処罰されなければならぬという信仰である。Thorndike, E. L., *Human Nature and the Social Order* (New York, 1940), p. 950；また Sutherland, E. H., op. cit. p. 335. も参照。

Mannheim, H., *Criminal Justice and Social Reconstruction* (London, 1946).
Reiwald, P., *Eroberung des Friedens* (Zurich, 1944).
Rusche, G., and Kirchheimer, Otto, *Punishment and Social Structure* (New York, 1939).

(16) Friedlaender, K., op. cit. p. 365.
Young, Kimball, *Personality and the Problem of Adjustment* (New York, 1944), p. 354.

(17) 後の段階において、これらの刺激に対する反応はより意識的になり、したがってより選択的となる。その結果、すべての報酬や処罰がことごとく望ましい反応と一致するわけではない。Miller, N. E. and Dollard, J., *Social Learning and Imitation* (London, 1945). を見よ。

(18) Murray, Henry A., *et al.*, *Explorations in Personality* (New York, 1938), p. 190.

(19) Mumford, Lewis, *The Condition of Man* (New York, 1945). 特に用語解説を参照。

(20) 「……情緒の取り扱いにおける教育の問題は、抑圧や固定的な規制のそれであることは少なく、暴力的反動を最小限にとどめ、活力に充ちたエネルギーを合理的に働らかすための機会を提供すべき諸条件を組織化する問題であることの方が多いのである。」Prescott, D. A., *Emotion and the Educative Process*, American Council of Education (Washington, D. C., 1938), p. 59. 参照。

(21) Rousseau, Jean-Jacques, *Émile* (Flammarion ed., Paris), vol. 1, pp. 80-81.
Quoted by K. D. Benne, *A Conception of Authority* (New York, 1943), pp. 117f.

(22) Fromm, Erich, *Escape from Freedom* (New York, 1941).

(23) F. Moreno, *Who Shall Survive?* (Washington, D. C., 1934). における自発性に関するかれの考えを参照。

(24) 『人間と社会』の注によれば、著者は進歩主義的教育について、さらに精巧化する意図であった。マンハイムは次の七つの主要な考えをあげている。

1 伝統的な教材という面からよりも、むしろ機能の中核や目標をめぐってカリキュラムを組織化すること。

2 それぞれが計画化を含む大プロジェクトや一貫した学習単元を組織化すること。これらのプロジェクトや学習単元は、社会的に有意義で自然のうちに統合するような生徒の分化した諸能力に幅をもたせるため、実地組織、読書、肉体労働および協力的活動に関与するものとなろう。

3　他人との競争による勝利の満足を、自己改善の満足でもって取り替えること。つまり、「達成できる目標」を設定すること。

4　伝統的な学校がこれまでやってきた以上に、より現実的に、個人差を認め、これを活用すること。

5　創造的自己表現活動を奨励すること。

6　学校を純粋に楽しめるものにすること。

7　年齢に伴なう興味の正常な発達に従って種々の活動と教材を配置すること。つまり、子供にその準備ができた時、材料を提供すること。（編者）

J. H. Folsom, *Youth, Family and Education* (Washington, D. C., 1944). に引用されている MacLean, M. S., 'Future Pattern of Education,' *The Educational Scene* (May 1937), p. 178. 参照。

(25) Green, T. H., *Collected Works* (London, 1885–8), vol. II, *The Principles of Political Obligation.*

(26) Mannheim, Karl, *Man and Society* (New York, 1940), pp. 295ff., 299ff. 参照。
Ideology and Utopia (New York, London, 1936). も参照。

(27) MacIver, R. M., *Society, a Textbook of Sociology* (New York, 1937).
Cooley, C. H., *Social Process* (New York, 1918). 参照。

(28) Gurvitch, Georges, *Sociology of Law* (New York, 1942), p. 211. (Engl. ed. p. 166.)

(29) Ibid. p. 215. (Engl. ed. p. 169.)

(30) Young, Kimball, *Personality and Problems of Adjustment* (New York, 1944).

(31) Honigsheim, Paul, 'The Roots of the Nazi Concept of the Ideal German Peasant,' *Rural Sociology* (March 1947), vol. 12, no. 1.
L'Houet, A., *Psychologie des Bauerntums* (3rd ed. Tuebingen, 1935).
Martini, Fritz, *Das Bauerntum im deutschen Schrifttum von den Anfaengen bis zum 16 Jahrhundert* (Halle, 1944).

Sorokin, P. A., and Zimmerman, C. C., *A Systematic Source Book in Rural Sociology* (Minneapolis, 1930–32).

Thomas, W. I., and Znaniecki, F., *The Polish Peasant in Europe and America* (Chicago, 1918–20).

Weber, Max, 'Capitalism and Rural Society in Germany,' *Essays in Sociology* (New York, 1946), pp. 363–85.

(32) マーガレット・ミード (Margaret Mead) は，その著書，*Growing Up in New Guinea* (London, 1931), pp. 93f. で，マヌス島の子供の間に見られる「未発達」の所有観念について興味深い例をあげている。

(33) 地位の誇りに関しては，次のものを参照。

Logan Wilson, *Academic Man.* 特に parts II and III.

Hughes, E. C., 'Institutional Office and the Office,' loc. cit.

Merton, R. K., 'Social Structure and Anomie,' *American Sociological Review* (1938), vol. III.

Veblen, T., *The Higher Learning in America* (New York, 1918).

(34) Blain, L., *Les Sentiments familiaux* (Paris, 1927).

Folsom, K., *The Family and Democratic Society* (New York, 1943).

Paulhan, F., *Les Transformations sociales des sentiments* (Paris, 1920).

(35) これらの変化についての十分な議論については，Myrdal, Alva, *Nation and Family* (New York, 1941).

次のものも参照。'The American Family in World War II,' *The Annals* (Amer. Acad. Pol. Soc. Science) (Sept. 1943), vol. 229.

Kolb, William, 'Sociologically Established Family Norms and Democratic Values,' *Social Forces* (May 1948), vol. 26, no. 4, pp. 451–6.

(36) Calhoun, Arthur W., *A History of the American Family from Colonial Times to the Present* (New York, 1945).

(37) Myrdal, Alva, op. cit. p. 506.

(38) 'Social Problems and Policies in Sweden,' *The Annals* (May 1938), vol. 197, esp. pp. 200–232.

Winter, Ella, *Red Virtue* (New York, 1933). 参照。

(39)　第七章注(10)を見よ。

第九章　民主的パースナリティ型式

一　性格発達の歴史的型式

民主的責任性およびその発達を育成する諸条件の研究を頂点とする、民主的行動の理想についての議論から、次に民主的パースナリティの理想とその出現のための条件を考察するために論をすすめたい。

心理学、人類学および社会学における現代の研究(1)は、次第に、行動のある局面が行為の場、社会生活への参加方法および社会に行きわたっている正しい行為の概念によって、条件づけられることを明らかにしている。その上、統合的パースナリティの型式は、個人が同調しようとする社会の条件づける力と理想的パースナリティに対応している。環境的条件づけ——物質的および観念的な条件づけ——は、個人の欲望と動機、すなわち個人の人格的反応を決定し、行為の指導原理に影響をおよぼす。それと同時に、既に見たように、環境的条件づけは良心の進化の型を形作る。これが究極的にパースナリティの発達に影響する。次にわれわれが認識しなければならないのは、パースナリティ発達の型式は、その型式が社会的に条件づけられた自然であるが故に、歴史的時代を異にすると異なることである。例えば、封建社会の支配的パースナリティ型式はルネサンス時代のそれとは異なる。

現在の英国社会に一般に見られる社会的類型は、ソビエト体制やドイツのナチス体制によって鋳型化されたものとは異なる。

パースナリティ型式の社会的形成についての初期の観察者の一人は、マックス・ウェーバーであった。かれはピューリタニズムを初期資本主義精神を形成する偉大な要因の一つとして分析しているが(2)、このかれの分析は現代人のパースナリティ形成に関する歴史的研究の偉大な例として残るであろう(3)。

これらの歴史的研究から拾い集めた知識によって豊かな考えをもっているので、われわれはもはや、われわれ自身の社会に一般に見られる性格型式が人間の潜在能力の単なる表現であるとは考えない。自己のビジョンを歴史と社会学によって鋭敏にしている人々は、性格統合の型式が連続的な改造の過程に従うものであり、種々の発達の動向と、分化した社会の競合的諸傾向によって影響をうけることを感知している。われわれはパースナリティ型式を意のままに作り出すことはできないが、作用している種々の傾向を正しく評定することによって、若干の特性を非常によく強化し、他の特性を弱めることができる。われわれは望ましい類型――われわれの場合は民主的パースナリティ型式、の進化のためのあらゆる機会を育成することとさえできるかもしれない。

ここでは、自我のある特性を形成する以外に、社会がどのようにして多様な型式から、人間のパースナリティの中にある特性と一貫性を発達させるような影響をおよぼすのかについては、論ずる場所ではない。後でわれわれは、自我が相互的行為の形式と、所与の社会秩序の中で演ずることを認められている役割を通して発達するものだ、ということを明らかにすることができるであろう。これらの相互的行為の型式の性質に影響をおよぼし、個人の演ずべき社会的役割を修正することによって、われわれは人間をかなり変容できるかもしれない。役割の割り当てを通して行なう個人の教育は何も新しいものではなく、歴史の過程は常にかかる方法で作用してきたのである。新奇さといえば、それはわれわれがこれらの過程に気づいてきているということだけであり、その結果、われわれはそれらの過程をより意識的に操作できるということである。

簡単な一例をあげると、われわれが心にもっているものが本質的に示されよう。社会体系が大きく、追従する便法の特殊な種類を表わす叙任制に基礎をおいている場合、その社会には非常に多くの「イエス・マン」が見出される傾向が高い。(4) あまりにも反抗的なものは、しめ出されてしまうであろう――そのような人間は不適合と見られる――。そして、追従する人間は徐々に自分自身の足で立つことを忘れていく。これは一行動型式に対してだけでなく、出現する性格型式にもあてはまる。一方に、非常に注意深く魅力と圧力を調整した態度をもつ慈悲深いパトロンがおり、他方に、身分は低いが、憤りの強い官吏がいる。この官吏は、これまで自分が取り扱われてきたと同じように、自分の部下を取り扱える時期を待てないのである。

単一の性格特性は大体、特定の社会体系に行きわたっている相互作用型式の結果である。性格的仮面は、型式化された状況の文脈内で果す役割の結果である。(5) かくて、相互作用の型式と、それに伴なう役割は、社会的教育を理解するための鍵となる。その時、われわれの課題は、われわれの社会の教育的目標としての民主的パーソナリティの理想を限定することである。

二　民主的パーソナリティと行動の理想

上述のように、行動は特定のパーソナリティ類型に根づいている。民主的行動は開かれた精神と協同への用意によって特徴づけられる。これによって個人は単に意見の不一致に正面から取り組むことができるばかりでなく、その過程における差異を吸収することによって、かれは自分自身のパースナリティを実質的に豊かにすることが期待できるのである。(6) かくて、統合的ないし基礎的な民主的行動とは、変化と批判に露出することを意味する。しかし、さきに見たように、かれ自身安定していて、地位や個性の喪失の心配のない人間類型のみが、かかる行動をとれるのである。

ここで、単純な行動とパースナリティ類型との間の深い結びつきが明らかになる。さきの議論では、統合的行動は外部の諸影響や、習慣形成や適当なモデルを明示することによって達成されるように思えた。しかしながら、問題を深く吟味すればするほど、統合的行動は単に周辺的なものでも、単なる獲得的習慣の総計でもなく、はっきりとしたパースナリティ構造の類型に深く根ざしていることが明らかになってくるのである。

後の部分の陳述は、われわれを個人的変異の心理学につれもどし、民主的統合が社会学や社会心理学の問題ではなくて、むしろ個人心理学の問題であることを示唆するかのように思える。それは、民主的パースナリティが運や個人的達成の問題であって、一般に達成可能な作り出される生活様式ではないということを暗に示すであろう。しかしながら、このような結論はすべて誤解をまねくものである。統合的行動はパースナリティ構造に根ざしているけれども、パースナリティ統合の型式は社会的に惹起されうるものであり、また大体、文化的環境の所産である。われわれがパースナリティ統合の型式そのものを引き出すのは、他ならぬ社会からである。個人的変異を認めなければならぬけれども、どんな社会でも、その支配的パースナリティ類型も、その社会の所産である。もしこれが本当だとすれば、社会のメンバーを意識的あるいは無意識的に、民主的パースナリティの理想によって動機づけ、かれらがこの理想を守ろうとする限りにおいてのみ、社会は民主的であると言えるかもしれない。

社会的組織化とパースナリティ型式との間に相関があるという根本原理は、勿論、必要な変更を加えると（mutatis mutandis）、権威主義的社会と権威主義的パースナリティ類型との間の相互関連にも適用される。さきに簡単に述べたように、権威王義社会は支配的な性格類型を生産するはずである。権威主義的秩序の存在そのものが、一人の命令者とその追随者の社会的に保証された絶対的統制に基礎をおいており、その他の一切の権能はかれらから引き出されるのである。かくて、その構造そのものから、この社会は地位に乗ったパースナリティを生産する。このパースナリティは、かれの力と信用のすべてを、この予め確定された地位から引き出しており、自分の権威を自分と対等の者が不断に下す承認から引き出さない。(7)批判や一連の現実の議論を受け入れることができないのが、地位に乗ったパースナリティの本質的特徴である。というのは、早晩、かれの自認する優越性の妥当性は批判と現実の議論の両方によって疑問に付されるからである。かれにとっては、議論とは宣伝と間接的支配の形式にすぎず、宣伝は心理的強迫によって個人の意志を挫折する方法以外の何ものでもないのである。

人為的に高めた地位を維持するこの必要性に束縛されるので、地位にのっかった人間は内部から集団を統合する機能を遂行できないし、またその外交政策においても、より大きな領地を自分の支配下におこうとする以外のことは何もできない。かれは物質的技術に精通するかもしれないが、創造的な――支配的なものではない――社会的統合型式を進化する技術を学ぶことができない。その理由は簡単で、かれの想像力は抑圧と搾取の概念に限定されているからである。(8)

1　民主的社会における地位の役割

しかしながら、かかる権威主義的な地位にのっかった性格類型は、われわれの民主主義社会には存在しないと考えたら、それは間違いである。(9) 民主主義社会は徹頭徹尾、民主主義精神によって滲透されているなどと、いつわってはならない。民主主義社会も、現にあるように、部分的にしか民主的ではなく、依然として封建体制の面影、すなわち支配的態度の古い精巧化したものの残滓を含んでいる。だからといって、このために、われわれが位階と身分のヒエラルキーから初めて逃れたのは、民主的生活様式を通してであったという事実は否定されない。今日、多くの異なるレベルで、より平等の立場に立って人々を遇するための種々の実験がなされている。民主的な雰囲気の中では、以前に継承した地位の中に安定性を見出していた人間は、このつっかい棒をはずさなければならない。

周知のように、地位に対する平等観からの攻撃は、政治の分野に限られているのが常であった。民主主義のもとでの万人の平等な政治的権利の要求は、すべての先進資本主義体制に滲透している経済的領域における大きな不平等を変えない。これを認めていながら、財産、収入およびその他のプレステージの差異を作り出す諸装置に基礎をおく新しい類型のヒエラルキーの方が、封建主義社会に一般に見られたヒエラルキーほど固定的でないということを否定したら、ひどい誤謬を犯すことになろう。動産に基礎をおく地位は静態的でなく、より大きな社会的移動性を許す。たとえば、異なる収入レベル間の境界は、より流動的である。そして上昇と下降を合法的に規制することはできないので、地位の意義は以前ほど当てにならない。コミュニティに富の源泉を次第に統制できるようにする新しい技術が出現しつつある。責任の共有、統制の共有および責任の所在の観念は、益々多くの分野に滲透し、益々多くの生活領域を公的な議論にさらすようになっている。一たびこの段階に到達してしまうと、民主主義社会は工場の中に、そして究極的には経済全体の管理の中に、民主的方法を導入することなく、発展することはでき難くなる。

勿論、これらはすべてパースナリティ構造の上に、種々の効果をおよぼさずにはおかない。以前に支配し決断を下すべき位置にあった人々は、かれらが果さなければならなかった役割の帰結として権威主義的な諸特徴を発達させていたが、種々の圧力を受けながら徐々に次のようなことを学んできている。すなわち、統制を受け入れることや、責任を分有することは当然のこととして認めなければならぬことや、変貌しつつあるコミュニティの要求と必要を探知するために耳を地につけておくことである。

したがって民主主義の観念は、厳密には資本主義の一位相とは、あるいは全然資本主義とは結びつきさえもなく、民主主義自身の力学からさらに発展していき、新しい形態を進化して民主主義と資本主義の新しい組み合せに入っていくであろう。これと全く同じように、それに対応する民主的パースナリティ型式も、かなりの修正を受けるであろう。これがわれわれの論点である。

2　すりきれた個人主義から民主的パースナリティへ

われわれが見たところでは、権威主義的自我に代るものは、位階に関係のない自由人である。しかしながら、社会構造の最近の諸変化に対応して、このパースナリティ類型の内部にも種々のバリエーションが存在している。これらの変化を簡単に公式化しておきたい。われわれはそれらの変化を次のように見ている。

西欧民主主義諸国では、われわれは高度の個人主義から、民主的パースナリティの発達に向う移行過程にある。われわれの民主主義教育は、これら二つの概念の間の差異と、二つの概念がそれぞれ異なるパースナリティ理想を意味する事実とを了解しなければ、民主主義教育という標識を失なわざるをえないであろう。

政治上の民主主義が、私有財産と利潤を求める動機に基礎をおく競争的経済と連合させられている限り、われわれわれのいわゆる「すりきれた個人主義」(rugged individualism) が横行する。以前に、競争が平等者間で行なわれていた限りでは、パースナリティ形成に対するその効果は活気に充ちていた。というのは、競争的経済は支配的諸類型の自己適応力をことごとく動員したからであった。この段階の競争は創意性と自主性を育成し、抑制と《チェックス・アンド》均衡《バランシズ》の存在は、その発端から「相手を打ちまかす」精神を生み出した。しかし、社会がだんだんと平等者間の競争から、不平等者間の競争へとかわるにつれて、市場の死活的競争場裡で、力の強い富める者が弱い競争相手を飲み込んでしまうチャンスを高めている。これが「すりきれた個人主義」の原型を発達させたのであった。

この段階では、社会は競争の中ですべての者が自活することを強調するので、部分的に分裂されるけれども、ある斉一性がまだ普及している。これは一部分、競争する個々人の間に存在する力の均衡に起因し、一部分、慣習と習俗における伝統的な自己抑制の残存に起因している。かくて、まだ基本的問題について人々の意見は十分一致しており、連帯性の力も、市場の習慣を、私的事象とコミュニティの生活の中で得る習慣から孤立化するほど強力である。しかしながら、強者が益々強力になり、不平等者の間の競争が基盤となってくるにつれて、道徳的雰囲気は堕落していく。

野放しの競争も、個人をその第一次的結合から切り離し、その人種的および社会的環境から個人を分離し、家族の結びつきを破壊して、一般にほとんど反社会的になる程にまで、個人を孤立化する傾向を生み出す効果をもっている。[10] このようになるのは、競争の型式が人々の心をとらえて、彼らの全性格の根底をくつがえしてしまう時である。競争の型式は、もはや人間行動の一部分に影響するだけでなく、その社会劇に参加する人々の全パースナリティ型式をも変えてしまう。競争的行動は、ある生活領域に限られていた限りでは、統合的行動と結びつくことができた。しかし、それが排他的行動型式になると、古い民主主義形態の心理学的基礎を解体してしまう。

少数の無慈悲な人間が支配的になってくると、単に経済的領域においてだけでなく、その他のほとんど全領域においても、相互理解と協同への意志を発達する希望は、ことごとく消失する。急に人々は権力と暴力しか信じることができなくなり、攻撃性およびそれ以外における支配行動を見越して、かれら自身もそれに立ち返る。

これが社会的上層部でおこり、広く社会を汚染する傾向がある（究極的には、ファシズムに導く一つの傾向である）けれども、もう一つの傾向が無言のうちにその大きな狩猟隊からしめ出された大衆の間に作用している。すなわち、かれらに対しては、社会の自己規制力が滲透しており、正しく「統制的競争」と呼びうるような新しい社会的行為の型式を作り出すのである。この競争形式は、競争の利点と協同の規律とを組み合わせ、野放しの競争形式とは全然異なる個人主義形式を進化させる。それは新しい社会的発見であるが、その発端の多くは過去に跡づけられるかもしれない。それは現代の技術上の変化に応用する場合、将来の有望な型式となる。

統制的競争というのは、まず第一に、参加者の自己適応と自発性への意欲を発達させるために、競争作用を許すものであり、ひいてはパースナリティの上に個性化の影響をもたらすような諸力を解放するものである。しかし、この過程は、それがコミュニティをおびやかしたり、統合的行動をくつがえす傾向をもつや否や、ただちに阻止される。

不健康な成長に向う発達に対するコミュニティの制限つき干渉という新しい有望な全施策、収入や権力をより公平に配分し、競争によって獲得される報酬の大きさを前以って制限するための再配分的全経済装置は、この方向に動いている。遺産相続税や超過所得税の考えも、同じ精神から生まれたものであった。このような制限つきの統制――自発的諸力の作用を許容し、それらの諸力をコミュニティによって民主的に決定された型式に整合化することだけに注意する統制――が、全生活領域に作用する場合には、「民主的パースナリティ」の名に値する性格類型を発達させる公正なチャンスがある。社会的諸条件を形成すると同時に、パースナリティ類型を心に描くさいには、個性化と人格化は、コミュニティから疎外されたり、社会に対する義務を無視するという犠牲をはらって「有力な少数者」によって達成されない限りにおいて、両方とも歓迎されるものとなるのだという考えが働いているのである。この社会構造において、コミュニティの問題を競って解決しようとする中に自己実現が見出されるのである。社会的組織化と教育は、個性化をひき出す生きた諸力を不断に動員すると同時に、それらの諸力が反社会的になるや否や、ただちにそれらを阻止しようとする考えによって導かれる。(11)

かくて、われわれは徐々に社会的メカニズムを修正し、メカニズム内部の構成成分と影響力を、一定のパースナリティ類型を助長する目的のために、混合することを学ぶのである。

協同と統制的競争へ向う新しい傾向が、権力を握る少数者の専横な行動から自らを守ろうとする、大衆の努力から出現する時、それらの傾向は、上部階層のある部門の間における権威主義的な支配への衝動に対抗するためにのみ、強化する必要のある自発的な諸力をわれわれに提供する。

三　民主主義哲学に反映されている民主的パースナリティ論

われわれはもう一つ別の面から、民主的パースナリティの問題に接近することができよう。すなわち、民主的行為とパースナリティの型式がどのようにして変化した社会的環境の中で進化したか、ということを探究するのでなくて、われわれはいろいろな時代の社会理論に注意の焦点をおくことができる。われわれのアプローチでは、社会理論は多くの点で、新しい行為型式を目ざす実践生活の中で、人間を助ける意図からなされた無限の実験的な企ての背後にある、力動的な諸目標をより高度に精巧化したものに他ならない。

当代の社会理論が提供する数多くの問題の中から、われわれは既に論じた点に、もっと光を投げかけるような二、三の問題だけを取りあげる。われわれはパースナリティの社会的条件づけの問題と、パースナリティの自由な創意性および独立性と社会的条件づけの一般的な力とを融和させるという大問題とに、真剣に取り組もうとする若干の試みについて考えて見たいと思う。

すりきれた個人主義の段階では、理論家にとって、社会的媒体となるのは、競争の刺激するような力によってだけ動機づけられた、自己中心的な人間が自由に動く一種の真空である。この段階では、社会学に対して現実的な関心はもたれない。そして自我は、それを発達させる社会的および歴史的文脈とは本質的に関係のない実体として思念される。

だが、パースナリティと環境との間には基本的な相互依存性が存在している。われわれはこうした見方をとる二人の典型的な代表者として、カール・マルクスとG・H・ミードの二人を選び出すことができよう。両人は異なった時代に、異なった社会的雰囲気の中で生活しながら、それぞれ独自のやり方であるが、次のような同一の結論に到達したのであった。すなわち、環境的条件づけは偶然的なものではなく、パースナリティ構成および構造の構成部分を形成しているというのである。

1　「性格仮面」に関するマルクスの概念(12)

環境論者は非常に多いが、かれらのうちのほとんどは、われわれのいう「断片的」条件づけの域を出ない。かれらは、行動の諸部分が実在の諸断片に影響されることを認めているが、社会的条件づけという点から全性格型式を説明したり、或いは、性格型式が社会的所産であるという事実が、いかに自我の上に刻印されているかを示したりはしない。マルクスの考え方は正しかった。それは、かれが人間の真の本性をおおう「性格仮面」（character masks）について話した時であった。マルクスは、人間関係の堕落の結果として、人間の真の本性から人間の疎外がおこったという問題を提起した。というのは、人間がその能力を開発したり抑圧したりするのは、これらの人間関係の力に他ならぬからである。マルクスは疑いもなく、現代の人類学、社会学および犯罪学の非常に多くの洞察の先弁をつけ、社会的不適合は環境的条件づけの結果として発達すると述べている。しかしながら、マルクスの主たる関心事は個人的な非行や犯罪にはなかった。すなわち、かれは全世代でも、もし不自然の強制された人間関係によって条件づけるならば、不適合になるであろうという主張を可能にしたのであった。

資本主義は、すべての事柄を計算という面から思念し、すべてのものを商品にかえ、かくて人間を対象と真の人格から疎隔させるような心の枠組を生ぜしめるのである。

貨幣は見かけ上は単なる手段であるが、真の権力であり、唯一の目的となる。私を主人公にし、私に代って他人のもつ物的諸属性を充当する手段は、それ自体、目的である。事実、これが真であることを、例えばわれわれは現実生活の政治的権力として、土地所有制を認識するさいに見ることができる。すなわち、その場合、土壌は生活と馬と剣の主要源であり、これらは存在の真の手段となっている。中世においては、帯刀の特権を与えられると、ただちに身分を解かれている。遊牧民の間では、人間を自由にし、団体の一員にするものは馬である。(13)

これと次の節は、マルクスが資本主義前の状況を、疎外の現象を生ぜしめないものとして考えていたことを示している。

洞穴の中の野蛮人——自己を享楽と保護のために自由に捧げる自然のこの要素——は、よそよそしさを感ぜず、むしろあたかも水の中の魚のようなくつろぎを感じている。(14)

ひとたび資本主義の網の目の中におかれると、人間は、もはや事柄それ自体を配慮しないで、金銭の面から見たその価値だけにかかずらう世界に閉じ込められる。資本主義はもはや男や女を取り扱うのではなくて、かれらが関与し、銀行家、企業家、賃銀労働者などの性格仮面をつけるような基本的関係しか取り扱わない。初期の段階には、マルクスは性格仮面を生み出す社会の網の目の人為性、状況の力を非常に明確に認識していた。人間解放のかれの考えは附随的な自由の一つ（言論、結社などに関するあれこれの自由）ではなく、一組の社会的関係と「資本家」と呼ばれるもののもつ価値体系の一掃を目ざしていたのであった。かれの見るところでは、これは、人類がこれまでに作り出した中で、最も自己を損傷する悪心の籠であった。

われわれが今日、目的的な生活を欲しているとか、われわれの経済的生産が現実的要求を満足させるとか、利潤が普遍的な尺度でないとかいう時、われわれは、マルクスがかつて人間をこの基本的倒錯から自由化するために、資本主義の自己疎外力を除去すると述べたものを、もっと単純な仕方で述べているにすぎないのである。

私が買うことのできるものは何であれ、金銭で支払うことのできるもの、金銭の手段で自分のものになるもの、それが私の自我であり、金銭の所有者としての私自身である。私の力は私のもつ金銭の力と同じ大きさである。貨幣の属性は私の属性であり、私の本質的属性である。というのは、私はその所有者だからである。したがって、私が何者であり、私が何を達成するかを決定するのは、決して私の個性ではない。私の個性に関していうと、私は跛であるが、金銭は私に二四本の足をかしてくれる――それで私はもう跛ではなくなる。私は名誉も、良心も、精神もない罪深い人間である。しかし金銭は名誉あるものである。だから、その金銭の所有者も名誉ある存在でなければならない。金銭は最高善である。だから、その所有者も同じく善である。金銭は私に不正直な努力を免除する。かくて私は正直者として通る。私は精神を欠如しているが、金銭はすべての物の真の精神である――それなのに、金銭の所有者がどうして精神を欠如しているなどと言えるだろうか。(15)

貨幣、すなわち、価値の現存の活動的本質は、すべてのものを混乱させ転倒させてしまうので、貨幣はすべての事物、すべての自然的および人間的諸属性の普遍的混乱と転倒――本末転倒のもとである。……非人間的な力が君臨しているのである。(16)

マルクスは貨幣経済の資本主義を、非人間化する歴史的体系としてしか見なかったのである。

しかし私の意見では、例えば封建主義社会の方が自己疎外を生み出さないとか、原始的社会では人間はもっと純粋であったなどと想定すべき理由は全然ない。仮面と自己疎外のほかにも人間の観念の中に隠された多くの問題がある。人間の歴史的実現は別にして、人間の真の本性のいりくんだ問題に入り込まなくても、われわれが安心して言えることがある。それは、固定的なモーレスと習慣をもった原始社会は、少なくともいくつかの選択のきくやり方を提供する経済技術や社会技術の発達した、より柔軟な社会に比べると、窮屈なジャケツに似ているように見える。たとえカーライルのいう「現金取引関係」に基礎をおく社会体系の麻痺させるような効果を認めなければならないにしても、現代的組織のもつこの大きな可撓性は、それ自体、自己実現への一歩前進である。

2　役割取得に関するG・H・ミードの概念

パースナリティに対する社会的布置の仮面形成的効果をマルクスの場合には資本主義の歴史的枠組の中でしか見なかったが、G・H・ミードは、もっと広い哲学的一般論のレベルで認めた。ミードは基礎的メカニズムを見たのであるが、このメカニズムを媒介として社会での生活は常にマルクスのいわゆる性格仮面を作り出すのである。社会は個人に一定の役割を演じさせることによって、その望むパースナリティ型式を作り出している。父親、息子、タカ使い、労働者、あるいは教師などの役割を演ずることによって、個人は社会化され、それに誘導された特殊な動機づけや目的や反応をもつ複雑な行動型式を採用する。それらは、正しく「仮面」と呼ぶことができるほど、すべての事柄に滲透するようになるのである。この意味で、「人格」（ペ、ル、ソ、ナ＝仮面）という言葉の古い意味は十分に正当である。パースナリティ型式の歴史的分化が起るのは、個人が異なる社会体系の中で異なる役割を演じなければならないからである。種々の社会のゲームをすることによって、個人は全体として異なるプレヤーになるのである。

マルクスや、かれ以前ではヘーゲルと同様に、諸関係の網の目をもつ社会が論理においても、事実においても、個人と自我形成に先行することを指摘したのは、G・H・ミードの偉大な功績である。

私が特に強調したいのは、社会過程は自我意識をもつ人間より時間的にも論理的にも先に存在しており、その社会過程の中で自我意識をもつ人間が生まれるということである。(17)

精神は、発生する諸問題に対処するために、個人の行為の中へ、この外部的過程を社会的に投入した以外の何ものでもない。(18)

ミードは、自我を、それを含む社会過程から派生するものと見る社会心理学者の一人であった。これと対照的に、他の学派では、社会過程を、その中に含まれる個々人の自我から派生するものと見ている。(19) ミードはかくて、機能的見方と対比される、精神を実体として見る実在論的見方や、内省的行為によってしか自我には接近できないとするクーリーのような思想家とは反対の立場をとっていた。というのは、ミードのやり方のような客観主義的自然主義に立つアプローチは、自我の発生する外部的領域にも適切な配慮をはらうからである。(20)

社会的自我は社会的相互行為の型式から出現するという仮説と、役割取得の概念は、われわれの知識の偉大な前進となる。今やわれわれは心理学と社会学を結合することが可能であり、純粋に心理学的見方――これは常に抽象的なパースナリティを取り扱っている――と、社会環境の中で人間を理解する社会学的見方とを統一することが可能である。

これらの功績を認めても、われわれは「何が仮面以上のものか」を問わざるをえない。人間とは、従事する活動と演ずる役割の総和以外の何ものでもないのか。これが全体として真であるとすれば、結果は社会的諸力の刻印を正確に再生産する多様なステレオタイプが、人間ということになろう。というのは、社会的諸力は個人の発達の上に作用しているからである。自己をさらす諸影響の単なる受動的な反映として見るこの自我概念からは、変化の理論は引き出せない。この静態的な見方からは、自我と社会の力動的諸属性は決して理解されないであろう。各パーソナリティの独自性と非同調性に関するこの問題は、現代の最もすぐれた哲学者を大いに困惑させた。自由主義の遺産のこの部分は、環境のパーソナリティ形成力を認める民主主義理論の中にも保持されているが、これには意味があるのである。パーソナリティの自発性を自明当然のこととして受け入れていた理論家よりも、民主主義理論にとって、自我の力動的要素は思考の焦点となっている。

自由主義理論および民主主義理論における自発性の強調は、これら二つの理論が、個性を鼓舞することは社会のためであるということを最初に認識していた事実にまでさかのぼる。部族社会も、中世社会も（後者は多くの点で部族の伝統を持続していた）、個性を尊重しなかった。これらの社会は主として、社会の円滑な機能を保証する同調性を作り出すことに関心があった。社会生活を予見できるものにするためには、逸脱性を育成するのでなく、固定的な習慣と慣習を確立することが必要であったのである。

自由主義的な現代社会を個人主義的社会として称賛する場合、われわれのいう社会とは不同意者の許容方法を発見している社会のことである。しかし、独自性と個人的逸脱性に対する評価は、この新しい生活様式の一部分にすぎない。もっと深いレベルでは、独立のパーソナリティとは、個人の中の予見できない変化や創造性のある独立した源泉を意味している。経験的レベルでは、自由とは隷属性や抑圧や暴政などからの自由を指している。

形而上学的レベルでは、自由とはそれ以上のもの――すなわち、個人が自己の内部に、変化と創造性の起源となる源泉を発達させる権利のことを意味している。

われわれが演じるすべての役割とすべての仮面を一緒にしても、パーソナリティをくみつくすことはできず、社会的役割と仮面を越えて人格は存在するのだという確信は、すべての自由哲学に共通する教義である。宗教的レベルでは、この精神は、生活を始める時、個人に内在する形而上学的実体として思念される。それはどうやら因果関係に影響されない核心のようである。因果関係はそれ自体、人間存在の表面にだけふれるものである。もっと経験的な実証主義とプラグマティズムの哲学では、自我のこの力動的な核は予め存在するものではなくて、社会過程から徐々に「アイ」（I）として進化するものである。この「アイ」は「ミー」（Me）と対比される。後者は、さきに話した社会的仮面であり、われわれが演じさせられる社会的役割を通して獲得するものである。ウイリアム・ジェームズ[21]とG・H・ミードのいう「アイ」は、社会的状況の挑戦へのどの反応においても、予見することのできない自我の力動的部分である。われわれのもつ異なる「ミー」は、いわば、われわれが特定の社会的役割を演じる時、例えば父親として、実業家として、われわれが他人の期待に反応する時、受けるあらゆる影響の受動的な刻印である。しかし何かこれ以上のものが常に存在している。常に何か期待からは予見できない逸脱性が存在しており、これらの逸脱性が独自性と無限の変異性の源泉となるのである。[22]

この実証主義的アプローチによると、自我はまず第一に体質的要因[23]、腺組織、体格などによって決定され、次に相互的行為型式への参加と様々の社会的環境にさらされることを通しての社会的条件づけによって決定され、最後に文化的諸型式の衝撃を通して決定される。これらの要因が一緒になってパーソナリティを構成する内容となっている。しかし各人は、それらの諸要因を融合するその人独自の仕方を発達させている。この過程は、各人の生活を組織化する独自の仕方の中に最もよく反映されている。この生活を組織化する型式は常に各人各様であるが、これは少なくとも一部分は、異質的な諸事実の創造的な蓄積と、「アイ」による経験の創造的統合とに負うている。これらの活動から出現する「アイ」は決して直接的には把握されないが、常にそれらの活動の中に存在しており、とにかく間断なく、既存の期待を超越するものである。自由主義の伝統の中心問題を形成するのは、この「アイ」の活性化である。そしてそのために、パースナリティの独立と自由が自由主義者の主要な関心となったのであった(24)。

3　自由主義の誤謬

自由競争は社会教育的な衝撃をもつということで、これに賛意を表する人々は究極的に何故賛意を表するかというと、かれらは自由競争を自由な創意性の唯一の源泉と見ているからである。かれらがこの自由な創意性に価値をおくのは、次のような理由からである。すなわち、自由な創意性は固定的な習慣を克服する助けになるばかりでなく、またかれらがうすうす感じているところでは、個人に社会的役割と社会的仮面を越えて進ませ、独立の行為者にするある型式を生みだすのは、競争より他にないからである。

かれらにとって自由競争は価値をもっている。というのは、かれらは、自由競争が個人に自分で物を見ることを強制し、自ら責任感をもって手段と目的の整合化をはからせるだろうと希望しているからである。かれらの希望では、自由競争は個人を非常に多くの予見できない状況と月並でない要求にさらすので、自我は月並な鋳型から放り出されて、生活と行為の独立した源泉となるのである。しかし個人主義のレベルにおいて自由主義者は、ほかにも個性化を育成する多くの装置のあることを知らなかった。かれらは又、個性化はそれ自体、統合的パースナリティを創造するものではなく、むしろ個性化が人間に対する影響の排他的な源泉となっている限りでは、統合的パースナリティを破壊するものとなることを理解していなかった。われわれが過去数十年の経験から学んだところでは、無制限の野放しの競争は、自由のために不可欠である自我の根と安定性を破壊してしまうものである。

なるほど、民主的責任性を欠く権威主義的規範を確立している社会は、究極的には、未知のものに対して冒険することのできない威信にのっかったパースナリティを作り出すが、これに対して競争によって凝集性の基礎を破壊されている社会は、結局は自我の安定性を完全にくつがえされているようなパースナリティ――すなわち、すべての者が恐怖につきまとわれているようなパースナリティを育成する危険がある。

民主的人格主義を新しい理想と見る人々は、かれらの教育において、種々の形式の地方根性の限界を克服するように目ざすと同時に、自我の安定性と根のある人間の創造を目ざしている。固定性も度を過すとパースナリティを殺すが、すべての結びつきを破壊してしまうと、恐怖がおこり、大衆行動へ逆行する。

四　野蛮へ逆行する脅威

退行の可能性は、民主的パースナリティが直面しなければならないもう一つの問題に、われわれを遭遇させる。民主的パースナリティは、その問題に直面するためには、教育過程の根本にまで迫るものでなければならない。大まかに言うと、教育は個人を社会化する過程である。このことは、とりわけ次のようなことを意味している。

すなわち、社会は個人の上に数多くの拘束を課すものであり、これらの拘束の意図的な組織を文明と見なしているということである。これらの拘束は、第一次的衝動を満足させないといけないので、あまりきびしすぎてもいけないし、また深い恐怖を起すといけないので、あまりゆるすぎてもいけない。拘束の目的は、われわれの諸衝動を統制したり、それらを承認された水路に導くことでなければならない。

陶冶された行動とパースナリティの型式の背後には、野蛮へ逆行する可能性が潜んでいる。どこにでも繁茂する雑草の成長は、自然がたえず原始林に逆行する傾向をもち、コーンの畠や牧場や庭園をもつわれわれの文化も、不断の配慮と除草を怠ると、維持することができないことを示しているが、これと丁度同じように、根源的諸衝動の力学は教育的拘束の壁に断えず圧力をかけているのである。この壁をつき破られたり、何らかの大変動の帰結として瓦解したりすると、われわれは文化の初期の段階に逆行するのでなく、一気に野蛮にまで逆行してしまうであろう。欧州大陸における過去二〇年の激変がわれわれに教えたのは、大衆的規模での恐怖と不安定性は退行の源泉になるかもしれないということ、民主主義の第一の敵は渾沌であり――これは独裁者を育成する基盤となるということである。

しかし、渾沌と野蛮へのこの突然の逆行は決して二、三の国に限らないのであって、このことのわかる者にしか、その教訓は理解されない。ある国は他の国以上に、解体への道をはるかに進んでしまっているけれども、害悪はわれわれの産業発展全体の性質の中に根づいている。産業主義社会は個人主義の最高の段階に到達して、過当競争、都市化およびその他の過程を通して、慣習と伝統の紐帯を断ち切るや否や、産業主義社会は個人を宿なしにする。この段階で、経済的再編成と社会的教育のレベルにおいて再統合が起らなければ、群集心が発達する――この群集心は第一次集団に何ら根をもたず、所属感情もなく、ただラジオや中央の党の宣伝などのような遠い中央から放射する刺激にだけ、さらされている。かくて、大衆社会の要求を自覚し、意識的に根づくことと自我の安定性の問題に取り組む教育だけが、群集心の成長を阻止できるパースナリティを作り出せるのである。

その方法は第一次的諸集団の教育的効果を再発見し、かかる諸集団が欠如している所では、それらの集団（コミュニティ・センター、地域共同体のヘルス・センター）を作り出し、諸集団の連続性と目的性とを強調することにある。

五　民主的人格主義の二重の側面

民主的人格主義の新しい理想は常に、学校の場合にも生活の場合にも、その教育的努力の二重の方向性をもっている。一つは社会化を育成し、他は個性化を育成する。社会化ないし役割演技は決して個性化、すなわち「アイ」の解放を窒息させるほど進むべきではない。他方、個性化は決して社会的渾沌をひきおこすほど進めてはならない。というのは、これは自我の中に恐怖を呼びさまし、究極的には全体的な瓦解に導くからである。

個人の関心は、かれの個性と社会体系の特殊な場所から発達するので、コミュニティの要求に対するかれの理解を促進するものでなければならない。他方、コミュニティの要求は決して、すべての抵抗を窒息させるほど強力なものであってはならない。というのは、同調性への傾向は、連続的な創造性のあの力動的源泉である「アイ」の声を抑圧しやすいからである。

民主的人格主義は、かくて、その教育的努力において、不断に過度の因習主義(25)と過度の個人主義との間のバランスを維持すべきである。民主的人格主義は、鍵盤と演奏のあらゆるルールを知りつくしていながら、単にその一片を正しくひくことだけで、一つの芸術作品を創造的にあらわそうなどと望まないようなピアニストの態度をもつべきである。ルールは一たび把握してしまうと、不用になるかもしれない。一たび、よいスタイルのルールがわかると、人はそのルールを自分なりに超越することができる。

フロイト派の心理学は、自由主義的民主主義の伝統に根づいており、この理想をフロイト心理学の平面で別の仕方で表現しているが、われわれを類似の問題に直面させる。ここでは、超自我が社会化を表わしている。超自我は基本的には、コミュニティの要求と集団の社会的遺産を、個人に伝達する親の欲求を表わしている。超自我なしには、誰一人として社会化されない。しかし超自我はあまり強固すぎると、神経症的な非創造的パースナリティを生じる。したがって、ここでも、われわれは同じパラドックスに直面する。われわれが樹立したいパースナリティは、超自我の要求に従うが、しかし、個人が創造的生活の道に入れないほど、あるいは予見しない状況を処理できないほど、盲めっぽうには、超自我の要求に従わないような社会化されたパースナリティである。

今、民主的統合の新しい理想が動的な世界で他人と協同し、他人と共に生活する用意のある人間を求めていることを思い出すなら、民主的行動型式は民主的パースナリティ型式を予想するものであることが、はっきりしてくる。地位と役割を心理学的安定性の源泉として、あまりに強調する権威主義的パースナリティは、決して種々の集団を統合する企てに乗り出せないであろう。自己を喪失するような危険をおかせるほど安全感をもつパースナリティを、意図的に作り出そうとする社会のみが、社会化の過程で再生できるであろう。したがって、社会化の力動的観念は、部族社会の場合のように、専ら厳格な同調性と暗誦に基礎をおくようなことをせず、公益を目ざす動的な協同過程の中で出現する新しい真理の不断の探求に基礎づけられている。

(1) Newcomb, Theodore M., and Hartley, Eugene L., (eds.), *Readings in Social Psychology* (New York, 1947).
Mannheim, Karl, *Man and Society* (New York, 1940). とくに pp. 390ff. の文献目録を見よ。
Dollard, John, *Frustration and Aggression* (New Haven, 1939).
Fromm, Erich, *Escape from Freedom* (New York, 1941).
———'Individual and Social Origins of Neurosis,' *American Sociological Review* (1944), vol. IX.
Green, Arnold W., 'Sociological Analysis of Horney and Fromm,' *The American Journal of Sociology* (May 1946), vol. 51, no. 6, pp. 533–40.
Gurvitch, Georges, and Moore, Wilbert E. (eds.), *Twentieth Century Sociology* (New York, 1945).
Klein, Viola, *The Feminine Character: The History of an Ideology* (London, 1946).
Linton, Ralph (ed.), *The Science of Man in the World Crisis* (New York, 1945).
Mead, Margaret, *Sex and Temperament in Three Primitive Societies* (New York, 1935).
(2) Weber, Max, *The Protestant Ethic and the Spirit of Capitalism*, tr. by Talcott Parsons (London, 1930).
———'The Protestant Sects and the Spirit of Capitalism,' *Essays in Sociology* (New York, 1946), pp. 302–22.
———'Confucianism and Taoism,' *Gesammelte Aufsaetze zur Religionssoziologie* (Tuebingen, 1920), vol. I, pp. 512–36. (Forthcoming translation by H. H. Gerth, Glencoe, Ill.)
(3) Hodges, H. A., *Wilhelm Dilthey: An Introduction* (New York, 1944).
Hoffmann, P. T., *Der Mittelalterliche Mensch* (Gotha, 1922).
Martin, Alfred W. von, *Sociology of the Renaissance* (New York, 1944, Stuttgart, 1932).
Mumford, Lewis, *The Condition of Man* (New York, 1945).
Strich, W., *Der Irrationale Mensch* (Berlin, 1928). Studien zur Systematik der Geschichte.
Tawney, R. H., *Religion and the Rise of Capitalism* (London, 1938).

Wieser, M., *Der sentimentale Mensch gesehen aus der Welt hollaendischer und deutscher Mystiker im 18 Jahrhundert* (Gotha, Stuttgart, 1924).

（4） 政治における叙任権については、White, Leonard D., 'Spoils System,' *Encyc. Soc. Sciences*, vol. XIV, pp. 301-5. を見よ。芸術における叙任権については次のものを見よ。Bukofzer, Manfred F., *Music in the Baroque Era* (New York, 1947). 特に pp. 404-11. 参照。

Dorian, Frederick, *The Musical Workshop* (New York, London, 1947), ch. V, 'Music Made to Order,' pp. 104-19.

Neumann, Carl, *Rembrandt* (Munich, 1922), vol. I. オランダの画家の社会的位置については pp. 121-30.

（5） Mead, G. H., *Mind, Self, and Society* (Chicago, 1934).

———*Philosophy of the Act* (Chicago, 1938).

Kolb, William, 'A Critical Evaluation of Mead's "I" and "Me" Concepts,' *Social Forces* (March 1944), vol. 22, no. 3, pp. 291-6.

Scheler, Max, *Der Formalismus in der Ethik und die Materiale Wertethik* (Halle, 1927). 参照。

（6） 二〇一ページ参照。

（7） Becker, Howard, *German Youth* (New York, 1946).

Fromm, Erich, op. cit. ch. V. pp. 136-207.

Hemm, Ludwig, 'Die unteren Fuehrer in der HJ. Versuch ihrer psychologischen Tiefengliederung,' *Zeitschrift fuer angewandte Psychologie und Charakterkunde* (1940), Beiheft 87. 参照。

（8） 次の陳述は、非全体主義的な進歩主義集団が過去から学んだものを要約し、新しい精神の働らいていることを示している。すなわち、「世界中いたるところに、政府および産業の指導者は益々、持続的完全雇用計画に言質を与えている。このことは、すべての者が完ぺきを期されると信じているということではない。われわれは目ざす目標にとどかないであろう。雇用には動揺があるであろう。しかしわれわれは、不況対策によって、これらの動揺を緩和するつもりである。すべての現代政府は次第に拡張論的開発計画、生活水準の上昇の促進および完全雇用を達成するために必要な基礎的諸条件の整備に取り組んでいる。

「その上、第一次生産国や経済的後進国との関係で、指導的な工業国の間には新しい態度が普及している。以前には、世界中のこれらの遅れた国々は経済的植民地の位置に運命づけられていた。これらの国々は大工業国の経済の単なる附録にすぎなかった。経済政策は、当然のこととして、経済的植民地主義の地位の持続に向けられていた。産業後進国は大国に原料を供給し、また逆に生産された財貨の市場を提供するよう期待されていた。

「今日の世界には広く新しい見方が行きわたっている。今や、いたる所で聞かれるのは、後進地域で開発と改造と工業化に着手しなければならないという意見である。将来の世界貿易は、原料と生産完成品の交換という単純な条件で運営し続けることはできない。われわれはこのことを認識するようになってきている。むしろ、それは、異なる技能と資源をもちながら、それぞれ可能な最大限にまで開発されている諸国間の高度に多角的な貿易として運営しなければならない。大規模な開発計画、経済的に可能な限りの工業化、および農業の改造、健康と栄養と教育の改善を通しての人間資源の開発と改善、高い生活水準の促進、生産性の上昇および購買力の増大――これらは新しい世界経済の目標である。それらはあらゆる場所に、より安定した経済とよりよい生活水準を約束する。」A. H. Hansen, *America's Role in the World Economy* (New York, 1945), pp. 19–20.

(9) 現在のアメリカの社会の地位に乗っかった性格について、最も徹底的に研究したものとして次のものがある。W. Lloyd Warner and Paul S. Lunt, *The Status System of a Modern Community* (New Haven, 1942), vol. 2, Yankee City Series.

類似の研究は次の学者によってもなされている。

Clayton, Horace, and Drake, St. Clair, *Black Metropolis* (New York, 1945).

Dollard, John, *Caste and Class in a Southern Town* (New York, 1937).

Powdermaker, Hortense, *After Freedom* (New York, 1939).

Frazier, E. Franklin, *The Negro Family in the United States* (Chicago, 1939). は異なる家族型式を、地位および収入格差という文脈の中に位置づけている。

Hughes, Everett, *French Canada in Transition* (Chicago, 1943). および *The Social Systems of American*

Ethnic Groups by Leo Srole (New Haven, 1946). は，人種差と階級差との間の相互関連を追跡している。

Warner, W. Lloyd, Havighurst, R. J., Loeb, Martin B., *Who Shall Be Educated? The Challenge of Unequal Opportunities* (New York, 1944). は，合衆国の地位体系における学校の機能を分析している。

West, James (Carl Withers), *Plainville U.S.A.* (New York, 1945).

Zorbaugh, Harvey Warren, *The Gold Coast and the Slum* (Chicago, 1929).

最近のアメリカの研究文献についての簡単だが，鋭い論評としては Edward Shils, *The Present State of American Sociology* (Glencoe, Ill., 1948).「階級的成層化」(Class Stratification) pp. 12–25. を見よ。

ドイツの地位構造については次のものを見よ。

Gerth, Hans H., 'Germany on the Eve of Occupation,' *Problems of the Post War World, A Symposium on Post War Problems*, ed. by Thomas C. T. McCormick (New York, London, 1945), pp. 391–439.

Parsons, Talcott, 'The Problem of Controlled Institutional Change, An Essay on Applied Social Science,' *Psychiatry* (February 1945), vol. 8, no. 1.

Weber, Max, 'Capitalism and Rural Society in Germany'; 'National Character and the Junkers' 'Bureaucracy'; 'Class, Status, Power,' *Essays in Sociology* (New York, 1946).

ドイツの百姓の地位イメージについては次のものを見よ。

Honigsheim, Paul, 'The Roots of the Nazi Concept of the Ideal German Peasant,' *Rural Sociology* (March 1947), vol. 12, no. 1, pp. 3–21. (Extensive bibliography.)

英国については次のものを参照。

Abshagen, K. H., *King, Lords, and Gentlemen*, op. cit.

Dibelius, Wilhelm, *England*, tr. by M. A. Hamilton, Introduction by A. D. Linsay (New York, 1930) (4th ed. Stuttgart, 1925).

(10) Hiller, E. T., *Principles of Sociology* (New York, London, 1933), p. 226.

Cooley, C. H., 'Personal Competition, Its Place in the Social Order and Effect upon Individuals; with Some

Considerations on Success,' *Economic Studies* (April 1899), vol. IV, no. 2. Section VII on Restlessness, Insecurity, and Strain, pp. 157–63.

(11) 次の陳述は、自由が指導と両立できるという観念を適切に表わしている。すなわち、「かくて、パースナリティはそれ自身の発達様式を選ばなければならないけれども、われわれはそれと同時に、その選択を援助することができる。この逆説は植物学者のそれと同じである。植物学者は植物に、その植物自身の仕方で成長させなければならないが、それと同時に、諸条件を統制したもとで、ある風土や地帯では栽培方法を知られていない非常に美しく、かつ強靱な植物を生産することができるのである。自己創造の可能性は、環境がかかる目的に無限に友好的であれば、無限である。しかし環境は凡そ無限に友好的ではないので、実験者は、有機体と世界の両方を考慮し、障害を除去することによって、ある線に沿って自由な成長を許容するのである。」ガードナー・マーフィ (Gardner Murphy) はその著書、*Experimental Social Psychology* (New York, London, 1937), p. 316. の中でモレノーについて述べている。

(12) Lukacs, Georg, 'Die Verdinglichung und das Bewusstsein des Proletariats,' *Geschichte und Klassenbewusstsein: Studien ueber Marxistische Dialektik* (Berlin, 1923), pp. 94–228.

Rosenberg, Harold, 'The Resurrected Romans,' *Kenyon Review* (Autumn 1948), vol. X, no. 4, pp. 602–20; マルクスの史劇の論集シリーズの第1巻。

(13) Marx-Engels, *Der historische Materialismus Frühschriften*, ed. by Mayer and J. P. Landshut (Leipzig, 1932), p. 325.

(14) Ibid.

(15) Ibid. p. 357.

(16) Ibid. pp. 326, 359f.

(17) Mead, G. H., *Mind, Self, and Society* (Chicago, 1934), pp. 186f.

(18) Ibid. p. 188. これと平行する *Frühschriften*, p. 328. におけるカール・マルクスの陳述を参照。

(19) Mead, *Mind, Self, Society*, p. 222.

(20) Ibid. p. 224, の脚注。

(21)「人間の社会的自我は、彼がその仲間から得る承認である。われわれは単にわれわれの仲間の見えるところにいたいという群居動物であるばかりでなく、われわれの種族によって自己を注目されたい、好意的に見て貰いたいという生得的性向をもっている。……適切に言うと、人間は、彼を承認し、彼のイメージを彼らの心の中にもっている人間が存在すると同数の社会的自我をもっている。」William James, *The Principles of Psychology* (New York, 1890), vol. I, pp. 293f.

(22)「もちろん、若干の点で、われわれはあの自我がなそうとするものを決定することができる。われわれはある責任を前以って受け入れることができる。人は契約と約束を結び、そしてそれらによって束縛されている。……われわれのいう合理的行為の義務をはたす中で、つまり、自然法と経済と政治体系の法則が行なわれる世界へ自己を適応させる中では、われわれは何がおこるかを述べることができ、われわれがなそうとしている事柄の責任を取ることができる。その上、あの行為において現われる現実の自我は、その行為自体の完成を待ち受けている。ところで、この生きた行為は決して直接的には反省的経験にならない。われわれが行為をその記憶にとどめ、それをわれわれがなしたものの中に位置づけうるのは、その行為がおこってしまった後においてだけである。われわれが現実の行為そのものを通して不断に実現しようとしており、また実現すると言えるのは、あの「自我《アイ》」である。人は決してそれを十分に自分自身の対象にはしない。」G. H. Mead, op. cit. p. 203.

Kolb, William, 'A Critical Evaluation of Mead's "I" and "Me" Concept,' loc. cit.

(23) Young, Kimball, *Personality and the Problems of Adjustment* (New York, 1944), pp. 164-87.

(24) Hallowell, John H., *The Decline of Liberalism as an Ideology with Particular Reference to German Politico-Legal Thought* (Berkeley, Los Angeles, 1943).

(25) クーリー (Cooley, Charles H.) はその著書 *Social Organization, A Study of the Larger Mind* (New York, 1929). の中で、過度の因習化のもつ危険について若干のよい点を提起している。第三〇章「形式主義と解体」(Formalism amd Disorganization) を見よ。

Parsons, Elsie Worthington (Clews), *Fear and Conventionality* (New York, 1914).

第一〇章　基礎作業としての教育

一　広い学校の概念とその課題

社会のすべてのものが教育的要因であるとすれば、何が形式的教育の新しい機能となるか。現代の教育の定義は、形式的教育の種々の機能を強調しているので、それは出発点として役立つかもしれない。ロイド・ウォーナーとかれの同僚は、学校を「子供に大人の社会生活の仕方を訓練するために奉仕する、家族と国家の間の中間的社会」[1]として定義している。この定義は学校の社会構造を強調している点で、現代の精神を表わしている。かくて、この定義は、教育的な観点から、この中間的社会での生活を、形式的な教材以上に重要視している。ウォーナーは、就学が一生活様式として、一つの目的、すなわち子供に大人の社会生活の仕方を訓練するという目的に役立つと述べている。

しかし、当代の成人社会の性質は、もっとはっきりと定義されるかもしれない。ここでは、E・T・ヒラーの定義は、「第二次集団に参加するために個人を準備すること」[2]を強調する上で役立つ。この定義は、「大人の社会生活」に漠然と言及するようなことをせずに、個人が第二次的関係、すなわちパースナルな関係でなく、制度的な関係を重視する、より複雑な状況に直面しなければならないことを指示している。この定義はさらに、第二次的関係への参加が特殊な訓練を要求することをも含んでいる。ヒラーは教育を「適当な人格的および知的な模範の淘汰を通して態度を発達させる過程(3)」として定義することによって、かかる訓練の主要な技術を説明している。人格的および知的模範を選出し、個人の上に一定型式の意義を刻印することは、個人に分別をもたせ、大人の経験に出会った時、これらの型式をモデルとする経験をとらせるのに役立つであろう。これと並行の陳述は他の書物の中でも容易に見出すことができる。その多くは、動的社会の要求とオリエンテーションを表わす共通の社会哲学や教育哲学を暗示している。

学校を、第二次的関係の大人の世界における生活へ青年を準備する過渡的社会として特徴づける以上の見方に加えて、われわれは形式的教育は、放っておいたのでは無関係の教育的諸活動に一つの焦点を提供することによって、社会生活の基礎作業を準備するものであると言えよう。かくて、学校は社会的経験を強化したり組織化したりすることによって、その特殊な課題を遂行するのである――これは、社会生活の種々の区かく分けされたところでは、まず遂行でき難い機能である。学校がこれをなしうるのは、学校をわれわれが少年時代の何年間かだけをすごす制度としてではなくて、あれこれの仕方で、全社会体系と大人の生活に奉仕する制度として見る場合だけである。言いかえれば、われわれは人間を永遠に学習するものとして思念しているのである。

この見方が受け入れられつつあることを示す有望な徴候がある。教育施設は今や、人々の継続的学習の願望を充たすことができるように、保育所から初等教育、中等教育、職業教育および成人教育の制度に至るまで設置されている。他の国と同様、合衆国でも、大学および大学拡張講座は成人教育の広い機会を提供している。そして大学院補習科の考えは、高度の訓練を受けた者にも、変化の時代には、誰一人として青年期に学習したことで一生やっていけるなどと考えることはできない、ということを納得させている。継続的教育は、当人の専門分野における新しい発見の情報と同時に、広く世界の一般的再定位に対する一般的欲求を満足させるものである。成人教育の心理学的研究は、成人の関心の変化を研究しており、学習を楽しくさせ、教育に対する広汎なアパシーを克服するために、新しい方法やアプローチが開発されている。

以上は、思考の糧を提供する現代教育の新しい方向である。次に、過去の学校と現在の学校の差異、古い学習概念と新しい学習概念の差異について、簡単に取り扱っておくことは有益であろう。

二　変化のための教育(4)

過去の学校はあらゆる点で、さきに述べた現代の学校とは一八〇度違っていた。過去の学校は、どちらかというと生活から遊離し、独特のブッキッシュな学問的雰囲気をもち、大体、社会的変化に抵抗するものであった。過去の学校は、家族、近隣および広く社会が暗黙のうちに遂行した教育的機能を引き受けなくてすんだ限りでは、これは問題でなかった。その上、過去には、学校は既存社会へ模倣によって適応するための訓練場と見られていた。

今日では、これはすべて過ぎ去ってしまった。われわれは、自分の子供が出会う社会的変化に停止を命じることもできないし、学校を残りの世界から壁で区切ることもできない。最も保守的な者でさえ、その子供は、自分がこれまで知っているような世界で生活するとは予想しない。かれは、模倣による適応のための教育ではなくて、変化のための教育、すなわち、若者は将来の新しい挑戦に対処していかなければならないという仮定に立つ教育を、選ばざるをえないのである。その上、学校は単に既存の動的な社会への導入機関としてだけでなく、社会的変化の一機関としても見られるかもしれない。これは逆に、学校と学校以外の生活区画との結びつきを強化する。

合衆国では、学校は社会体制の変革に参加すべきかどうか、という問題が熱心に議論されている。[5] これが最初に示唆された時、それは多かれ少なかれ、社会的革命を準備する政治的道具として、学校を使用しようという共産主義者の提案だと考えられていた。勿論、変形の過程で民主主義の伝統を失なうといけないから、学校に政治闘争を持ち込んではならない。しかし、学校が新しい人間類型を準備する社会的教育の過程に参加することを、誰か否定する者がいるであろうか。その場合の新しい人間類型というのは、新しい社会的組織化の技術、科学技術の変化および技能が人間に課する責任を果すことのできる人間である。かりに学校は静態的な行為機関であり、静かに生活の流れを見おろす象牙の塔であるとしたら、それはすぐ、いつ捨ててもよいと思われるほど時代遅れのものになり、石化してしまうであろう、ということを誰か否定する者がいるであろうか。現代の学校は、他の生活領域および社会的諸制度との接触を強化し、拡大する以外に選択の余地がない。すなわち、現代の学校は、他の社会制度に無視された機能を譲り受ければ受けるほど、昔もっていた純学問的な性格を失わざるをえなくなるであろう。学校は、家族、作業場およびコミュニティがその教育的機能を投げ捨てるにつれて、より家庭のように、より作業場のように、よりコミュニティのように、ならなければならぬであろう。子供は、家庭が失なったものを学校で見出さなければならない。その場合、家庭が失なったものは、多分、両親が外で働き、外で食事することからきているからである。二、三世代が同居する拡大家族の雰囲気がなくなればなくなるほど、それだけ学校の環境は、これまでよい家庭を特徴づけていた人間づくりの資質を具現し、分有するように努めなければならない。疑いもなく、益々増大する責任を、ある制度が引き受けるということは、危険がないとはいえない。

それは混乱に導くかもしれない。学校は家庭に取って代ることはできないし、教師は母親に代ることはできないという陳述の中には、多くの真理がある。しかしながら、母親のもつ数多くの教育機能は既に新しい社会秩序によって引き取られているので、解決法は、過ぎ去った日を郷愁にかられて惜しむことよりも、むしろ機能の賢明な再配分という方向に求められなければならない。

さらにもう一つの理由から、現代の学校は次第に書物中心的でなくなりつつあり、もはや蓄積された知識の伝達を、その唯一の課題とは見なくなっている。すなわち、学習はそれ自体、意味を変えてしまったのである。

書物が稀にしかなかった時には、読み書きができるということは聖職者階級の特権であり、学習は労働の生活から切り離された聖なる追求として見られていた。書物は謙虚な気持で取り扱われ、書物人は大きな尊敬を受けた。ヨーロッパでは、これは書物中心の態度を発達させ、拡散させる上で役立った。今日でも普通の人々は、このブッキッシュな態度と学者や学生とを結びつける傾向がある。この態度の本質的要素は、形式主義である。すなわち、常識よりも優れていると考えられている学問的接近法と提示法のもつ魔術的真理に対する信仰である。古い態度は今でも、あたかも論文や参考文献を容易に利用できないかのように、暗記学習を強調する学校には生き残っている。

昔の静態的な社会では、記憶でさえも知識をかため、過去の知識に対する尊敬の念を教え込み、新しいものを得るために古いものを捨て去ることに対する抑制を教え込むのには役立った。この学習様式は大きな時間を要したので、記憶はまた、歓迎されない情報を閉め出してしまった。その考えは広がる心を作ることではなくて、一般に受け入れられ承認されていた教義に閉ざされた狭い心を作り出すことであった。社会的力学の増大と共に、学習のこの制約的局面は衰えざるをえなかった。益々多くの事実とアプローチを求めようとする探究心は一切の足かせを捨て去った。発明と新知識への貢献は博学や単なる記憶以上に優位を得たのであった。

書物は家庭にあり、図書館も手近かにあるので、人々はもはや学習を畏敬の念をもって、何か遠くにあるものとして眺めない。知識を人口に膾炙し伝播する技能とスピードと範囲の増大は、聖なる原典あるいは、それに近い原典を昔流に教え込むことをやめて、試行錯誤過程の威信を高めている。

「われわれは学校のために学ぶのではなくて、生活のために学ぶのである」(Non scholae sed vitae discimus) というローマ人のよく知られている英知は、新しい意味を獲得した。隔離された学校の雰囲気とその形式主義の要求に対して注意深く子供を準備するのでなく、われわれは形式的教育を、それよりも大人の生活と社会の理解のための準備として見ている。あるいは、デリスレ・バーンズが述べているように、「現代人にとって、教育はより広い世界への入り口である。」学校の課題は、いかにしてより能率的に生活から学習するか、いかにして経験から正しい結論をひき出すか、いかにして自分自身の教育者になるかということを示すことでなければならない。

学校は、生涯にわたって知性的な方向づけを与えるための踏み石として奉仕すべきであるから、生活の全位相を民主的経験という面から解釈することが、民主的な計画社会における学校の特殊な機能となるであろう。これと全体主義者の宣伝とを混同すべきではない。というのは、全体主義社会では、生活の種々の面は、無限の反復によって正説をたたき込む口実としてしか役立たないからである。

三　生活の民主的解釈

生活の民主的解釈とは、家族生活の始め方、若者の教育の仕方、仕事の処理法、余暇のすごし方などの異なった方法を示すことである。かかる教育は、善意の人々が民主主義の理想に従って生きる一助となるであろう。これに対して、かれらも、そのような助力がなければ、正しい型式をどうしても得られないかもしれない。今日、多くの人は知識と助言を強く求めており、どの解決法が民主的と呼ばれるに値するのかを知りたがっている。すべての社会は社会的状況と反応型式の定義を要求する。限られたやり方だが、しかし強力に、慣習と伝統はこの要求に答えてきた。キリスト教はすべての重要な知識をキリスト教精神において解釈することによって、この要求に体系的な仕方で答えた。どんな将来の社会も同じような解釈を欠いてはやっていけないであろう。自由放任的態度は、自我と状況の解明を個人にまかせるのが常であった。全体主義体制は高い所から正説としての解釈を注入するのが常であった。第三の道の解決法は、開放的な論議に付すために民主的解釈を提示することである。言わんとするところは、選択的な事柄の成就方法と任意の修正方法を認めることを意味する。すべての者が自分自身の困難に精通するほど創造的だという空虚な信仰は、基盤を失なってしまった。遂に、各種の学校類型は機械時代の人間のための生活を走らせる注釈、新しい情報および解釈を提供すべきだということが認められている。大人の精神を仕上った製品と見る見方は、教師に正しいアプローチと言葉を見いだす能力がなく、変化する要求と関心を認識することができなかった結果であった。平均的大人のもつアパシーは、大人自身のもつ欠陥というよりも、刺激と激励と指導の欠如した結果である。民主主義社会は、市民の分別に依存しており、一連のアパシー現象を打破しなければならない。というのは、アパシーは、ファシストのスローガンを飼育する理想的な基盤となる精神的真空に他ならないからである。

四　教育計画の連続性

教育が社会の基礎作業となるべきだとすれば、組織の連続性がなければならない。例えば、英国の教育は以前には、その偶然的な融通性を自慢していたが、最近では、古いギャップを充たして、徐々に一種の統一的事業にまで発展させる方向を目ざして長足の進歩をとげてきている。英国およびウェルズの大切な教育法(一九四四年)は、文部大臣に国策遂行の権能を与えた。教育の次のような三つの主な段階は全体的基盤をカバーしている。すなわち、五歳から一二歳までの初等義務教育、一二歳から一九歳までの中等教育、義務教育就学年齢以上の人間に対するユース・サービスと「継続」教育——これには、州立大学、大学補助金規定、全日制あるいは定時制の技術訓練課程が含まれている。特に青年期は全く新しい精神で考えられており、成人教育も新しい形式で活気づけられる希望がある。

英国青年諮問委員会の報告書は、偶然的な姑息手段をはるかに越える大胆な原理を展開している。報告書の認めるところでは、戦前の政府の青年運動は、街頭から子供をおい出す以上のことをする意図はなかった。(6) 新しい要求は単に予防的方策に対するものではなくて、建設的なプログラムを求めるものである。その目標の一つは、より広いコミュニティ的接触をもつ青年組織を樹立することである。そして青年事業は、コミュニティ生活のための訓練場でなければならないと指摘されている。「われわれの全提案のポイントは次のようである。すなわち、青年自身の組織の狭い文脈の中で、間もなく、もっと完全な形で参加するようになる、より広いコミュニティの経験を小型にしたような経験を、青年にもたせるということである。[7]」かかる政策は協同、寛容、自主性、共同責任および特にすべての人間が重視する感情の発達を助けるものでなければならない。これらすべてからわかることだが、現代の青年事業の計画者は、社会的病気を治療しなければならないという事実を十分に自覚していた。かれらは、不健康な都市の環境と大衆社会の影響から生じる、はっきりとした社会的および心理学的不適応に対処しなければならないことを知っていた。かれらはまた、われわれのいわゆる「根をたち切ること」から青年を保護するだけでは十分でなく、社会的態度の成長を刺激するために、種々の機会を提供しなければならないことも知っていた。これは「自由のための計画」の意味と、自発的参加に対するその強調を説明するのに役立つかもしれない。

社会的統合のために意図的に計画した機会の一つとして、コミュニティ・センターがあげられるであろう。英国では、コミュニティ・センターは最初、現代の住宅公団に結びついて出現した。[8]今では、コミュニティ・センターは地方教育委員会によって、どの地域にでも創設、維持されるが、特に産業の中心部に設置されている。この分野で最も興味深い実験の一つは、ペックハム・ヘルス・センターである。[9]これはロンドン南部にある家族クラブで、予防医学の精神から共同生活と保健サービスの両方の機会を提供している。都市の家族は小額の費用でセンターに加入でき、そこで健康で愉快な余暇活動の豊かな機会を見出せるようになっている。定期診断のために医局員も利用できる。センターは機能的に設計された太陽光線のふりそそぐ建物を占有している。この計画の立案者は、かれらの健康についての考えは社会的であり、伝染病学に由来していると述べている。ここでいう伝染病学によると、コロニーの中で生活する動物は、そこに来る前に汚染されてさえいなければ、病気に対して確実な抵抗を示すと言われている。かくて、病気への抵抗は健康なコミュニティ生活に依存していると言えるかもしれない。これは自発的な社交性およびよき仲間関係のパターンを研究する必要のあることを暗示している。自発的な牽引関係と反撥関係[10]――基礎力学――は、少なくとも、独立した小部屋で生活させる計画を立てて、干渉されないようにすべきである。この理由から、建物の中央は大広間にあてられ、この大広間に、小グループで簡単に集まれるような多くの出入りしたコーナーを設ける。永久的な隔壁を設けることは、この社会が日々、機能的に進化していくために不可欠なあの「構成の流動性」に抵触するであろう。かくて、自由のための計画化の考えは、たとえその原理を十分に認識していない場合でも、実際には多くの人の心の中に作用している。ペックハム・ヘルス・センターの創設者にとって、計画は一組の型式ではなくて、自由な結合の枠組を創設し、自発的な社会集団の形成を育てることを意味していた。

この新しい動向は、ソビエトでおこったように、すべてのプライヴァシーと隠遁を取り除いてしまって、すべての者に自由に交際することを強制するものかどうか、隔離の時代――すなわち、特に北欧諸国における人々が小さな家と部屋に閉じこもり、市場と公共生活を避けていた時代は、終りに来つつあるのかどうか、という問題が正しく提起されるかもしれない。この答えは、われわれが何を欲するかによってきまる。発達を方向づけるのは、われわれ次第である。われわれは、ドイツ人がやったように、青年をコミュニティの分離した集団になるように鼓舞することもできるし、また「青年のために孤立化でなく、同じ全体の内部での隔離[11]」を選ぶこともできよう。隔離は一団となった青年集団にとって自然であるが、青年が孤立化を目ざして、他の年齢集団との健康なコミュニケーションをすべて断ち切る時には、それは社会的堕落の徴候である。

五　成人教育の新しい課題

成人教育は、大学が学識を要する専門職のために遂行するのと同じ統合的機能を、日常生活のために遂行しなければならないであろう。成人教育は、もはや労働者およびホワイト・カラーのための高等教育に代る一種の代用品ではない。そうではなく、成人教育は、全市民が新しい社会の変化しつつある要求に知性的に適応することを援助するものである。

成人教育は、科学の進歩と迅速な社会変動におくれをとるまいとする人々のための卒業後の教育であり、再教育である。われわれは皆、多くのことを学校で学んだが、今までにすたれてしまった。すなわち、われわれは今日では時代おくれ、場所はずれの動機づけや目的を吸収していたのである。開拓的な時代には不断の若返りが必要である。それに対する要求は、保守主義と進歩の二者択一的な要求を凌駕している。もし保守主義が、過ぎ去った時代の偏見を保持することよりも、むしろ新時代の要求に淘汰した伝統を適応することを意味するとすれば、そしてもし進歩主義的心性が、新しいものでありさえすれば盲めっぽうに歓迎することよりも、むしろ建設的なものを強調して、腐敗的要素を拒否することを意味するとすれば、前の世代に謎をかけた古風な二者択一は、もはや安穏を害するほどのものではない。「教育は過去の遺産を青年に伝達すべきである」というスローガンと、「学校は新秩序の建設を助力すべきである」というスローガンの二つは、いずれも絶対的な妥当性はない。もし新秩序を過去への橋わたしの上に建設すべきだとすれば、上述の二者択一は相互に排他的なものでなくなる。

成人教育は、新しく統合された青年事業の円滑な連続線上に計画される場合、公教育計画の有機的な一部分を形成するだけである。(12)青年事業はパースナリティ形成と市民道徳の訓練に目を向けて計画されているが、これと丁度同じように、成人教育も、あるパースナリティ類型を要求する特定の社会構造のために設計されなければならないであろう。

自由放任の精神における成人教育は、人々が欲するものを提供することを唱導した点では一貫していたが、それは極端に走ったために、より深い知識と余暇の創造的な享楽形式に接近しようとさえしなかった。一般に見られる低級な趣味と余暇の使い方は、恐らく人々の自由選択によるものとして受け入れられていた。申し立ての上では啓蒙をこととする制度が、啓蒙しようとさえしなければ、それは現状(status quo)を是認するだけである。合衆国では、多くの人は民主主義の解釈にあたって、この路線――すなわち最も多様なリクレーション的な趣味と職業上の追求とに同じような強調をおくアプローチを採りがちである。このタイプのコースは、しばしばカリキュラムの上では、変化しつつある世界の中での再定位や純粋の自己教育への願望に奉仕するコースと、同列におかれている。

人々の単純な要求を無視すると、気取ったように思われるであろうが、どんなものでもことごとく通俗的な要求に同等のウェイトと位置を与えることは、民主主義本来の意味とは違うはずである。すべての人々の職業上の関心とリクレーション上の関心に奉仕する諸制度もなければならないが、それらの制度は次のような成人の願望を充たそうとする制度と同じものであることはないであろう。すなわち、「その時、大人は既に、自分が答えを求める質問を公式化し、その質問に与えられた答えを、青年にはもつことができない経験に照らして、批判できるほど十分の人生を見てきているのである。」[13] 成人教育が真に、人生の全行程において分別と公共的精神にとみ、現行民主主義の諸問題を十分に判断できるほどよく準備された市民を作り出す一助となろうとするなら、それは時間の気まぐれに従うことをやめなければならないであろう。すなわち、もし成人教育が純然たる基礎作業となるべきであるとすれば、それは重要な事柄と課題を区別して、それに集中しなければならないであろう。

区別することは、趣味を命令したり、知識人と自負する人の見方を素人に課することではない。例えば、英国成人教育運動は、まず第一に人民の欲求にもとづいて、その計画を立てるさいには健全であった。しかしこの方法は確かに、人間の研究、自然の研究あるいは社会の研究をめぐって基礎的課程を組織化することによって、無意味な多様性を避けようとする努力と両立できるものである。学生に選ばすことのできる選択のきく統合的計画表がなければならないけれども、学生が自分自身の知識にもとづいて知識の最終的統合をなすことを期待することはできない。科学は知識の統合でなく、知識のばらばらの断片しか与えることができないという見方は、自由放任の時代の誤まった公式の一つであった。この見方は、全体主義者のもつこれとは反対の見方と同様に有害である。というのは、全体主義者は、似て非なる一つの統合的計画表を国家の公式的哲学として教え込もうとするものだからである。自由放任主義の態度は学生からあまりにも多くのものを期待する。すなわち、学生は知識を統合する方法で教えられていないけれども、高名な学者からでさえ期待でき難いことを、かれ自身で達成するよう期待されているのである。他方、全体主義的アプローチは、レディメイドの綜合を提示して、そのことによって創造的な綜合の過程を歪曲してしまう。それは誤まって、真理の閉鎖的体系を宣言して、その時の教義を政治の正説として課するのである。

これらすべての見方の中で、一体、第三の道の解決法は何であろうか。われわれの仮定では、すべての感受性にとむ人間は統合的知識を望んでおり、したがってわれわれは断片的な学習には我慢することができない。われわれはさらに、道具は行為と道徳的定位の必須条件であると考えている。もし科学がこの要求を充たさなければ、プロパガンダや独断的な教義がこれを充たすであろう。成熟した精神のこれらの要求に答える道は、特に過度の専門化の時代の偏見によって閉ざされてしまっている。過度の専門化は、科学は専門分化した研究分野を探究することしかできず、統合はその資力の圏外にあると主張しているからである。とかくするうちに、われわれは知識の統合は分析と同じく重要であるということがわかってきた。純粋科学は全分野を調査し、境界線的問題を探究し、たとえ暫定的にすぎないにせよ、われわれの益々拡大しつつある世界の哲学的内包性とか分枝を描き出そうと努力する。世界観（Weltanschauung）の研究は他のすべての研究と同様に価値ある研究である。

科学的綜合や知識の統合は、素人のそれとか、あるいは独断論的綜合とは異なる。それは主として、前者は終りが開かれており、いつでも拡大の用意がある点である。科学的綜合や知識の統合は、その仮設的な性質を強調し、それが描き出す絵は、新しい知識の光に照らして作りかえられなければならないことを公然と認めている。それはまた、別の哲学的統合方法をも正直に提示することによって、最終のものだという気負った姿勢をとらない。それは、同じ時代に、異なる思考の動向が相互に競い合っていることを率直に示している。独断論的アプローチは、都合の悪い別のやり方を抑圧することによって、この開かれた心をもつ暫定的なアプローチが誤りであるとうそぶくのである。

第三の道のアプローチがもつ教育的意義は、それが人格的決定に訴える点にある。このアプローチでは知識を、仮設的枠組をもつ力動的実体として提示することによって、個人の判断の範囲をつくり出す。統合の仕事は単に学生にだけまかさないで、その時の選択できる諸観念をかれの前に提出するので、かれはそれらの観念の中から選ばなければならない。

正しく理解すると、かかる開かれた心をもつ体系は相対主義に導くものではなくて、知的生活を、視点の不断の拡大への前進として、より深く理解することに通ずるのである。その過程で、昨日の知識と概念的枠組は断片的なものとして、すなわち回顧する時にのみ完全に把握される何かとして、あらわれる。

六　民衆大学の課題

ある人は、かような知識の深化は大学のレベルでしか可能でないと言うかもしれない――かれらは、大学が最高の知的努力と達成を合体するところだと考えているのである。

大学というものは確かに、日常生活の平面よりも高い平面での知的生活を提供すべきであり、また現にしている。しかしながら、一つの争点となるのは、健康な社会では、詭弁を弄することが、たとえ知的関心の質や洞察の深さにおいてはそうでないにしても、達成のレベルにおいては差異を生み出すということである。知的関心の質や洞察の深さは成熟の所産である。成熟した精神は、主として生活経験によって訓練されているが、時代の基礎的問題は勿論、学者のそれをも理解するかもしれない。かかる人間の問いと答えは詭弁的でない。かれは専門用語の取扱いでは優れていないが、われわれの問題は実質的には、このような人間に接近できないとすれば、それと同じように大学人にも接近できないものであろう。新しいやり方では、われわれは中世文化の偉大な資産を思い出させる目標――あらゆるレベルで統一された世界観を提示すること、すなわち教育ある者には神学の言葉で、コミュニティの人々には象徴、伝説、寓話などの言葉で統一的な世界観を提示することを目ざさなければならないであろう。普及の技術、一般的な読み書き能力および教育の増大によって、われわれの時代は、中世社会が農業経済の原始的諸条件のもとでなしえた以上に、この目的をより上手に追求することができるであろう。

成人教育は、教育的基礎作業の最も重要な礎石の一つと見られなければならない。この教育的基礎作業の中で、知識の統合を試みなければならないのである。何故なら、民主主義的大衆社会は、あらゆる階層から指導者を補充する必要があるからである。民主主義はもはや、知識が何であるかを知ることを、学者階級に独占させるわけにはいかなくなっている。現代の根本的ジレンマと人間の窮状は、あらゆるレベルの教育の手のとどく範囲に入ってくるべきである。われわれが不断に共通の教育的基礎作業を拡大深化しようとして努力さえすれば、われわれの社会は訓練と専門化の多様性を許容できるであろう。

ここで、次のような最近の英国の提案を述べておくこともよいかもしれない。工科大学および同レベルの他の諸制度は、「学生に広い範囲の職業訓練を施すと同時に、成人教育の広い領域にも積極的に参加させる設備をもつ、新しい型の民衆大学の中核[15]」になるべきだというのである。「教授陣の容易な交換と全学生間の親密な一般的交際の施設をもつ民衆大学を形成するために」、同じ学園の工科大学およびその他の適当な諸制度を集団編成して、市井人にも、主として専門的学問の追求をこととする大学に匹敵する教育機関を提供すべきである[16]。同様にして、経営者、技術者、究極的にはすべての者に、特に三〇歳代の人々のために、永続的な補習科を設けるべきであるという提案は、動的な社会では、民主的市民の現代の要請に対して、すべての者を敏感にし、かつそれらの要請に対処できるようにしておくために、連続的な成人教育を必要とするというわれわれの論と軌を一にしている。

七　大学改革の必要性

大学が現在直面しているジレンマは、オルテガ・イ・ガセットによって見事に論評されている。[17] 大学は主として三つの目的に奉仕している。すなわち、第一に大学は種々の職業のために学生を訓練する。第二に大学は教授と研究を行なう。そして第三に大学は、漠然と一般教育と呼ばれているものを提供する。

これら三つのアプローチは大部分、連絡を失なってしまっているので、研究は過度に専門分化してしまい、特に人文科学と社会科学においては、焦点がなくなっている。

自由主義教育は徐々に内容を全く喪失して、特権階級の装飾と表象になる傾向があった。今日、ウニベルジタス（universitas）という古い観念、すなわち生活の資を得るための単なる道具以上のものであろうとする知識の普遍性の観念は、もはや達成されなくなっているので、そのような事態には誰も満足しない。道徳的崩壊の理由の一つは、野蛮人をとどめている専門家の心性にあるということが急に理解されてきた。科学技術の偉大な進歩は、市民と政治の観点から見ると、しばしば「訓練された無能力」を表わす多くの専門家に、指導的な地位を用意した。かれらの訓練は技術的には優れた専門家を作ったが、哲学的精神を授けそこねた。この哲学的精神のみが、かれらの技術的知識を深めることができるのである。かれらは、人間と社会の状況の理解を獲得する機会を欠如していた。

オルテガ・イ・ガセットは、大学の再生のためには自由主義教育をカリキュラムの中核にすることが必要であると述べているが、これは正しい。かれは、かれのいう「文化的綜合」を発達するために、文学部を大学生活の心臓部にすることを提案している。研究も専門的教授も人文主義の伝統を甦えらすことはできない。この伝統は、まず人間を教育し、その次に専門家や研究者を訓練する。しかしどんな種類のカリキュラムが、人間と市民の両方を教育するのに適しているのか。オルテガ・イ・ガセットは、教育された人間はその時代を統治する重要な哲学についての知識によって、他の者から区別されるという正しい考えをもっている。われわれの見るところでは、この基礎的定位は、すべての者に、自然と社会における人間の位置について健全な観念を形成可能にする事実的知識でもって、補足する必要がある。この関連で、当代社会の問題、特に民主主義の挑戦とそれに関連する教育的問題を論究すべきである。コア・カリキュラムを全学生のために確立してしまうと、研究と職業の準備も、その適切な場所を見出すことができる。これらのうちどれ一つも、今日よく起っているように、宙に浮いたものにならないで、すべてがこのコアに関係づけられるであろう。

社会学者はかかる学部相互の教授を組織化する最適任者である。私はこう言っても、それは決して著者の専門的な片寄りではないと信じている。いずれにしても、社会学は当然、社会諸科学の分野でその綜合的機能を発揮するような仕方で、教えられなければならない。(18)

最後でも大切なことだが、いかなる大学改革も、もし国際的平面で教育の問題に正面から取り組まなければ、満足すべきものにはならないであろう。(19)これは大学およびその他の成人教育の制度にもあてはまる。どの程度までカリキュラムに対する永久的な接触、学生と教師の意見の交換、共同討議および一致があれば十分であるか、また国際的大学を創設すべきかどうか、それはどの程度のものとすべきかといったような問題は、議論のあるところである。恐らく、二つの方法は教育を通しての国際的統合を促進する努力の中で、結合されるであろう。確かに、教育のみでは社会的解体の問題を解決することはできないが、しかし教育的努力なしには、いかなる統合計画も持続的な意義をもつことはできないであろう。

八　民主主義教育の若干の再配分的局面

われわれは、市井人の知的能力を過大評価しているとか、誰でも公共の事柄に分別をもって知性的に参加するように教育できると考えて、教育の力を素朴に信頼しているとかいう反論がなされるかもしれない。この非難は、独占段階における資本主義の一般的な心的風土の特徴である。すべてに広がっているペシミズムと懐疑主義は無意識のうちに伝達されており、現状（status quo）を超えるあらゆる進歩的な動きを阻止するために役立っている。自分の既得権を懸念する人々は、民主主義の純然たる進歩でも、ことごとく疑惑の目をもって眺める。批判的判断を伝播する上での進歩はどれも、「かれは考えすぎる。かかる人間は危険である。」というカエサルの反動を呼びさます。寡頭政治の支配に関与している頑固な人間は、一たびかれらの体制が民主主義の世論の法廷の前に持ち出されたら、永続できなくなることを正しく認識している。しかしかれらは、変化期間中も、社会的安定性を維持し、無責任な権力の使い方を排除する平和的適応の可能性に対して、かれらの目を閉じるという誤まりを犯している。

十分な知識は特権的少数者にしか属さぬという考えは、人為的欠乏性の雰囲気の中で繁栄する制限つき生産体系の一部である。教育の分野で、制限的態度を合理化するのは、大衆は生得的に無能であるために、教育の機会をうまく利用することができないのだという主張である。[20] 中世の社会は位階と身分の不平等を、神の定めたものとして受け入れた。階級的差別を神学以外で正当化する場合には、社会的環境によって決定された不平等を人間の精神に投射して、上層階層は優秀な天分を遺伝していると仮定することによって、養育上の差異を生れつきの差異として解釈しようとする。現代人は「科学」の権威に服従する傾向があるので、この独断を擁護する者は支持を求めて生物学に向った。かれらは裕福者の子弟の間における高い学業成績平均と知能指数平均を指摘することによって、種々の社会的階層の固定化した平均知能指数のもつドグマを証明しようとした。

テスト理論の不当な主張についての社会学的批判と改善された実験的研究から、われわれは象徴的技能におけるテスト得点の差を生得的パースナリティ特性や不変的天性に帰属させるさい、これまで以上に注意深くなってきている。われわれはもはや、差異を測定する時、その差異が自然によるのか、養育によるのか、あまり確信がもてないのである。確かに、人間の身長は遺伝によって決定されるように思える。だが、ジョン・ボイド・オール卿の研究が確証したところでは、英国の上層階級および下層階級出身の学校児童の平均身長に見られる差異は、大体、収入による栄養摂取上の差異によるのだということである。[21] 最近十数年間に測定された各国の学童および兵士の身長の増大は、これと同じ方向を指しているのである。

いくつかのテスト結果が示すところでは、合衆国では、北部の学校の黒人の児童は南部の学校の普通の白人の児童よりも「知能がすぐれている」、すなわち、かかる測定値の差異は人種差ではなく、文化的差異を反映するものだということである。シカゴで行なわれたイタリー、ドイツ、アイルランド系出身者の児童の間に見られる知能の文化的差異に関する注意深い研究は、数多くの心的要因と社会的要因の関連した偏差を確認している。男女比、同年齢集団の差、住居形態と部屋数、非行率、投票有権者および幼児死亡率、居住期間、家族規模、最終学歴、文盲率、平均家賃、家庭所有率、ラジオ所有率、および生活保護家族について検討された。これらすべてにわたって、程度は大なり小なり異なるが、テストのデータのバリエーションに附随して変ることが見出された。著者は次のように結んでいる。すなわち、「書物、ラジオ、雑誌などの差異を含む家庭的背景は、子供の知能差と関係がある。すなわち、テストの妥当性を仮定する場合、子供は状況の多様性に社会的に適応して、多様な知能水準をもつようになるが、しかし子供は、最適の経済的背景が整備されると、かかる集団の知能水準に到達できる条件となる学習の素質を必要とする。[22]」

1　教育の水準化でない民主化

教育の十分な平等の機会を提供することに対する抵抗は、収入のより大きな平等のための提案をおしすすめることに対する抵抗ほど、正当化できないし、また人を納得させることもできない。教育機会の拡大は、その費用とはくらべものにならぬほど大きな、コミュニティに対する見返りを生み出す。その価値は本質的には、われわれの文化遺産の伝達を深化、洗練することにある。文化生活へのより広汎な人々の参加は、結果として人々を激励し、劣等感を除去するものとなるはずである。この劣等感は、権威主義的および金権的社会における、いわゆる謙遜していう「小さな人間」や「平凡な人間」の中に注意深く養育されているものである。

新しい機会を開くことによってフラストレーションを除去し、自分自身の能力をためす可能性は、しばしば創造的想像力を刺激する。そして機会の拡大は知性的努力を呼びおこし、知能を拡大する。J・L・グレーは適切にも次のように述べている。

知能を使う行動は、社会的階梯の急速な上昇に関与する職業集団では、遂行のピッチを高めるように刺激されるようである。移動の条件が存在する場合、知能ならびに他の諸資質によって選抜された人間は、しばしば単に自分自身の社会的昇進だけでなく、その子供のそれをも促進するために例外的な努力をするものである。他方、人々が比較的高い経済的地位を達成して、不安を感じなくなっている時には、このような努力はやわらぐかもしれない。自己の階級から上昇する機会が欠如している場合には、知的刺激に対する未熟練労働者の子供の反応を殺してしまうに違いない。これは明らかである。環境的差異は、知能検査値の差異を生み出すという点では、社会的尺度の頂点や底辺にある集団よりも、中間的集団における方が、より強い力をもつのかもしれない。[23]

このようにして高められた自尊心と能率性は、既得権をもつ集団に恐れられる。[24]他の議論の余地がなくなると、「われわれはそんな余裕がないのだ」という言葉、すなわち、教育の機会を拡大改善する余裕などないという言葉が、いつも使われる。この要求阻止方法は決して機会を制限する基準については述べない。この前の大戦から公衆は次のことを教えられたと思うのである。すなわち、産業主義国家は、その意志がある場合、何を達成する余裕があり、また実際に達成しうるかということである。この教えによって、余裕がないという魔術がかった言葉は打ちくだかれてしまったはずであった。「われわれはそんな余裕がない」という言い草には常に、「所与の事情のもとでは」という関連が暗に含まれている。すなわち、それは所得の分配、課税、意図的に許容させられている欠乏性、ぜいたく品の生産プラス満足の態度の所与の事情という関連を暗に含んでいる。所得の再配分と資源およびその利用法の公共的統制も、教育の機会を拡大するためにかなり役立つかもしれないのである。

かかる教育政策は単なる財政の問題ではない。すなわち、そのような教育政策は、現存の諸資源をどのようにして最も有効に開発利用するかという問題である。博物館のドアを開放するだけでは十分でないのである。(25)つまり、芸術の鑑賞の仕方を適当な方法で教授することによって、訪れる人々を引きつけなければならないのである。図書館の便利な利用規則を作るだけでは十分でないのである。つまり、その施設の一番有効な使用方法をとって教授しなければならない。われわれは示唆をうけた読書を生活状況に連結し、母親が自分の子供をよく教育するのを助けるために、彼女のもとへ書物をとどけ、青年がキャリアを選択するのを助けるために、かれらのところへ書物を運ぶなどのことをしなければならないのである。戦時中、市民援護局は英国では、知識を生活に応用する組織的方法として生まれた。合衆国における日刊新聞の「恋に悩む人への助言」という欄や、アンソニイとドロシイ・ディクス夫妻の声に集まるラジオ聴取者の規模は、そうした表われであり、思考の糧を提供するものであろう。

民主主義過程は、広い公衆と聴取者の求めに応じて、作者仲間に平易な思考と話法の技術を育成してきた。書物は今日では、いろいろの知的水準の人口に合うように書かれている。異なる階級や集団の者が読書をはじめるという前提、かれらの隠れた期待、かれらの知的前提およびかれらの好みは、だんだんと考慮に入れられてきている。(26)われわれは学者の隠遁や、聖書と古典の知識のかれらによる独占ということから離れて、それとは反対の、最も身分の低い者にでも、知識を接近できるものにしたいという態度に向う、世俗化の動向を観察するのである。この発達は、文学趣味や広く教育の心理学と社会学における進歩を伴なっている。単純で明瞭な文体は本質的なものを強調するのに役立つ。紳士気取りの人為的な分けへだては、知識の普及につれて廃棄される。

これらすべては健康であり、民主主義の発展のために貢献する。それは、徐々に教育の機会の不平等を除去して、一国民の内部にある二つないしそれ以上の国民の間の障壁を打破しようとしている限りでは、創造的である。しかし「知識を普及する」(デューイ)[27]という原理は、簡単に失敗を招くかもしれない。大量生産的教育の時代には、観念の広告と「流布伝達をはかること」は、質の感覚を全く水浸しにしてしまうかもしれない。というのは、質感というものは社会の中で徐々に成熟するものだからである。千篇一律的な要求を充たすべき財貨の大量生産と標準化は別のものである。水準化の原理を「レベルを低下する」傾向として受け入れたくないという抵抗は、下層階級の他に方法がない。しかしながら、教育においては、この原理は最低の公分母を一般的規範にするより者を人間的資質が生得的に劣るものとして紳士気取りで軽蔑することとは、およそ異なる。それとは反対に、その抵抗の基礎には次のような認識があるのである。すなわち、非特権階級の文化と教育は何世紀にもわたって無視されてきたので、かれらは今、質の低い事柄しか同化したり鑑賞したりすることしかできないのだということである。

多くの人は、民間伝承のもつ恐らく高い本質的な価値について指摘している。過去においても、民間伝承は大体、上層階級がそれまでの何世紀もの間に創造してきた文化型式を、庶民が徐々に採用していったものであった。上層階級の文化の内容と形式は徐々に篩《ふるい》にかけられながら下層階級に伝承され、ハンス・ナウマンが述べているように、「沈澱した文化財」(gesunkenes Kulturgut)を表わしていた。[28] 民間伝承と民俗文化がその生命力をとどめていた限りでは、この過程は必ずしも質の低下を意味しなかった。それは文化移入の過程であった。そしてその過程の中で、下層階級はトップ・クラスの経験の内容と形式を同化したのであった。しかしながら、今日ではいわゆる「民間伝承」は娯楽産業の機械によって人為的に拡散されている。産業革命、都市化および大量の移住の衝撃のもとで、下層階級は大体、消費者というあいまいな大衆になってしまい、かれらの趣味と識別力は疑わしくなっている。

「通俗文化」の急な承認とその誤まった標準の宣伝とは、しばしば「顧客は常に正しい」という広告の標語によって正当化されている。これは商業主義的リクレーションとその大衆の排け口を動機づける。それは人間の尊厳性に対して口先だけのサービスはするが、むしろ過去において社会が市民を本物にするために教育しそこねて犯した、一切の罪を蔓延させ通俗化することを目ざすものである。しかしながら、教育は所与のどの水準をも最終的なものとして受け入れずに、その水準の改善に着手するものである。勿論、このアプローチは、われわれの真只中にある現実の文盲と知的遅鈍の存在を無視することはできない。

2　文化の民主化を成功させるために

純然たる文化的価値を成功裡に民主化するための条件は何であるか。これは、純然たる文化的価値を商業主義的娯楽商品にまで堕落させる水準下降の過程と対比して考えられる。社会的レベルと知的レベルの両方において教育を拡大することは、すべて戦術の問題となるであろう。両面とも、改善は少しずつしか効果をあらわさない。社会的分野では、教育的および社会的機会は、職業指導と関連して教育体系のより包括的な計画を立てることによって、体系的にも科学的にも拡大することができる。知的レベルでは、累進的により高い知的および道徳的レベルへと、徐々に高めていくべきである。知識の共有財産は、社会集団的背景、心性および多様な教育水準を考慮しながら、異なる社会的集団には異なる形式において提供されるであろう。民主化は必ずしもレベルを下げて差異を除去することではなくて、むしろ文化生活の多様性を許容し、文化的差異を人間の知識探求の価値ある出発点として評価することを意味する。

計画文化の単調さと水準化の傾向を阻止するものとして保持すべき一つの特殊な社会集団は、独立した知識階級である。(29) 職業集団、官僚制度および派閥的利害集団のみから成る社会は、主として今ここにある制度の改善と便益にだけ関心をもつ固定的な心性を発達させる危険がある。そのような社会は、現行社会制度の構造を超越することができる力動的観念と社会的想像力を欠如している。過去には、独立した知識人の集団は、たまたま存在していた境界以外にも到達する力動的心性を生み出した。かれらの機能を取りかえることは難しいであろう。というよりも、民主主義社会は、通常の社会と教育の階梯以外のキャリアを意図的に計画すべきである。

知識階級は知的分野で、経済領域における開拓者精神に当るものを形成し、千篇一律的な行為様式と思考様式よりも、人跡未踏の小径を選ぶのである。同様にして、文化的および知的な競争集団を形成する余地を認めなければならない。これらの集団の敵対主義は社会が免除することのできる単なる気まぐれではない。これらの集団は社会の生産的文化生活の主ぜんまいであるが、今日ではこれが古いもの、「古典的なもの」、安全なものの機械的再生産と大量消費によって脅やかされている。かかる創造的集団を維持して、これらの集団を官僚制化と過度の組織化の衝撃から守ることは、単に水準の下降を防ぐトリデを作ることになるだけでなく、それとは反対の上昇の過程を確保することにもなる。かかる集団は、孤立化したり隔離したりすれば、危険になるかもしれない。世論の主流の中に位置づけられている場合には、これらの集団は漸進的成長の本拠となり、感受性と強力な感情と想像的な観念を発達させるための避難所になる。

新しい観念は常に、持続的な人格的接触のある小集団の中で発生した。観念は大量の公開手段によって市場に流通するが、そこでは生産されないのである。精神と知的情熱の感激的冒険にくみするのは、依然として異論を唱える小集団である。かかる集団は新しい観念を養育し、試験する。その後で新しい観念は、公衆の広汎な流通圏内に伝播するのに適した形式をとるのである。かくて、知的オアシスは、宣伝と広告の型式が文化的計画のモデルとならぬように、大衆の時代における社会を大きな危険から守るのである。

(1) Warner, W. Lloyd, Havighurst, R. J., and Loeb, M. B., *Who Shall Be Educated?* (New York, 1944), p. 55.

(2) Hiller, E. T., *Principles of Sociology* (New York, London, 1933), p. 619.

(3) Ibid., p. 618.

(4) 著者が本章の残りを書いている間、心にもっていた問題は、原稿につけてあった覚え書きでは、次のように要約されている。

1 何がより高いものを生み出す酵素の内容となるであろうか。

2 それは自分自身の時代の指導観念を理解することである。(Ortega y Gasset).

3 大自然における人間の位置、しかも社会における人間の位置はなおさらのこと——人間性とその可塑性——人間形成の条件。

4 世界観(*Weltanschauung*)の体系。

5 共通課題の責任性。

6 人間の社会的変形のための教育的基礎作業。

7 われわれが同意を必要とする観念を、議論のある観念から分離すること。(編者)

(5) Counts, C. S., *Dare the Schools Build a New Social Order?* (New York, 1932). Kähler, A., and Hamburger, E., *Education for an Industrial Age* (New York, 1948). 参照。

(6) *The Purpose and Content of the Youth Service* (London, 1943) 一九四三年文部大臣に任命された青年諮問委員会の報告書。*Industry and Education, A Statement* (Nuffield College, Oxford, 1943), は、教育の連続性と、技術教育を教育

計画の中に統合する目的に対して同じような現代の強調をおいている。

（7） Op. cit., p. 15.

（8） Durant, Ruth, *Watling: A Survey of Social Life on a New Housing Estate* (London, 1939).
——'Social Aspects of Town Planning,' *Architectural Review* (March 1945).
Community Centres Circular (London). Red Paper by the Ministry of Education. 参照。

（9） Pearse, Innes H., and Crocker, Lucy H., *The Peckham Experiment. A Study in Living Structure of Society* (London, 1943).

（10） Jacob L. Moreno, *Who Shall Survive?* (Washington, D. C., 1934), p. 710. における自発性の概念を参照。

（11） *The Purpose and Content of Youth Service*, op. cit., p. 15.

（12） Counts, C. S., op. cit.
前掲「産業と教育」(Industry and Education) に関するナァフィールド大学の報告書は、正しくも次のように述べている。すなわち、「……昼間の連続的教育の主目的は、職業的なものではなく、法定卒業年齢を越えて一般教育を延長し、学校と成人教育との間のきわめて必要とされている橋わたしを設けることである。このことをはっきりと理解しておかなければならない。」p. 10.

（13） Tawney, R. H., *Education: The Task Before Us* (London, n. d.), p. 5.

（14） Hodges, H. A., *Wilhelm Dilthey: An Introduction* (New York, London, 1944).

（15） *Industry and Education* op. cit., p. 26.

（16） Ibid. p. 27.

（17） Ortega y Gasset, José, *The Mission of the University*, tr. with an Introduction by Howard Lee Nostrand (Princeton, 1944; London, 1946).
プリンストン大学出版部から出ている関連する主題についての次の出版物も参照。
The Meaning of the Humanities. 各著者による五論文収録（一九三八年）。
Foerster, Norman, *et al.*, *The Humanities after the War* (1944).

Stroyer, Joseph R., *et al.*, *The Interpretation of History* (1945).

われわれの時代における大学問題に対するその他の価値ある貢献としては，次のものがある。

Carr-Saunders, H., 'The Function of Universities in the Modern World,' *The Sociological Review* (1940), vol. 32.

Etudiants à la recherche de leur université, Institut International de Cooperation Intellectuelle (Paris, 1938).

Flexner, Abraham, *Universities, American, English, German* (New York, 1944), Second Educational Conference, 15 April 1944.

Hutchins, R. M., *The Higher Learning in America* (New Haven, 1936). Jaeger, Werner, *Stellung und Aufgaben der Universitaet in der Gegenwart* (Berlin, 1924), および Jaspers, Karl, *Die Idee der Universitaet* (Berlin, 1925). は，ワイマール共和制時代の保守主義的見方の二つの有能な描出である。ヤスパースの *Vom lebendigen Geist der Universitaet* (Heidelberg, 1946). も見よ。

Millet, Fred B., *The Rebirth of Liberal Education* (New York, 1945).

Nash, Arnold S., *The University and the Modern World: An Essay in the Social Philosophy of University Education* (London, 1945).

Simon, Sir Ernest, *The Development of Political Universities* (London, 1945).

Truscott, Bruce, *Redbrick University* (London, 1943).

——*Redbrick and the Vital Days* (London, 1945).

(18) Mannheim, Karl, *Die Gegenwartsaufgaben der Soziologie* (Tuebingen, 1932). 参照。

一九三二—三年という早い時期に，アドルフ・レーベ教授と私は，フランクフルト大学で，かかる学部を越えたコースや，特にジョイント・セミナーを用意した。大学の根底に流れる概念については，次のものを参照。Lowe, Adolph, 'Das gegenwaertige Bildungsproblem der deutschen Universitaet,' *Die Erziehung*, vol. VII, no. I.

Lowe, Adolph, *Universities in Transformation* (London, 1940).

次のものも見よ。Adams, Charles C., *Selected References on the Relation of Science to Modern Life* (Albany,

1940).
Clarke, F., *Freedom in the Educative Society* (1948).
Linton, Ralph (ed.), *The Science of Man in the World Crisis* (New York, 1945).
Lynd, Robert S., *Knowledge for What? The Place of Social Science in American Culture* (Princeton, 1939).
Young, Kimball, 'The Need of Integration of Attitudes among Scientists,' *Science Monthly* (1924), vol. 18, pp. 291-305.

(19) 早い時期の一つの試みとして、Gray, G. W., Education on an Internationl Scale (New York, 1941). 参照。

(20) Chapman, Guy, *Culture and Survival* (London, 1940).
Hartnacke, W., and Wohlfahrt, E., *Geist und Torheit auf Primanerbänken* (Dresden, 1934).
——*Bildungswahn-Volkstod* (Munich, 1932).
Leybourne and White, *Education and the Birth Rate* (London, 1940).
National Union of Teachers, The Service of Youth (1940).

(21) Orr, Sir John Boyd, *Food, Health, and Income: Report on a Survey of Adequacy of Diet in Relation to Income* (London, 1936).
Gray, J. L., *The Nation's Intelligence* (London, 1936), p. 136.
——and Moshinsky, Pearl, 'Ability and Opportunity in English Education,' *The Sociological Review* (April 1935), vol. 27, no. 2.

(22) Kobler, Frank J., 'Cultural Differences in Intelligence,' *The Journal of Social Psychology* (1943), vol. 18, pp. 279-303; also pp. 295, 297.

(23) Gray, J. L., *The Nation's Intelligence*, op. cit. p. 140.

(24) イッヒハイゼルは正しくも次のように強調している。すなわち、行為の防害（apraxie）は、第一に人格的欠陥に、第二に行為の客観的場面における障害に、そして第三に（最も重要な要因であるが）かかる障害の意識に起因すべきである。何が可能であり、何が不可能であるかというこの「概念化以前のもの」（preconception）<Jackson>は、われわれの能力に、またそれを通して、われわれの全パースナリティに、大きな影響をおよぼすのである。Gustav Ichheiser, 'Zur Psychologie des Nichtkoennens,' *Archiv fuer die Gesamte Psychologie* (1934), vol. 92, pp. 358–63.

(25) Wittlin, Alma, *The Museum* (London, forthcoming).

ニュー・ジャージィ図書館は「ティーン・エイジ・コーナー」を創設したところ、毎日の利用と貸出図書数は、かなり増大した。*The New York Times* (28 May 1949), p. 12.

(26) Farrell, James T., 'The Fate of Writing in America,' *New Directions* 9 (New York, 1946).

Heine, Patricke Johns, and Gerth, H. H., 'Values in Mass Periodical Fiction, 1921–1940,' *The Public Opinion Quarterly* (Spring 1949), pp. 105–13.

Waples, Douglas, Berelson, B., Bradshaw, F. R., *What Reading Does to the People* (Chicago, 1940). 参照。

(27) Dewey, John, *Democracy and Education* (New York, 1916).

(28) Naumann, H., *Grundzuege der deutschen Volkskunde* (2nd ed. Leipzig, 1929).

(29) 第三章注(33)参照。

第一一章　労働と余暇

一　労働の誘因と満足

静かな変貌――独占的資本主義の要求阻止的傾向から自由のための計画化への動き――は、新しい労働観と余暇観の中にも見られる。資本主義と産業主義化の初期の段階では、労働は苦痛であり、金銭は最も重要な誘因として見られていた。現代思想は、これらの偏見を力強く改訂してしまった。(1) 疑いもなく、あるタイプの労働、奴隷労働や過度に機械化された工場労働は不快である。(2) しかし熟練を要する責任ある労働は満足を与え、楽しむことができる。(3) この理由から、職人の労働はしばしば愉快なものと見なされている。(4) その上、自分の仕事に対する成長的熟達経験は、刺激になるように思える。自分自身と自分の潜在能力を知ろうとする衝動と、進歩的達成の中に見出される満足とは、汲みつくしえぬ刺激となる。

生得的な「労働本能」――これは文化的に獲得した習慣や態度など多くの複合体を含んでいなければならないであろう――について語ることは間違っているけれども、西欧人は一般に自己表現と活動の機会を切望する人間である。(西欧人は極東、特に瞑想的生活様式を追求するインドの宗教貴族の技術と価値をよけて通る。(5)) 一たび労働の習慣と技能を獲得し、働く者としての貢献が社会的に尊敬される生活様式を完成すると、伎倆の追求が動因となる。労働の強制的中断はフラストレーションと不幸の感情を生み出す。これは、われわれが失業の研究から知っている通りである。人間は一たび意味のある自己表現的労働のために訓練されると、働くことは楽しみを意味するようになり、労働から引きさがったり、それを拒否されることは苦痛になるばかりでなく、パースナリティを解体するような影響をもおよぼす。だから、「ホモ・エコノミカス」(homo economicus) の概念に基礎をおく功利主義心理学は、労働の不快さを金銭による代償によってのみカバーできると主張する場合には、部分的にしか正しくない。この理論は、金銭的モーレスをもつ産業主義社会の単調な機械作業にのみ当てはまるのである。(6)

金銭以外に、他の種々の満足——協同の楽しさ、チームのメンバーとしての所属感、規律への反応、課題の上手な熟達に対する誇りは、すべて労働経験と関連のある構成要素である。確かに、われわれは反対の極端におちいって、金銭的誘因を全く取り去るべきではないであろう。全般的には、人間は生きるために働かなければならないのであって、多かれ少なかれ象徴的「報酬」による「満足」のために働くのではない。金銭は単にたくさんの中の一報酬類型として見なされるべきではなく、労働によってのみ、財貨（糊口の資）を得ることができるのだという事実の象徴として見られなければならない。

第三の道は、金銭的誘因の完全な廃棄を信じる人々にも、金銭を唯一の永遠に信頼できる労働の誘因と見る人々にも従わない。芸術と学問の実験や発明に入り込む多面的同時的動機は、それらの相対的な意義に関して殆んど探究されていない。けれども、かような研究は真の問題を限定するのに、かなり役立つかもしれない。専門職気質のモーレスや規範は、実業家の間では公然と認められている利潤のあからさまの追求を抑制するけれども、われわれは、芸術家、学者あるいは医師が名声、人間性への奉仕、従事する仕事の内在的価値のためと同時に、

金銭のためにも、その労働に従事していることを見出すかもしれない。(7)

さらに、公務員には異なる一連の動機づけが当てはまる。人格的名声と無制限の利潤の追求は、かれにとっては在職権と隠退の保障、公務の充足、行政権を組織し、それを発揮する機会――これは最後にあげたが、重要なことである――ほど、大切ではない。(8)

十分な作業分析は多数の要因を考慮しなければならない。この分析が観察すべきものとしては、次のようなものがある。すなわち、(a)労働の性質、(b)異なる職業的追求に対して所与の社会が与える位置、および(c)多くの歴史的要因から生まれる満足度。プレステージのヒエラルキーは、一たび確立され生存すると、事態は変化しても生き残って、しばしば機能的な説明や合理的な説明を逃がれがちである。(d)これらすべては、意識的ないし無意識的にプレステージを、ある類型の労働から他のそれへ変化する社会過程の文脈の中で見られなければならない。将来、プレステージの変化は過去における以上に、はるかに大きな役割を演じるかもしれない。(9)

決め手となる点は、社会の提供する満足のレベル以上に、期待を高めてはならないということである。期待のレベルは、利用できる満足の性質と量に適応すべきである。欲求水準と利用できる満足との間の不均衡は、大衆のフラストレーションと不安を引き起すのである。

無計画社会では、期待のレベルは方向不定の予見できない動向に従う。しかしながら、今日では期待のレベルは、多くの公式的および半公式的、顕在的および潜在的なチャンネルを通して操作されうるのである。戦前、筋肉労働者は尊敬されないと思われていた。戦時中、この問題について公的に明確な政策をとらなかった民主主義諸国でさえ、筋肉労働を評価し直して尊敬できるものにした。(例えば、英国では、貨物自動車の運転手の地位は紳士の追求する地位にまで高まった。)

民主的計画化は、プレステージを操作するような事柄に、どの程度まで関与すべきかを問題にしなければならない。第三の道の政策をまかせる政策形成機関が負う責任は、次のような事柄である。すなわち、(a)直接介入を必要とする諸問題を世論の裁可によって限定すること、(b)行政的強制権を行使することなく、公式的に政策変更を勧告すること、(c)個人の決定範囲を狭めることなく、ある欲求を助長すること。

第三の道の社会における知的労働とその問題は、この線に沿って若干注意しておく価値がある。[10]ウォルター・コチュニクは、『高学歴専門職の失業』(Unemployment in the Learned Professions)という面白い本の中で、第一次世界大戦と第二次世界大戦の間のヨーロッパにおける仕事のない知識階級の無計画な過剰生産が、いかに社会不安をかもし出す上で重要な役割を演じたかを示している。かれは、計画のない社会がいかに高等教育への誘因を提供しながら、それに対応する仕事の機会を提供せずにいるかを指摘している。社会体制の中に根づくところをもたぬ失業した職業人は、社会体制に反抗するようになる。

このようなバランスを失なった状況で、次のような二つの治療法が考えられる。すなわち、一つは高等教育の追求と知的経歴のそれを人為的に阻止することであり、他は知的指導の機会を拡大し、[11]自治と自発的結社を促進することであろう。第一の方法は、ある時には専門職業人の不足をきたすほどにまで、ナチスによって遂行された。[12]第二の方法はアメリカのやり方であり、そこでは大学教育は大幅に拡大され奨励されている。その費用は産業主義社会では大したものでない。資本主義の独占段階で、かかる政策に対する反撥が広まっているのは、中央の権能を低下させ、管理者と事務労働者や被統治者との間の距離を減少させはしないかという懸念に帰属させられよう。教育の機会を民主化し拡大することに対する明白な反対は、かかる政策によって自己の知的および文化的独占を脅かされはしないかという、教育を受けた階級の恐怖にもとづくのである。[13]その上、仕事の上での成功を通して上昇するチャンスを狭めることは、学位のような学歴的要件の意義を高め、学歴的要件と障害によって競争的な仕事を払拭する傾向を育てる。限られた高等教育の学歴をもつ階級の既得権は、少なくとも資本の既得権と同様に強力である。

二　余暇の追求

余暇に対する態度は多くの点で、労働に対する一般的態度を補足する。同じことは、労働と余暇の処理方法にも、それぞれ当てはまる。(14) 産業の機械化とその図式化された形通りの手続きは、多くの者にとって創造的な排け口と人格的な創意性を否定し、余暇時の追求における代償を要求する。余暇は、人間労働に対する自然の均衡である以外に、益々、パースナリティの発達と自己表現の場所となってきている。前産業主義社会は労働の中で個人を形成したが、機械時代の非人格的労働はこの機能を喪失してしまった。そしてこの機能は今や、余暇時間の追求に限られている。余暇時間の追求が、かかる目的に奉仕したことは以前にはなかったことである。多数の者にとって、労働ではなく、余暇は文明に通ずる道となっている。

余暇は最近になって初めて問題になった。というのは、自由放任的自由主義の主張では、余暇は人間の「私的」領域であり、すべての者は働いた後の時間を送るときには、自分自身のインスピレーションに従うべきだと考えられていたからであった。哲学的な平面では、この議論は価値をもっている。この議論は、機械時代に、われわれが工場の規律のもとで人間関係を営み、組織し、かつ操作しなければならない場合には、全然通用しなくなる。何故、働いた後に残った自由とエネルギーにも干渉するのであろうか。しかし余暇への干渉を差し控えるこの理論は、高度に発達しながら無計画な産業主義社会におけるその実際の運用と背景の光の中では別の局面を呈するのである。

村や小さな町の生活においては、古い世界の百姓や前産業主義時代の職人は労働と余暇の自然なリズムに従っていたが、何ら特別に問題はなかった。(15) 状況が単純であり、伝統的に確立された余暇の消費方法が存在していたからであった。皆その方法を知っており、誰も余暇の使い方など自分で探索し発見する必要がなかったのである。自由なエネルギーは、社会の用意した水路を流れた。その上、労働と余暇の態度の間に全然、葛藤がなかった。職人の仕事場と家庭における労働は、労働とおしゃべりのおり込まれている人格的接触を含んでいる。骨休めは自然のリズムの中で行なわれるのである。そこには、機械的労働の場合のような単調さはないが、後者の場合には、一日の労働の終ってしまうまで緊張をゆるめる時はない。(16) 遊びの要素は全活動に滲透している。ホイジンガはその著『ホモ・ルーデンス』(*Homo Ludens*)の中で、公的生活組織から全く遊びの要素を除去する社会は破滅の運命をたどる、と正しくも指摘しているのである。(17)

主要都市におけるような都市化とその分枝は、余暇の伝統的な型式を破壊してしまった。以前には決して、個人はリクレーションを求めて自分自身で工夫するために放置されたことはなかった。余暇時間の活動は常に、試行錯誤から生まれ、伝統の中に位置づけられていた。群集単位の享楽型式は、ちょっとの間に生産されうるので、このような型式のものを有能な経営者は作り出す。商業主義的余暇は現代の特徴である。ハリウッドおよびその他の利潤の関心が、大衆の趣味を指示している。これも計画化、いや大規模な計画化である。これがビジネスのためのビジネスによってなされており、コミュニティの利益のために公共的機能によってなされていない限りでは、自由主義は反対しない。他の場合と同様にここでも、自由放任の政策は失敗した。自由主義は、自由主義的な態度を育成するどころか、少数の者が多数の者に自己追求的利益のために影響をおよぼすことを許してきた。ビジネスは、教育的精神的帰結には関与せず、そうすることが儲けにさえなれば、人間の最低の欲望にさえ訴える傾向がある。(18)

余暇の組織化にあたって、全体主義者は一面的な危険なやり方で計画する道をとった。全体主義者も確かに、機械時代には余暇時間の利用を野ばなしに放っておくことができないことを了解していた。より大きな知識と用意周到さと組織能力をもつ若干の機関は、未組織の人間に指導を与える。伝統的に国家権力を崇拝してきた国民は、当然、国家がこの機能を充足すべきだという観念を採用した。国家は、その臣民の精神的従順さを助長するために、この後から加えられた機会をも利用した。商業主義的余暇施設とすべての技能類型は、教育と宣伝と経済組織の網の目が既に個人の上に課していたのと同じ、国家への盲従を促進するために画一化された。(19)

全体主義者の解決法は、邪道に導いたけれども、二つの問題を提起した。第三の道は、これらの問題をもっと高い平面で解決しなければならない。余暇時間の活動の民主的計画化は、余暇の命令型式に注意しなければならない。それは強制的画一化を回避しなければならない。すなわち、規制の方策は単に、自発的および創造的な余暇時間の追求のための諸条件を提供することを目ざさなければならない。これは、余暇時間の活動は単なるインスピレーションと人格的直観から生まれると考える観念論者の誤謬とは、正反対のものである。音楽その他の芸術の鑑賞——音楽家気質や芸術の積極的な追求は言うまでもなく——は、教育と訓練から生まれるものである。いわゆる音楽的センスや芸術的センスは、インスピレーションということもあるが、大体、伝統と教育の問題である。かかる追求への関心は誘発しなければならないし、鑑賞も教育と自己教育的な努力から生まれるのである。

ロンドンのBBC放送がやっている学童向けの優れた番組や、ウォルフォード・デーヴィス卿が英国で創始した音楽鑑賞の実演と講義は、どんなことをすることができるかを示している。合衆国では、人は多くの大学のラジオ放送局の教養番組や教育番組をひき合いに出すであろう。そのような放送局としては、例えば合衆国の放送局の中では一番古いウィスコンシン大学のWHAと、そのレギュラー番組である「放送学校」や「放送大学」のようなものがある。民主的計画化は、補助金でまかなわれた非商業主義的な、価値ある余暇時間の活動と教養の追求のための機会を大幅に拡大し、より広汎な聴衆と公衆に、より高度の享楽および慰安の形式を報知するであろう。

民主的計画化は、それ以上に足をつっこむ必要はない。というのは、民主的市民は使用できる機会をうまく利用して、価値ある提供物を評価しやすいからである。計画をすすめるさい破壊したり無視したりしてはならないのは、自分自身の好みを発達させる個人の権利である。民主主義的な考え方では、社会的期待に対する条件づけと適応が行なわれるにもかかわらず、人間人格の自発的な中核が存在することを主張する。これはジョージ・H・ミードの言葉でいう「アイ」（I）であり、これはあらゆる場合に活性化されなければならないと言うのである。市井の貧弱な教育しか受けていない疲れた大衆は、低級な読書趣味をもっている――これはしばしばラッシュ・アワー時の乗物の中での白昼夢を提供している――という事実によって、われわれは盲目になったり、落胆したりすべきではない。事実、市井の群集は、一体自分らの入手できるものを好むようになるのか、それともかこれらは欲するものを入手しているのかどうかということを決定することは難しいのである。

三　余暇の再配分的局面

余暇と労働に対する最近の再評価は、両者がうけた大きな変動を理解するためのもっとつっこんだ鍵を提供する。労働が第一義的に罪をあがなう罰として解されていた限りでは、余暇はあやしげな存在であった。労働が罪をあがなう罰を意味していた時には、余暇は罪を犯す機会を意味していた。労働と余暇の新しい概念は、社会の産業化と同時に、伝統的観念の合理主義的改訂の時期に発達した。社会学は古い価値判断を解明し、社会史の光に照らしてそれらを説明するために大きな貢献をした。

前科学技術時代のきびしい態度は、日常生活の艱難と苦役の面から容易に説明することができる。産業革命、すなわち「原始的蓄積」の段階には、投下資本は乏しかった。社会は資本主義の発展のために、大きな貯蓄を必要とした。その心理的等価物が、消費者の要求の抑制であり、苛酷な労働規律に対する労働者の服従であったように思える。社会は自然的欠乏の時代から人為的欠乏の時代へ移行すればするほど、それだけ自己表現に対するこのタブーは疑わしくなり、消費者の要求も拡大してくる。利用できる資源と生産の潜在能力についての人間の認識が強化すればするほど、それだけ所得の平等な分配を求め、規律からの解放と人間の生産物の享受を求める民衆の渇望も強化していく。

これらの大衆の欲望は益々抑制することのできない力として認識されるようになる。生産能力が十分に開発されておらず、「完全雇用」を実行することは不可能であると考えられている時には、多数の人々の自己表現の機会を提供することができず、「住宅問題」を絶えず未解決のまま残しておく、さきと同じ制限的心性が働らいているように思える。労働者も、その余暇時間に、もし美と自己表現芸術の鑑賞法を学べば、かれが、時代おくれの工場の見苦しさや不満足な労働条件に我慢することを期待することはできなくなる。

これらの民衆の渇望は広がらずにはいない。余暇時間に幸福を追求することを恐れない――これは性風俗の非常に広範囲におよぶ変化に結びついている過程である[20]――人間は、他の点においても同様に自己主張的になる。過去には、統治集団はかかる傾向を感じとって、この傾向に対する対策として、余暇時間の活動の観念と罪悪感情とを結びつけた[21]。民主主義社会は問題をもっと建設的に眺める。エネルギーを水路づけないまま解放すると、どれも破壊的なものになるのであるから、結局、問題はこの力をどのようにして創造的にするかということである。精神分析学が教えるところによると、抑圧や倒錯を解除された後の自由に利用できるエネルギーは、直接昇華する場合にのみ資産となるのである[22]。余暇の拡大しつつある時代における社会的教育は、危険を予見して、大衆の昇華のための排け口を提供しなければならない。芸術的追求と芸術作品のより一般的な鑑賞は、最も有望な排け口となるように思える。

この関連で、ハーバート・リードのいう広い芸術概念が重要になる[23]。単なる一区画としてでなく、生活様式としての芸術は、放っておけば破壊的になるエネルギーを建設的なエネルギーに転換するのに役立つ。歴史上の新興階級の出現は、創造的エネルギーを虚飾の奢侈に水路づけたり、より高い理想への献身に水路づけたりした一例である。アスピレーションの価値あるモデルを確立し、創造的な余暇時間の活動を刺激して、一般的な標準を低下させることなく、文化的追求の民主的および社会的拡大をはかることは可能であろう。民衆の情緒的変形と民衆の楽観主義は、高い地位の人々を脅かすものとして広まっている変革の恐怖から発出する、フラストレーションの霧を一掃すべきである。過去のこれに類する時代には、統治集団の創造的な人間は孤立化されており無力であった。かれらはしばしば古い体制を見捨てて、喜んで新しい運動の勢力に参加し、上げ潮を信頼した。かれらは、以前の仲間からは「遺棄者とか変節者」として軽蔑され、社会の新参者からは「改宗者」としてののしられたが、自己の文化を与えないでおくことよりも、それを分け与えることの方により大きな満足を得ていた。今日、かかる精神は隠遁や隔離よりも、社会的接触を拡大することを喜ぶであろう(24)。

確かに、民衆の楽観主義を伴ないがちな繁栄、手もとの楽園や「身近の豊富」に対する救世主に頼るような期待は、大衆の欲求を抑圧するために欠乏性をはぐくんでいる悲観主義と同様に、モラールを低下させるものである。社会変化のための計画とは、流血と同時に破壊を伴なう革命と反革命の衝撃を克服することを意味している。可能な計画技術として、政治的計画化によって、われわれは知性をもって、以前には、例えばフランス革命のさい、政治と社会の激変の中でしか結晶しなかった新しい型式と価値に到達することが可能となるであろう。今日、利用できる企業経営の技術によって、われわれは生産の方向の変化を予見し、所得の再配分に関する予見可能な増大を了解することが可能である。今日、われわれはかかる再配分の社会的に望ましい最適の条件を予見し、決定することができる。さらに、社会統計学の信頼性が高められ、その最近の発達のおかげで、われわれは今やこれまでにない英知と先見性をもって、計画的変化に着手する時を決める手段をもつに至ったのである。

移行への計画は、制限的エゴイズムと過度の膨脹熱の両方から解放された適度の雰囲気の中でしか成功しない。われわれが培わなければならない態度は、禁欲主義でも快楽主義でもない。教育は余暇時間の活動の追求を、民主的パースナリティを発達させるための歓迎すべき機会にすることを目ざさなければならない。その場合のパースナリティを発達させる方法は、規則と規制によるべきではなくて、例示とバランスのよくとれた態度の助長によるべきである。かくて、余暇は労働と教育と同じように、民主的計画の中に統合されるのである。自己を膨脹する熱意をもちながらも、コミュニティの要求に直面すると、いつでも喜んで自己を抑制する用意と意志のある精神類型を成熟しなければならない。(25)

（1）最近数十年の主要な社会学的論争の一つは、労働の誘因と西欧世界における資本主義の勃興に関するものになった。マックス・ウェーバー（*The Protestant Ethic and the Spirit of Capitalism*, tr. by Talcott Parsons, New York, 1930, and 'The Protestant Sects and the Spirit of Capitalism,' in *From Max Weber: Essays in Sociology*, tr. by H. H. Gerth and C. Wright Mills, New York, 1946）は、特にカルビニズムの形態におけるプロテスタント倫理の経済的分枝に大きなウエイトをおいた。かれの批判的論敵、ブレンターノ、ロバートソンおよびトーニィは明らかに、資本主義の異なる諸類型を明確に区別することなく、資本家の行動を中世の正統キリスト教時代に跡づけ、かなり限定的に非宗教的諸影響を指摘している。

次のものを参照。

Brentano, Lujo, *Der Wirtschaftende Mensch in der Geschichte* (Leipzig, 1923).

Calverton, V. F., *The Passing of the Gods* (New York, 1934).

——*The Awakening of America* (New York, 1939).

Parsons, Talcott, and Robertson, H. M., 'Max Weber and His School,' *Journal of Political Economy* (Oct. 1935), vol. XLIII.

Robertson, H. M., *The Rise of Economic Individualism* (Cambridge Studies in Economic History, 1935).

Schulze-Gaevernitz, G. v., 'Die geistigen Grundlagen der angelsächsischen Weltherrschaft,' *Archiv für Sozialwissenschaft und Sozialpolitik* (1926–7), vols. 56–8.

Sée Henri, *Les Origines du capitalisme moderne* (Paris, 1940).

Sombart, Werner, *Der moderne Kapitalismus* (Munich, Leipzig, 1928).

Tawney, R. H., *Religion and the Rise of Capitalism* (Penguin ed. London, 1937). (With an interesting new Preface.)

論争全体と文献のよい要約としては、Fischoff, Ephraim, 'The Protestant Ethic and the Spirit of Capitalism, the History of a Controversy,' *Social Research* (Feb. 1944), vol. XI. 参照。

現代アメリカにおける主要な労働の誘因としての「お金作り」(money making) の役割についてのよい説明としては、Lynd, R. S., *Middletown* (New York, 1929), ch. VIII, 'Why Do They Work So Hard?' 参照。

(2) 原罪のつぐないとしての労働に対するユダヤ的キリスト教概念は、大体、広く行なわれていた重労働と奴隷制によって決定された。実際には、消極的概念よりも常に、創造としての労働の肯定の方が凌駕していた。

(3) Henry de Man's *Joy in Work* (London, 1929) は、フランクフルト・アム・マインにおける勤労学生の論文に基づいている。この非常に小さな集団の特殊なメンタリティと、かれらがドイツの労働を代表するものでないことを考慮して、かれの非常に興味深い材料から一般化するさいには注意しなければならない。

Jacks, L. P., *My Neighbour the Universe, a Study in Human Labour* (New York, 1929).

Masaryk, T. G., *The Ideals of Humanity and How to Work* (London, 1938).

Maurois, André, *The Art of Living* (New York, London, 1940), ch. VI, 'The Art of Working.'

(4) Bücher, Karl, *Industrial Revolution* (New York, 1912).

Herkner, Heinrich, *Die Arbeitsfreude in Theorie und Praxis der Volkswirtschaft* (1905).

———'Arbeit und Arbeitsteilung,' *Grundriss der Sozialoekonomik* (Tuebingen, 1923), section II, part I.

Levasseur, E., *Histoire des classes ouvrières avant* 1789 (2nd ed., 1900), vol. I.

Michels, Roberto, 'Wirtschaft und Rasse,' *Grundriss der Sozialoekonomik.*

Riehl, W. H., *Die deutsche Arbeit* (1861).

Ruskin, John, *Stones of Venice*, vol. II, ch. VI.

Sombart, Werner, *Der moderne Kapitalismus*, op. cit., vol. I, pp. 193–4.

ゾンバルト (Sombart) は職人労働とその製品を、「創造者の人格の忠実な証言」として美化している。

(5) Weber, Max, 'Hinduismus und Buddhismus,' *Gesammelte Aufsaetze zur Religionssoziologie* (Tuebingen,

1921), vol. II, esp. pp. 176ff. 参照。

（6）「産業社会学」（industrial sociology）の研究が明らかにするところでは、工場の産出高は、いかなる給与の「刺激体系」をとっている場合でも、労働者の賃銀水準だけには依存しない。工場労働の社会的組織、地位を高められる感情、経営に関連する決定への労働者の参加の感情および、それに附随する心理的状態は、産出高に重要な影響をおよぼす。だから、資本主義社会における経営は——少なくとも理論的には、またその最も啓発された代表者の場合には——使用人をホモ・エコノミカス（*homo economicus*）として解剖することの誤りであることを認識している。工場内外の社会関係は、労働に対する態度に大きな影響をおよぼすのである。Bell, Daniel, 'Adjusting Men to Machines,' *Commentary* (Jan. 1947), vol. III, no. I は、産業社会学における最近のアメリカの文献について批判検討している。

Franzen-Hellersberg, Elizabeth, *Das Leben der Jugendlichen Arbeiterin* (Tuebingen, 1932). これは、未組織で「階級意識」のない勤労婦人の成熟の問題と、家庭生活、労働、労働者仲間、上司などに対する態度についての非統計的な典型的研究である。

Gardener, Burleigh B., and Whyte, William F., 'Methods for the Study of Human Relations in Indutry,' *American Sociological Review* (1946), vol. II, pp. 500–512.

（7）Lange-Eichbaum, W., *Genie*, Irrsinn, Ruhm (2nd ed. 1935). (Extensive bibliography.)

MacDonald, William, *The Intellectual Worker and His Work* (New York, 1924).

Mayo, P. E., *The Social Problems of an Industrial Civilization* (Cambridge, 1945).

Merton, Robert K., *Science, Technology and Society in 17th Century England* (Bruges, 1938).

Moore, Wilbert, *Industrial Relations and the Social Order* (New York, 1946), ch. XIII, 'The Worker and the Machine.'（産業社会学のすぐれたテキストブックであり、包括的な文献目録も掲載されている。）

Roethlisberger, F. J., and Dickson, W. J., *Management and the Worker* (Cambridge, 1941).

Whitehead, T. N., *Leadership in a Free Society* (Cambridge, 1937).

Wilson, Logan, *The Academic Man* (New York, 1942).

Zilsel, Edgar, *Die Entstehung des Geniebegriffes* (Tuebingen, 1926).

Znaniecki, Florian, *The Social Role of the Man of Knowledge* (New York, 1940).
Zweig, F., *Labour, Life and Poverty* (London, 1948).

(8) Weber, Max, 'Bureaucracy,' *Essays in Sociology*, op. cit., pp. 196–244. 参照。

(9) 戦争中の論文、'No One Works Just for Money,' by Lord Londonderry, K. G., in *Rotarian* (Dec. 1944), 65, 29. 参照。

(10) Kotschnig, W. M., *Unemployment in the Learned Professions* (New York, London, 1937). とくに pp. 283–6. 参照。

(11) この問題は戦後も、その重要性を失なわなかった。少なくともイギリスではそうであった。「卒業しても失業者か」(Will Graduates Be Unemployed?) という見出しのもとに、ロンドンのエコノミスト誌は次の問題をのせた。すなわち、「若い卒業生の間に急激に失業者が増大するので、この夏には、大学教育の威信は突発的に暴落するであろうか。大学出の文学士は多すぎるのではないか。大学教育は、その受益者の心の中に過大な希望をもたせているか。大学出の青年男女が喜こんで産業界に就職するよう説得し、また産業界にも多くの文学士を採用するよう説得するために、どんなことをしたらよいだろうか。」*The Economist* (20 Dec. 1947).

(12) Hartshorne, E. Y., *The German Universities and National Socialism* (Cambridge, 1937).

一九二八年から一九三四―五年に至るまでのドイツの学生の社会的構成に関する数字については、H. H. Gerth, 'Germany on the Eve of Occupation,' in *Problems of the Post War World*, ed. by T. C. McCormick (New York, 1945), p. 423. 参照。

「ナチズムのもとで、当時の二五の国立大学の学生団体は三分の二に縮小され、一九三二年の一二〇、〇〇〇人から一九三五年には四〇、〇〇〇人にされた。戦前、専門家の不足は医師、技術者および教師のような戦争に不可欠の職能集団に見られた。軍の命令の圧力のもとにナチス党は、一九三六―三七年の冬には、その路線を逆にした。専門職はばか宣伝された。つまり、ロバート・コッホのような医学者の栄誉を担う記念碑的人物の前には、ヒットラーの青年護衛兵がつけられた。コッホの悲劇的な人生は銀幕に上映された。技術者は日刊新聞の歴史的論説の中でたたえられ、青年はその教師に敬意を払うよう要求された。」p. 422.

(13)「産業と教育」に関するナフィールドの報告書の結論の第一八番参照。これは次のことを強調している。すなわち、「熟練を要する職業の徒弟制に入る者の資質を向上させ、筋肉労働的職業への入職に向かない教育体系の偏りを除去するために、あらゆる可能な方策をこうじなければならない。これは高度の技能の威信を高めるために最高に重要である。」pp. 33–4.

「高い生産性と人格的資質をもつ満足すべき労働力を確保するためには、かれらの特殊な仕事における精妙な技術と高度の職業訓練を通して、上昇する見通しをもたない人々の間で発達する挫折感を回避するために可能な万全の策を施すことが不可欠である。これは、高度の文化的教育の機会を可能な限り開放することを要求する。」Ibid. pp. 13–14.

(14) Jacks, L. P., *Responsibility and Culture* (New Haven, 1924), 'Labor and Leisure.'

——*Education through Recreation* (New York, 1932).

Mumford, Lewis, *Technique and Civilization* (New York, 1934).

Russell, Bertrand, *In Praise of Idleness* (1935).

Todd, A. J., *Industry and Society* (New York, 1933), ch. XIV, 'Hours and Leisure.'

L・P・ジャックス (Jacks) は、労働と余暇の異なる概念を提出している。ラッセル (Russel) は労働と余暇を対立するものと見ているが、ジャックスはこの両者を二種類の異なる活動と見ている。ラッセルは余暇を得るために労働を縮小することを欲しているが、ジャックスは労働をより高いレベルに高めることを提案しているのである。

次のものも参照。Veblen, Thorstein, *The Theory of the Leisure Class: An Economic Study of Institutions* (New York, 1935).

——'The Instinct of Workmanship and the Irksomeness of Labour,' *American Journal of Sociology* (1898), vol. IV.

(15) Bücher, G. Karl, *Arbeit und Rhythmus* (Leipzig, 1899).

(16) 現代アメリカの平均的コミュニティにおける余暇時間の活動についての記述としては、Robert Lynd, *Middletown*, ch. IV, 'Using Leisure.' を見よ。リンドは、余暇時間の活動が益々より大きく組織化され標準化されてきていることを示している。

Durant, Henry, *The Problem of Leisure* (London, 1938).

Steiner, Jesse, *Americans at Play* (New York, 1933).

Encyclopedia of the Social Sciences, 'Amusements' 'Sports,' 'Motion pictures,' 'Radio,' 'Football.'

(17) Huizinga, J., *Homo Ludens* (Harlem, 1938).

(18) Adorno, T. Wiesengrund, 'On Popular Music,' *Studies in Philosophy and Social Science* (New York, 1941), vol. IX, no. 1.

Dale, Edgar, *The Content of Motion Pictures* (New York, 1932).

Doob, L. W., *Public Opinion and Propaganda* (New York, 1948).

Eisler, Hans, *Composing for the Films* (New York, 1948).

Farrell, James T., 'The Fate of Writing in America,' in *Literature and Morality* (New York, 1946)

Hart, Hornell, 'Changing Attitudes and Interests,' *Recent Social Trends in the United States* (New York, 1933).

Rosten, Leo C., *Hollywood, the Movie Colony, the Movie Makers* (New York, 1941).

Shuecking, L. L., *The Sociology of Literary Taste* (London, 1942).

Smith, B., Lasswell, H., and Casey, R., *Propaganda, Communication, and Public Opinion* (Princeton, 1946).

Waples, Douglas, *What People Want to Read About* (Chicago, 1931).

(19) ソビエト連邦におけるこのアプローチのよい材料は, John Somerville, *Soviet Philosophy* (New York, 1946). に述べられている。

ドイツの場合, 「青年運動」のヒットラー青年団への変形は特にめざましいものがある。Howard Becker, *German Youth Bond or Free?* (New York, 1947). 参照。

次のものも参照。Kris, Ernst, and Speier, Hans, *German Radio Propaganda* (New York, 1944).

Kracauer, Siegfried, *From Caligari to Hitler* (Princeton, 1948).

Sington, D., and Weidenfeld, A., *The Goebbels Experiment* (New Haven, 1943).

(20) この文脈で，次のものを参照。Reich, W., *The Sexual Revolution towards a Self-Governing Character Structure* (New York, 1945).

——*Character Analysis* (New York, 1945).

(21) Russel, B., *In Praise of Idleness*, p. 20. 参照。「貧乏人も余暇をもつべきだという考えは，常に金持に衝撃を与えてきた。」

(22) Friedländer, K., *The Psychoanalytic Approach to the Treatment of Delinquency* (London, 1947). 参照。

(23) Read, Herbert, *Education through Art* (London, 1943). 参照。

(24) Hammond, J. L., 'The Growth of Common Enjoyment,' L. T. Hobhouse Memorial Trust Lecture, no. 31 (London, 1937). 参照。ハモンドによると，ローマ化された諸国のみが共同体的余暇の型式を発達させた。英国のコミュニティでは，レクリエーションは組織されていない。というのは，この国はあのローマ教の圏外にあったからである。Thomson, D. C., *Radio Is Changing Us* (London, 1937), p. 32. も参照。

(25) 余暇についてのこれ以上の文献については，Karl Mannheim, *Man and Society* (New York, 1940), pp. 437 ff. の文献目録を見よ。

第一二章　自由の規律(1)

一　集団組織における自由と規律

自由も規律も抽象的な形では存在せず、文化的文脈に依存する具体的な形でのみ存在する。われわれが取り扱いたい決定要因の一つは、集団組織と目的の衝撃である。(2)

C・H・クーリは、遊戯集団と軍隊の構造を比較して、若干の示唆にとむ論評を行なった。これらの社会的組織は、自由と規律が集団組織の機能であって、集団組織をはなれては意味をもたないものであることを示している。ロビンソン・クルーソーは自由ではなかった。というのは、かれの自由を形づくる社会的な規律や組織がなかったからである。自然は障碍を提出するが、病気が、かれの活動を妨げたからといって、誰も不自由とはいわないであろう。フットボールのチームと軍隊は単に異なった目的を追求するだけでなく、組織的手段も異なっている。ボールの動きは予見し難く、かつ多様な状況を想定できるので、フットボール・チームの組織は非常に柔軟でなければならない。非常に多くの選択と決定は個人的プレーヤーにまかさなければならない。ゲームのわずかのルール以上に大切なのは、チームを犠牲にして個人的に支配することを禁止するチーム精神の不文律である。

他方、軍隊組織は主要な決定を上層部で下すように要求する。したがって現実の選択と決定は、下級兵士の範囲外でなされる。かれらの選択は、イニシアティヴ、責任および自由の組織的な委託から派生している。自由が全体にわたる決定力と選択力を意味するとすれば、軍隊の下層階級には、そのような余地は全然ない。それでいて、小隊の一兵卒に至るまであらゆるレベルで、時々刻々、関連事項の決定がなされなければならないのである。かくて、すべての兵卒は軍隊組織と共存できる、もっと正確には、所与の軍隊組織の類型と共存できる、ある自由をもっている。

これと類似の考え方は、勿論、自由とは逆の規律にもあてはまる。規律とは、組織として形の如く行なうために、イニシアティヴと選択の上に社会的諸制限を設けることを意味する。(3) ちょうど、フットボールのチームが個人の大きなイニシアティヴを許容するように、チームの規律も、ルールを絶えず再定義しながらゲームをしている間だけ効力をもつのである。これと対照的に、軍隊の規律は固定的であり、その行為型式のほとんどは予め考えられ、標準化されており、これを徹底的に教えこまれるのである。そのために軍人は、一連の指揮命令のもとに予測したように動員することができるのである。集権的官僚制の規律もこれに似ている。だから軍隊も、官僚制化された戦闘単位であるといえるかもしれない。

軍隊とフットボールのチームは、一連の社会的組織における二つの極端な型として見られるかもしれない。最も固定的な組織は、軍隊型式を全生活領域に拡大しようとするものであろう。これに対して、最も柔軟な組織は社会とその下位諸集団を多かれ少なかれ一つのチームと考えるものであろう。言うまでもなく、第三の道は二つの技術を組み合せようとするものであって、一方で能率の上から必要とする所には強固な組織を許容し、他方で可能ならいつでも柔軟な型式を嘆願する。自由に向っての進歩は、柔軟性に向っての着実な前進にあるのである。

二　自由の現代的概念

このものさしは、われわれが自由の異なった諸概念を当代の議論の中に位置づけるのに役立つ。異論は主として、同一語の異なった、しかも不明瞭な意味から生まれている。われわれの権力論におけると同様、この問題の一般的な思潮も、「無政府主義的」「全体主義的」「自由主義的」および「金権主義的」という表題のもとに、一番うまく分類される。(4)

1　無政府主義的見方によれば、人間性のなかには何か一種の自己統禦力が存在していて、もし完全に自由にされると、自発的な自己規律に導くというのである。この派の考え方の基礎的確信の一つになっているのは、われわれは強制的な規律の抑圧装置を使用すればするほど、それだけわれわれは個人のなかにいわゆる「否定主義」を育てることになるということである。われわれは抑圧という代価を払って、よく働いている自己抑制のもとで協同しようとする人間の自発性と準備態を閉塞してしまう。無政府主義者はすべての形式の規律にことごとく反対する単なる個人主義者ではなくて、「真の自由」は集団生活のルールに自発的に服従することから結果するものであると信じている。「強制の反対の極は自由ではなくて、拘束性である。」(Der Gegenpol von Zwang ist nicht Freiheit sondern Verbundenheit)(6) とか、「ある自由の形式は集団生活のなかでのみ実現される」というような陳述は、論旨をはっきりさせるために役立つかもしれない。

自由についての無政府主義的考えは多くの真理を含んでいるが、社会学的な限定を欠如している。確かに、かかる自己規制力は存在しているが、それは小集団のなかだけに存在している。組織は大きくなればなるほど、小さな適応の長い過程から全体の自己付与的規律が出現することを期待したり、待つことができなくなる。ギリシャ人はこのことを認識していたので、古い社会単位が予定された限界に到達すると、新しい社会単位を創設した。今日では、これは実践できない。というのは、現代の経済的および社会的技術は能率的に大規模な操作ということとかみ合わされているからである。

しかしながら無政府主義者の考えは第三の道――すなわち可能なときは常に小集団の自己規制力を動員することを示唆している。決定的な社会的相互行為は、基本的に小集団のなかで発動される。生活の真の理解、新しい観念は小集団のなかに起源をもっている。小集団が活力に満ちたエネルギーを失なうと、社会は貧血になりがちである。(7)

2　規律および自由にたいする全体主義者のアプローチは、(8)規律が自発的に出現するという考えは大規模社会では採用できないことを了解している。したがって、命令と服従の規律が指導者（Führer）の原理のもとにあびせかけられるのであるが、この原理は厳格な集権的軍隊組織の普遍的図式を表わしている。軍隊と官僚制がモデルとして役だつ。二つの要因がこの過度の組織化の精神をはぐくんでいる。(9)一方では、真の市民の自由を知ったこともなく、またそのようなものをもったこともない獣群のような大衆は、恐慌におそわれると独裁的構造をやすやすと受け入れてしまう。恐慌は大衆に秩序を渇望させるからである。他方では、大衆管理の上で有能な少数者は、かれらの軍隊組織を拡大していくうちに、権力に酔うようになるのかもしれない。かれらはもはや自由を提供しないで、専制政治と大衆の画一化を提供し、「指導者よ、命令してくれ――われわれはついていく」というスローガンを声高に叫んでコミュニティに孔をあける。

3　自由と規律についての自由主義的見方は、[10]多くの点で、自由と自発的な自己規律が出現するという無政府主義者の考えを、性急に大衆社会に適用したものである。この見方は、個人の選択の自由から社会の自己規制力による神秘的な調和が生まれることをも予想している。無政府主義者が小集団のなかでだけ観察するものを、自由主義者は不断に成長しつつある社会に適用する。大企業と組織的圧力集団の時代以前の職人および農耕経済の普及していたもとでは自由主義者のそうした期待にも若干の理由があった。自由主義は以前の状況においてはかなりよく働いたが、現代の諸条件のもとではその妥当性と適用性とを失なってしまった。社会構造の変化と関係なく自由と規律の考えを主張することによって、自由主義者は故意に適切な統制の発明をとざしている。かれらにとっては、自己の意志と異なる自由は一切、自由と反対のものであると思われている。

4　自由と規律の金権主義的概念が[11]出現する社会の舞台では、限られた富める階級の人々は社会的変化に関係なく自由主義的イデオロギーを採用している。自由および規律の金権主義的概念は、基本的には自由に投資や投機を行なう投資家の権利と、何らの拘束もなく自己の財産を使用する所有者の権利を支持するものである。これらの自由が危険にさらされる場合は常に、金権主義者は一切の自由の喪失を嘆き悲しみ、画一化と官僚制に文句をつける。自由についてのこの狭い観念は次の事実を見おとしている。すなわち、私有財産、自由企業、競争、職業選択および消費者の選択は、大きな法人組織の時代には新しい意味をもつということである。トーニィが正しく指摘しているように、財産の自由は、もともと大規模の産業技術に先行する社会における職人や農夫にとって、自分の道具の合法的な使用を保証することを意味していた。言うまでもなく、「自由」な私的投資と企業は、もし本質的に望ましいものであるにしても、少数者だけの自由を意味するであろう。

同様にして自由主義者は、ある自由を実際に行使しうる人々の数を無視する。かれらは政治的領域における自由、表現の自由、職業選択および消費者選択の自由――つまり、かなり確実な地位にある教育された人間にかかわるすべての自由を強調するのである。これらの自由は経済的な低いレベルでは、あまり意味がなく、しばしば低所得集団には利用できない。[12] 金銭は、財貨や技能を獲得するための不可欠の一手段であるから、法的にも政治的にも、これらの選択を名目的に享受している多くの人の選択の自由を制限している。消費者と職業の自由選択ということは、ある財貨を買ったり、高い職業につく前提となる技能を獲得する余裕のない人々にとっては幻影である。この異議申し立ては、自由主義者に反対する社会主義者によって正しく提起されてきているが、富が不均衡に蓄積されている金権主義社会においては、まさにこの異議申し立てが成り立つのである。

他方、社会が十分大規模に、財貨と役務を生産し、それらを多少とも公平に分配しているが、政治および文化の領域における規律と自由の規制を、官僚的エリートや政治的エリートにまかせていながら、自由がゆきわたっていると言えば、それはさきと同様に近視眼的な見方である。収入と教育の大幅な平等のために文化的および政治的自由を犠牲にする社会は、後者の価値を低く評価していることを示すものである。問題は、政治的および文化的自由が物質的幸福よりも重要でないということではなく、どのようにして自己決定をパースナリティの十全な発達のための全生活領域にまで拡大するかということである。パースナリティのそのような十全な発達のためには、物質的な機会も文化的な機会も両方とも必要とするのである。[13]

三　民主的計画下における自由と規律

自由と規律の種々の概念のもつ社会的背景に関する以上の反省は、それらの概念の一面性をあきらかにし、それらの望ましい諸特徴を民主的計画体制の中で組み合せるために役だつかもしれない。民主的計画下における自由と規律は、集団、下位集団およびそれらの目標の性質によって限定されるであろう。

民主的に計画された社会は、社会関係における自由の人格的概念をもつであろう。すなわち、そうした社会は柔軟性を育成し、選択のための最大限の機会を提供し、かつ小集団と私的関係における自己表現を好都合にするであろう。

大集団および大衆組織において、第三の道は、サンジカリストの運動と協調組合主義におけるある傾向の両者のもつ洞察と知恵を利用するであろう。これらの運動は、大衆社会では、大小の団体結社の自由の方が集団にかかわりなく自己の利益を追求する個人の自由よりも大切であることを強調した。大衆的行動の時代には、個人はしばしば、その集団組織によってのみ保護されうるのである。

自由主義は、個人を社会ないし国家と並置することによって、媒介的および機能的諸集団の意義を無視する。(14)「人間の権利」という聖なる主張は、計画化の時代に合うように翻訳する必要がある。計画社会は個人の人格的発達の権利を配慮しなければならない。社会学的に言うと、職業その他の組織のなかでの労働よりも自由な立場で活動することを好む人間にも保護を取り去るべきではなくて、かれの性向に従って活動できる機会を与えるべきである。しかし大衆的組織の時代には、個人の権利を保証するだけでは十分でなく、それと同様に集団および結社の自由をも保護することが大切である。

グループの考えを広め、かれらの生活様式を防衛する集団の権利は、個人のそれと同様に神聖にして侵すべからざるものである。かくて、自由と自己規律は集団にたいしても適用されるのである。集団の自己規律は、われわれが人格的関係において期待するものと同じ自己規律を相互集団的関係において要求する。もし国家の主要な機能が相互集団的関係を統制することであるとすれば、それは集団のエゴイズムも統制しなければならないであろう。別の章で論じたように、集団のエゴイズムは個人のエゴイズム以上に危険である。[15] 集団が独占的地位を強奪しようとする行為は、阻止しなければならない。規律と自由の多くの形式は、小さな自己調整的単位における生活からは生まれず、組織的諸集団の規制された相互作用から生じるのである。相互集団的生活のかかるルールは、無政府主義者が考えているような、第一次集団の規律とは異なる。それらのルールは個人に断片的にしか影響をおよぼさず、「自発的」な関係としてよりも、「組織」の関係として経験される。たとえば、あなた方は一官吏にたいする行動や、一友人にたいする行動を比べて見ることができよう。

国家は一部分、現存の相互集団的関係とその自由を保証するものであり、また一部分、現存する諸型式が不満足なものであることがわかると、変化を導入するものである。他のあらゆる場合と同様、国家による集団規律のかかる外部的統制は、勿論、合法的な形式において行使されなければならない。現存の集団的均衡および（あるいは）その漸進的変形を支持することは、選挙民の同意の上で、かつ選挙民によって裁可され、公的に責任をもつ公務員によって遂行されなければならない。[16] これらの例によって、実在する専制政治の中心からなされるすべての操作を非難するのは愚論であることが示されるであろう。操作が民主的であるといえるのは、それが同意に基礎づけられており、たとえ計画的統制が集団の全活動に関与しているにせよ、諸集団間の自由を保証するという精神において遂行される限りにおいてである。たとえば、もし集団が事業会社の場合のように大きく強力であれば、われわれは産業民主主義のために、単にその外部的関係だけでなく、内部的組織をも統制しなければならない。(17)

四　計画化の時代における選択の自由(8)

「自由」とか「規律」とかいったような言葉はあいまいに使用され、それらの言葉は異なったいろいろの社会に関係づけられていないが、その背後では、根本的な変貌が無言のうちに進行しているのである。これはまだ十分に認識され、解明されていない問題である。

現代社会における顕著な変化の一つは、意図的な選択数が増加したことである。この主な理由は次の点にある。すなわち、過去には、自然的欠乏性と貧困によって自動的に選択の機会は制限されていたが、今日では、そうした選択の機会が生産能力の増大とともに自動的に増大していることである。同一方向に働いているもう一つの要因は、コミュニケーション手段、分配方法および広告手段の量的および能率的上昇ということである。これらは望ましい事柄についての知識を遠く広く普及するのである。以前に選択を制限していた第三の要因は、自己抑制の習慣と慣習から生まれていた。これらの習慣や慣習のために、しばしば欲求や願望は前面にあらわれることを抑えられていた。しかし今日では、それらのものが以前よりもずっと広範囲にわたって許容されている。第四に、富があり、贅沢品があった場合でも、ある社会階級はそれらを使用することから、暗黙のうちに、あるいは明らさまにしめ出されていたので、社会における当該選択数は限られていた。

こうした顕著な変化がもたらされたのは、選択を制限する諸要因が、大きく価格と収入の関係に還元されるようになってきたからである。したがって、一般的な欲求および欲望の水準の上昇は、社会的尺度を上昇しようという強力かつ広汎な願望を育んでいる。新しい上昇した欲求は、大衆の収入の一般的な上昇を伴なわない場合、富と収入の機会を平等化しようとする憤慨にも似た熱望になるに違いない。諸欲求が無計画、無制限に拡大され、不断に利用できる手段を凌ぐようになると、豊富の真只中において容易に不満を醸成する。欠乏は不満のただ一つの源泉にすぎないのであって、われわれはこのことを了解しなければならない。欲望とその可能な満足との間の乖離は、同様に強力な不満の源泉となるのである。[19] 以前には人々は、供給と価格と賃銀格差の非人格的なメカニズム――購買力の分配を統治していた――を意識的規制に服さぬ自然の過程として受け入れていた。今日ではわれわれは、かかる均衡の創造は多かれ少なかれ、われわれ自身の手中にあることを了解している。価格格差を設けた財貨の新しい分配方法[20]――学童用の安いミルクや、失業者や軍人のための映画の割引券や、割引鉄道運賃など――や、低所得集団によりよい食事を能率的に提供せんがために、戦時中、配給と物価統制とを結合して行なった経験は、消費者の自由な選択の問題と価格機構に対する計画的介入の問題を、新しいレベルの社会的自覚にまで高めた。

計画社会においては、個人の自由は二つの平面で作用する。すなわち、個人は依然として社会の組織化と両立できる自由選択については、最大限の選択の機会をもつであろう。しかし個人はまた、計画と中央の調整によって、消費者の選択を刺激すべきかどうか、さらにどういった方向においてすべきかということをも決定しなければばならぬであろう。以前の利潤に動機づけられていた広告や物価政策や所得の分配方法は、何を、誰が、どれだけの量、消費すべきかを決定していたが、中枢部門の計画化は、飲食および社会福祉的配慮のもとに、価格特典、消費者債権、消費補助金、安い公共住宅、教育運動および――もし必要であれば――配給と物価統制という手段によって、消費者の選択を嚮導することを許すものである。自由と規律の規準となるのは、高価な財貨を独占する裕福者の自由ではなく、公益である。

われわれは、以前には時たましか起らなかった二元論的態度が、永久的のものになっていく過程の端緒に立っている。この二元論によると、個人は一方の文脈では自分の自己関心に従うことを強制されるが、他の文脈では、コミュニティの利益のために諸制度によって自己のエゴイズムを抑制する。たとえば、個人は社会を維持するために必要だと感じれば、重税をも受けいれるであろう。しかしかれは自己の負担をできるだけ安くするために、あらゆる合法的な努力をおしまないであろう。利己的でかつ共同的な態度は、以前にはどちらかに傾いた。すなわち一種の混乱があり、自己主張的反応と利他的反応を二者択一的に呼びおこすような状況が存在していたのであった。今日では、かかる二元論は自我構造の中に組みこまれている。計画社会においては、市民は、計画化――したがって集合的規律と集合的自由――を行なわなければならない分野と、自己中心的諸反応を環境によって呼びおこせる他の領域とをはっきりと区別する時にだけ、適切な行動をとることができるのである。

これらの公式に留意しながら、われわれにわかることは、自由に対する古い要求の多くは、新しい計画社会においで古いやり方では実現されえないということである。無計画社会においては、職業選択の自由は、金銭や教育の機会や知識のない人々にとっては大体、理論の上のことであった。多くの青年が仕事を選ぶ場合、かれらの手のとどく範囲内にはその仕事しかなかったから、かれらはその仕事を選んだのであった。人々はそれでも職業選択の自由を信じていた。というのは、いろいろの制限は、目に見えぬ自然の力によってひき起されるものであるかのように思われており、社会秩序の副産物として認識されていなかったからであった。そしてこの社会秩序は暗黙の支持を得ていたのであった。

計画社会に生きている人間が自由のかかる条件のもとに送還されたら、かれは我慢できぬほど不幸に思い、また制約を感ずるであろう。すなわち、無計画社会では、かれの職業選択は基本的には偶然的要因によって決定されるということ、多くの若人は袋小路の仕事に閉じこめられていること、そして自由競争の世界では、社会のなかで満足な地位を見出すために何年間もかかるということ――かれはこれらのことを了解しなければならないとすれば、不幸に感ずるであろう。この規制されない古い自由に比べると、かれは新しい型の自由を称揚するかもしれない。この新しい型の自由は、官僚制の増大にもかかわらず、また必要な場合には、国家的指導も増大するにもかかわらず、かれを社会の求める仕事につかせるが、この仕事は将来の発展型式のなかに組み入れられており、袋小路のものではなくて、将来を約束するようなものである。かれは職業指導相談所に相談して自分の仕事を見つけることができる。その場合、この相談所は学校と協力する。すなわち、かれは労働市場の管理にあたっている職業団体や公共機関の各サービスに頼って、自分の仕事を見つけることができるのである。これらの機関がかれの特殊な適性や好みに対して十分な注意を払う場合、それらの機関の広汎な活動と中央での情報調整とによって、個人が自分自身で見つけるよりも、もっと広汎かつ健全な職業選択と経歴の機会とを、かれに実際に提供することができるかもしれない。計画化の目標と利用できる機会とありそうな不合理な職業的欲求との間の乖離――大衆小説や映画に出てくる英雄像の影響のもとに今日よく見出されるように[21]――は、もし徐々になくなっていかなければ、教育的努力によって減少させることができるであろう。社会的および政治的事象の著者は非常に個性的な選択を行なっているけれども、しかし、多くの人々は、就職する職業について厳密に公式化された好みをもっていない。だから、かれらは経済計画と予見可能な発展路線に即して、あまり有望でない職業から、より将来性のある職業へかれらを向けてくれる専門家の助言と手際のよい示唆に左右されやすいし、またそのようなものに対して感謝さえ感ずるかもしれない。その上、ソビエトならびに合衆国における労働異動は、非常に多くの現代人が比較的容易に、非常に多様な職業上の諸要求に適応すべき能力を獲得することを示している。あまり望まれない職業にたいしては、特殊な金銭および（あるいは）尊敬のプレミアをおくことによって、必要な数の就職志望者をひきつけることができる。

かくて、計画社会における自由は、官僚制や規制が存在するか否かという面からではなくて、公益と個人的潜在能力の最善の利用という面から判断されなければならない。知能検査、面接、身体的および精神的発達と性向についての専門家の観察、および計画的予測的発展と軌を一にした専門家による職業選択の指導——それと同時に、特殊な才能や欲求をもつ人々に余地を与える計画しない分野の提供——は、計画された世界における自由に対する人間の探究に役立つかもしれない。

（1）次の参考文献一覧表は本章の背景として役立つであろう。
Angell, N., *Why Freedom Matters* (New York, 1918).
Anshen, R. N. (ed.), *Freedom Its Meaning* (New York, 1940).
'Aspects of Freedom,' *Spectator*, vol. 155, pp. 852-4.
Cecil, H., *Liberty and Authority* (1910).
Croce, B., *La teoria della liberta* (nuova ed. Bari, 1945).
Heimann, E., *Freedom and Order* (New York, 1947).

Hobson, J. A., 'Democracy, Liberty, Force,' *Hibbert Journal*, vol. 34, pp. 35–44.
Ingersoll, R. G., *Human Liberty* (1884).
Knight, F. H., 'Meaning of Freedom,' *Ethics*, vol. 52, pp. 86–109.
Laski, H. L., 'Liberty,' *Encyc. Soc. Sciences*, vol. IX.
Lee, A., 'Authority and Freedom,' *London Quarterly Review*, vol. 163, pp. 492–500.
Malinowski, B., *Freedom and Civilization* (New York, 1944), part III, ch. I, II, III.
Mann, Thomas, *Das Problem der Freiheit* (Stockholm, 1939).
Maritain, Jacques, *Freedom in the Modern World* (New York, 1936).

(2) Gre, G. de, 'Freedom and the Social Structure,' *American Sociological Review*, vol. II, pp. 529–36.
Cooley, C. H., *Social Organization* (New York, 1929).

(3) 参考文献については、Karl Mannheim, *Man and Society* (London, New York, 1940), pp. 453–4. を見よ。これ以上の公式化については、Coover, J. E., *Formal Discipline from the Standpoint of Experimental Psychology* (Princeton, 1916). 参照。
Hubert, R., *Le Principe d'autorité dans l'organisation démocratique* (Paris, 1926).
Michels, Roberto, 'Authority,' *Encyc. Soc. Sciences*.
Samuel, H. L., *Persuasion of Force* (London, 1947).
Sturzo, L., 'Authority and Democracy,' *Dublin Review*, vol. 210, pp. 151–63.

(4) 第三章を見よ。

(5) Read, H., *The Rhilosophy of Anarchism* (London, 1943). を見よ。

(6) ハーバート・リード (Herbert Read) がその著、*Education Through Art* (London, 1943), p. 282. でマルチン・ブーバー (Martin Buber) から引用している部分。

(7) Robins, J. J., and Heckscher, G., 'Constitutional Theory of Autonomous Groups,' *Journal of Politics*, vol. 3, pp. 3–28. を見よ。

(8) Pape, L. M., 'Some Notes on Democratic Freedom : Democratic and Totalitarian Concepts in the Problem of Freedom and Restraint,' *Ethics*, vol. 51, pp. 349–55. 参照。
Mannheim, Karl, *Man and Society*, pp. 445–6, 453–4. も見よ。

(9) Ibid., part III ('Crisis, Dictatorship, War').

(10) Ibid. (包括的な文献目録) 次の参考文献も参照。
Cohen, M. R., *The Faith of a Liberal* (New York, 1946), 'Freedom : Its Meaning.'
Garnett, A. C., 'Liberalism as a Theory of Human Nature,' *Journal of Social Philosophy*, vol. 7, pp. 127–41.
Hobhouse, L. T., *Liberalism* (London, 1911).
Jordan, E., 'False Principle of Liberalism,' *International Journal of Ethics*, vol. 46, pp. 276–91.
Kallen, H. M., *The Liberal Spirit* (Ithaca, 1948).
Montagne, W. P., 'Democracy as Liberalism : Its Hypocrisy and Futility,' *International Journal of Ethics*, vol. 45, pp. 143–6.

(11) 若干の類似した考え方を提示するものとして, F. Camper, 'Hayek's *Road to Serfdom*,' *Enquiry*, vol. 2, no. 3, pp. 22–4 ; また F. W. Coker's *Democracy, Liberty, Property* (New York, 1942). 参照。

(12) Lauterbach, A. T., *Economic Security and Individual Freedom* (Ithaca, 1948). を見よ。

(13) Leibholz, G., 'Two Types of Democracy,' *Hibbert Journal*, vol. 44, pp. 35–44.

(14) *Authority and the Individual* (Cambridge, 1936). (Harvard Tercentenary Conference of Arts and Sciences, Cambridge.)

(15) 第1部第三章第1節を見よ。

(16) Plamenatz, J. P., *Consent, Freedom and Political Obligation* (London, 1938). 参照。

(17) Heimann, E., 'Industrial Society and Democracy,' *Social Research*, vol. 12, pp. 43–59.

(18) 「自由と計画」(Freedom and Planning) に関する以前の議論については, Karl Mannheim, *Man and Society*, 'Planning for Freedom,' pp. 385–8. を見よ。

Benn, E., 'Death-bed of the Nation? Is Freedom to be Planned Away?' *Quarterly Review*, vol. 283, pp. 129–38. も見よ。

Corey, L., 'Economic Planning without Statism ; Planning in the Framework of Liberty,' *Commentary*, vol. 4, pp. 137–47.

Cummings, H. S., *Liberty under Law and Administration* (New York, 1934).

Keirstead, B. S., 'Liberty and a Planned Economy,' *Canadian Journal of Economics and Political Science*, vol. 11, pp. 281–5.

Madariaga, S. de, *Anarchie ou hierarchie* (3rd ed. Paris, 1936).

Mitrany, D., 'Political Consequences of Economic Planning,' *Sociological Review*, vol. 27, pp. 2–4.

Renner, K., *Demokratie und Bureaukratie* (Wien, 1946).

Rosenfarb, J., *Freedom and the Administrative State* (New York, 1948).

Smith, T. V., 'Political Liberty Today : Is It Being Restricted or Enlarged by Economic Regulation?' *American Political Science Review*, vol. 31, pp. 12–27.

Spinelli, A., 'Dawn or Dusk of Democracy,' tr. by A. O. Hirschman and S. Hirschman, *Social Research*, vol. 14, pp. 222–43.

Tawney, R. H., 'English Politics Today : We Mean Freedom,' *Review of Politics*, vol. 8, pp. 223–39.

Tugwell, R. G., 'Directive : Need for a New Philosophy of Governmental Powers,' *Journal of Social Philosophy*, vol. 7, pp. 5–36.

(19)　Kotschnig, W., *Unemployment in the Learned Professions* (New York, London, 1937). 特に第一部を見よ。

(20)　「新農業政策によって採用された主要な手段は、市場、補助金、等級づけられた価格と広告宣伝による消費の奨励という一時的な要求に適合する諸機能をもつ強制的結社体を介して、各種市場を組織化することであった。……何ら一般的計画は立てられず、また組織的にも追求されなかった。」Reventlow, Hedwig Ide, 'Die Entwicklung des britischen Agrarschutzes,' *Berichte über Landwirtschaft* (Berlin, 1937), p. 131.

'Farmers in the Modern World,' *Agricultural Yearbook* 1940, ed. by Henry A. Wallace (Washington, D.C., 1940).

Lamartine, Paul Yates, *Food Production in Western Europe: An Economic Survey of Agriculture in Six Countries* (New York, London, 1940). 特に結びの章「農業の計画化」(The Planning of Agriculture) pp. 551 ff. 参照。(これは Viscount Astor と B. Seebohm Rowntree がまとめ、Sir William Beveridge が序文をよせている研究報告書である。)

(21) 次のような英雄モデルの内容的研究を見よ。

Dale, Edgar, *The Content of Motion Pictures* (New York, 1933).

Heine, Patricke Johns, and Gerth, H. H., 'Values in Mass Periodical Fiction,' *Public Opinion Quarterly* (Spring 1949), pp. 105–13.

Rosten, Leo C., *Hollywood, the Movie Colony, the Movie Makers* (New York, 1941).

第一三章　思考、哲学、宗教および社会秩序の統合

一　動的社会における宗教的統合

社会秩序の究極的統合は、常に、重要な問題であった。社会を一つに結びつけるものは何か――それが権力であれ、分業であれ、精神的紐帯であれ――という問題は、社会学者が答えなければならない最も深遠な問いの一つである。勿論、社会的統合は思考と行為のあらゆるレベルでおこる。われわれがなすもので、統合的効果や非統合的効果をもたないものは稀である。今日でも、疑問の余地のないことだが、精神的興奮や赤裸々な権力の釣合のとれた適応性は、社会体系が分化している特徴であり、大社会ほどそのような特徴は大である。スメル人やエジプト人の帝国のような古代帝国は、僧侶階級と武士階級のもつ統合的影響と優越性の上に築かれていた。今日われわれは、僧侶階級が武士階級にいかに依存していたかということや、いずれも他の貢献がなければ、どうして社会を一つに結びつけることができなかったかということについて、これまで以上によく見ることができる。

現代人は徐々に精神的統合の必要感を喪失してきているが、この必要感は中世の社会ではあまりに明白なことであった。現代の社会学者の多くは、特徴として、統合の必要性とその方法についての理解をもち合わせていない。恐らくこの理由としては、現代人は大体、既存社会秩序にたいする反抗の所産であったということが言える

であろう。例えば、自由主義やマルクス主義やアナキズムやサンジカリズムの場合がそうであった。かれらは行く手の障碍しか見ておらず、かれらにとって旧式にしか思えない強制と厳格さに反抗したのであった。二、三の重要な例外、たとえばコント（かれは社会的統合の問題を認識していた）のような人もあるが、社会学者は統合の問題に盲目であったか、あるいはこの問題をあまりに自明当然のこととしていた。これは、社会学がそもそも発生した批判的革命的な気質の一部となっているように思える。社会学者は、例えば自由主義者や無政府主義者やサンジカリストたちが考えたと同じように、統合は自発的におこると考えていた。

第三の道においては、問題は全く別の形をとってあらわれる。第三の道は社会の基本的統合を危険にすることなく、社会の変形をはかろうとするものだからである。それは、一方では動的創造的な変化を惹き起す諸要因に注意し、他方ではそれと同等に基本的統合にも注意を払わなければならないであろう。旧式の自由放任主義的思想家や急進主義者は、伝統と宗教の意義や、安定性と連続性をつくりだしている力を軽視するのが常であった。何故なら、その時代には、これらの事柄は放っておいてもよかったからであった。新しい状況においては、改革の戦士は急激な変化の真只中で統合を維持しなければならないであろう。かれは社会の変化を求めると同時に、安定性と連続性にも集中しなければならないであろう。かれが社会の宗教と擬似宗教的な統合力の必要性を認識するのは、このときである。しかしかれにとって、宗教を、反動の場合におけるように、既得権のとりでにすることは許されないで、それは、むしろ変化をもたらし、かつその過程で、人間と社会を再生させる助けになるような力にすることが認められるのである。(1)

他の文脈で、われわれは明らかにしようとしたことがあるが、自由主義の時代は、基礎的統合の宗教的形式およびその他の形式を妨害せずに、変化を成就できると考えている点では、むしろ例外に属するのである。ジョン

・スチュアート・ミルでさえ、信条の基本的事項を不断に改訂し、したがってそれらの事項について基本的な一致が存在しないことは、社会のためだとまで言っているのである。さもなければ、それらの事項は、動的な社会とはとても両立できそうもない階統的制度や独断的制度の基礎工作とならざるをえなかった。物語の一面に関する限りでは、疑いもなく、ミルの陳述には透徹した洞察がある。ミルは、あらゆる計画社会が、体系全体の全体主義哲学——それは人種的なドグマであれ、マルクス主義者の経済的決定論や階級闘争論であるにせよ——を発展させはじめる時に出会う困難を非常に明確に指摘している。ひとたびかかる哲学があらゆる事象を解釈するための聖なる源泉——基礎的神学の形式——になると、それらの哲学は新しい種類の教権主義に導くのである。

今日では勿論、われわれは中世の基礎的神学の達成について、また組織的な精神力の必要性についても、以前よりも大きな理解をもっている。われわれが今、了解しているところでは、社会秩序は、古いドグマの役割を新しいやり方で遂行する、信仰の健全な陳述に基礎をおく場合にのみ、満足に自己を維持することができるのである。われわれがこれまで通り抜けてきた渾沌から学んだのは、たとえほんのしばらくの間であっても、ある事柄には疑惑を差しはさんではならないということであった。この点で第三の道を提唱するわれわれはもっと賢明であるが、それにもかかわらず、いかなる形式の思考体系であれ、上から課されるものを通して社会の基礎的統合を達成しようとすることには不本意である。疎外された大衆社会における究極的統合は、自由放任主義的思想家が信じがちであったように、自然発生的にはおこりそうもないが、われわれは今このことを十分に知ることができるほど冷静である。他方でわれわれは、唯一のできることといえば注入と教えこみであるという考え方も受け入れることはできないのである。

抽象的な理論の選択項のなかには満足な答えを見出すことが困難であるけれども、第三の解決法は英国で発展しつつあるように思える。歴史的な発展の歩みのなかで、英国は徐々に一つの解決法を案出してきた。この解決法は社会のキリスト教的基盤を受け入れたものであった。多くの場合、このアプローチは宗教を道徳問題の至上最高の裁判官にしたて、特に良心の問題にかんしては、宗教によって国家さえも批判することを認めている。しかし、この同じ歴史的伝統は、宗教の優位性が一種の異教を許さぬ教権主義におちいることは認めていないのである。基本的信仰を寛容に許す宗教的社会の考え方は、アングロサクソン諸国の歴史から生まれた逆説的な型式である。この事実を強調した後で、次のことを付け加えておく必要がある。すなわち、同調性と異端性、既存の信条と相対主義との間のこの驚くべき均衡は、単に豊かな生命力と純然たる寛容に起因するだけでなく、しばしば無関心と中立性からも結果するということである。

既存の国教会と非同調者、正統派と無神論者が相互に許容し合っているが、これは、単に寛容の観念がそんなに強力だということではなく、多くの集団のなかで、宗教的および非宗教的衝動が徐々に中性化されているからでもある。よくかれらはお互にうまくやっていっているが、それは、いずれも、もはや自己の基本的信条に熱狂するほどのエネルギーを持ち合せていないことによるのである。

かつて純粋の寛容であった何かがあまりにしばしば無関心に堕してしまっている。われわれがたとえこのことを認めるにしても、なお西欧世界の若干の国には、これまで努力してきた経験の残滓が残っている。この残滓的経験は、大切な状況に直面すると常に、創造的寛容の意義を想い出させ、狂信の誘惑を相殺する傾向をもっている。これらの国々は次のことを学んでいる。すなわち、真理は一つしか存在しないという事実は、どれかの集団がその真理を所有していると自ら信じている場合でも、その集団に何も他の信条の信仰者を撲滅する権利があるとか、あるいはそうする義務があるなどということではないのである。もし事実、真理が一つしか存在しないものであるとすれば、それは一個人や一政党が把握しうる以上に、より包括的なものであるはずである。これは、すべての者に耳をかたむける価値があるということである。というのは、あなた方はどの人間、どの集団を通して神の声が語られるかを言うことはできないからである。これは、計画的自由の理想に基礎づけられた力動的計画社会と両立できる、宗教的な統一と統合の唯一の様式である。

計画社会は究極的な事柄についても態度を決定しなければならない。他方で、計画社会は、基礎的な真理の探究を力動的な争点にし、必要な陳述の後に正直にクエスチョン・マークをつけておくことによって、全体主義的なもの、固定的なものになったり、コミュニティの囚人服のようなものになることを免がれるのである。しかし、たとえクエスチョン・マークが往々にして不安定性を指示し、人間の知識の解決できない問題性を指示するものであったにしても、これは何も、つぎの五年ないし一〇年を、その当の社会が不安定な中で生活する必要があるということではないのである。いろいろの差異を和解してしまった後で、われわれは、たとえ、すべての社会的および哲学的内包が必ずしも最終的に決着をつけられていないことを知っている場合でも、ある計画に同意することはできるであろう。

民主的に決定された原理は、一定期間にわたって実際的な目的として有効であり、根本的改訂が行なわれるのは、新しく出発することが必要に思える時だけである。それでも、社会のあるサークルの者は生活、宗教および社会の基本的な事柄について議論しつづけるであろう。かかる議論は、民主的に計画された社会秩序の中に位置づけられるであろう。議論の場は設けられるけれども、破壊的行為や協同のサボタージが反対者をよろこばす時には、決してそれに対して認可を与えないであろう。

人間精神の変化しないある局面は、社会の超越的な宗教的基盤の必要性を指示しているように思える。そして、いくつかの要因は現代の状況において、これまでになくこの要求を緊急のものにしている。人間の精神と人間の行為の性質の中には若干の古風な型式が存在しており、これが確実性とより深い基盤を探求させるのである。われわれは実践手続き上、常に手段と目的の面から考え、何かをなす時には心に目標をもっている。この事実こそ、われわれが、かかる目的をもたずに、宇宙について思念することを困難にしているのである。これは、生活と実践の過程を通して獲得される思考習慣であるかもしれないけれども、非常に深く根づいているので、目標のない世界は、考える者にとっては我慢できない一種の家なしを意味するのである。われわれの技術的能力は日常生活の瑣事――そのなかでわれわれは目的的な配列を追求する――にまで滲透すればするほど、それだけわれわれの哲学は、概念としての目標をそれ自体では自然に適用しないという観念に向かう傾向がある。すなわち、目的的に見える事柄でも選択の結果であり、無限の多様性と適応形式の偶然的所産だというのである。これは現代の大きなパラドックスの一つである。かかる観念は、考えることはできるが、生かすことは難しい。それは理論上、太陽を、日々光を発しながら上昇する円盤として経験していながら、地球は太陽のまわりを回っていることを認めるようなものである。同様にして、人生における最高のものは、われわれが語りかけることができ、かつそれに対して裏切ることのない理解と宥恕をもって応じる神とのコミュニケーションであるが、これに対する静かな確信は非常に深くきざみこまれているので、この宗教的信仰を失なったら、意気消沈してしまうであろう。このような深く根づいた欲求（われわれがなすことには目標が存在しており、また人間が訴えることのできる人格の力が存在しているということ）の満足を通してのみ、人間は世界における所属感を発達することができるのである。そして、この世界のなかで人間は自分の場所を見つけることができるのである。そこにはかれを支持して、その不安を消散する秩序が存在している。

これらは人間性のなかの譲り渡すことのできない若干の特徴であるが、これらはあれこれの仕方で常に何らかの宗教の形式を形作っている。これらの特徴は「科学的」な解釈によっては満足されないであろう。というのは、科学の解釈は、探究する人間の心の基本的要求には答えないからである。

以下、私は、すべての時代のこのような要求は別として、宗教的なレベルにおける統合をますます重要にしている当面の社会の若干の動向について論じたいと思う。まず第一に、多くの要因が作用して、現代社会の特殊な知的窮状を作り出しているが、一方、他の諸要因は、現代社会における人間存在の特殊な窮状を惹き起しつつある。

二　現代社会における思考の窮状

1　知的諸機能の断片化

人間生活の中で、思考は異なる諸機能を充足するが、これは人間存在の特徴である。もっと具体的に言うと、考える能力をもつ同一の器官、すなわち精神が、かように全く異なった諸機能を充足するということは、多くの点で人間存在を厄介なものにしている。これらの異なった諸機能は過去には全然不明であったが、最近数年のうちに問題になってきた。思考は常に事実発見の道具であると同時に、説得、宣伝、教育の道具であり、行為の草分けと歩速調整者でもあった。これらは、内面の性質から見ると、基本的に異なった過程である。これらの機能を分離する深淵は以前には認識されていなかったが、それは、相対的に社会が単純であり、そこにおいては諸機能が分化していなかったためであった。

現代心理学が、事実発見の道具としての思考を、その他の諸機能から孤立化したのであった。人間は自然との関係で事実発見的機能を使用し始めたが、今では、それは内面的経験や社会的関係の領域にまで拡大されている。概念を情緒的暗流からときはなし、事実の陳述を価値判断から解放すること――言いかえると、曖昧性を除去すること――は、必然的な発展であった。事実発見、事実観察および事実報告の厳密性を期すためには、どうしてもわれわれの常識的経験における観察の諸単位を分解しなければならなかった。理論的な分析方法は、社会生活に適用される時、日常の実践生活のレベルでは観察されないまま通りすごしていた社会的心理学的現実の粒子に、われわれの注意を焦点づけた。常識的経験から引き出したところの観察の諸単位をこのように分解することは、科学の観点から不可欠のものである。けれども、われわれは同一の思考装置を日常のオリエンテーションと科学的研究という両方の目標のために使用しなければならないのであって、これを実行する時には、この分解は災いのもとにならざるをえないのである。往々にして科学的知識のためには得になるものが、パースナリティの統合と社会的凝集性のためには損になっている。このために、新しい発見以上に、社会的凝集性と協同により大きな関心をもつ保守主義者は、分析的知識がもつ解体的効果を嘆かわしく思う傾向があった。(2) かれらが時計の針を逆転させて、われわれに聖書の神話やその他の昔の伝承をことごとく文字通りの真理として信じさせようとしたのは、間違っていた。しかし、かれらは次のことを本能的に感じ取っていた。すなわち、民間伝承は社会の統合的機能をもっていたので、もしこれを別の生活ビジョンと世界秩序によって置きかえることなく除去するなら、われわれの世界観における空白は避けられないだろうということであった。

前科学的思考は説得的であると同時に、教育的である。科学的思考は中立的でなければならないので、説得とか、一人の人間がかれの所与の発達段階において、あれこれのことを知るのがよいかどうかというような問題には、関与すべきではない。

勿論、科学的思考はそれ自体の領域内においては全く正しいのである。科学的思考は事実の正確な陳述を目ざすべきであって、事実以外の何ものをも目ざしてはならない。しかし社会は説得と、教育的過程の必要性に対して適当な配慮を払わなければ、生命を維持することはできないのである。

今日少なくとも、われわれは何世紀もの間、無意識のうちに人間を当惑させてきたジレンマについて公式化することができる。われわれは人間成長のあらゆるレベルにおいて、社会的状況のどんな様態においても、その教育的および心理学的効果にかかわりなく、科学的事実を述べるべきであろうか。人間はイメージで思考する習慣をもっており、このイメージの破壊は、観念の訴える価値と観念のなかの人間的要素を破壊するが、われわれはこれらの事情にかかわりなく、常に諸事実を道具的思考の言語で公式化すべきであろうか。それともわれわれは、現代の事実発見者が検証ずみの真理として提供するものとは一致しないが、教育的価値と人間化する力をもっている話を語るべきであろうか。

ここでは、知識の伝播を恐れるが故に、これらの問いに対して抗議するのは、もはや反啓蒙主義者ではない。それは、われわれの空想の基礎的イメージの消滅——すなわち、われわれの毎日の経験の中核と、われわれがそれに照らして運動し協同する光の消滅を見てとることのできる教育者である。次の例をあげてみよう。

科学的思考の平面では、悲劇も喜劇も存在しない。存在する事実と過程は、それ自体中立的である。しかし悲劇的な感覚を欠如する雰囲気——ここにおいてはクライマックスもなければ、誰一人として責任あるものもなく英雄もなく、あるのは、ただある仕方で行動する多数の原子だけである——の中で、一体、人間事象を経験することが可能であろうか。

最も鋭い形のジレンマは政治の場面に当てはまる。一事実発見者として、すべての人間は不快なデータに対面する。このデータは人間の人格的な願望とも、またかれが宗派や党と共有している観念とも、一致していないかもしれない。事実発見者として、かれは、われわれの知識に途方もないギャップがあることや、事物が流動的状態にあることを認めなければならない。くっきりと最終的に確立された知識というものは存在しない。すべてのものは、われわれが責任ある科学の精神から考える場合には、蓋然性の面からしか述べることができないのである。しかし、多数を動かし、巨大な党派を統一するためには、われわれの目的は輪郭がはっきりしていなければならない。そして歴史は、あたかもわれわれの理由のみを支持するかのように、提示しなければならないのである。一言でいうと、集団的行為のためには、計画者は確実性をよそおい、懐疑と曖昧さを除去することが不可欠である。

わたくしの見るところでは、事実と観念の提示の仕方におけるこの変化は、簡単に民衆煽動家や政治家の不正直に起因するのではなく、人間行為の性質、特に集合的行為の性質のなかにあるのである。日常の言語が政治学と事実発見の両方で使用されていた限りでは、曖昧性のために同一のタームを、ある場合には観察の道具として利用し、またある場合には目標設定者として利用することが許された。しかし社会科学と心理学が次第に曖昧性を除去し、確実性ではなく、まさしくあのような蓋然性について述べることを強調するに至り、政治家と行為者は、いわば言語を失なった状態におかれている。

2　被組織的思考

この機能分化は、事実発見の言語を、教育的過程や集合的行為に影響を及ぼすさい使用される言語から分離する。この機能分化を通して、一種の分裂意識が発生する。これは不確定感情や態度の二律背反性をひきおこす。そして、これは深く根づいていて、主体の心のなかで認識され難いので、それだけに阻害するところが大きい。この深淵は、人間の思考に対するそのかかわり合いが更に社会的に成長した帰結を追求するにつれて、一層深まっていくのである。

組織政党内での生活は、単に輪郭のはっきりした陳述に対する要求を生みだすだけでなく、「被組織的思考」の現象——すなわち、どんな質問に対してでもレディメイドの答えのできる問答集付の厳格に限定された観念体系、つまり、宣伝家をして、いかなる疑惑でも落着させ、社会的に受け入れられているドグマからのどんな逸脱でも路線にのせることを可能ならしめる陳述体系をも生みだす。これは次のことを意味する。すなわち、正直に考え、予定の思考体系に適合しないものでも、すべての事実と変化に正面からとりくもうとする人間は、最初から、場内から、言いかえれば公認の論談界から、しめだされる運命にあるということである。レディメイドの答を手元にもつこの方法を近代に初めて発達させたのは、イエズス会員であった。けれども、この方法を大規模に最初に体系的に使用したのは、マルクス主義者であった(3)。

しかしながら、マルクス主義者は、単に着手しただけであった。他の党派は、反対側の思考詐欺師のトリックの前で、党人の分裂をさけるために、そのマルクス主義に現にならっているし、また益々その方向をとるであろうと考えられる。被組織的思考は益々より被組織的な思考を生産する。そしてソクラテスがかれの冷厳な真理の動的探求のなかで見事に示している思考の本性は、完全に衰滅してしまうのである。大衆的存在の悪夢の一つは、被組織的思考体系が石化する危険である。というのは、被組織的思考体系からは探究の精神をしめだしてしまうからである。(4) 同時に、同一時代に、かつ同一人の精神のなかに、全く異なっていながらも、それでいて等しく人々の心を吸収する思考型式が発達しているのであり、これが現実になれば、われわれの窮状はそれ以上に悲劇的である。科学が前進すればするほど、それだけ、われわれの思考のメカニズムのなかには何ら確固たるものはなくなり、われわれが望みうるすべてのものは、事実的証拠の変化によって、組織し直さなければならない仮設だけだということを実感するのである。われわれの概念はそれ自体、実在性をもっていないので、他の概念がもっと多くの事実をもっと適切に説明するや否や、ただちに廃棄されなければならないものである。それ故、概念の変化を伴なう開かれた体系の考え方が、研究の領域においては益々支配的になってきているのである。

古典哲学の時代には、ひとは基本的実在性の存在、一般性の高い平面におけるある観念の妥当性を仮定していた。今日われわれにとっては、この実体論はあやしくなっている。すなわち、せいぜい、実体論の概念は、諸事実がそのフレームワークを支持しない時には、いつでも道を譲らなければならない部分として考えられているにすぎない。かくて、われわれはあらゆる偶然性に対して予想された答えをもつ固定的な政治的思考体系を発達させるが、これに対して現代の知識人はいかなる耐久的な準拠枠をも放棄して、一種のはかり知れない存在に向かう傾向がある。この傾向の中で、現代の思考は被組織的イデオロギーのもつ硬直性に対する公平な片われである。

二つの極端が同時代の所産であるということは、何の疑問もない。たとえこの両極端に同時に直面させられることは稀であるにせよ、このような雰囲気の中で生活している人間はそれら二つにひき裂かれている。かれにとって、ドグマの人為的な確実さは、しばしば、永遠の不確実さの挑戦から逃れる唯一のかくれみのとなっている。

3　精神の脱地方化

一方で真理を無限に探究し、他方でものの見方を人為的に安定化するという二元論は、単純社会には存在しなかった。精神が徐々に地域性とその根づいていた具体的な文脈から分離されていくとき、分裂はおこるのである。この過程に対して、われわれは「精神の脱地方化」(delocalization of the mind) という社会学的タームを提示している。その発端はむしろ古いのであるが、最終的結果は、いま見えだしたばかりである。

もともと思考習慣や精神の内容は、それらを発達させた部族単位や地域単位の重要な一部であった。思考は最初はフォークウェイや伝統や習慣の一部であり、すべてのものを具体的状況に引き合わせる翻訳不可能な慣用語法であった。原始共同体においては、この具体的状況の中で世界を経験していたのであった。われわれが習慣と習俗のレベルで生活している限りでは、われわれは陳述や処方が真であり、実験によって検証されているから、それらを受け入れるのではなく、それらが権威をもっているから受け入れるのである。それらは権威主義的であって、ひとはそれらに従って生活し、行為しさえすれば、正しいのである。そうでなければ、ひとはタブーを破ることになり、間違っているのである。(5)

科学的思考は、個人に、伝統の一部としてかれの面前にあるものすべてに疑問をもたせ、かれ自身の経験の光に照らして、そのどの部分が真であるかを自分であらためて検証させることから出発するのであるが、これは偶然ではない。われわれはこの過程によって、思考の「脱地方化」をはかり、思考を、伝統の権威を通して効力をもっていた文脈から切り離すと同時に、思考を「地域共同体を超えた主体——精神それ自体」に関係づけるのである。純粋理性（すなわち脱地方化された理性）の観念は、ここから発達したのであった。

そのとき思考は、共通の慣習と伝統によって結びつけられているコミュニティのメンバーだけでなく、あらゆる人間によって、諸事実を陳述するための抽象的な道具となるのである。部族的精神からコスモポリタンな精神に至るこの発達（その発端は現代文明においては、デカルトにある）は、この過程にさらされた人々の精神的均衡をたえずくつがえす根絶化の痛々しい過程となっている。

この脱地方化の一つの結果として、われわれは一つの精神的慣用語法から他のそれにたやすく翻訳されうる経験を過大に評価する傾向がある。数学の公式は他のもの以上に信頼される。それは数学の公式は自明のように見えるからである。具体的経験は抽象的な記号に還元され、からからのエッセンスにしぼられて、それらが全人格とそのコミュニティの背景を含む洞察のひらめき以上に途方もなく評価される。この過程において、われわれの議論の世界は二つに分裂する。半分は脱地方化の過程に結びついており、他の半分はわれわれの地域共同体的経験の翻訳不可能な質的要素に結びついている。

第一の知識類型は第二の知識類型から自己を解放するにつれて、質的経験の価値を低減させないように反対運動が発する。質的経験にくみする人々が早晩、主張することだが、コスモポリタン的態度に向かって拡大しつつある社会には、抽象的思考の発達に反対をとなえなければならないものは何もないが、しかし人間が、具体的なコミュニティの中に根づいていることに負うあらゆる経験に不信を表明し、それらすべてを放棄することを強調するとすれば、それはあまりにもゆきすぎである。

コスモポリタン的意識の要求を充足するさい、われわれはそれと同時に、これまで自明のことと考えていたコミュニティの背景を以前になく注意するようになるが、これも恐らく偶然ではない。精神の脱地方化の過程は、われわれがいままさに離されようとしている地域性に価値を付け加える。明らかに見通しとしては、根を絶たれる過程と自分の根をより意識化する過程とは、同一の歴史的発展の両側面であるけれども、両過程を経験しつつある人々にとっては、この発展は基本的不安定性のもとになるだけである。精神の脱地方化の過程のなかで、われわれが目撃するのは次のようなものである。すなわち、子どもは、突然に家族の保護をとりのぞかれて、それまでかれの欲望や活動に方向を与えてきた一切の情緒的徴候や意味が、意味をもたなくなるような世界におい やられることがある。恐らくこの子どもの成長のなかにだけは、われわれが目撃するものと並行する何かがある。

4　暴露過程

現代のもう一つの特徴は「暴露的」態度の普及ということである。この態度はとりわけ、マルクス主義やフロイト的接近法の中にあった。しかしここでも、多くの例のように、これら二つの思潮だけが、心的態度をより完全に発達させたのである。しかし実際にはこの心的態度は歴史過程の所産であり、現代的精神の眼目であった。両方とも、ある人または集団にその思考を生みださせたり、それを信じさせたりしている隠れた理由や無意識の動機を暴露することによって、思考型式を無効にする。たとえば、マルクス主義の言い分では、ブルジョワジーが「自由」について話す場合、かれが実際に心にもっているのは、資本家の投資と利潤作りのための自由である。他方、フロイト学者の主張では、上品ぶりは非常にしばしば、われわれの内部にある非常に強力な性衝動に対する「反動形成」である。あるいは誰かに虐待されているというわれわれの感情は、われわれの無意識のうちにある憎悪の傾向の投射であり、また科学的研究における情熱は、性的好奇心の変形されたもの以外の何ものでもないというのである。両方とも、個人行動や集団行動とそれに伴なう思考の真の意味は、それらの行動や思考に与えられている直接の正当化の仮面の背後に見出されなければならないと信じている。両方の場合に、思考と行為の表面の下にあるものを見ぬく方法は、曖昧な社会的および心理学的メカニズムの科学的な解明に導いた。しかし、これらのメカニズムは、もし暴露的態度の圧力がなかったら、全然探知されなかったかもしれない。

この暴露的態度は、所与の個人や集団に不信を向けるというよりも、隠された動機から自己を分離する精神能力に不信を向けているが、典型的に現代的な態度である。不信と疑惑はこれまで常に存在していたが、それは個人と集団の両方における精神の働らきそのものをよりよく理解する方法というよりも、むしろ一つの具体的事象であった。しかし社会変化の衝撃のもとに、この基本的不信は社会学的および心理学的理解の道具として発達させられてきた。というのは、われわれと、その精神の内容と習慣とを結びつけている紐帯をゆるめるのは、いろいろの形の社会変化だからである。

もし自分の町を離れて一度も他の国に行ったことがなく、また社会的尺度の上昇や下降によって、一度もある階層から他の階層に移動したこともなければ、あるいは自分の集団の中で、生涯の間一度もひどい心理的変化がおこらなかったならば、この人間は非常に強力に既存の思考と解釈の習慣に同化されてしまって、ほとんどそれらの変容能力さえ考えることができないであろう。かれは、この見方の背後に隠されている合理的ないし非合理的な動機づけを発見しようとさえしないであろう。

集団が異なれば、ある事柄についての考え方も異なるということだけでなく、準拠枠全体も異なるかもしれないということを認識する時、一大変化が起るのである。変化は単に外部的でなく、われわれの精神概念にも影響を及ぼす時、表面の下にあるものを見たり、精神の力学を探知することが可能になるのである。かくされた動機づけのベイルをはぎとることによって、ある陳述がもつ妥当性の評価を低下させる傾向は、（社会的分化を通して）異なった社会集団が同一の事柄を異なった仕方で説明する時、強化される。高度に階層分化した社会においては、隔絶された諸集団は、同一の事柄に対して異なるアプローチと価値判断と解釈を発達させやすい。これらの集団の利益が敵対的である場合には、われわれ自身の社会の中においてさえ、異なった思考様式が存在していることを実現する傾向、つまり暴露する態度を通して、反対者の公的威信を弱める傾向が存在するようになるであろう。しかし、われわれがわれわれの敵に対してなすことは、敵もわれわれに対してなそうとするであろう。暴露することは一般的な心的習慣となる。元来、一集団の武器であったものが、今や通俗的なアプローチとなっている――このアプローチは、本質的にわれわれの時代のものである(6)。かくて、この過程がわれわれの精神を習慣から解放したのであり、われわれはこれに非常に多くのものを負っているけれども、暴露は一般に、われわれの時代の基本的不安を増すだけであるということを認識するのにやぶさかであってはならない。

5　思考にたいする操作的アプローチ

人間の思考をイデオロギーや合理化として見なす特徴的な傾向と軌を一にして、もう一つの技術が現代の大衆社会に発達しつつある。この技術は特に、われわれと精神との関係にかかわり合いをもっている。ひとたびわれわれは人間の情緒や観念を、ある環境ないし心理のメカニズムの所産として見ることに慣れると、われわれはこれらの心的状態や観念を、操作的手続きを通して生みだそうとしていることが明らかになる。

この場合にも、個人や集団を説得したり、印象づけたりしようとすることには、何ら新しいものはない。これは常に民衆煽動家や集団の方法であった。かれらはモデルとして役だつほど、すなわち黙ってかれらのやり方や理想をその他の人々の上に課しうるほど有能であった。しかし、かれらはみなこのことを多かれ少なかれ、個人的に訴えたり、無意識的な暗示を用いて、直観的に行なってきたのである。宣伝技師が自分の技能を使用して、あるイデオロギーや情緒的傾向を合理的に考えられた方法を通して作りだす時、新しい位相がはじまる。われわれに反応の条件づけ方とイデオロギーの計画方法を教えるのは、もはや直観を通しての転移ではなく、ある心理法則を巧みに利用することである。新しい特色は指導者が操作的態度を獲得し、その態度が徐々に一般的になっているということである。

暗黙のうちに人格対人格の訴えるやり方は、後方においやられている。勿論、そのやり方は完全には消滅していない。それは家族生活や近隣や交友関係のなかには今でも残っている。しかし現代大都市の典型的な住民の生活の時間表を作って見れば、かれが操作者となったり、操作されたりする活動にくらべて、この人格対人格という題目がどんなに減少しているかがわかるであろう。言うまでもなく、時間表は費やされる時間の面から、人格対人格の諸経験が消滅していることを指示するにすぎない。人格的経験の内面性が生活の周辺部にそらされることによって、いかに弱化される運命にあるかということを理解する場合にしか、実際の喪失はつきとめられないであろう。

普通、社会的発達によってしめ出されようとする経験類型に対して起るように、われわれも人格対人格の経験、マルティン・ブーバーの言葉でいえば「我・汝の経験」の意義を急に自覚するようになった。われわれはコミュニティについて多くのことを語る。それは、コミュニティの経験がだんだんと稀薄になってゆきつつあるからである。われわれは人格対人格の関係について話す。そうした関係も益々乏しくなってきつつあるからである。われわれはそれらをロマンチックなものにし、それらについての記憶を美化する。それは、われわれがそれらの消滅を懸念するからである。以前にはわれわれは、それらのことについて話すことはなかった。というのは、われわれはそれらを当然のことだと考えていたからである。今でもわれわれはそれらをもっているが、それには、それ自体、実在のある喪失を指示する観念的な美化というあの香気がくっついている。反省のレベルにおけるコミュニティ経験や、ロマンチックな高揚のレベルにおける「汝の経験」は、大衆社会における精神の代償的動きであり、操作的アプローチの成長と軌を一にして発達している。

この過程の現実的なパラドックスが十分に了解されるのは、第一次的経験——コミュニティ感情と人格対人格の訴えと、われわれのいわゆる人間的な触れ合い——が、人間社会で精神を操作する位置にある人々によって作りだされていることを知る時以外にはない。ラジオの声は愛される。というのは、ラジオの声は強い人格の幻影を作りだすからである。そして聴取者は、その人格を自分自身の友人以上によく知っていると想像しているからである。このような「人格的な触れ合い」を求める渇望は、機械的に案出されている。われわれは急に、ちっともスターらしくない、気やすい映画俳優が好きになることがあるが、このそもそもの「気やすさ」は、ハリウッドで純然たるパリ風の雰囲気を再生するのと全く同様、意識的操作の所産なのである。

いわゆるインスピレーションは、操作的アプローチの成長によってさ迷わされるもう一つの資質である。第一次的接触が行きわたっている限りでは、生活の単調さと習慣的行動型式の頻繁な反復は、ビジョンの才能と現実のインスピレーション力学をもつ人間に出会うことによって、超越されることがある。少なくとも時には、われわれはかれらによって恍惚とさせられることがある。決定的な状況において、こういった人間は、政治生活や宗教生活における再生や改革や革命の中心になるかもしれない。

かような人間の有益な影響の余地は、平常時には減少している。すなわち、そのような影響の余地は、人間事象の組織化と官僚制化が現代社会のなかで成長している所では、どこでも縮小している。しかしながら、社会的機械の単なる歯車になるという非人間化の効果を克服しようとする願望をもつ人間は、依然としてインスピレーションとビジョンを渇望している。かくて再び、操作にたいする反応において、ビジョンとインスピレーションのロマンチックな高揚が人間的価値として発達してきたのである。操作的アプローチの荒野の中で、インスピレーションとビジョンの能力をもつ人間をもとめる要求が、最高に強いことを見るのは、奇怪に思える時がある。操作を巨大な技術にまで発展させた莫大な社会的機械が、かような能力をもつ個人の奉仕にプレミアをおいているのを観察することは、それ以上に奇怪にさえ思える。例えば、このことはアメリカの政党制度の中に観察されよう。そこでは、しばしば、党の機構は明らかに、政権を握った政党がその支援者に官公職を分け与える「てき屋組織」となっており、これが唯一の統合的要因となっている。しかしながら、党のチャンスは、その候補者として立つ誠実な人間に依存している――すなわち、選挙運動の十字砲火のなかで暴露されるかもしれないてき屋には左右されない。その上、候補者は計算づくめの人間ではなくて、むしろインスピレーションとビジョンをもつ人間でなければならない。とにかく後者の型の人間が、政治の場面では幸運をつかんできている。勿論、これらすべてのことは民主主義体制にも全体主義体制にも、等しくあてはまることである。それは恐らく全体主義体制の場合により重要でさえある。というのは、この場合には、指導者、すなわち目のきく人格には、人を鼓吹する（インスピレーションの内容は何であれ）ことができ、かつビジョン（それが何であれ）をもつ者がなるからである。

同じことは映画やラジオにもあてはまる。これらは両者とも、操作する人の心の支配下におかれており、情緒的効果と利潤の見返りに対するかれの計算は、多くの場合、ビジョンとインスピレーションをもつトップの位置の人間を数に入れておかなければならない。かかる動きの顕著な効果は新しいパースナリティ類型、すなわちビジョンとインスピレーションの専門家の発達である。かれはエーテルの中に、あるいは巨大なスクリーンの上に、純然たる人間的資質を投射する。しかし、それは、そのような人間的資質が無意識的なものから直接生まれており、操作されない限りにおいてだけである。

かくて、大衆社会は操作的アプローチなしには存在することができないのであるが、このアプローチの拡大はまたも、あの隠れた不安を増大する。われわれはこの不安の成長については、他の現代の動向のなかで、これまでに観察したことがある。どの経験が純粋なのか、またどの人為的操作の結果がすべての者、コミュニティの最も単純なメンバーに対してさえ、不安を助長するのかということは、これまで一度も画然と見たことはない。映画、でっちあげられた雄弁、計画された宣伝、意図的に作りだされた時流の精神――これらのはね返りは、われわれの精神自体の秘められた不信のなかに見出される。勿論、詩人や批評家のなかには滅多にだまされない少数の例外的な人間もいる。かれらは今でも、ある芸術家が、単にその時代あるいは知識人のあるサークルに共通に見られるパターンを模倣しているかどうかを判定することができるし、また他方で、他の芸術家の作品が、その人の個人的な努力と純然たる創造的経験の独創的結果であるかどうかを判定することもできる人間である。平均的人間は、日刊新聞の皮相的な新聞語、標準的な放送用語とむだ話、あるいはありきたりにならざるをえない映画――これは企業が実験のために資本をかけることができぬところからきている――に育てられており、自分の感情のどれが純粋のものであり、どれが単なる借りものであるかということも知らずに、まんまとあのジャングルのわなにかけられているのである。プライバシーが本当にプライバシーになるのはいつか。友情が本当の友情になるのはいつか。また家庭的な触れ合いが、まやかしではなく、実在になるのはいつか。

何が純粋であり、何が操作されたもの、あるいはでっちあげられたものであるかについてのこの不確定性は、特殊な形の懐疑主義に導く。それは、あまりに多くの文字通り新しい流行や新しい通俗観念が出没するのを見てきた人間の懐疑であり、かつてかれの心に火花を放ったあまりにも多くの新語が俗語になることを聞いたことのある人間の懐疑である。

この種の懐疑は科学的な探究心のもつ創造的な懐疑ではない。科学的な探究心であれば、仮設がまだ十分に検証されていないという理由から、それを拒否するのである。それは真の芸術批評家のもつ懐疑ではない。真の芸術批評家であれば、何が純粋であるかについてのビジョンをもち、インスピレーションの最も深い源泉を知っていて、いんちきの物に迎合しないであろう。それは、精神状態の大規模の操作がわれわれの共有する経験のほとんどの背後にかくされている時代に、一般的に見られるあの基礎的不確定性を反映する通俗精神の懐疑である。たとえ普通の人間が自分の懐疑と不確定性の理由をあげることができない場合でも、これらは、自分の懐疑の哲学的、心理学的あるいは歴史的基礎を認識している人々の場合と同様に、その人の性格の一部となってしまうのである。

以上われわれは、拡大しつつある社会における思考の社会的発達と密接に結びついている不確定性について述べてきた。一見して、ある者はこれらの観察をあまりにも微妙な観察として考えたくなるかもしれないし、またある者は「人々に社会的安定性と食事と住居と仕事とを与えよ、そうすればこれらすべての問題は消滅するであろう」という路線をとるかもしれない。このように言う人々には、経済的および社会的不安定性は、一般的不安定性の一部にすぎないのだということがわからないのである。かれらは、心理学的および精神的不安定性が時として、経済的および社会的不安定性以上に不穏のものにさえなることがあるという事実を見落している。現代における心的不安定性のあらゆる主要源泉を知ることは、そのまま実際の政治に他ならないのである。

三　現代社会における人間存在の窮状

1　大衆社会における非合理主義

現在の思考の窮状によってひきおこされている不安定性とは別に、現代大衆社会における人間存在を特徴づけている人間的不安定性の他の源泉が存在している。非合理主義に向かう潜在的衝動、もっとぞんざいに言えば、大衆ヒステリーに向かう傾向は、注意されなければならないこれらのもっと広い、もっと基本的な妨害の中の最たるものである。

大衆社会の生活は潜在的な心理的爆発力を蓄積するように思える。この力は、一般的不安定性の状況の中では、またたく間に広がり、ドイツにおけるナチの経験が示しているように、民衆の心的態度の永久的な一部となる傾向がある。疑いもなく、非常に多くの特殊な原因――経済的、歴史的および心理的――が、ドイツ人をこうした態度をもつ典型的な一例にしたのであった。なお、われわれのなかには、この心的状態が現代の大衆社会自体のなかに潜在していることを否定するものはまずいないであろう。われわれはこれらの大火災の原因を理解すると同時に、その大火災を阻止する方法を見出すために最善をつくさなければならない。

恐らく、時折おこるような大衆の非合理主義についてのもっとも単純な公式は、正常では人間の情緒は具体的な対象に固着されているということである。精神分析学者のいわゆる「カセクシス」(cathexis)――ある対象に対する情緒的エネルギーの固着、すなわち自分の家庭、庭、子ども、労働、仕事にたいする愛情や、地区、成功などから得られた情緒的満足――は、正常では情緒的エネルギーを拘束している。これらの固着が急激な衝撃を通してゆるめられる時、たとえば人間の自尊心が失業によってゆさぶられ、その結果、正常な生活の満足がくつがえされる時、かれとかれのような数千ないし数百万の人間は、ある目標に対する方向づけと固着化を待つ浮動的な情緒的エネルギーに占有されている。これらのエネルギーは、大衆社会の新しい操作者によって指示されることを待っているのである。社会組織の解体が社会的忠誠心を破壊して、われわれから通常の満足を剝奪する時、この浮動的エネルギーが電力のようになることは明らかである。それは適当な回路に導かれている限りでは、創造的であるが、ひとたび自由にすると、破壊的なものになってしまう。

普通、人間の中のこの浮動的エネルギーは、もっと原始的な表現形態に退行する。社会統制が弱められると、それは公然と攻撃的なものになるであろう。大衆ヒステリーへの堕落の可能性は、常に大社会には潜在している以上、またあの非合理主義――一部分それ自体も不安定性によって引き起こされている――は、さらに不安定性をつくりだすものである以上、制度の上でそれを意図的に拘束し抑制することは、人間の精神的諸問題を取り扱う責にある人々の任務である。非合理主義を克服できる力となるのは、単なる合理主義ではなくて、ジョン・デューイが正しく言っているように、「洗練された情熱」である。(7)

啓蒙主義の近視性は次の概念のなかに横たわっている。すなわち、人間性の中の非合理的要素と、人間関係にたいするその妨害的効果は、単なる知的分析によって精通できるという考え方である。たしかに、知的統制手段として知性は、われわれの社会生活のなかで大きな役割をもっているが、これは非合理性の内容をかえるものではない。非合理性の人間化はその昇華によって――すなわち「情熱の洗練」によってのみおこる。情熱は現在の形のまま残るが、いい意味の奉仕に捧げられ、芸術的ないし宗教的な浄化作用を通して形を与えられる。このために、情熱を回避することでもって、大衆の非合理性を防禦する方法はないと言える。すなわち、非合理性はそれ自体の領域の中で処理されなければならないのである。大衆社会に潜在する不安定性――というのは、非合理性は文明人のなかでも消滅していないので――は、人間行為と協同のあらゆるレベルにおける情熱の精神化や洗練によってバランスをとることができるだけである。もし強力に発達させられると、精神化は退行のとりでとなりうるが、現代の芸術や宗教が再び人間の生活組織の有意的な一部にならなければ、それは一掃されてしまうであろう。

2　不安定性の源泉としての道徳の二重性

わたくしが二重道徳という場合には、人間が次第に正邪に対する二つの反応類型を同時に発達させてきているという特殊な事実のことを指している。一般的な議論と洞察の平面では、人間は自分の特殊な利益のためではなくて、自分の属するコミュニティの利益のために、正しい事を弁護する。しかしながら、与えられた文脈のなかで行為する場合には、人間はよく一般性のレベルで公言したことをくつがえすようなことをする。最も単純な形では、これは、われわれが、ひとは「水のお説教をしておいて、酒を飲む」というとき言及する周知の現象である。

問題がいっそう尖鋭化するのは、それが単に、前述の場合のように、本能的な衝動から結果する弱さの表現ではなくて、われわれが次のことを認識する時である。すなわち、われわれは二つの異なるレベルの上で社会生活を営んでおり、したがって二つの道徳性を発達しているのであって、この二重道徳はしばしばこれらの事実の帰結であるということである。二重道徳の一方は、われわれが「一般的道徳性」と呼ぶものであり、他方は「文脈的道徳性」と呼ばれるものである。

われわれが既に指摘したように、人々は社会事象への知的なアプローチにおいては、税金を支払うことを認め、またもし必要なら、重税を課されることにも同意する。しかしながら、個人的状況においては、多くの人は依然として法の許す範囲内で、自分の課税分を最小限にくいとめようとする。この利己的ないし自己中心的操作は国家によってさえ承認されている。すなわち、国家は率直に、すべての人が自分の課税負担を最小限にするために専門家に相談する権利を認めているのである。一方でもっともらしく公共の福祉のために行為するといっておきながら、自分の課税負担をねぎることは矛盾しているように思えるであろう。しかしわれわれは二重の態度を了承し、二つの異なったレベルで生活し思考することを認めているのである。すなわち、一方では、全体のためを考えながらも、他方では自己中心的単位として護衛にたち、またそうしたものとして反応することを認めているのである。これらの二つのレベルの存在は、つぎの場合にはもっと顕著である。すなわち、われわれが、より高次の抽象的道徳性の面から、文脈的なレベルにおいて行為することを強制する法に一票を投ずる場合である。個人としてのわたくしは税金をあげないであろうが、わたくしに税金をあげることを強制する国家は必要だと思うのである。

これは、いわばわれわれのなかに二つの自我が存在していることを全くはっきりと示している。ある修正を加えれば、これら二つの自我は精神分析学者のいう超自我と自我に対応している――前者はより高次の道徳理念を設定し、後者は実際の状況の中で実践しようとする。(8)

政治理論の分野で誰かが、競争にたいする協同、利潤作りにたいする社会正義を強力に申し立てるときにも、右と同じ二元論が支配する。具体的な行為においては、これらの理想にもかかわらず、かれは、社会が競争路線にそって組織化されている限り、依然として競争的態度をとりつづけるであろう。というのは、かれは失敗という処罰を受ける線に落ち込むことを知っているからである。同様にして、利潤作りが企業の基礎になっている限り、かれは利潤をあげるために努力するであろう。しかし内面的には、かれは依然として、かれ自身のためによ り大きな利潤を刈り取っているにもかかわらず、現実の環境として共同体精神をもちうるような社会秩序を欲していているかもしれない。これらすべてが示唆しているように、二重の道徳性は独り人格的な弱さの結果ではなく、往々にして次の事実の表現でもある。その事実というのは、結局そのもとでわれわれがゲームをしなければならない諸条件を限定する社会は、今なおわれわれの社会意識がわれわれに至当だと教えるものとは異なって組織化されているということである。

したがって社会的教育の進歩は、われわれの抽象的な道徳性――すなわち、しばらくの間われわれの自己中心的地平線から離れて、コミュニティのために何が善であるかを見ることのできる道徳性をもっともっと強化することにあるのである。その時われわれは、その助けをかりて、コミュニティ全体として具体的状況の変更をはかる政策を進める位置にある。その時われわれは、われわれの抽象的知性がわれわれに指示するところの諸原理に、これまで以上に合致した行為をとることができなければならない。

旧式の説教者の大きな誤まりは、どんな点にあったかというと、われわれは利己的ではなくて利他的でなければならないことを示唆しながら、かれはわれわれの抽象的な良心にしか訴えなかったことであった。つまり、かれは社会構造を批判することをしなかった。しかし行為は社会構造の中で行なわれなければならなかったし、また社会構造のルールが個人に自己中心的なゲームを強制していたのである。抽象的レベルにおいてわれわれの社会的感覚や責任性を発達させる点では多くの英知が存在しているが、ただしかしそれと同時に、それらの理想をわれわれの社会秩序の型式に移す方法を見出すということがぬけている。簡単にいうと、個人における社会的責任性を改善することは、それと同時に社会的改革を通して、われわれの社会構造におけるゲームのルールを変更できる場合にのみ、効果を期待できるのである。

現代の大きな不確定性の一つはこの二重の発展からきている。すなわち、個人は二つの世界に所属しており、かれの心は二つのレベルで社会の要求に答えている。抽象的な高次の理想と具体的な実践道徳との間には、常に緊張があったが、この二重性は普通、自明当然のこととされてきた。人が簡単に認めているのは、人間は罪深い者であって、そうした人間の世界は腐敗だらけであるということであり、また聖人でなければ、ひとは高遠な理想によって生きることはできないということである。ひとにできることはせいぜい、自分の愚かさと不完全さにたいしてやましさを感じながら、あれこれの事柄を緩和することぐらいである。

今日、不穏でありながらも恐らく有望だと思えることは、現行社会秩序に対するわれわれ自身の責任の感受性が、漸次鋭敏になりつつあることである。われわれの責任は時折やましい心をもつ以上に大きいものがあり、われわれに誤った仕方で行為させている社会的環境に対しても、われわれは連帯責任があると思っている。

税金の支払の場合のように、われわれは、われわれのなかに実際の状況のなかで利他的な行為を強制する法を改変したり、作ったりしようとする傾向が存在していることを認める。同じ抽象的な道徳性は、われわれに自己中心的に、あるいは反社会的に行為することをやめさせる社会秩序を作りだす力となっている。

これらはすべて非常に有望であるけれども、実践道徳と抽象道徳との間の関係が明確に理解されない限り、社会的感受性の増大と、それにもかかわらず自己中心的に行為させる圧力の増大とは、きわめて不穏であり、われわれがこれまで多くの角度から診断してきたものと全く同一の基礎的不確定性を増すだけである。ある高次の道徳的あるいは宗教的権威が、個人の良心を変形するこれらの動向をかれに説明することなしには、人々がかれらの中で、また世界の中で、今おこりつつあるものを理解することは、まず期待できないであろう。

3　価値判断の危機

われわれの道徳的感受性のこの変形は、もっと包括的な価値判断における危機の一局面にすぎない。さらに価値判断の危機は、変化しつつある現代の一部である。社会学者にとっては、人間の価値も変革の時代には変化すべき運命にあることは当然の事実であるけれども、これは市井人を全く当惑させることであり、また自分の発見したものをまだ社会的文脈に関係づけることを知らない多くの思想家にとっても、心の重荷となっている。

社会組織における諸変化は、行為型式や社会的好みの変化をもたらしている。したがって価値判断における変化が動的社会の一部であるというのは、ごく自然である。変化は新しい分業を呼びおこす技術的発明によってひきおこされるのか、あるいは大幅の社会的移動から生まれるのかどうかということは、第二次的な問題である。前者における新しい分業は、逆に新しい労働の習慣と業績の再評価などを要求し、後者における大幅の社会的移動によって、多くの人々は社会的尺度を上昇し、他の人々は下降する。そして、この移動によって、多くの人々は異なった社会的地位の異なった標準に接触するようになる。社会的変化はまた、政治的あるいは人種的不整合の諸問題を解決するために、移住、資本にしたがう労働、産業の再配置、人口の強制移動を必要とするその結果かもしれない。あるいは最終的には、変化は貿易、コミュニケーションおよび旅行を通して相互に知り合う諸地域の融合や、諸国民の提携によってもたらされるのであろう。いずれの場合にも、基礎的過程は同じである。ある種の変化を通して、個人と集団は異なった行為様式、異なった人間関係の形成方法、異なった財貨の消費様式、あるいは異なった余暇の楽しみ方、異なった接触様式や交友関係の形成方法、異なった政治的組織の形成方法やリーダーの選出法、あるいは異なった信心の仕方を学ぶのである。

社会変化はわれわれに、同一の事柄をいろいろのやり方でなし、同一の目標をいろいろの仕方で達成する多型式社会で生活させる。単純社会には一つか二つの行為様式しかなく、正しい選択は、多かれ少なかれ前もって確立されているが、われわれの社会では断え間なく過多の選択に直面させられている。静態的社会のために条件づけられ教育された人間にとって、この選択と価値判断の激増には当惑するような何ものかがある。かれは、すぐさま多様な価値判断に対する自覚を発達させ、その自覚とともに、これは危機意識をひきおこす。社会学者のアプローチにおいては、価値判断は、社会が個人に、どういった方向に動くべきか、どのように行動し反応すべきか、何を承認し何を否認すべきかを知らせるために設けた交通信号である。このような価値判断がなければ、行為の調整も一貫した性格の組織化も不可能である。したがって、これは驚くにあたらないことだが、変化しつつある社会の最も妨害的な効果は、価値判断の不確定性という点で経験されるのである。

協力を期待される人々が異なった好みをもっていたり、異なった行動型式に固執したりすると、無数の妨害や葛藤がひきおこされる。一方の人は、厳格な命令と服従が行なわれ、すべての者が自分の場所と課題を知っているような権威主義的な労働組織を欲しており、他の人は、集団の個々のメンバーにもっとイニシアティヴを残すような非形式的な組織を欲している場合、どう見てもこの二人は協同することが困難である。

同様にして、ある人は禁欲主義的な生活様式に固執して、自己否定を賛美しているのに、他の人は自己表現を求めている場合、どうしたら集団として相互にうまくやっていけるか、予測することが難しい。ともすると、われわれの社会ではこうした違いは、農村や小都市の伝統とコスモポリタン的傾向との間の葛藤と並行している。というのは、前者は依然として家族的影響と第一次集団的習慣の規律を維持しているのにたいして、後者は、物質的にも精神的にも、輸出と輸入に依存して生活するコスモポリタンにとっては、あたりまえの放縦の機会とその誘因を与えるからである。

前述したように、異なった価値判断相互間の衝突の第一の効果は混乱である――基本的困惑である――が、これは、われわれがくりかえし論じてきたものと同じ型の基本的不安をうみだす。この不安は具体的な恐怖とは異なる。われわれがあるものを恐れる時には、それが何であるかを知っている。対象の具体性は具体的な型の恐怖をよびさます。これはわれわれのなじみ深いところである。しかし不安は、われわれが、世界から底が落ちてしまったという時に示すあの不確定性に関与している。不安定性にたいする反応は相対主義の哲学であるが、この相対主義は容易にニヒリズムに通ずる。近来、この相対主義は最初「歴史主義」という形をとって現われた。この歴史主義は文化の所産として、一切の価値の相対性を教えただけであった。ここにおいては、絶対的に正しいものや悪いものは何もない。この相対主義にたいする防衛として、二つの方法が考えられる。一つは否定する方法である。すなわち、かかる相対性が存在することを否定したり、あるいは、そもそも問題そのものが存在することを否定するやり方である。かくて、われわれは売春や性病の問題を取り扱う場合と同様に――つまりそれらについてとやかくいわないで、その問題を処理してしまう。そしてそれらを無視することによって、それらが何とか消滅することを希望したり、あまり多くの人間がそれらによって影響されないことを希望していた。しかし、葛藤的場面の数が増大するにつれて、葛藤をどうしても認めなくてはならなくなる。われわれは葛藤を認めて、それに対処する方法を見出そうとする時、一段と高い段階に到達する。

勿論、否定の方法は正説の精神のなかにある。世界のなかに容易に否定することのできない何か間違ったものがあり、しかもこの新しいものがこれまでの自分の信仰を脅かすことを認めなければならない人間は、何よりもまず、自分が心にいだいている正統派の態度と価値の意義を、これまで以上に強調することによって、自己を再確認する傾向がある。正説は単なる保守主義ではない——すなわち、精神の第一次的、直接的な態度ではなくて、一反動形式である。保守主義者は無意識のうちにかれの伝統のなかで生きており、そうした伝統を自明当然のことと考えて、それらを軽々しく取り扱う。というのは、かれはそれらを失うとは思わぬからである。しかしながら、反動主義者は頑固である。というのは、反動主義者は自分の生活の統合部分である一種の確定性を失う懸念があるからである。一方で相対主義とニヒリズムに導く無限の不確定性と、他方で正説に導く不確定性とは、同一銀貨の両側面に他ならないのであって、それらは、われわれが価値判断の危機と呼んでいる同一妨害過程にたいする異なった反応である。いま一つ別の角度から見ると、それらは両方とも同一の基本的不確定性をあらわしている。だから、それらにたいする治療法は、それらの意義を認めて、それを意識的な計画化の範囲内にもたらす場合にのみ、発見されうるのである。

4　自我とその不安

われわれが変化する社会における生活の仕方、開かれた体系からの思考方法、およびすべてのものが「動いている」時に、どのようにして自分自身のバランスをとるかということを学ぶ場合にのみ、不確定性と不安の解決は可能となるのである。現象界における最も近接した類推を用いて言うと、動いている自転車は静止した支えによっては安全にできないのであって、自転車乗りが不断に変化している平衡に自分自身を適応することを通して、変化に対処する技術によってのみ、安全にしうるのである。バランスをとるこの新しい技術は相対主義ではなく、むしろ変化しつつある均衡という公式——つまり、変化のなかの安定性という公式である。

不確定性の異なった諸源泉は、切り離されて存在しているのではなく、一点に集中しており、それらがパースナリティの中核に作用する時、頂点に達する。われわれの感じでは、単に生活のある断片が不安定なのではなくて、われわれの内面的統一の源泉、すなわち自我経験もまた変化しつつある世界のがたがたの影響にさらされているのである。

以上われわれが論じてきたことは、第一義的には部分的な影響に関してであった。行動および行為は、それらの伝統的背景からぐらつかせられて、不安定になってしまった。しかし行動型式の連続的な崩壊と、行為の基準が変化しつつあるという事実は、早晩、われわれの全パースナリティ構造の変化を招来せずにはいない。かかるパースナリティの変化は、文明史家のよく知るところの現象である。伝統的な宗教用語では、「改宗」ということがいわれた。もし改宗ということがかかる突如とした変化に名づけられたものであれば、それは実に文化の一大資産である。というのは、かかる公認のパースナリティ変形型式の存在は、われわれ自身を変形する上で大いに助けになるからである。改宗という観念の社会学的な意味は、つぎの点にある。すなわち、それは、パースナリティの総体的な変化を裁定し、かかる事柄をおこすことを認め、そのような事柄が人生とパースナリティの新しいビジョンの実現に導く限りでは、その必要なことさえも認めているのである。改宗の概念は、われわれがうける小さな衝撃も徐々に強力な衝動に統合されて、われわれ自身を異なる方向に向けるということを含んでいる。これは、これらの変化がパースナリティの中核に影響を及ぼさずにはおかないという認識に立っている。改宗の観念を通して、われわれは意識的に新しい生活様式に固執し、古い行為形式をその正邪の基準とともに一掃することができる。改宗の型式を認めていない社会、あるいは十分に発達させていない社会では、変化はもっとむずかしく、その多くは陰でおこらざるをえない。社会変化が緩慢で長い間になされるなら、ひとは徐々の変化を自分自身では気づくことができない。しかし一生の間に大きな変化がおこる場合には、ひとはその変化を必ず認識する。このような場合には回心——精神とパースナリティの承認された変化——は、成功的適応の基本型式となる。

宗教的経験における改宗の観念は、われわれの注意を、行動および行為の変形ということに焦点づけないで、あまりにも社会的観察を外面的に行なう傾向のある人間にはほとんど気づかれないようなものに直接焦点づけるのである。実は、最も大きな不安が個人のなかでおこるのは、かれの外部的行動のレベルにおいてではなくて、かれ自身の内部的再評価においてである。すべてのものは、確立された種々の形式の自尊心によって生きているのである。

自尊心の究極的源泉は社会であり、この自尊心が社会的統制から自己を解放するのは、高度に分化した社会に特有の状況においてである。正常では、自尊心や自我評価の源泉は社会である。何故なら、われわれが自己を誇る自負心は、われわれの教育全体を通して非常に注意深くしみこまされるものだからである。社会はこの自負心と自尊心を強力に発達させることによって、われわれをしっかりと把握しているのである。自尊心を奪われて、もはやかまわなくなった人間はパースナリティの解体への傾向がある。ところで、われわれが指摘したように、この注意深く、作りあげられた自尊心は正常では、われわれの行為を鋳型化する要因である。それがわれわれに教えるのは、「あなたはルールにしたがってゲームをやらなければ、紳士ではない」ということである。われわれは、はっきりした反応類型を引きだすために、その人の誇り、すなわち、この場合には社会的地位に結びついた誇りに訴える。これは条件づけや習慣形成とは全く異なる。後者の場合には、かくれたメカニズムを通して、われわれは単に自動的反応を条件づけるにすぎない。ここでは所与の仕方で行為すべきあらゆる刺激は、われわれのパースナリティの中核への訴えかけ、すなわちわれわれの自信への訴えかけを通して作用する。

この自負心と自尊心の源泉は社会とともに変化する。しかしどんな社会でも、結局は、メンバーの中に、あるはっきりとした源泉から自信のかかる焦点を作り上げることなしに、存続することができない。自尊心の源泉が変化する時には、深い不安のつきまとう大変動の一つが発達する。われわれの農村社会および都市社会では、自信の最も深い源泉の一つは家族であった。社会的自負心と社会的尊敬の中心として家族は、農村および都市の資産家の世界で強力に発達している。人間は自分の一番明白な社会的威信を自分の家族的背景から引き出している。あなたはある身分の所に生まれて、世の中でのあなたの地位と義務と特権が、この身分によって限定されていることを見出すのである。ところで、この身分の源泉は、われわれの社会では変化している。現在のところ、農村および都市の家族・資産の複合体はまだ、社会的尊敬と自尊心の究極的源泉として意味をもっている。われわれは今でも、これらの古い制度に結びついて発達した社会的役割を演じている。しかし新しい組織的な社会単位と大都市生活の出現とともに、家系としての身分のもつ第一義的限定は徐々に後方に退いていきつつある。

組織的集団生活に基礎をおく自信の最近の源泉の一つは、軍隊であった。これは勿論、名誉観念の封建的なずっと昔の源泉にも依存していた。しかし客観的な機能にしたがって地位と位階を規制し、分配するその方法は、昔のものとは全く違っていた。ビジネスおよび地位と自尊心を限定するその権力については、これと同じことがあてはまるし、またフリー・ランサー的な経歴の型式をもついわゆる公人としての生活と、成功に伴う自負心や自信にも、同じことがあてはまる。軍人の威信は軍隊に帰属するものであるが、これにたいして芸術家や科学者の生活においては、名声は社会から借用した自尊心の基準である。全体主義社会の場合には、一党体制のヒエラルキーにおける成員性をこれに付け加えよ。この成員性は古い種々の形式の自信の交叉したものであり、それらをおおうものである。自尊心のある源泉から他の源泉への変化、自負心のある主因から他の主因への変化というこれらすべての変化は、恐ろしいほどである。あれこれの形式の自信を伴う月並の役割も変化しつつあるので、それだけ自尊心や自負心の源泉の変化もはげしいのである。

激動が自我のレベルに達して、自我のなかに変化をひきおこす時、それはもっと強力に感じられる。自我は、社会的変形が滲透しうる最も深い点である。社会の中で自信の発生する自分の適当な位置を失いはしないかという恐怖を克服するための外部的な支持、つまり社会的な規定がなければ、基礎的不安定性は、その人を最も狂乱にかりたてるものとして見られるのであろう。エーリヒ・フロム(9)によってかくも見事に記述されている自由の恐怖が、自我にかかわる一つの典型的な恐怖として表われるのは、他でもなくこの立場からである。自由の恐怖は、ある社会から他の社会への移動、あるいはある時代から他の時代への移動からきている。それらの社会や時代においては、強制と自由の型式は異なるからである。多くの事柄を規制する厳格な規律に慣れている人々がある。もしかれらは急に自由にされると、かれらの最初の反応は恐怖の反応である。それは丁度イギリス人が、フランスの環境のなかで最初不安をもって反応するのと同じである。フランスの環境には、放縦のためのより大きな範囲がある、あるいはとにかく、そのための非常に異なった範囲があるからである。

同様にして、もしわれわれがはっきりした儀礼のととのっている社会から、啓蒙と社会移動によって益々自由や放縦を作りだしている社会に移動すれば、最初にあらわれる反応は再び不安の反応であろう。それは、少なくとも何人かの人にとっては、正説――以前の厳格さと、それに伴っているように見えた確定性への一種の強制的な退行に導く。

自我の不安は最も深い不安定性をひきおこす。そうした不安は、いろいろの源泉からおこる不確定性の累積したものである。これらの恐怖を克服する上でわれわれの手だてとなるものがなければ、その次にくるのは、破壊と渾沌しかない。

5　診断、嚮導および統合の必要性

知的なレベルでは、不安の主な源泉──これは変化しつつある社会生活の不確定性から発達する──に対する洞察も、右と同じ方向をさしている。われわれに対処できると思われるような諸変化を、平均的人間が個人として克服できない時、何らかの集合的な嚮導が必要である。重大問題に対処するためには、新しい型の思考が必要である。

過去の人間の精神にとっては、外部的諸条件の変化の方が、もっと大きいように見えたかもしれない。しかしこれらの人々が住んでいたのは、適応が無意識的になされていた時代であり、まだ適応は、人間事象を嚮導するというやり方で、何か手をほどこすことができるようなプロセスとしては考えられていなかった。現在、われわれは暗黙の適応と暗黙の統合の段階から意図的な再建に向ってすすんでいる。われわれは人間事象の目的的嚮導を信じている。だからといって、われわれは、諸事実のあらゆる動乱と全く変わりつつある世界体系の猛攻撃に精通することを希望できるというのではない。しかし社会的知性が到達している今の段階においては、われわれが諸原因を解きほぐし、われわれに利用できる戦略的地点から諸事象の経過を支配するために最善をつくす場合にのみ、われわれは満足することができる。

たとえわれわれは究極的には、われわれ自身よりも、もっと強力な力によって動かされているかもしれないということを知っているにしても、少なくともわれわれの生活している状況を解釈しようとする努力をあきらめなければならないとしたら、われわれはその繋留を全く失ってしまうであろう。社会的な事柄にたいする責任は増大してきている。というのは、われわれは社会的場面で原因と結果を解きほぐすことを学んでいるからである。

過去における変動の時代には、その移り変りを解釈すること、すなわち、コミュニティのメンバーに人間の運命と、世界におけるその位置と、人間が生きるよすがとすべきものを知らせることは、宗教と教会の機能であった。今日では、かかる集合的指導は、社会的変化とその原因を理解するために、社会学的なアプローチを具体的に表わさなければならないであろう。

われわれがいま通過している恐るべき変貌の時代に、精神的指導を行なわなくても、もちこたえられると考えたり、また世界の状況を解釈する伝統的な手段をもつ宗教的指導で十分であると考えたりすることは、明らかに等しく間違っている。社会学者が、多くの理由から、人々を統合する精神力が必要であることを認識していても、これは、かれが教権主義や上から課される信条を承認しているということを意味するものではない。かれは単に、宗教がこの過渡期に不可欠なある機能を充足することを認識しているだけである。かかる指導を行なわなくても、個人および集団の多少とも成功的な適応も数多く存在するかもしれない。しかしこれらは焦点と方向とをもたず、またそのなすことに権威と一貫性がなければ、解体は持続するであろう。パースナリティ型式は、だんだんと無意味になるので、引裂かれてしまう。そこでは分裂したパースナリティだけが残り、一貫性のある行為は発達できない。集団的適応のレベルでは、われわれは変化にとんだいろいろの政策をもっているが、全体の理解に由来する中心的政策はもたない。

過去においては、宗教がこれらの解釈と統合の機能を充足した。古い時代には、宗教は一つの安定装置であった。今日われわれは過渡期に助力をもとめて、再び宗教に向っている。つまり、われわれの宗教的指導者は変化しつつある秩序に歩調をあわせて、より深い洞察と知的理解の上に世界観と政策を打ちたてなければならないのである。われわれがバランスを必要としているという点からいうと、かれらの解釈は過渡期の心理的平衡と安定感とを破壊させるほど、極端なものであってはならない。

かくて、その内面的な意味は別としても、これからさき、動的宗教は社会秩序の中で次のような三つの重要な機能をもっている。すなわち(1)過渡期の社会を診断すること、(2)重要な問題に注意を焦点づけること、および(3)社会生活のいろいろのレベルで人間の行為を統合すること。*

＊　ここでマンハイムの原稿は切れている。しかしながら、著者は進歩的な宗教のこの統合的機能を精巧化する意図があったのかどうか、このことについての指示は残されていない。（編者）

(1)　現代世界における聖職の保守主義的機能に関しては、Max Weber, *Wirtschaft und Gesellschaft* (Tuebingen, 1925), ch. XI, 'Staat und Hierokratie,' pp. 807f. を見よ。宗教と種々の類型の合理化過程との間の価値葛藤についての議論については、*From Max Weber: Essays in Sociology*, tr. by H. H. Gerth and C. Wright Mills (New York, 1946), ch. XIII, 'Religious Rejections of the World and Their Directions,' pp. 323-59. を見よ。宗教的社会主義者によるマックス・ウェーバーに関する示唆に富む批判については、Gerhard E. O. Meyer. 'The Religious Socialist in the World Crisis,' *The Journal of Liberal Religion* (Chicago, Winter and Spring 1942), vol. III, nos. 3 and 4. を見よ。

次のものも参照。Jaspers, Karl, *Der Philosophische Glaube* (Munich, 1948).
Niebuhr, Reinhold, *Christianity and Power Politics* (New York, 1941).
——*Moral Man and Immoral Society* (New York, 1932).
——*The Nature and Destiny of Man* (New York, 1941).
Philip, André, *Le Christianisme et la paix* (Paris, 1933).

Wach, Joachim, *Sociology of Religion* (Chicago, 1944). (Comprehensive bibliographies.)

(2) Burke, Edmund, *Reflections on the French Revolution.*

(3) 第五章第七節3参照。

(4) カール・ヤスパース (Karl Jaspers) の *Psychologie der Weltanschauungen* (Berlin, 1925) における分析，特にかれの「容器」(Gehause) の概念 pp. 304–26. を見よ。ウォルター・リップマン (Walter Lippmann) の著書，*Public Opinion* (New York, 1922; Pelican, 1946), part III, pp. 59–127. における「ステレオタイプ」の概念も見よ。

(5) 「有機的」連帯と「機械的」連帯との間のデュルケーム (Durkheim) による区別，*The Division of Labor in Society* (New York, 1933). 参照。

(6) Ackerknecht, Erwin H., 'Psychopathology, Primitive Medicine and Primitive Culture,' *Bulletin of the History of Medicine* (June 1943), vol. XIV, no. 1, とくに pp. 30–35.

Merton, Robert K., 'The Sociology of Knowledge,' *Twentieth Century Sociology*, ed. by Gurvitch and Moore (New York, 1945), pp. 369 f.

Plessner, Hellmuth, *Das Schicksal des deutschen Geistes im Ausgang seiner bürgerlichen Epoche* (Zurich, 1935), とくに pp. 120–34.

(7) F. Zweig, *The Planning of Free Societies* (London, 1942), p. 242. に引用されている。

(8) 「ブルジョア的道徳性」に関する青年マルクスの観察については，Marx-Engels, *Gesamt*ausgabe, 1st section, vol. 5, pp. 162, 163. 参照。

(9) Fromm, Erich, *Escape from Freedom* (New York, 1941).

訳者あとがき

一

本書は、カール・マンハイム（Karl Mannheim）著『自由・権力・民主的計画』（Freedom, Power, and Democratic Planning, edited by Hans Gerth and Ernest K. Bramstedt, London, Routledge & Kegan Paul Ltd., 1951）の全訳である。

訳者の使命は原著者の文意を正しく読者に伝達することである。しかしマンハイム自身が別の著書『文化社会学論集』（Essays on the Sociology of Culture, 1956）の中で述べているように、同一の事柄でも、とりあげる文脈によって異なった意味をもち、異なった解釈が成り立つ（同書三九頁）。ある労作における原著者の特定の思考部分は、彼の思考の発展と学問体系の全体的構造の文脈の中で、より有機的な解釈を可能にするであろう。訳出した表面的部分的文意以上に、少しでも原著の深層的構造的文意に読者を近づけることは、訳者の責務である。訳本文を訳出した後で、さらに訳者として付言すべきことがあるとすれば、その中心的課題は、読者が本文を原著者の本来意図した方向において内在的に読みとり、本文の理解を深化させる上で参考となる解釈の全体的文脈を示唆することであろう。このことから逆に、原著者の文意をその意図した方向において読者に正しく伝達する機能が期待されるので、本文の訳出の生硬さを補足する機能をも期待することができるであろう。

今回、本書の重版が出される機会に、このような訳者としての反省と考えから、以前の訳者あとがきの部分を全く新しく書き改めて、ここに原著者マンハイムの生い立ちや学者としての生涯およびマンハイムの学問体系における本書の位置づけや理論図式の解説を付すことにした。

二

カール・マンハイムは一八九三年三月二七日、ハンガリーの首都ブダペストに生まれた。青年期に至るまで生地にとどまり、ここで人文主義的伝統に立つ学校教育を受けた。大学教育は数学期間ブダペスト大学で過ごしたが、その後、パリ大学、ハイデルベルク大学などに学んだ。

大学卒業以後のマンハイムの学者としての生涯は、その居住地によってドイツ時代とイギリス時代に二分して考えるのが便利である。

ドイツ時代は、マンハイムの学者としての前半生にあたる。彼は最初の頃、哲学、とくに認識論（Erkenntnistheorie）や世界観（Weltanschauung）の問題に関心をもっていたが、一九二四年に発表した「歴史主義」（Historismus）を境にして、しだいに哲学的問題から社会学的問題に移っていった。一九二五年、ハイデルベルク大学の私講師となり、それ以後社会学の教授と研究に従事した。同年「知識社会学の問題」（Das Problem einer Soziologie des Wissens）という論文を公にし、歴史主義に基礎をおく「動的な立場からの知識社会学」を確立しようと試みた。翌二六年には「精神的形象のイデオロギー的および社会学的解釈」（Ideologische und Soziologische Interpretation der Geistigen Gebilde)、二七年には「保守的思考」(Das Konservative Denken)、二八年には「世代の問題」(Das Problen der Generationen) などを発表した。これらの諸研究を前提として結実したのが、彼の名前と共に有名な『イデオロギーとウートピー』(Ideologie und Utopie)(一九二九年刊行) である。この書物は単に社会学者だけでなく、経済学者や歴史学者や哲学者や神学者など幅広い分野に大きな刺激を与え、マンハイムはこの書物によって名実ともに国際的な地位を確立した。同年、マンハイムはフランツ・オッペンハイマー教授のあとを受けて、フランクフルト・アム・マイン大学の社会学教授となり、一九三三年の春までこのポストにとどまった。当時これはドイツにおける唯一の社会学正教授の椅子であった。

一九三〇年から三三年のイギリス亡命までの三年間は、それまでの学問の整理と次の発展への準備の時期として彼の学問体系の発展の上で重要な意味をもっている。すなわち、三〇年には彼の教育社会学発展への記念すべき論文「経済的成果追求の本質と意義」(Über das Wesen und die Bedeutung des wirtschaftlichen Erfolgsstrebens) を公にし、三一年にはこれまでの知識社会学的研究を整理した論文「知識社会学」(Wissenssoziologie) を世に問い、さらに三二年にはその後の彼の社会学的発展への方向を示す「社会学の現代的課題」(Die Gegenwartsaufgaben der Soziologie) を公にしている。さらに正確な作成年月は不明であるが、大体この時期にもう一つのかなりまとまった著書『文化社会学』(Kultursoziologie) の素原稿が書かれていた。(これは五六年に遺稿集の一つとして公刊された。)

これでマンハイムのいわばドイツ時代は終わった。一九三三年の春、マンハイムはユダヤ系であるということで、ナチ政権によってドイツの大学から追われてイギリスに渡った。そこでロンドン大学政治経済学部の社会学講師として迎えられた。マンハイムの学者としての後半生はここではじまった。これが彼のイギリス時代である。

イギリスへの移住は、マンハイムにとって単なる地理的移動以上の意味をもち、彼の学問体系の発展に一時期を画す結果となった。それは二重の意味で言いうることである。すなわち、一方で彼はこれまでの知識社会学的研究から現代社会構造の診断と治療に向かい、他方で思考の範囲をこれまでのドイツ語の世界から英語の世界にまで拡大した。その最初の表現は彼の主著の一つ『再建の時代における人間と社会』(Mensch und Gesellschaft im Zeitalter des Umbaus)（一九三五年刊行）に見られる。これは彼のイギリス亡命後、ドイツ語で出版された唯一のものであった。これ以後マンハイムは、それまでドイツ語で発表した原稿の英語版の改訂増補を企てると同時に、諸労作を英語で書いた。

マンハイムは一九三四年から三五、六年にかけて、ロンドン大学政治経済学部で「体系社会学」(Systematic Sociology) という題目のもとに講義をした。その内容は五七年に遺稿集の一つとして『体系社会学――社会研究入門』(Systematic Sociology: An Introduction to the Study of Society) として公刊されている。これ以後マンハイムの筆致は以前とくらべて、いくらか異なり、パースペクティブは社会政策学的倫理学的色彩をおびてきた。三七年に「平和的変化の問題の心理学的諸局面」(The Psychological Aspects of the Problem of Peaceful Change) と「社会建設の最近の傾向」(Present Trends in the Building of Society) と「人間の価値判断の社会学――心理学的および社会学的アプローチ」(The Sociology of Human Valuations: The Psychological and Sociological Approach) を発表した。三八年には「成人教育と社会科学」(Adult Education and the Social Sciences)、三九年には「大衆教育と集団分析」(Mass Education and Group Analysis) という教育社会学的論文を書いた。そして四〇年には『人間と社会』の英語版 (Man and Society in an Age of Reconstruction: Studies in Modern Social Structure)、四三年には戦時論文集『現代の診断』(Diagnosis of Our Time:

Wartime Essays of a Sociologist）を公にしている。そこで展開されたのは社会再建と人間変形としての教育問題および価値の問題であった。

この間、マンハイムは一九四〇年以後四五年まで、ロンドン大学政治経済学部で社会学を講ずるかたわら、同大学教育学部で教育学の講義を担当した。彼は四六年フレッド・クラーク卿のあとを受けて同大学教育学部の「社会学および教育哲学」の教授となり、四七年の彼の最期の日に至るまで教育社会学を講じた。その講義ノートが、彼の遺稿集の一つとして六二年、学弟スチュワート教授によって出版された『教育社会学入門』（An Introduction to the Sociology of Education）である。

その他、マンハイムはイギリス時代に「社会学および社会再建のための国際叢書」（The International Library of Sociology and Social Reconstruction）を創設し自ら編集にあたった。また死の数週間前、ユネスコのヨーロッパ部長に任命され、彼の思想を実践する機会を与えられたが急逝によってその職責につくことができなかった。

一九四七年一月九日の夕刻、カール・マンハイムは突如としてこの世を去った。その時、彼はまだ五三歳であった。この思いがけぬ急逝は、折角手がけながらも、多くの著書や論文の完成を中断してしまった。特に彼の波瀾にとんだ学者としての生涯は、生前自己の学問を十分に体系化する余裕を与えず、『文化社会学』『体系社会学』『教育社会学』などの諸労作はすべて未完の原稿として残された。これらの諸労作は『知識社会学論集』（Essays on the Sociology of Knowledge）（一九五二年刊行）や『社会学および社会心理学論集』（Essays on Sociology and Social Psychology）（一九五三年刊行）などと共に、彼の死後、旧同僚や学弟たちの手によって遺稿集として出版された。ここに訳出した『自由・権力・民主的計画』（Freedom, Power, and Democratic Planning）は、遺稿集第一巻として一九五〇年にオクスフォード大学出版会から出版されたけれども、彼の著作歴からいうと、それら一連の研究物の最後をかざるものであり、いわば彼の学問体系の総決算として書かれたものであった。

三

これまで見てきたマンハイムの特異な経歴と業績の変化からもわかるように、彼の学問体系や思考構造は時代によって力動的であり、幾つかの重要な変化を経験している。その変化に着目するとき、マンハイムの学問体系の第一の位相は「存在拘束性」(Seinsverbundenheit) の考えを中心的分析概念とする知識社会学に関係し、第二の位相は「社会学的時代診断学」(Soziale Zeitdiagnostik)による現代の状況分析から成り、第三の位相は「民主的計画論」(Democratic Planning) に重点をおく政策科学に関係している。しかし彼の学問体系における位相変化は必ずしも直線的ではなく、螺旋（らせん）的に推移しており、一定の確立された方法論が状況分析に応用され、次の段階でその状況分析に基づいて治療法が案出されるというように截然とはしていない。これは、彼の学問体系が哲学的関心から出発して、社会学を経て社会的戦略家にまで発展したという場合にも、同じくあてはまる彼の学問的性格であった。この意味では、彼の学問体系は不断に拡充深化の過程にあり、その三位相は彼の思考構造の三局面を構成しているともいえる。

『自由・権力・民主的計画』は、マンハイムのこうした位相推移と思考の拡充深化の最後の段階のものである。しかし本書は直接的には『人間と社会』で着手され、『現代の診断』で深められた主題を中心に展開したものであって、現代的危機の社会学的分析と社会再建のための教育政策論から成り立っている。

①時代診断論

マンハイムはルソーと同じく社会は病んでおり、現代社会に行きわたっている発達のパターンは、ほっておくと社会と人間パースナリティを破滅に向かわせると考えた。本書はこの病める社会の「状況の診断」から出発する。治療法は徴候と原因の診断のあとに位置づけられなければならないからである。

マンハイムの状況診断は社会学的な因果関係的分析から構成されている。まず現代社会の解体の主要な原因は、第一次集団的関係から第二次集団的関係への急激な社会変化、少数者の手中への社会的技術の集中化、新しい技術を媒介とする権力複合体の進展、地域共同体的経済から自由競争を経て独占に至る変化などであり、その解体の効果は自己規制的小集団の都市大衆による転置、伝統的な集団統制の解体、大規模な組織相互の不整合、階級対立、パースナリティの解体と道徳的宗教的コミットメントの消失などである。「人間の行為とパースナリティの形成は大部分、……諸制度に依存している」ので、「諸制度の解体はパースナリティの解体を意味する」(四九頁)のである。

こうした社会的解体によって、構造化された社会は根なし草の無力で冷淡な大衆に変形され、彼らは自由や尊厳を求めず、安価なスリルと空虚な娯楽を追求するようになる。この解体に呼応してファシズムとマルクス主義が出現し、当惑した大衆に全体主義的な計画化こそ危機から救うものだと訴えた。しかしマンハイムは解体への別の対処の仕方――「民主的計画化」(Democratic Planning)の方法のあることを主張しているのである。

われわれにとってもはや歴史の潮の間に流される必要はなく、社会を統制し、歴史を作りうる「鍵的位置」が存在している。社会変化への受け身の態度は不必要であるばかりでなく、望ましくもない。マンハイムによれば、われわれはもはや計画する必要があるか否かではなく、「計画を通してしか破局を回避できる道はない」(五三頁)のであって、どんな計画を選択し、その戦略的位置を誰が占めるかを問題とすべき時代に生きているのである。

「社会においてどのように原因と結果が作用するかを観察する限り、描き出した目標に到達するために現在の動向に影響を与えることはできないという結論は出てこない。」(六九頁)「われわれの課題は計画化によって社会体系を建設することである。」(六七頁)「その輪郭を素描し、民主主義的計画化の本質を述べるのが、本書の目的である。」(五九頁)マンハイムは本書の中でこのように述べている。

②民主的計画論

このような考えをうけて、本書の第二部では「民主的計画と制度の変化」について述べる。ここでマンハイムは民主的計画の展望に立って、現代の政治的諸変化を理解させようとしている。その最初にとりあげられたのが権力概念の変化である。

自由主義時代には、専制君主的国家と市民社会とは敵対関係に立つものと考えられていたが、もはや「われわれの観点からは、国家と社会との間に敵対関係はありえない。」(八七頁)現に若干の国では、国家は民間企業体のパートナーとして行為している。したがって「国家……のなすことは何でも間違っており、自由に反するものであって、国家以外の他のものがなすことはすべて有効で自由と同義語である」(八八頁)というような考えは、もはやあてはまらない。「現代世界においては、すべてのものが政治的であり、国家はあらゆる場所に存在し、公的責任性は社会の全組織にあみこまれている。」「自由はこの相互滲透性を否定することにあるのではなく、あらゆる領域でその合法的な使用を限定し、制限を設けて、滲透の型式を決定し、……決定に対する公的責任性と統制の共有性を安全に保護することにある。」(八八頁)したがって彼の考えでは自由と権力とは対立しない。

マンハイムは権力概念の拡がりとして国家と社会を一元的に把えている。現代では人間の自由や生活権は国家権力によってのみ脅やかされるのでなく、それ以外の社会的諸組織によっても侵害される危険があるからである。「それらの社会的諸力は、伝統的な意味で規制された国家でもないし、官僚制によって統制された国家でもないが、統治、組織化、指導、調整などの政治的過程を統合する。」（八五頁）このような考えから、マンハイムの分析は政治的権力に限定されず、包括的な権力概念を追求する。こうしてマンハイムの民主的権力論は「経済的および行政的権力と同時に、宗教や教育および新聞や映画やラジオのようなマス・コミュニケーションの媒体を通して作用する説得力についても述べる。希望した行為をひきおこすために、個人の上に社会的圧力が作用している時およびその場所には、常に権力が存在している」（八九頁）からである。

このような包括的な権力概念によって、「全社会力の統制を問題とする計画化の水準において、社会を解釈することが可能となる」（九〇頁）のである。その権力によってマンハイムが意図していたのは、「非人間的な画一化や正常な市民の欲望に不必要な干渉を加えることなく」「非能率な統制を新しい統制で取り替え、浪費を除去し、能率性を回復することであり、予見の範囲を拡げること」（九二頁）であった。この権力論によると、統治集団および統治者に、彼らの合法的な活動が要求する以上に多くの権力を行使することは許されない。マンハイムの主たる関心は、社会的に承認された目的のために使用される「合法的」かつ「機能的」権力である。これは諸制度に帰属しており、諸規範や諸規則に従って人間の相互的行為型式を統制する。権力は統制されているが、逆に行為を統制する。この制度によって「回路づけられた権力」は「恣意的権力」と異なり、自由から渾沌に流れたり、規制から暴君に移行したりすることは起こらない。マンハイムは人格的関係から国際的関係にいたる多くの社会過程と権力との結びつきを追求し、望ましい方向に向けての権力の整合化の法則を明らかにする。それと同時に、権力およびその統制の変形の諸位相が、それに附随する「社会化」の諸位相に関係づけられて分析される。これはマンハイムの権力論のもつ教育社会学的内包性を示すもので、われわれは本書の分析を通して、「人間による人間の統制」から「制度と組織による人間の統制」（九八頁）に至るまで、人間精神を形成するための有益な接近法を学ぶことができる。

マンハイムは、権力論につづいて社会秩序を維持する二つの類型、すなわち資本主義と共産主義の支配階級がとってきた社会体制を多面的に分析している。それらの分析は、民主的計画化が資本主義における部分的な規制や共産主義における全体主義的計画化よりも、はるかに複雑なものであることを教えている。民主的パースナリティ類型は統一性と多元性、一致と不一致、自由と規律、集中化と分散化というような対極的な経験類型を調停しなければならない。したがって民主的計画化は社会諸制度の改作や政治の変形を課するだけでなく、新しい価値に導かれた新しい人間類型の創出をも要求する。結局は、民主的計画化は、教育と価値判断の過程が柔軟な民主的パースナリティを形成できるかどうかにかかっているのである。

③社会的教育論

計画化に対するこのような考えから、マンハイムは本書の第三部で「民主的パースナリティ論」を展開したのである。それが「新しい人間——新しい価値」という表題のもとに展開された「社会的教育論」である。

新しい人間の創出は、新しい社会化の形式と新しい教育学を前提とする。これをマンハイムは「社会的教育」（social education）として概念化した。この社会的教育論は、第一に人間の社会化の過程の社会学的分析、第二に教育の「よき目的」を描いた民主的パースナリティ論、第三にその目標を達成するための民主的計画論という三局面から成り立っている。

マンハイムは「社会的教育は、社会的諸型式と諸配置の教育的衝撃の在庫調べをして、それらを望ましい目標に奉仕するように修正しなければならない」(三三五頁)と述べている。この場合、「社会的諸型式と諸配置の教育的衝撃の在庫調べ」とは、社会化の過程の社会学的分析に関係し、「望ましい目標」は追求すべき人間の行動とパースナリティの理想像を意味し、「それら(社会的諸型式と諸配置)を修正する」とは民主的計画による実践行為を意味する。

マンハイムの教育論は、こうして社会的環境の教育的意義の探究から着手される。人格関係や第一次的集団のもつ教育的意義から、組織集団や社会制度や社会的機制の教育的衝撃に至る広汎な分析は、「現在の社会はどのようにして、われわれを現在のような人間に作り出したのか」の解明であり、そこから「新しい人間を作り出す手段」(三四二頁)を明らかにするためであった。マンハイムは、パースナリティがいかに社会的文脈から成長するものであるか、またその成長を疎外しているものが何であるかを明らかにしている。その結果によると、パースナリティは大体社会的相互作用の結果であり、個人の行動に基礎的影響を及ぼすのは集団である。彼の考えでは、人間の可塑性は集団参加の機能である。小集団における自己規制的原理、大集団における個人の矮小化、現代社会における閉ざされた精神と不安定的パースナリティの創出——これらの傾向についてのマンハイムの分析は、読者の目を開かせるものがある。

こうした現実分析との関連でマンハイムは、達成すべき理念として「民主的行動型式」と「民主的パースナリティ型式」を明らかにする。このようにしてマンハイム教育学は、「現実的理想主義」として、われわれの期待を構成しえたのである。

民主的行動の特徴は、開かれた心、協同への準備態および不一致に取り組む意志、自己改造への勇気にある。

この行動のもつ統合性は、本来、不同意者やイニシアティブのある人間に広場を提供するものであり、民主的寛容を意味する。寛容は状況への妥協ではなく、自己のパースナリティを拡大し、学習や参加の能力である。

このような行動は民主的パースナリティ類型に根づいている。これは「地位にのっかったパースナリティ類型」や「権威主義的パースナリティ類型」と異なり、創造的寛容性という理想に一致したものである。このための教育は「自我の安定性と根のある人間の創造を目ざしている。」(四〇二頁) しかし民主的パースナリティは、その心理学的安定性の源泉を地位や役割の強調に見出せない。というのは、地位や役割にのっかった人間は、「決して種々の集団を統合する企てに乗り出せない」からである。マンハイムがここで描こうとしたのは、「自己を喪失するような危険をおかせるほど安全感をもつパースナリティ」(四〇五頁) 類型である。しかし教育は群居性の社会的動物を作り出したり、「共同体感情」を犠牲にして個性を発達させてはならない。すなわち、彼が考えていたのは「真の民主主義の精神において均衡のとれたパースナリティ」(三〇六頁) であり、個人の社会化と同時に個性化であった。

この民主的パースナリティ類型を創出することが社会的教育の実践的課題である。それは「社会構造とパースナリティ形成との相互作用型式に対する洞察」にもとづいて、「パースナリティ形成的諸力を統制し、それらをパースナリティ形成における教育作用に役立たせる」ことである。そのとき「われわれはパースナリティ形成における教育作用を、十分の自由と責任をもって意識的に追求することができる。」(『知識社会学論集』二七五頁)

かくて、マンハイムはパースナリティの教育を「単一の焦点から、たとえば教室から発出する」(『社会学および社会心理学論集』二七六頁) と考えるような考え方をしりぞけた。マンハイムの強調は社会的状況とその教育的内包性におかれ、「社会におけるすべてのもの」が教育的要因であると見られる。マンハイムは戦争の真最中に万人が平和主義者だといったり、競争社会の肉屋やパン屋に利己的たることをやめて利潤を断念するなどといわせたりするような純粋観念や善意の力を信じることができなかった。観念を伝達することによって人間の行動や性格の改造をはかろうとする観念論にくみしえなかったのである。「人格的アプローチは組織的アプローチと置換できない。諸制度を統制せずして人間を統制すると、それは必ず失敗する。利潤を求める動機の効果を除去したり減少したりしようとする場合、奉仕の徳性を説教して、欲深い悪徳を非難するよりも、共同組合を設立したり、『過剰取得税』をかけたりする方が優れているのである。」(一〇二頁)

「社会的教育」という言葉における「社会的」とは、影響の手段、すなわち「民主的パースナリティ類型」を創出する現存の社会的諸力を意味する。だとすると、社会の計画化は基本的に教育的な企てである。これとの関連で出てくるのが、では民主的計画論における形式的教育の新しい機能は何かという問題である。それに対するマンハイムの答えはこうである。学校は「青年を成人の世界の生活のために準備する橋渡しの社会」であり、「社会生活への基礎作業を準備する場所」である。その基礎となるのは「社会的経験を強化し組織化する」(四一三頁)機能である。日常生活経験を形式的教育によって強化し組織化する発想は、学校と全社会過程との関連性をもたせる。そして学校を社会生活への基礎作業と見る視野からは、学校卒業後への生涯教育への展望を切り開く。こうした考えは、わが国では今離陸の時期にあるが、マンハイムは今から三〇年前に、継続的学習の教育施設として幼稚園から大学や民衆大学までの包括的な教育計画を構想していたのである。そのなかには国連大学の構想も含まれていた。

これらは計画社会における教育体系とその役割分担への構想であって、教育体系内部の教育作用は教育体系外部の諸領域から発出する教育的影響と有機的に関係づけられなければならない。これはマンハイムのいわゆる

「諸作用の凝結化と整合化の法則」(一三〇頁)の教育への適用である。

新しい秩序の創造と維持は、こうした教育過程と社会過程の計画化に依存するだけではない。これらすべての努力の主体、すなわち新しい人間の個人的な生活を最終的に組織化し、それに統一性を与えるのは超自我の課する「生活経験の範型」(『現代の診断』一三四頁)であり、各人の追求する理想的人間像であり、期待の水平線である。これはわれわれが世界を解釈する典拠となり、行為や思考を方向づける導きとなるものである。これはキリスト教徒に対するキリストの生涯とその教えのなかに比喩的に表現されているような経験である。マンハイムは本書を結ぶにあたって(四七八—五一七頁)、民主的パースナリティの発達と同時に力動的な計画社会への全体的な移行において、重要な統合機能をもつ進歩的宗教について述べているのである。

四

本書は、これまでの説明でもわかるように、社会学はもとより政治学、教育学、倫理学、神学に至るまで広汎な問題を取り扱っており、一特殊分野の研究者の理解と解釈を越えたものを含んでいる。訳者の浅学非才と相まって訳稿の推敲不足を恐れるものである。しかし今回の重版にあたっては訳稿全体の改訂は保留し、今後折を見て本訳書の完成を期すことにした。読者の御叱正を賜わることができれば幸いである。

マンハイムが本書で述べている自由と権力を両立させる社会の民主的計画化への道は、その後の政治、経済、社会、教育の中で具体的に模索されてきており、彼の現状分析と将来への展望の確かさを思わせる。本書は現在の社会的混乱や危機的状況からの脱出をはかるために、社会の計画化による新しい民主主義のパターンを追求した注目の書である。本書は既に欧米でも、彼のもう一つの主著『イデオロギーとウートピー』をしのぐとも劣らぬ名声を確立しており、現代社会科学の分野における古典の一つに数えられている。私はわが国においても、とりわけ現在の激動する社会的政治的状況のもとにおいて、本書にもり込まれている現代の社会構造と人間形成に対する鋭い分析と洞察は、広汎な分野の人々に多くの示唆を提供するものと確信している。

マンハイムの諸著作は早くからわが国にも紹介されており、かなりの著述が訳出されているが、本書の理解を深めるのに役立つと思われる著述を列挙するとすれば、次のようなものがあげられるであろう。

福武直訳『変革期における人間と社会』上・下巻、みすず書房、昭和二八年（合本、昭和三七年）
高橋徹・青井和夫訳『現代の診断』みすず書房、昭和二九年
谷田部文吉・池田秀男訳『体系社会学』誠信書房、昭和三八年
末吉悌次・池田秀男訳『教育の社会学』黎明書房、昭和三九年
鈴木二郎訳『イデオロギーとユートピア』未来社、昭和四三年
阿閉吉男編『マンハイム研究』勁草書房、昭和三三年
樺俊雄監訳『マンハイム全集』六巻、潮出版社、昭和五一年

最後になってしまったが、版を重ねるにあたって今回も未来社編集部の小箕俊介さんに大変お世話になった。厚くお礼を申しあげる次第である。

昭和五三年四月

池田秀男

〔訳者略歴〕
池田秀男（いけだひでお）
昭和５年(1930)広島県に生まれ，昭和37年(1962）広島大学大学院博士課程修了，徳島大学助教授，シカゴ大学客員研究員，広島大学教授など経て，平成５年(1993)安田女子大学教授となり，現在同大学院特任教授・生涯学習研究所長，広島大学名誉教授，教育学博士，教育社会学・生涯学習学専攻

自由・権力・民主的計画

1971年４月10日　初 版第１刷発行
2000年５月25日　復 刊第１刷発行

定価（本体5000円＋税）

著　者　カール・マンハイム
訳　者　池　田　秀　男
発行者　西　谷　能　英

発行所　株式会社　未　來　社
〒112-0002 東京都文京区小石川 3-7-2
振 替 00170-3-87385
電 話 03-3814-5521～4
http://www.miraisha.co.jp/
Email:info@miraisha.co.jp

ISBN4-624-40036-4 C0036　印刷＝スキルプリネット
製本＝黒田製本